새로 태어난 여성

나남
nanam

한국학술진흥재단 학술명저번역총서
서양편 219

새로 태어난 여성

2008년 6월 10일 발행
2008년 6월 10일 1쇄

지은이_ 엘렌 식수 · 카트린 클레망
옮긴이_ 이봉지
발행자_ 趙相浩
발행처_ (주) 나남
주소_ 413-756 경기도 파주시 교하읍
출판도시 518-4
전화_ (031) 955-4600 (代)
FAX_ (031) 955-4555
등록_ 제 1-71호(79.5.12)
홈페이지_ http://www.nanam.net
전자우편_ post@nanam.net
인쇄인_ 유성근 (삼화인쇄주식회사)

ISBN 978-89-300-8300-3
ISBN 978-89-300-8215-0 (세트)
책값은 뒤표지에 있습니다.

'한국학술진흥재단 학술명저번역총서'는 우리 시대 기초학문의 부흥을 위해 한국학술진흥재단과 (주)나남이 공동으로 펼치는 서양명저 번역간행사업입니다.

새로 태어난 여성

엘렌 식수 · 카트린 클레망 지음 | 이봉지 옮김

나남
nanam

• • • 이봉지에게 보내는 편지 겸 한국어판 서문

친구여, 우리는 서로 만난 적이 없다. 그러나 그대는 이 책에 새로운 삶을 주었다. 그래서 나는 우정에 대해, 특히 한 번도 만난 적이 없는 여성들끼리의 이상적인 우정에 대해 쓰련다. 우리는 희망과 동지의식과 감사와 인정을 통해 시간을 격하여 연결되어 있다. 내가 《새로 태어난 여성》을 쓸 당시 이봉지, 그녀는 태어난 여성이었을까? 나는 그녀를 모르는 채, 그러나 그녀를 위하여, 그녀를 향하여 이 글을 썼다. 전생에, 내가 지상에서 보낸 일곱 생 중의 어느 생에선가, 나는 여러분이 읽을 이 책을 쓰라는 부름을 받았다. 그리고 1970년대의 어느 날, 나는 여성들의 입에 재갈이 물려있는 것을 발견하였다. 내 주위의 여성들의 입은 단단히 봉해져 있었다. 거기에는 계층 차이도 없었다. 모든 사회 계층에서 다 그랬다. 낡은 (자크 데리다의 표현을 따르면) '남근중심주의' 사회는 여성들에게 침묵을 강요했다. 그리고 그것은 여성의 존재 전체에 스며들었다. 영혼과 마음과 성기와 심지어는 꿈까지 좀먹었다. 나는 운이 좋았다. 우리 집은 자유로웠다. 산파인 어머니는 금지를 몰랐다. 그녀는 97세인 지금도 냉철히 세상을 관찰한다. 그리고 항상 피압박자의 편에 선다. 우리의 상태가 노예상태보다 나을 것 없던 그 당시, 정말 시급했다. 내 친구들을 살리고, 부르고, 깨우고, 또 그들에게 힘을 주어야 했다. 내가 아는, 또 모르는 그 친구들 모두가 플라톤의 동굴 속에서 떨며 지내고 있었다. 당시 프랑스의 상황은 그랬다. 오늘날 프랑스 여성의 상황은 나아졌는가? 예전과 별로 다를 것이 없다. (여성 자신에 의한) 여성해방은 시급한 여러 인간해방 중에서 가장 느리고, 가장 어려운 작업이다. 여성폄하는 가장 지독한 재앙이다. 가장 어둡고, 가장 단단히 무의식 속에 뿌리박힌 인종차별이다. 프랑스와 미국을 보라. 작년과 올해 두 나라에서는 역사상 처음으로 여성이 대통령 후보가 되었다. 그러나 '일어서는 여성'은 반드시 넘어뜨려야 한다. 가슴 아프게도 프랑스와 미국은 이를 다시 한 번 상기시킨다. 3, 4년 전에 나는 여러 차례에 걸쳐 한국 여성학자들의 방문을 받았다. 그들을 통해 나는 세계사의 한 편린을 엿볼 수 있었다. 또한 나는 한국에서 오늘날 여성이 발언권을 갖기 시작한 것을 알았다. 프랑스 여성들이 중단한 바로 그 지점에서 말이다. 용솟음이 시작된 것이다. 일본에서 내가 본 것과 마찬가지의 용솟음이다. 물론 거기에는 첨예한 긴장과 심각한 어려움이 따른다. 그럼에도 불구하고 그것은 결정적이며 이제 아무도 그것을 되돌릴 수 없다. 나는 살아있는 사상들이 시차를 두고 전 세계에 전파되는 것을 보았다. 먼저 한 나라에 불이 켜진다. 얼마 후, 그 불이 꺼진다. 그러나 그 빛은 땅 속을 통해, 책을 통해 여정을 계속한다. 그리고 어느 먼 나라에서 다시 점화된다. 의식은 파상적으로 전파된다. 때로는 독수리처럼 하늘을 날아, 또 때로는 두더지처럼 땅 속을 기어. 우리나라가 밤이 될 때, 너희 나라는 낮이 되겠지. 의식의 깨어남은 국경을 모른다. 그것은 전 세계를 주유(周流)한다. 물론 그것은 각 나라의 장구한 정치, 문화사에 의해 그 구체적 형태가 결정된다. 그러나 오늘날 먼동은 분명 아시아에서, 그리고 한국에서 터오고 있다.

《새로 태어난 여성》의 저자로서 나는 신기하기도 하고, 또 적이 안심이 되기도 한다. 이 오래된 텍스트가 다른 언어로 새로 태어나다니. 다시 젊어져서 펄펄 뛰고, 성급하게 날뛰고, 희망에 가득 찰 수 있다니. 이것이 바로 텍스트의 운명이다. 그것은 언제나 뒤에 오는 독자에 의해 부활하고 소생한다. 한국의 친구들이여, 지금 여러분은 새로운 시작을 개시하고 있다. 그리고 그것은 매우 기쁜 일이다. 또한 지금으로부터 30년 후, 여러분의 뒤를 이어 누군가가 다시 시작할 것이다. 그리고 그것은 매우 기쁜 일이다.

그날을 기다리며, 계속 전진!

2008년 봄

엘렌 식수

옮긴이 머리말

'여성적 글쓰기'의 교과서로 간주되는 《새로 태어난 여성》은 식수의 유명한 논문 〈메두사의 웃음〉과 함께 출판 직후부터 페미니즘 이론가들의 열렬한 논쟁거리가 되었다. 그러나 그 내용의 혁신적 성격에 따른 난해성 및 '여성적 글쓰기'를 실제로 구사하는 엘렌 식수의 글쓰기 방식은 많은 번역상의 어려움을 초래하였다. 그 때문에 이 책은 이론적 중요성에 비해 비교적 늦게 다른 언어로 번역되기 시작하였다. 1986년 미국에서 영어 번역판이 출판되었고, 1990년대에 들어서야 비로소 독일어, 네덜란드어, 스웨덴어 등 유럽 각국 언어로 번역될 수 있었다. 그럼에도 불구하고 이 책은 페미니즘 문학 연구자라면 한 번쯤은 읽어야 할 필독서, 즉 여성학의 고전으로 자리잡았다.

3부로 구성되어 있는 이 책은 각 부분마다 뚜렷한 색채를 지니고 있다. 카트린 클레망이 집필한 제 1부는 각 장마다 따로 제목이 있고, 또 각 장에는 뚜렷이 구분되는 절이 있다. 뿐만 아니라 그녀의 글쓰기 역시 보다 전통적인 형식을 따르고 있다. 이에 반해 엘렌 식수가 집필한 제 2부는 위계적이지 않은 대등한 작은 부분들로 나뉘어져 있다. 제 3장은 두 사람의 대담을 필사한 것으로, 특별한 형식을 따르지 않고, 두 사람의 의견교환을 그대로 제시하고 있다.

제 1부는 중세의 마녀와 19세기 말, 20세기 초의 특징적인 여성 질환인 히스테리를 앓은 여성환자들을 연결시켜 이들의 사회적 함의를 다룬다. 제 2부는 주로 여성성과 여성적 글쓰기를 다룬다. 제 1부는 제 2부에 비해 시대적 배경에서 앞선다. 그러나 이 두 텍스트는 매우 독립적인 까닭에 순서에 얽매일 필요 없이 따로 읽어도 무방하다.

제 3부의 대담은 1, 2부에서 나타난 두 사람의 시각차를 보다 분명하게 드러낸다. 카트린 클레망과 엘렌 식수는 여성의 성적, 사회적 억압의 원인과 형상에 관해서는 동일한 인식을 가지고 있다. 그러나 그것을 극복하는 방법에 관해서는 상당한 견해 차이를 보여준다. 한때 프랑스 공산당에 몸담았으며, 오랫동안 저널리즘에 종사한 클레망은 여권운동에 있어 정치적 행동을 중요시한다. 반면 대학교수이자 작가인 식수는 상상력과 언어의 문제에 치중한다. 실제로 식수는 각각 철학과 정신분석에서 언어를 전면에 부각시킨 자크 데리다와 자크 라캉으로부터 많은 영향을 받았다. 그러므로 그녀가 주창한 '여성적 글쓰기' 또한 언어를 중시하는 이러한 전반적인 문화적, 사상적 맥락에서 이해될 때 그 실천적 함의가 보다 분명히 드러날 수 있을 것이다. 상징과 이메지너리의 문제는 개인에게 있어 정치적 행위보다 더 큰 영향을 미칠 수도 있기 때문이다.

《새로 태어난 여성》에는 그리스 · 로마 신화 및 미슐레, 프로이트, 레비스트로스 등의 저작들과 여러 문학작품, 그림, 영화 등 서양의 여러 세기와 문화를 아우르는 방대한 텍스트들이 때로는 각주도 없이 광범위하게 제시되어 있다. 그러므로 이러한 텍스트에 익숙하지 못한 한국 독자들을 위해 수많은 역주가 요구되었다. 따라서 대부분의 각주는 역자 주이며, 원주의 경우 따로 표시를 하였다. 아무런 표시가 없는 각주는 역주이다.

번역의 원전은 Hélène Cixous & Catherine Clément, *La Jeune Née*, Paris, Uniom Générale d'Édition, 1975이다. 영어판으로는 Betsy Wing 역, *The Newly Born Woman*, Minneapolis, University of Minnesota Press, 1986이 있다.

2008년 5월

이 봉 지

새로 태어난 여성

차 례

제 1 부

죄진 여성

카트린 클레망 Catherine Clément

제 1 장

마녀와 히스테리 환자

한 여인이 눈물을 흘리며 노인의 어깨에 기대어 있다. 보랏빛 옷을 입은 그녀에게는 폭력과 사랑의 자국이 각인되어 있다. "그녀 얼굴에는 물린 상처가, 팔에는 맞은 자국이 시퍼렇게 나 있다. 헝클어진 머리칼이 찢어진 옷에 달라붙어 있다. 그녀의 눈은 빛조차 느끼지 못하는 것 같다." 그녀는 오랫동안 이처럼 묵묵히 입을 다물고 있었다. "그러더니 그녀는 깨어나 놀라운 일들을 얘기한다." 그녀는 신들린 듯 얘기한다. 한 그루 나무밖에 없는 에메랄드빛 고장에 대해, 그녀를 태우고 바다로 나간 그리스, 아니 트로이의 배에 대해. 그녀는 그리스 선원들을 상대하는 창녀가 되었다. 그러다가 노인에 의해 발견되어 이제 여기 있게 된 것이다. 그녀는 유혹에 빠진 성 안토니우스[1]가 상상하는 그대로의 여인이었다. "그녀는 스테시코로스[2]가 단죄하였던 트로이의 헬레네였으며 왕들에게

---

1) St. Antonius (251~356). 이집트 출신의 기독교도. 수도생활의 창시자로 공경을 받는다. 서기 285년부터 약 15년간 사막에서 금욕생활을 하며 기도와 묵상을 하였는데 이때 악마로부터 많은 유혹을 받았다. 악마는 폭력을 써서 그를 하늘 높이 끌어 올려서 위협하고 또 여자로 변해서 유혹도 했지만, 그때마다 실패로 끝나고 말았다. 플로베르의 《성 안토니우스의 유혹》은 바로 이것을 주제로 한 소설이다.

능욕당한 로마의 귀부인 루크레티아[3] 였으며 삼손의 머리칼을 자른 데릴라였다. … 인간(남자) 을 위해 죽은 예수 그리스도처럼 무죄한 그녀는 여성을 위해 자신을 바친다." 이것은 에노이아의 홍행사 노릇을 하였던 시몬 마구스[4] 의 말이다. 에노이아, 시게,[5] 바르벨로,[6] 프로우니코스,[7] 즉, 여성. 시몬 마구스는 다음과 같이 덧붙인다. "왜냐하면 아담의 위반은 여호와의 무력함을 드러내기 때문이다. 그러므로 사물의 이치에 반하는 낡은 법은 폐지되어야 마땅하다."

한 여성이 도시를 향해 똑바로 걸어간다. 초록 옷을 걸치고. 가난한 농촌 처녀였던 그녀는 이제 자신이 모은 황금의 힘으로 거의 여왕에 필적한다. "그녀가 그처럼 아름다웠던 적은 없었다. 검은 눈동자와 노란빛을 띤 흰자위로부터 섬광이 작렬하였다. 아무도 감히 그것을 직시할 수 없었다. 화산의 유황불과 같은 그 빛을." 갑자기 사람들이 그녀에게 달려들어 초록빛 옷을 허리춤에서부터 찢기 시작한다. 개들이 그녀를 물어뜯는다.

---

2) Stesikhoros. 기원전 6~7세기의 그리스 시인.

3) Lucretia(?~509 B.C.). 로마의 귀부인. 로마의 마지막 왕 루시우스 타르키니우스 수페르부스의 아들 섹스투스에게 능욕을 당하자 자살한다. 이에 그녀의 남편 타르키누스 콜라티누스는 인민을 선동하여 타르키니우스 왕을 몰아내고 공화국을 설립한다.

4) Simon Magus. 사마리아 출신으로 예수의 제자들과 같은 시기에 활동하였다. 기독교식 세례를 받았으나 이것을 자신의 마법을 향상시키기 위한 수단으로 생각하였기 때문에 '이단의 아버지'로 불린다. 그는 헬레나라는 여인과 함께 다니며 그녀를 '에노이아', 즉 조물주가 최초로 만든 인물, 모든 것의 어머니라고 주장하였다.

5) Sigeh. 이슬람의 한시적 아내(결혼하기 전에 시험적으로 살아보는)를 말한다.

6) Barbelô. 풍요와 선 및 신의와 성실의 여신이라고도 알려져 있으나, 일설에 의하면 정반대로 지옥의 악마 루시퍼의 공식 정부라고도 한다.

7) Prounikos. 이단 사상에 의하면 창조주의 오른편으로는 예수 그리스도가 탄생하였고 왼편으로는 사탄이 생겨났다. 이 사탄으로부터 여성의 몸의 형상을 띠고 생겨난 것이 지혜, 즉 소피아인데 이것은 다른 말로 프로우니코스라고도 불린다. 이 네 단어(에노이아, 시게, 바르벨로, 프로우니코스)는 플로베르의 《성 안토니우스의 유혹》(1874년 판)에 나오는 말의 인용이다.

그녀는 자기집 문 앞까지 쫓겨간다. “그녀는 그곳에서 옴짝달싹할 수 없었다. 농가의 문에 못 박힌 불쌍한 올빼미처럼. 그러자 뭇매가 쏟아졌다.” 그녀는 숲 한가운데 있다. 이제 그곳은 그녀의 왕국이 되었다. 그녀는 짐승처럼 되었다. “도토리 위의 멧돼지처럼.” 이제 도토리는 그녀의 양식이 되었다. 그녀는 혈거인(穴居人)의 동굴 입구에서 까마귀를 벗 삼아 산다. 도처에서 사람들이 비밀리에 그녀를 찾아온다. 추방된 그녀는 화형대와 지하 감옥의 위협 속에서 산다. 그러나 그녀를 통하여 욕망이란 이교적 세력이 명맥을 유지한다. “그녀는 여성의 갈망을 가지고 있다. 무엇에 대한 갈망이란 말인가? 물론 모든 것에 대한 갈망이지. 위대하고 보편적인 모든 것… 바다처럼 크고, 깊고, 넓은 이 욕망에 그녀는 굴복하고, 잠든다. … 잠을 자는 동안 그녀는 꿈을 꾼다… 아름다운 꿈을! 그런데 그것을 어떻게 말하지? 보편적 삶의 놀라운 괴물이 그녀 속에 삼켜져 있다는 것. 이제부터 삶과 죽음, 모든 것이 그녀의 태 속에 있다는 것, 그리고 그 심한 고통을 대가로 치르고 자연을 잉태하였다는 것.”

한 여성이 가죽 소파 위에 누워있다. 그녀는 고통받고 있다. 그녀의 눈이 깜빡인다. 땅바닥을 바라보고 눈썹, 코를 찌푸린다. 그녀는 모든 것을 찌푸린다. 그녀의 말은 시원치 않다. 더듬거리고 딸꾹질도 한다. 때때로 그녀는 이상한 혀 차는 소리를 낸다. 마치 뇌조(雷鳥)가 짝짓기를 마칠 때 내는 소리와도 같다. “손가락을 갈고리처럼 구부리고 나를 밀치듯이 팔을 휘젓는다. 그러면서 고통스런 목소리로 이렇게 소리친다. ‘움직이지 마세요! 아무 말도 하지 마세요! 내게 손대지 마세요!’ 그녀는 두려움에 떨며 말한다. ‘이런 동물이 내 침대에 있다고 생각해보세요. 상자를 열었을 때 죽은 쥐가 있다면, 못 박힌 쥐 말이에요!’ 그녀는 끔찍한 꿈을 꾸곤 한다. 모든 것이 뱀으로 변하는 꿈. 독수리 머리를 가진 괴물이 온몸을 물어뜯는 꿈. 모르는 남자들의 공격을 받는 꿈. 그들이 그녀의 침대 발치에 서 있는 꿈. 그녀는 모든 것에 대해 두려워한다. 온몸이 다 아프다. 감각이 없고, 마비되고, 경련으로 몸을 뒤튼다. 그녀를 치료하려 하면, 즉 그녀를 괴롭히는 이 괴물들을 쫓아내려 할 때면 그녀는 이렇게 외친다. '무서워 죽겠어요, 아! 말로는 다 못하겠어요. 나는 내가 미워요.'" 그녀는 또 이렇게도 말한다. "나는 지난 세기의 여자랍니다."

세 사람의 여성 인물, 그리고 그들의 얘기를 전하는 세 사람의 남성들. 플로베르의 《성 안토니우스의 유혹》에서 소개된 에노이아는 그녀를 곰과 함께 사람들에게 구경거리로 보여주는 한 노인의 손아귀에서 고통받고 있다. 미슐레가 묘사한 마녀는 '반(反)문화', 즉 문화적 반동에 악마적으로 매달림으로써 자신의 자율성을 얻는다. 40세의 리보니아[8] 여성 에미 폰 N… 은 프로이트의 눈앞에서 괴로워한다. 최면 상태에서 그녀는 두꺼비와 지렁이를 토해낸다. 그것들이 그녀를 뚫고 들어와 그녀 몸속에 기생하고 있다고 생각한다. 여성들을 위해 고통받는 세 여성. 헬레니즘 세계의 전설에 의하면 첫 번째 여성은 예수 그리스도가 인간(남자)들을 위해 자신을 희생한 것과 마찬가지로 여성들을 위해 희생하였다. 두 번째 여성은 교회의 억압에 의해 위협받는 다른 여성들을 돕기 위해 어쩔 수 없이 악마와 손을 잡았다. 세 번째 여성은 여성의 신화에 나오는 모든 이야기들을 증상으로 표출한 여성, 즉 히스테리 환자이다. 그녀는 앞의 두 여성들의 고통을 재현한다. 물론 세 남성 역시 각기 나름대로 여성성에 속하는 특질들을 소유하고 있다. 히스테리 환자였던 플로베르는 발작 시에는 이성을 잃었다. 그는 스스로를 보바리 부인과 동일시하였는데 이때의 동일시란 문학적 의미에서가 아니었다. 그것은 여성의 감각을 공유하는 일종의 '성적 동류의식'이었다. 스스로를 '여성의 아들'이라 불렀던 미슐레는 여성성에 대해 전도된 우상숭배적 태도를 보였다. 히스테리를 기반으로, 그리고 그것에 반(反)하여 (그러므로 여성성에 반하여) 정신분석을 확립시킨 프로이트는 귀는 열려 있었지만 눈은 장님처럼 꼭 감은 채 히스테리를 연구하였다. 그럼에도 불구하고 이 남성들은 다른 남성들에 비해 여성의 신화에 대해 보다 수용적인 자세를 보였다. 여성들은 지식의 전수라는 문화적 기능으로부터 배제되어 있었다. 따라서 최근까지 그

---

8) 발틱해 연안 지방. 현재의 리투아니아 및 에스토니아.

녀들은 이 신화들을 형상화시키는 데 아무런 역할도 할 수 없었다. 그러므로 여성들이 중의적(重意的)인 애매한 역할을 담당했던 신화적 장면들을 재현하기 위해서는 남성 작가, 정신과 의사, 판사들의 매개를 거쳐야만 하였다. 마지막 여성 인물, 즉 히스테리 환자가 앞의 여성들의 맥을 잇는다는 것. 이것이 바로 《마녀》에서의 미슐레의 견해이며 또한 《히스테리 연구》에서의 프로이트의 견해이다. 이들은 둘 다 억압된 과거가 여성 속에 살아남아 있다고 본다. 여성은 어느 누구보다도 더 온전히 과거를 보존한다. 마녀. 자연을 꿈꿀 수 있기 때문에 자연을 수태할 수 있는 여성. 그녀는 승승장구하는 기독교에 의해 억압된 이교(異教)의 자취를 체화(體化)한다. 히스테리 환자는 현재의 육체로 과거를 산다. 그녀의 육체는 잊어버린 장면들이 재현되는 무대가 된다. 즉, 그녀의 고통을 통해 잃어버린 어린 시절이 존속되고 증거되는 것이다.

이러한 여성의 역할, 즉 마녀의 역할 및 히스테리 환자라는 역할은 양가(兩價)적이다. 그것은 반체제적인 동시에 체제수호적이다. 반체제적이라 함은 그녀들의 증상과 발작이 보는 사람들, 즉 관객, 집단, 남자들, 그리고 그외 다른 사람들로 하여금 반감을 일으키게 하고 또한 그들을 동요시킨다는 의미에서이다. 예를 들어 마녀는 교회 규범에 반(反)하여 병을 치료하고, 낙태시술을 하고, 불륜을 도와주며, 질식할 것만 같은 기독교가 초래한 불모의 삶의 공간에 숨통을 터준다. 또한 히스테리 환자는 가족관계를 해체하고, 규칙적인 일상생활에 혼란을 초래하며, 이성의 틈새에 마법의 공간을 마련한다. 그러나 다른 한편으로 그녀들은 체제수호적이기도 하다. 마녀들은 모두 파괴되고 말며, 신화적 자취 이외에는 아무것도 남기지 못한다. 히스테리 환자들도 마찬가지이다. 사람들은 그녀들의 증상에 익숙해지며, 치유 유무를 떠나 그녀들은 결국 다시 가족들 속에 묻히고 만다. 이런 다의성은 그녀들의 종말이 사라짐이라는 것, 즉 그녀들의 이야기가 완결되기보다는 일종의 생략부호로 끝난다는 사실을 통해 시사되기도 한다. 미슐레의 이야기에 나오는 마녀의 종말은 화형대가 아니라 유괴이다. 그녀를 데려가는 검은 말은 "눈과 코에서 불을 뿜었다. 그녀는 단숨에 그것에 올라탔다 … 떠나면서 그녀는 무시무시한 웃음을 터뜨렸다. 그리고는 사라졌다. 화살처럼 빨리 (…) 그 여자가 어찌 되었는지는 알고 싶다 해도 결코 알 수 없을 것이다". 에미 폰 N…은 도라와 마찬가지로, 그리고 그 외 수많은 히스테리 환자와 마찬가지로 점차 프로이트의 지평에서 사라진다. 점점 소식이 뜸해진다. 어쩌면 다른 의사를 찾았는지도? 그 여자가 어찌 되었는지는 결코 알 수 없을 것이다. 어쩌면 그녀들은 상징구조의 근본을 건드린 까닭에 큰 위험에 처하게 되었으며 마침내는 사라질 수밖에 없었는지도 모른다. 이와 같은 애매한 종결 때문에 유럽 전역에서 수천 명의 마녀가 화형당하였다는 사실, 즉 그녀들이 교회권력에 의해 사법 처리되어 실제적 망실(亡失), 즉 실제적 죽음이란 운명을 맞았다는 사실이 흐려지기도 한다.

죄가 없음에도 불구하고 뭔가 알지 못하는 잘못을 범한 죄인이며, 미치광이인 데다 잘 회상되지 않는 추억으로 가득한 그녀는 유혹자, 이브의 후예이다. 마녀와 히스테리 환자는 스스로의 존재를 통해 각각 하나의 전형적 태도의 종말을 알린다. 즉, 그녀들과 함께 하나의 사회적 균열이 종식되는 것이다. 먼저 마녀와 함께 악마적 인물, 적어도 사회가 화형을 통해 제재하는 그런 악마적 인물이 끝장난다. 다음으로 히스테리 환자와 함께 '자궁' 핑계, 즉 생식의 죄를 병든 여성 성기관에 덮어씌우는 태도가 종식된다. 이 두 경우에 다 같이 해체되는 것은 여성 인과관계, 즉 어떤 현상의 원인을 여성에게 돌리는 태도이다. 인간의 정신이 변화하고 그와 함께 문화적 규범들이 진화함에 따라 이러한 인과관계는 그 위치가 변하고, 이름도 변한다. 그럼에도 불구하고 균열은 그 위치만 변할 뿐, 결코 사라지지 않는다. 모든 문명은 어딘가에 상상적 배제의 구역을 가지고 있기 때문이다. 우리는 오늘날에도 엄연히 남아있는 그 구역의 자취를 찾아야만 한다.

이러한 역사는 끝나지 않았다. 어찌 그럴 수 있겠는가? 신화는 역사적, 문화적 진화에 따라 변모하며 전수(傳受) 된다. 그것은 변종을 낳고, 겉모습을 달리한다. 그러나 그것은 결코 죽지 않는다. 신화를 통해 자신들의 문제를 해결할 목적으로 그 신화를 창조한 종족이 멸망하기 전에는 말이다. 지금까지 이러한 신화를 말로 표현한 것은 남성들이었다. 그렇지만 역사적, 문화적 진화에 발맞추어 여성 자신들이 스스로 이 역사를 이야기할 때가 되었다. 또한 여성들이 남성들 중 가장 '여성적'인 사람들(플로베르, 미슐레)을 통해 신화를 다시 읽을 때가 되었다. 이 경우, 관점은 완전히 달라질 것이며 따라서 그것은 전혀 다른 방식으로 읽혀진 역사일 것이다. 그것은 동일한 현실을 다루고 있음에도 불구하고 전혀 다른 상상세계를 구성한다. 이러한 이야기들, 신화들, 판타지들, 짧은 증언들 및 이야기들이 진실한 역사를 구성한다는 것은 결코 아니다. 그러기 위해서는 사회구조의 모든 영역을 고찰해야만 한다. 또한 사회의 경제적 진화에 대한 분석도 필요하다. 뿐만 아니라 사회의 역사를 만들어왔고, 현재에도 계속하여 그것들을 만들어내는 여러 모순도 분석해야 한다. 그러나 나의 목적은 거기에 있지 않다. 내가 이야기하려는 역사는 구전 설화, 전설, 신화 속에서 우리가 잃어버린 것들을 찾아서 이야기하는 것, 즉 여자 이야기꾼이 이야기하는 방식으로 엮어진 역사이다. 상상력(남성적 및 여성적, 복합적이고 다양한)을 강력하게 지배하는 신화적 모델의 전수라는 관점에서 보았을 때 이 역사는 진실할 것이다. 판타지의 차원에서도 그것은 역시 진실할 것이다. 왜냐하면 그것은 아직까지도 우리에게 작용하기 때문이다. 이 역사를 이야기함으로써, 또한 꾸며내고 심지어는 지어냄으로써 나는 그것을 해체하고, 뒤집고, 분해하고, 폭로하고자 한다.

1. 문화와 억압적인 구조들

이러한 여성의 역사는 결코 진공 속, 혹은 비역사적 시간 속, 즉 같은 얘기가 되풀이되는 그런 추상적 문맥 속에 쓰인 것이 아니다. 물론 그 속에는 억압된 본능, 억압된 기억의 반복적 회귀가 있다. 그러나 그 반복은 언제나 구체적인 문화적, 역사적 문맥 속에서 일어난다. 여기서 우리는 문화에 대한 보다 구체적인 정의를 내릴 필요가 있다. 먼저 레비스트로스의 정의를 살펴보자. "모든 문화는 상징적 체계들의 총체라고 할 수 있다. 그 체계들 중 제 일차적인 것은 언어, 결혼의 규범, 경제 관계, 예술, 과학, 종교이다. 이 모든 체계들은 물리적 현실과 사회적 현실의 특정 측면들을 드러낸다. 또한 이들 두 가지 현실의 관계 및 여러 상징체계 간의 상호적 관계도 드러낸다"(〈마르셀 모스론〉, 《사회학과 인류학》, p. 19).

이 정의의 핵심은 결국 다음의 두 가지이다. 구조화된 상징체계들의 존재, 그리고 이들 사이의 상호적 표현. 사르트르의 경우도 대동소이하다. "소외된 사회의 경우, 모든 소외는 서로에 대한 상징이다. 그것들의 원인은 다양하며 결코 하나로 환원될 수 없다. 그러나 이 모든 소외가 생산양식에 의한 소외라는 지배적 소외로 환원될 수 있느냐 없느냐의 문제는 중요하지 않다. 중요한 것은 여러 형태의 소외가 실제적으로, 또한 제 일차적 소외라는 큰 문맥 속에서 일어난다는 사실이다. 왜냐하면 이들 다양한 소외형태는 결국 일차적 소외에 의해 구조화되고, 또한 그것을 나름대로 — 심지어는 그것과 정반대되는 경우에도 — 반영하고 표현하기 때문이다"(《집안의 백치》, 제 3권).

레비스트로스와 사르트르의 주장은 언뜻 보아 서로 상치되는 것처럼 보이기도 한다. 그러나 모두 비정상의 문화적 기능을 체계의 균열 속에서 찾으려 했다는 점에서 서로 일치한다. 이 균열이란 바로 상관된 체계들이 모든 상관된 요소들을 조화시키지 못하는 지점이며 바로 이 지점에 비정상이 위치한다. 사회는 결코 그 사회의 모든 요소들을 상징질서 속에 똑같이 포함시키지 못한다. 따라서 상징체계들 사이, 즉 그 틈새에 비껴나 있는 요소들은 매우 위험하고 불안정한 상징적 지위를 가질 수밖에 없다. 이들은 두 가지 측면에서 위험하다. 먼저 그들은 사회에 의해 위협받고 있다. 왜냐하면 이들은 바로 사람들이 광기, 비정상, 퇴폐, 혹은 모스의 표현에 의하면 '신경질적, 법열(法悅)적, 장터의 묘기꾼[9]과 같은 인물'이기 때문이다. 모스는 이들을 '일종의 사회 계급'이라고 부른다. 왜냐하면 광인을 계급이라고 불러야 할지 가상적 집단이라고 불러야 할지 분명치 않기 때문이다. 물론 이들은 사회적 계급에 속한다는 점에서, 즉 사회적인 관점에서는 계급이다. 그러나 상징적 질서 속에서는 그 어느 곳에도 속하지 않는다는 점에서, 즉 문화적인 관점에서는 계급이 아니다. 두 번째로 그들은 그 불안정성으로 말미암아 문화적 질서를 위협한다(물론 이 때문에 생산적일 수도 있다). 왜냐하면 그들은 이 질서의 틈새를 드러냄으로써 그것의 구조 자체를 위협하기 때문이다. "집단은 이들에게 집단의 차원에서 실현불가능한 타협과 상상적 이동의 담당자가 될 것을, 또한 모순되는 것들을 종합할 것을 요구한다"(레비스트로스, 앞의 책). 실현불가능한 타협, 상상적 이동, 모순되는 것들에 대한 종합. 광인은 어린 시절로의 회귀라는 불가능한 과정을 체현한다. 무당은 이승과 저승 사이의 이동이라는 허구적 여행을 한다고 주장한다. 장터의 묘기꾼은 그들의 몸을 사용하여 보통 인간으로서는 도달할 수 없는 경이적이고 비인간적인 모습을 만들어낸다. 무당은 새가 된 척, 장돌뱅이 묘기꾼은 뱀이 된 척, 그리고 광인은 돌로 변한 척한다. 그러나 모든 비정상보다 더욱더 극명하게 전체 체계의 균열을 드러내는 것은 바로 여성이다. 아니, 어쩌면 여성은 정상과 동시에 비정상까지도 체현한다고 하는 편이 나을지도 모르겠다. 왜냐하면 여성은 가장 큰 규범인 재생산의 규범을 체현하는 주체이기 때문이다. 마르셀 모스는 여성을 신경질적, 법열(法悅)적, 장터의 묘기꾼과 같은 인물에 덧붙여 비정상의 하나로 보았다. 그러나 여성은 이

---

9) 차력사와 같이 주로 장터에서 여러 가지 묘기를 부리는 인물들.

들과는 달리 이중적 지위를 갖는다. 여성은 한편으로 질서의 일부이다. 왜냐하면 이들은 아내이자 어머니이기 때문이다. 그러나 다른 한편으로 여성은 생리를 한다.[10] 그것은 물론 하나의 자연현상이다. 그러나 그것은 인간의 동물성을 일깨움으로써 인간적 질서의 교란을 의미하기도 한다. 따라서 여성은 모순의 극치이며 질서인 동시에 무질서이다. 여성에 대한 두려움, 공포, 혹은 여성을 상징체계에서 제외하는 태도는 바로 이러한 자연적 주기성에 기인한다. 미슐레가 지적하였듯이 마녀는 자연을 잉태하고, 생리를 하는 여성은 문화 바깥에 존재하는 무엇인가와 교통한다. "(여성의) 인생 중 결정적인 순간들은 경외를 불러일으킨다. 이 때문에 이들은 특별한 지위를 갖는다. 그런데 여성들의 마법적 능력이 가장 강력해지는 기간은 바로 생리기간, 임신과 출산기간, 그리고 폐경 이후이다"(마르셀 모스, 《일반 마법론》).

이처럼 여성은 실현불가능한 타협, 상상적 이동, 모순되는 것들에 대한 종합을 담당한다고 간주된다. 마녀와 히스테리 환자, 그녀들은 분명히 그렇다. 먼저 마녀는 인간이 살아내기 어려운 억압적 문화의 숨통을 터준다. 그녀는 지배 종교에 질식당한 환자들을 고쳐주고, 허용되지 않은 수단들까지도 사용하였다. 그 중 대표적인 것이 낙태시술이었다. 마녀는 검은 숫염소를 타고 어디론가 사라진다. 또한 빗자루를 타고 날아다닌다. 이렇게 그녀는 동물, 식물, 비인간의 차원으로 이동하는 것이다. 히스테리 환자는 모순되는 것들의 통합, 즉 양성성을 체현한다. 상징체계 속에 포함되지 못한 모든 하위집단과 마찬가지로 여성들은 이러한 불안정성 때문에 탄압을 받았다. 상징체계는 항상 상징적 무질서를 제어하려 한다. 따라서 이 체계에 저항하는 요소들은 탄압의 위기에 처한다. 《슬픈 열대》에서 레비스트로스는 두 가지의 탄압 기제를 들었다(다른 관점에서 보면 이것들은 통합의 기제들이라고 불릴 수 있다). 그 첫째는 '토

---

10) 프랑스어의 règle는 단수로 쓰일 경우에는 규칙 및 질서를 의미하며 복수로 쓰일 경우에는 여성의 생리현상, 즉 월경을 의미한다. 클레망은 이 단어의 이중적 의미를 이용하여 여성의 이중적 지위를 상징적으로 드러내었다.

출적'(吐出的, *anthropoémique*) 기제로 우리 사회의 경우가 이에 속한다. 이 기제는 비정상적 요소들을 병원이나 요양원, 감옥 등과 같은 보호된 공간 속에 격리시키는 방식이다. 두 번째인 '흡인혈적'(吸人血的, *anthropophagique*) 기제는 주로 비역사적 사회들에서 발견되는 것으로 비정상, 일탈, 도착 등을 문화적 장(場)의 중심부에 위치시키는 방식이다. 마녀들의 역사는 이 두 극점 사이를 왕래하다가, 대부분의 경우 감금이나 죽음으로 끝난다. 몇 세기 후, 히스테리 환자들은 반(半) 감금상태에 처한다. 의사들과 염려하는 가족들에 둘러싸여 우울하게 드러누워 있는 그녀들은 가정에 감금되어 있다. 그렇지 않은 경우, 그녀들의 발작은 의학적 구경거리가 된다. 이러한 억압기제는 주변인들의 불안정성을 배가한다. 그러나 동시에 그것은 체제에 의한 통합을 의미하기도 한다.

왜냐하면 이들 집단의 독립성이란 결국 가상적인 것에 불과하기 때문이다. 레비스트로스에 의하면 그들은 "개인적인 차원에서 자율적 상징체계를 획득한다. 그러나 이때 자율성이란 그들의 착각에 불과하다". 왜냐하면 "그들이 한 지엽적 체계에 대해 주변적 위치에 있다 하더라도 그것이 곧 그들이 보다 큰 체제인 전체 체계 속에 속하지 않는다는 것을 의미하지 않기 때문이다. 다시 말하면 그들은 그 지엽적 체계와 마찬가지로 전체 체계의 한 부분을 구성하기 때문이다". 그들은 일종의 빗장과도 같이 체제를 수호한다. 그들은 여러 상징체계 사이에 존재하는 틈새를 메우며 현재로서는 불가능한 것들을 상상적으로 체현한다. 이들에 대한 현실적 평가의 어려움은 바로 여기에 기인한다. 비정상인들, 광인, 일탈자, 신경질적인 자, 여성과 장터의 묘기꾼, 이들은 미래의 문화를 예고하는가? 과거의 문화를 반복하는가, 아니면 언제나 존재해온 유토피아의 표현인가? 미슐레는 이에 대해 한순간도 머뭇거리지 않는다. 그에 의하면 마녀는 과거에 속한다. 그녀의 도전능력은 바로 과거의 사자(使者)라는 데서 나온다. 프로이트는 억압된 것의 힘 역시 같은 방식으로 작용한다고 본다. 시간착오는 시간의 차이, 혼란, 변화라는 특수한 힘을 가지고 있으나 그 작용범위는 제한적이다. 왜냐하면 이때의 시간이동은 실제적인 것이 아니라 상상적일 뿐이기 때문이다. 과거는 몸짓과 증상을 통해 유지된다. 프로이트는 억압된 요소와 그것의 시간착오적 표출에 대해 이렇게 쓴다. "어떤 지방에서는 옛 법률들이 아직도 존재한다. 과거의 흔적들이 아직도 살아남아 있는 것이다"(《정신분석의 탄생》). 이것은 치료술로서의 정신분석학의 위상이 달려있는 문제이다. 증상을 없애는 것, 이것은 교란된, 그리고 교란시키는 질서를 회복시키는 것인가, 아니면 과거 속에 존재하는, 그러나 현재에 이르러 이상하고, 낯선 타자가 되어버린 혁신의 힘을 완전히 절멸시켜버리는 것인가? 이 때문에 치료불가능하다고 알려진 히스테리 환자들은 때때로, 그리고 점점 더 빈번히, 저항하는 히로인, 즉 정신분석 치료가 결코 굴복시킬 수 없었던 사람으로 부각된다. 위기에 처한 여성성을 드러냄으로써 프로이트의 열정을 촉발시켰던 여성, 그리고 그에게서 도망칠 수 있었던 단 하나의 여성.[11] (정신분석의 역사가 지속될 수 있었던 것은 바로 히스테리의 역사에 대한 이러한 관점 덕택이기도 하다.) 또한 문화적 혁신에 대한 평가가 달려있는 문제이기도 하다. 그리고 이 혁신이란 바로 미래의 유토피아의 전조인 동시에 현실적 생산관계의 변화에 의해 촉발되는 것이다. 마지막으로 이것은 상상계, 현실계, 그리고 상징계의 관계의 문제이다. 미슐레의 주장대로라면 상상계는 상징계와 현실계에 영향을 미칠 수 있을 것이다. 그러나 비정상이란 바로 상상계가 상징계에 들어가지 못하는 상태를 말한다. 그것은 유사(類似) 생산일 뿐 결코 실제적 생산일 수 없다. 왜냐하면 그것은 타인에게 전달이 불가능한 개인적 상징에 불과한 까닭에 문화 속에서 전수될 수 없기 때문이다. 히스테리의 경우는 더욱 그러하다. 강박증 환자의 글쓰기는 극단적이기는 하나 그럼에도 불구하고 전달가능한 글쓰기일 수 있다. 그러한 글쓰기의 문체를 분석하고, 그 속에서 '인간적 의사소통의 여지'를 인정한 자크 라캉의 사례가 보여주듯이(《강박증에 대한 첫 번째 글》). 이에 반해 육체에 은유적으로 쓰인 히스테리 증세는 찰나

11) 프로이트의 〈도라의 히스테리 분석〉에 나오는 히스테리 환자 도라. 그녀는 프로이트의 치료를 스스로 중단한다.

적이고, 이해불가능하며, 또한 유추를 통해서만 언어적 형태를 띨 수 있을 뿐이다. 억압된 것의 귀환이 주는 전복적 무게, 과거의 힘, 상상계가 상징계와 현실계에 대해 영향력을 가지느냐, 혹은 가지지 않느냐의 문제. 이것들이 바로 마녀와 히스테리 환자를 이어주는 핵심이다. 그러나 현 단계에서 이 두 종류의 여성은 일종의 참조로서, 모델로서, 혹은 알레고리로서만 이해되어야 한다. 행동으로, 행위로 옮기는 것, 현실계 속에 상징계를 새기는 것, 그리하여 실제적인 구조 변화를 산출하는 것, 그것이 바로 마술과 히스테리로부터의 유일한 출구이다. 그러나 우리는 아직 거기에 도달하지 못하였다.

이들을 이어주는 끈을 따라가자. 아니 차라리 그들을 같은 장면 속에서, 같은 언어망(網) 속에서 읽어보자. 이 여성들은 경제적, 가정적 착취라는 불행을 피하기 위해 남성 관객들 앞에서 자신들의 고통을 스펙터클로 만드는 편을 택하였다. 스펙터클, 고통, 그것은 바로 발작이다. 발작은 또한 축제이기도 하다. 공격의 무기로 돌변한 죄의식의 축제, 유혹의 이야기이기도 하다. 그 모든 것은 가족 내에서 일어난다.

2. 표시와 자극 : 육체라는 극장

"나는 마녀들이 광분하는 장면과 그녀들이 악마와 교섭하는 장면을 내 눈으로 직접 보고자 하는 야릇한 욕망을 가졌다." 이것은 종교재판관인 장 보댕의 말이다. 이렇게 그는 순진하게 시각적 욕망을 증거한다. 이 욕망은 마법의 필수조건이다. 왜냐하면 마법에 홀린 자, 마법사, 혹은 마녀들이 자신들이 악마에 씌었다는 사실을 증명하려면 실제로 그 증거를 보여주어야만 하였기 때문이다. 시각적 욕망, 더 나아가 모든 욕망은 악마의 표시이다. '야릇한 욕망'을 갖는 것, 그것은 벌써 위험한 유혹에 빠졌다는 것을 의미한다. 스펙터클은 공개적이며 밝은 대낮에 연출된다. 축제, 전도된 스펙터클, 그것은 바로 마술사, 마녀들이 벌이는 야연(夜

宴, *Sabbat*)이다. 여기에는 모든 사람들이 참여하며, 어느 누구도 단순히 관객 역할만 담당하지는 않는다. 그러나 스펙터클로서의 마법 및 히스테리에는 필수적으로 관객이 필요하다. 자신들의 야릇한 욕망을 채울 준비가 되어있는 이 관객들, 그것은 대체로 남성들이다. 종교재판관, 판사, 의사, 히스테리 환자를 둘러싸고 있는 일단의 의사들. 그들은 빳빳하게 몸이 굳은 채, 신들린 여성의 빳빳하게 굳은 몸을 홀린 눈으로 보고 있다. 레비스트로스는 이보다 더 심한, 몰입된 장면인 무당에 의한 치료 상황에 대해 말한다. 그에 의하면 이 장면에는 수요와 공급 사이의 균형이 이루어진다. 그것은 바로 정신병자, 마녀, 히스테리 환자가 공급하는 것과 집단의 요구 사이의 균형이다. "여기에는 두 가지 조건이 있다. 먼저 집단적 전통과 개인적 창조라는 양자 합동에 의해 계속적으로 어떤 구조의 형성과 변형이 일어나야 한다. 즉, 모든 구성 요소들을 아우르는 대립과 상관관계의 체계가 형성되고, 또 변형되어야 하며 또한 마법사, 환자, 관객 그리고 재현과 그 재현의 과정이 전체적 상황 속에 각기 제자리를 차지해야 한다. 두 번째 조건은 환자와 마법사뿐만 아니라 관객도 그 해소(*abréaction*),[12] 즉 상징적 표출의 직접적 경험과정에 어느 정도 참여해야 한다는 것이다. …"(《구조 인류학 I》, 《마법사와 마법》).

이 전체적 상황은 마녀와 히스테리 환자를 둘러싼 일종의 연극적 상연 속에서 나타난다. 그것은 시작의 의식, 촉발의 의식, 그리고 발작의 기다림으로 구성된다. 미셸 드 세르토는 루덩의 신들림 사건을 다룬 기록 중에서 마귀를 쫓는 푸닥거리 장면을 인용한다. "사람들은 마귀 들린 처녀들을 긴 나무의자에 누인다. 머리에는 베개가 고여지고 손에는 수갑이 채워진다. 그러나 그 수갑은 조금만 힘을 주어도 부러질 정도로 허술한 것이었다. 그리고 그들의 다리와 허리에 가죽끈을 돌려 의자에 묶는다.

12) 정신분석학의 용어로 무의식적인 욕구불만, 콤플렉스에서 벗어나기 위해 그것을 밖으로 표출하는 것을 말한다. 정신분석학 용어에서 우리는 대체로 장 라플랑슈, 장 베르트랑 퐁탈리스 공저, 임진수 역, 《정신분석 사전》(열린책들, 2005)을 따랐다.

이러한 준비는 사자, 즉 맹수를 묶는다는 느낌을 주기에 충분하였다. 그러나 악마가 나타나자마자 사람들은 처녀들을 자유롭게 풀어준다. 즉, 처녀일 때 결박당한 그녀들은 악마가 되어 풀려나는 것이다(《루덩의 신들림》, p. 132, 영국 작가 킬리그류의 편지). 악마가 나오게 하려면 여성의 몸을 묶어야 한다. 속박 때문에 못 견디게 하는 것이다. 그리고 원이 만들어지면, 즉 사자가 원형 경기장 속에 들어가면 사람들은 그것을 풀어놓는다. 위험의 쾌락, 자유를 속박당한 채 포효하는 야수의 분노가 연출하는 아름다움, 여성을 사로잡는 악마적 힘의 난폭한 표출. 아니, 그녀들은 이제 더 이상 여성이, 처녀가 아니다. 여성으로서의 그녀들의 몸은 매개체, 버팀목, 통로에 불과하다. 통로가 뚫리면 사람들은 그녀를 풀어놓는다. 그러나 그녀는 이제 더 이상 여성이 아니다. 짐승, 악마, 증상에 불과할 뿐이다. 즉 처녀를 풀어놓는 것이 아니라 악마를 풀어놓는 것이다. 처녀인 그녀는 묶여있다.

에미 폰 N…, 엘리자베트 폰 R…, 카타리나, 루시도 역시 묶여있다. 온통 묶여있다. 찡그린 얼굴, 아플 정도로 긴장된 근육, 마비된 팔다리. 어떤 수갑도 필요하지 않다. 쉽게 풀어지는 허술한 수갑마저도. "신경쇠약 환자가 자신의 병에 대해 얘기할 때면 우리는 마치 그가 능력 이상의 정신적 작업을 행하는 것 같은 인상을 받는다. 마치 어떤 고통스러운 감정의 지배를 받는 것처럼 얼굴 근육이 당겨지고, 찌푸려진다. 째질 듯 높은 목소리로 그는 적합한 표현을 찾고, 자신의 병에 대해 의사가 제시하는 모든 의견을 거부한다 … 얼굴에 경련을 일으키고, 고통에 휩싸인다. 눈을 깜빡이며 시선을 땅바닥으로 떨어뜨린다. 눈썹이 찌푸려지고 인중선이 도드라진다. 그녀는 낮은 목소리로 힘겹게 말을 이어간다. 때로는 혼란 때문에 경련적으로 말을 멈추고, 급기야는 말을 더듬기까지 한다"(《히스테리 연구》). 바로 이것이다. 그녀들은 증상이라는 끈에 묶여있다. 마녀들과 신들린 여자들이 가죽끈에 묶여있듯이. 그리고 그 끈은 곧 풀어진다. 사자를 풀어놓을 때가 된 것이다. 사자들이 도착한다. 괴상한 괴물의 형태로. 때로 그것은 돌멩이 밑의 두꺼비로, 또 때로는 연극무대

위의 거대한 도마뱀으로, 털실뭉치 밑의 생쥐, 화장실의 박쥐의 형태로 나타난다. 이것들은 에미의 경우이다. 또 다른 여성 세실리 M은 눈의 통증을 호소한다. 분석결과 그녀의 눈에서 두려워 마지않는 여러 마녀가 나온다. 각각의 통증, 각각의 증상 뒤에는 짐승이 숨어있다. 추위를 느끼는 것은 악마와 연관되어 있다. 몸 어딘가에 콕콕 찌르는 통증을 느끼는 것은 뭔가 괴물이 접근하는 신호이다. 미슐레에 의하면 마녀들 역시 내부에 짐승을 숨기고 있다. 일단 여성의 몸에 들어간 악마는 그녀를 완전히 사로잡기 전에 먼저 "복수하기 위해 수백 가지 흉측한 모습을 띤다. 그것은 젖가슴 위를 끈적끈적한 뱀처럼 기어가고, 배 밑에서 두꺼비처럼 춤추거나 혹은 박쥐의 뾰족한 부리로 두려움에 떠는 그녀의 입술 위에 끔찍한 키스를 퍼붓는다. …" 차츰차츰 놓여난 짐승들은 자신들의 진짜 얼굴을 드러낸다. '흉악한 얼굴의 인물들'이 수풀 뒤에서 갑자기 나타나고, 거지가 그녀를 놀라게 한다. … 아니, 그것은 또한 이미 고인이 된 그녀 어머니의 얼굴이기도 하다. 어느 날 저녁, 그녀가 집에 들어갔을 때 그녀를 맞은 것은 발작으로 일그러진 채 죽은 어머니의 얼굴이었다. 사자는 바로 우리들 자신이다.

프로이트는 히스테리에 열정적으로 몰두하는 동시에 마법에 대해서도 관심을 보였다. 친구 플리스에게 보낸 1897년의 편지에서 《마녀들의 망치》[13] 에 나오는 현상들과 자신이 돌보는 환자들의 증상을 병치시키고 있다. "내가 자네에게 항상 말했다시피 중세의 종교재판소가 주장한 신들림에 대한 이론은 육체 속의 이물, 의식의 분리에 대한 우리의 이론과 동일하다네." 집 속에 이물이 있다는 점에는 의심의 여지가 없다. 당시 프로이트는 이상한 커다란 양조통 같은 장치를 가진 정신적 집을 구상하

---

13) *Le Malleus Maleficarum*, 종교재판관용 가이드 북 — 원주.
1486년 성도미니크회 수도사들인 하인리히 크래머와 제임스 스프랭어에 의해 출판된 이 책은 종교재판관들에게 마녀의 식별, 재판, 처벌 방식을 알려주고 있다. 마녀 사냥의 도구로 널리 사용된 이 책은 여성 박해의 상징적 문헌으로 간주된다.

고 있었다. 그는 계속해서 추론한다. "그런데 왜 악마는 불쌍한 희생자들을 점령한 후에도 계속해서 그녀들과 간음했을까? 그것도 지독하고 무시무시한 방식으로? 고문으로 짜낸 그녀들의 억지고백은 왜 또한 그렇게 내 환자들이 정신 치료중에 말한 내용과 닮아있는 것일까?"(《정신분석의 탄생》). 이처럼 마녀들은 히스테리 환자의 고백 속에서 다시 나타난다. 그러므로 그녀들의 이야기는 동일한 근원을 갖는 것이 아닐까? 프로이트는 마녀들의 야연(夜宴)을 어린이들의 유희에 연관시킨다. 그들의 몸짓은 동일하며, 그들의 행위 또한 동일하다. "춤과 여러 유흥으로 어우러진 마녀들의 비밀모임은 매일 거리에서 행해지는 어린이들의 놀이와 유사하다." 거리에서라니. 이상하기도 하지. 가장 비밀스러운 것이 가장 공개적으로 변하다니. 실제로 마녀들의 비밀 야연과 어린이들의 유희는 둘 다 결코 공개적인 것, 즉 보여지는 것이 아니다. 어린이들은 공개적으로 논다. 그러나 그들의 유희는 남에게 보여주기 위한 것이 아니다. 스펙터클이 생겨나는 것은 나중의 일이다. 처벌, 순화, 마귀 쫓음의 장면에서 말이다. 교회 당국자들이 개입할 때, 부모들이 제재를 가하려 할 때, 그때서야 비로소 스펙터클이 생겨난다. 당장에는 유희만이 있다. 마녀와 히스테리 환자는 지나간 어린 시절의 장면들을 현재 시제로 재현한다. 장면은 곧 뚜렷한 형태를 띠기 시작한다. 그것은 유혹의 장면이다. 이 장면을 지배하는 주인공은 무시무시하고 거대한, 아버지를 닮은 어떤 인물이다. 그러나 그것은 마녀들의 야연을 지배하는 거대한 숫염소 그림자처럼 모호한 환영이다. 프로이트는 계속한다. "샤르코가 제시한 히스테리 발작의 경우, '광대단계'는 유혹자들의 비정상적 행위를 반영한다. 그들은 아동기의 행위를 기계적으로 반복한다. 즉, 그들은 미친 듯이 펄쩍펄쩍 뜀으로써 희열을 느끼며, 곤두박질치고, 또한 지독하게 찡그리는 표정을 짓는다. 남자 아이들의 히스테리에 특유한 '광대짓'은 바로 여기에 기인한다. 동물흉내와 서커스의 장면을 합친 이 행위는 유희와 성행위 장면의 융합으로 설명될 수 있다." 같은 맥락의 여러 행위의 리스트가 생겨난다. 무당의 곡예, 마녀의 비상, 광대, 그리고 히스테리 환자의 경련 및 활처럼 팽팽하게 긴장된 육체. 마법, 스펙터클 그리고 질병. 그것의 바로 옆에는 동물계로의 이동, 즉 인간의 동물화가 있으며 보다 더 나아가면 최고의 위반인 수간(獸姦), 즉 동물과의 간음이 있다. 이런 식으로 백일몽 속에서 이미지를 쫓아나가면 서커스, 그것의 신비주의적 신화, 즉 십자가에 못 박힌 광대, 비극적 무언극이 있고, 그리고 그 너머에 영화가 있다. 물론 영화는 뤼미에르 형제와 여러 학자의 과학적 발견의 결과로 태어났다. 그러나 다른 한편으로 그것은 어릿광대, 멜리에스,[14] 장터의 묘기꾼들의 유희적 행위의 맥을 잇는다. 그리고 연상에 의해 그것은 무성영화에 나오는 표정이 풍부한, 표현주의적 여배우의 이미지와 연결된다. 입을 크게 벌린 그녀들. 발음되어지지 않은 그녀들의 절규는 현란한 자막에서 재현된다. 〈칼리가리〉[15]의 경우, 겁에 질린 여성들이 몽유병자의 공격을 받는다. 〈메트로폴리스〉[16]에서는 강간을, 〈킹콩〉에서는 거대한 원숭이 왕에게 납치를 당한다. 반대로 아마존, 양성적 자질을 갖춘 여주인공처럼 성역할에서 이와는 정반대편에 있는 여성들도 있다. 곡예사처럼 민첩한 그런 여성들의 대표는 바로 펄 화이트,[17] 무지도라[18]이다. 서커스, 영화와 함께 히스테리의 제도화가 시행된다. 스펙터클은 돈으로 사고파는 것이 되었다. 질병은 사라졌다. 그것은 주변에 떠도는 신화적 분위기에 의해 감지될 뿐이다. 전염의 위험이 없는 카타르시스적 동일화의 공간이 생겨났다. 마녀와 히스테리 환자의 역사는 스펙터클의 역사에 합일된다. 어린 아이의 유희와 성적 장면의 통합이 일어난 것이다.

---

14) Georges Méliès(1861~1938). 프랑스의 무성영화 감독.

15) 〈칼리가리 박사의 밀실〉(*Das Kabinett des Doktor Caligari*). 1919년 제작. 독일 로베르트 비네 감독의 무성영화. 이 영화에서 칼리가리 박사는 몽유병자 케사르의 예언 능력을 입증하기 위하여 살인을 저지른다.

16) *Metropolis*. 1926년 제작. 독일 프리츠 랑 감독의 무성영화. 이 영화에서 주인공 마리는 로트왕이란 과학자에게 추적을 당해 로봇으로 복제된다.

17) Pearl White(1889~1938). 미국의 무성영화 여배우. 액션 영화로 유명했다. 대표적 작품으로는 《폴린의 모험》이 있다.

18) Musidora(1889~1957) — 무성 영화 여배우.

이제 프로이트는 그 장면의 다른 반쪽인 보는 사람들, 즉 훔쳐보는 사람, 의사, 판사, 관객에 대해 말한다. 그에 의하면 이들을 통해 성적 도착(倒錯)이 반복된다. 성적 도착자는 히스테리 환자와 마찬가지로 유혹의 장면을 반복하며, 그것은 그들 양자에게 공통된 것이다. 여성에 대한 남성의 유혹, 서로에 대한 상호적 유혹. 이 유혹은 고통의 단계를 거친다. 프로이트의 말은 계속된다. "게다가 육체에 가해지는 고문은 가장 해석하기 어려운 몇몇 히스테리 증상들의 이해를 가능하게 한다. 매우 놀라운 방식으로 나타나는 핀, 이 불쌍한 여성들의 젖가슴을 상처 내는 바늘, 엑스레이로는 찾아내지 못하는 이 모든 고문의 도구들은 그들의 유혹의 이야기 속에 다시 나타난다. 한편, 종교재판관들은 핀을 사용하여 악마가 남긴 상흔(傷痕)을 찾아내려 한다. 그리고 희생자들은 대동소이한 잔인한 이야기들을 만들어낸다(어쩌면 유혹자의 변장의 도움을 받는지도 모른다). 이렇게 희생자와 고문자는 같은 방식으로 자신들의 유아기 기억을 환기해내는 것이다"(《정신분석의 탄생》). 이러한 기억의 결합으로부터, 또한 상호 박해로부터 탈출하기 위해서는, 그리고 과거의 몸짓의 되풀이를 그치고 현재를 살기 위해서는 시선으로부터, 말의 교환으로부터 탈출해야 한다. 또한 전이의 순환을 파괴해야 한다. 프로이트는 정신 치료용 의자의 뒤편으로 간다. 보이지 않는 존재가 된 그는 반복적인 말들의 일상적 교환 속에서 괴이한 것들을 드러낼 수 있게 하는 기본적 원칙("머릿속에 떠오르는 것을 말하세요", "더 이상 아무것도 숨기지 마세요")을 정립한다. 전이가 가능해졌다. 그것이 거울 속에서 이루어지는 까닭이다. 이렇게 하여 우리는 이제 정신분석의 장에 돌입한다.

3. 발작, 해소, 배출

프로이트와 브로이어가 히스테리 환자를 치료하기 위해 사용한 치료 테크닉에 대한 얘기는 일종의 투쟁기라고 할 수 있다. 그것은 유럽 전역에서 종교재판관들이 악마에 대항해 벌였던 투쟁의 이야기와 유사하다. "어떤 정신적인 힘, 일종의 자아에 대한 혐오감이 병을 일으키는 요인이 되는 생각을 연상으로부터 몰아내고 또한 후에 그것이 기억으로 다시 돌아오는 것을 거부한다. 히스테리 환자의 무지, 즉 그가 모른다고 주장하는 것은 결국 의식적인 거부, 즉 알고 싶지 않다는 의사표시에 다름 아니다. 따라서 치료자의 과업은 심리적 작업을 통해 이러한 연상에 대한 저항을 극복하는 데 있다. 치료자는 우선 '추궁'이라는 심리적 강압을 사용한다. 즉, 환자로 하여금 치료자가 찾고 있는 어떤 상(像)에 대해 주의하게 하는 것이다. 그러나 이제 곧 보게 되겠지만 이것만으로는 충분하지 않다. 치료자는 다른 방법들을 동원해야 하며, 또한 다른 심리적 힘들의 도움을 받아야 한다"(《히스테리 연구》). 히스테리 환자는 무지하고, 어쩌면 천진무구한지도 모른다. 그러나 그것은 거부이자 회피이며 거절이다. 그리고 이 무지는 곧 죄의식으로 판명된다. 물론 그것은 무의식적이다. 이겨내고, 강제하고, 다른 방식을 쓰고, 추궁할 것. 이렇게 볼 때, 두 정화자(淨化者), 즉 프로이트와 브로이어는 아직 마법의 차원에서 탈피하지 못하였다. 프로이트는 이런 자신의 방식을 '작은 기술적 책략'이라고 불렀다. "나는 환자에게 다음과 같이 예고한다. 잠시 후 내가 환자의 이마에 압박을 가할 것이며 압박이 계속되는 동안 눈앞에 어떤 상(像)이나 관념이 떠오를 것이라고." 그럼에도 불구하고 프로이트는 이 방법의 진정한 의미에 대해 막연하게나마 인식하고 있었다. 왜냐하면 그는 이어 다음과 같이 고백했기 때문이다. "이 방식의 장점은 환자의 주의를 의식적인 탐구나 숙고에서 멀리, 한 마디로 그의 의지를 사용할 수 있는 모든 것으로부터 분리시키는 데 있다. 이것은 수정구슬을 들여다볼 때 일어나는 현상과 비슷하다." 어떤 실제적, 혹은 은유적인 이물질이 몸으로부터 축출되어야 한다. 레비스트로스가 묘사한 무당 크살리드의 경우, 이 이물질, 즉 질병은 다름 아닌 무당 자신의 입 속에 숨겨놓은 새털이다. 그는 자신의 잇몸을 깨물어 새털에 피를 묻힌 다음, 끈적끈적한 붉은 벌레 모양의 그것을 내어보인다. 물론 무당 크살리드는 그것이 속임수임을 알고 있다. 그러나 또한 피 묻은 새털의 효과도 알고 있다. 왜냐하면 질병이 사라지기 때문이다. 의식, 무의식. 이 문제는 중요하지 않다. 왜냐하면 이 원시적 이론은 세계와 육체 사이의 관계에 대한 은유이기 때문이다. 무당의 몸에서 이물질이 나온다. 그로 인해 환자의 몸이 낫는다. 이것은 상징적 효능이다. 바슐라르는 《과학정신의 형성》에서 '과학정신의 무의식'에 대해 논한다. 이 과정에서 그는 히스테리에 대해 논의한다. 마치 그것이 매우 중요한 예라도 되는 것처럼. 아니, 어쩌면 그것이 과학의 근원이기라도 한 것처럼. 그는 스트린드베리[19]가 《악셀 보리》에서 동시대의 치료법에 관해 설명한 방식에 대해 논의한다. "이 여성은 실제로 몸이 아프지 않았지만 스스로 아프다고 생각했다. 그(주인공)는 일련의 약을 조제했다. 제일 처음에는 실제로 육체적 불편을 야기하는 약을 써야 했다. 환자로 하여금 상상적 질병상태에서 벗어나 실제 육체의 병에만 정신을 집중하도록 하기 위해서였다. 이를 위해 그는 약장에 보관해놓은 약 중에서 가장 불쾌한 약인 아사페티다[20]를 집었다. 그녀를 진짜로 아프게 하는 데 다른 어떤 약보다 효과가 클 것이라고 판단한 그는 그것을 실제로 발작을 일으킬 만큼 듬뿍 집어넣었다. 이 이물질에 대항하기 위해 몸 전체가 들고일어나고 또한 그것을 내치기 위해 모든 정신작용이 집중된다면 상상적 고통은 잊혀질 것이기 때문이었다." 그것은 치료를 위한 질병 촉발이며 막연한 정신질환을 국지적이고 실제적인 병으

---

19) Johan August Strindberg(1898~1904). 스웨덴의 극작가·소설가.

20) Assa Foetida. 크기 3m 정도의 다년생 초본. 즙을 받아 말린 약을 아위(阿魏)라고 하며 히스테리 진정약, 혹은 나쁜 기운을 쫓는 약, 혹은 중독증 약으로 쓴다.

로 대치하는 것이며, 또한 원인 모를 병을 사람들이 아는 병으로 환원하는 것이다. 어쩌면 이 알려진 병은 불치병일 수도 있다. 누가 알랴? 프로이트 역시 《히스테리 연구》에서 이 점을 인정한다. 하제에 의한 치료는 '히스테리 질환을 흔한 질병'으로 바꾸는 것일 따름이다. 마녀를 완전히 고치기 위해서는 세속 권력에 내맡겨야 한다. 그것만이 혼란을 척결할 수 있다. 그리하여 그녀는 척결된다 … 〔화형대의〕 재로.

프로이트가 이마를 압박하듯이, 또한 악취 나는 약이 위를 압박하여 구토를 유발하듯이, 악령퇴치사는 압박을 통해 악마를 몰아낸다. 신들린 여자의 몸을 장악한 다음, 루덩의 악령퇴치사인 락탕스 신부는 그녀로 하여금 여러 가지 곡예사 같은 자세를 취하도록 하였다. 구경꾼들은 이 광경에 '얼이 빠질' 지경이었다. 그러나 곧 다시 악마의 반항이 시작되었다. 신에 대한 저주가 신들린 여자의 '끔찍하고 무시무시한 목소리'를 통해 터져 나왔다. "그것을 보자 락탕스 신부는 신들린 여자의 몸을 마구잡이로 땅에 내던지고 무자비하게 발로 밟기 시작한다. 그 다음 발로 목을 누르고 다음과 같이 여러 번 반복한다. 'Super aspidem et basiliscum ambulabis et conculcabis leonem et draconem'(독사와 도마뱀 위를 걷고, 사자와 용을 짓밟으리라)." 이 역전된 이미지에는 욕망이 그대로 드러난다. '보통대로라면' 뱀 위를 걸어가는 인물은 구원의 여인 성모 마리아이다. 남자는 끼어들 여지가 없다. 그러나 이 장면에서 성모 마리아 역할을 하는 것은 남자인 악령퇴치사이다. 이것은 성모의 남성적 측면, 즉 그녀의 억압적 역할을 드러낸다. 즉, 성모와 종교재판관은 함께 여성-동물, 여성-욕망을 발로 짓밟는 것이다.

이러한 카타르시스적 연극의 중심부에 프로이트와 브로이어가 '해소'(*abréaction*)라고 부른 과정이 있다. 그것은 "어떤 외상(外傷)을 경험한 사람이 적절한 감정발산을 통해 그 사건으로부터 해방되는 현상을 말한다. 이를 통하여 그는 정신적 질병상태로 빠지지 않을 수 있고, 또한 그러한 질병에서 회복될 수 있다". 물리적 위협을 통해 억지로 얻어내는 신들림의 고백은 정신 치료의 과정에서 나타나는 감정적 발산과 마찬가지로 바로 이러한 해소의 한 과정이다. 그것이 나온다는 점에서 말이다. 프로이트에 의하면 해소는 악마와의 계약이나 가족 내에서 일어나는 유혹과 같은 억압된 사건의 재활성화인 동시에 언어에 의한 행위의 방출이다. "인간은 언어에서 행위의 대체물을 발견한다. 그 대체물 덕택에 정동(情動, *affect*)은 행위에서와 거의 같은 방식으로 해소될 수 있다"(《정신분석 사전》, 라플랑슈-퐁탈리스, '해소'). 그러나 여기에는 물론 행위도 일어난다. 락탕스 신부는 잔느 데장쥬 어멈의 몸에 달려들고, 프로이트는 히스테리 환자의 이마를 누른다. 그러나 중요한 것은 이런 행위가 아니다. 그것은 원초적, 죄스런 행위, 즉 여성의 몸에 병인이 되는 흔적을 남긴 행위이다. 이 행위는 말이나 눈물, 악마의 목소리, 배설물, 눈물 등 여러 가지 형태로 나온다. 그러나 중요한 것은 어찌 되었건 그것이 나온다는 사실 자체이다. 그런데 묘하게도 고통과 몸의 뒤틀림과 경련 속에서 구경꾼들이 감내하기 어려운 현상이 나타난다. 그것은 바로 마녀의 빛나는 얼굴에 나타난 희열과 쾌락이다. 그것은 또한 다른 어떤 것보다도 악마의 존재를 뚜렷이 드러내는 표지이기도 하다. 다음의 대목은 르콜레 신부의 행위를 기록한 것이다. 심판받는 사람은 여전히 잔느 어멈이다. "그 신부는 데장쥬 자매를 잡고 '레비아단아 나와라'고 외쳤다. 그러자 기묘하게도 그녀의 얼굴이 그윽한 표정이 되면서 웃음이 서렸다 … 그러나, 복종하라는 명령을 받자 그 자매의 그윽한 얼굴은 분노의 표정으로 바뀌면서 격렬한 경련에 사로잡혔다. 악령퇴치사는 레비아단에게 계약을 폐기하라고 윽박질렀다.

그러자 그녀의 입으로부터 다음과 같은 말이 흘러나왔다. '내가 누구인지 아느냐?'

'그러는 넌 누구냐?'

'베에모.'

그러자 악령퇴치사는 베에모에게 물러가라고 말하였다. 그리고는 다시 레비아단에게 잔느 자매의 머리에 올라가 그녀의 입과 혀를 완전히 장악하여 그녀를 통해 말하라고 명령하였다. 그러자 그녀는 몸 전체를 비틀었고, 그녀의 얼굴은 격렬한 경련을 일으켰다. 그런 다음, 다시 우아하게 웃는 얼굴이 되었다. 그것으로 사람들은 레비아단이 그녀 속에 들어온 것을 알 수 있었다"(미셸 드 세르토, 《루덩의 신들림》). 경련된 얼굴은 베에모이고, 우아한 얼굴은 레비아단인 것이다. 여성이 말을 하지 않으면 그것은 '과묵'의 중대한 표지이다. 침묵뿐만 아니라 눈물을 흘리지 않는 것도 마찬가지이다. 《마녀들의 망치》에는 다음과 같이 적혀있다. "먼저, 마녀가 과묵의 마법에 걸려있는지 어떤지를 알기 위해서 재판관은 그녀가 재판정에 서 있을 때나, 고문을 받을 때 그녀가 울 수 있는지를 살펴보아야 한다 … 진짜 마녀라면 아무리 울라고 해도 눈물을 흘릴 수 없을 것이다." 사제는 뺨에 바른 침과 같은 거짓 눈물을 경계해야 한다. 그런 다음, 여성의 머리 위에 손을 얹고 다음과 같은 주문을 외워야 한다. "구세주 예수 그리스도께서 세상의 구원을 위해 십자가에서 흘리신 쓴 눈물과, 주께서 돌아가신 날 저녁, 그의 어머니 영광된 성모 마리아께서 그 아들의 상처에 흘리신 뜨거운 눈물과, 하느님께서 눈물을 닦아주신 모든 성자와 선민들이 이 땅에서 흘리신 눈물에 의지하여 너에게 요구하노라. 죄가 없으면 울지어다. 그리고 만일 죄가 있다면 울지 말지어다." 함정은 완벽하다. 웃는 것, 웃지 않는 것, 울지 않는 것, 명랑한 것, 슬픈 것, 경련하는 것, 하지 않는 것, 무관심한 것, 이 모든 것이 악마의 표지인 것이다. 여성의 몸을 통해 모든 것이 표현되고, 또한 표현을 통해 그것들은 몸에서 나온다. 카타르시스적 축출은 실패가 불가능하다.

4. 발작, 축제, 탈출구

그러나 발작은 그저 단순히 불행인 것만은 아니다. 레비아단의 신이 들린 잔느 어멈의 그윽하고 희열에 찬 얼굴이 이 받아들이기 힘든 진실을 확인한다. 또한 이것은 프로이트가 살펴본 어린 아이들의 유희에서도 나타난다. 난폭한 행위, 자가 처벌, 스스로에게, 혹은 타인에게 지은 죄라는 일련의 과정에서 발작은 모든 것이 해소되는 대단원이다. 이 단계에서 긴장은 스펙터클을 통해 해소된다. 스펙터클은 비밀 축제의 메아리와도 같다. 그것은 축제의 잔재된 기억이다. 사르트르는 《집안의 백치》에서 해결할 수 없는 가족관계의 문제를 히스테리 발작을 통해 찾은 플로베르의 경우를 묘사하였다. 플로베르의 어머니는 임신기간 내내 그가 딸일 것을 기대하였다. 아들인 그가 태어났을 때, 그는 사산아로 간주되었다. 플로베르의 해결책은 두 가지 방향으로 진행된다. 먼저 "위급상황에 대한 부정적이고 전략적인 대응으로 간주되는 '추락'"이 있으며, 다음으로 "후속적 사건들로 미루어보아 긍정적 전략으로 간주되는 발작, 혹은 낙관주의로의 전환인 '지는 것이 이기는 것'의 전략"이 있다(제 2권, p. 1771, 1923). 플로베르는 어느 날, 아니, 어느 달 없는 밤, 형 아쉴과 함께 자가용 마차를 타고 가다가 벼락이라도 맞은 것처럼 갑자기 쓰러졌다. 그 후, 오랫동안 그는 자주 발작을 일으켰다(간질, 히스테리, 그 어느 것이라도 상관없다). 이 발작들은 처음의 발작, 이 결정적인 조우(遭遇)를 반복하는 것이었다. 우리가 이 발작을 조우라 함은 그가 발작을 일으킨 시점이 그의 마차가 한 짐마차와 교차할 때였기 때문이다. 한 증인은 그의 발작을 이렇게 묘사한다. "그는 얼굴이 백짓장처럼 창백해지곤 했다 … 그리고는 기계적으로 걷고, 또 침대로 뛰어가 기운 없고 슬픈 모습으로 드러눕곤 하였다. 마치 산 채로 관에 들어가는 것 같았다 … 그는 이렇게 외치곤 했다. '고삐를 놓자고. 짐마차야! 방울 소리가 들려! 아! 여인숙 불빛이 보여!' 그리고는 신음 소리를 내고 … 경련이 시작되었다 … 온몸이 경련을 일으키는 절정 다음에는 언제나 깊은 잠이 뒤따랐고, 이어 기진맥진 상태가 며칠 동안이나 계속되었다." 사르트르는 병의 기원과 이후 가족의 병력 구술을 통해 플로베르의 사례를 논증하였다. 플로베르는 시체처럼 되어서야 의사이자 시체 해부자인 아버지가 그를 돌볼 수밖에 없는 상태로 돌아갈 수 있었던 것이다. 그것은 살아있는 동시에 죽은 상태, 즉 출생의 순간으로의 회귀였다. 발작 상태로의 추락, 기독교 신화에 나오는 '타락'.[21] 이것들은 전략적인 해결책, 탈출구이다. 그러므로 그것은 반복될 수밖에 없다. "경련성 발작은 수동적인 동시에 능동적 의식(儀式)이다. 그것은 돌이킬 수 없는 어떤 사건을 기념한다. 이를 통해 환자는 자신의 신경증을 재선택, 재확인한다 … 그리고 어떤 의미에서 그것은 원초적 발작의 상징적 반복이다."

비반복적 발작은 히스테리와는 전혀 다른 구조를 가진다. 그것은 일회성의, 결정적인 학살이다. 그것은 기념일이 없는 축제, 고독한 축제로 파팽 자매의 사례가 대표적이다. 거울처럼 서로를 반영하는 두 쌍의 자매들, 이중적 여성.[22] 그들은 어느 날 저녁, 더 이상 다른 자매, 즉 주인 자매를 견딜 수가 없었다. 그것은 히스테리 발작과 유사한 발작적 공격이었다. 그러나 그들의 공격성의 희생이 된 것은 상해자(傷害者) 자신의 몸이 아니라 다른 여성의 몸이었다. "각자 한 명씩 적에게 달려들어 산 채로 눈을 도려내고 … 죽였다. 그리고는 손에 잡히는 대로 망치, 주석 물통, 식칼 등을 들고 희생자들의 시체를 난도질하였다. 얼굴을 짓뭉개고, 성기를 드러나게 했다. 또한 주인 자매 중 한 명의 허벅지와 엉덩이를 깊이 도려낸 다음, 그 피를 다른 한 명의 몸에 발랐다. 그리고는 이 잔혹한 의식의 도구들을 깨끗이 씻고, 자신들의 몸을 씻은 다음, 둘이 같은 침대에 들었다. '말끔히 처리했어'라는 말을 둘이 서로 주고받으면서. 냉정한 이 표현은 그들이 끔찍한 유혈의 대향연이 주는 흥분에서 깨어났음을 시사한다"(자크 라캉, 《편집병적 범죄의 동기들, 파팽 자매의 범죄》). 그것은 분명히 일종의 축제이다. 주인에 대한 예외적인 행위, 유혈의 축제. 그러나 그것은 타인의 몸에 대한 공격이라는 점에서 전이가 불가능한 발작이다. 히스테리 환자, 그리고 마녀는 좀 더 꾀가 많다. 그들은 자기 스스로의 몸을 공격함으로써 축제에 타인을 개입시킨다. 구경꾼은 보고자 하는 '야릇한 욕망'을 가지고 있기 때문에 볼 수밖에 없다. 그러나 그는

---

21) 프랑스어에서 추락과 타락은 다 같이 'chute'라는 단어로 표현된다.

22) 자크 라캉에 의해 분석된 정신병의 사례. 파팽 자매를 고용한 주인 역시 자매였다. 이들 자매는 정전이 된 어느 날 밤, 주인 자매를 잔혹하게 살해하고 눈을 도려내는 등, 시체 훼손을 자행하였다.

또한 발작이 반복적으로 일어나도록 부추기는 역할도 한다. 공평한 거래. 스펙터클과 스펙터클의 반복이 서로 교환된다. 크리스틴 파팽과 그의 여동생이 현실 속에서 진짜 살아있는 사람의 몸을 잘게 자르고 깊이 베어낸 행위를 저지른 것은 어딘가에서 흐름이 끊어졌기 때문이었다. 실제로 다른 짝은 그들의 모습을 반사함으로써 흐름을 끊어놓았다. 두 사람의 비슷한 여성들, 그것만 해도 벌써 뭣한데 두 쌍씩이나. 그것도 주인과 하인으로. 게다가 합선이 일어나고, 정전이 된 어느 날 밤 … .

반대로 마녀들의 야연과 히스테리 환자의 발작은 재발성이다. 그것은 원래 규칙적 리듬으로 재발하게 되어있다. 보는 자, 그리고 고통받는 남자, 혹은 고통받는 여자를 서로 마주 보게, 일종의 보충적 쌍으로 만드는 그 장치 자체가 그것을 요구한다. 그 장치는 "희생자와 박해자가 함께 그들의 유아기를 회상하기를" 요구하는 것이다(《정신분석의 탄생》). 그것은 어떤 특정 단계, 즉 후에 사람들이 과전이(過轉移, *transitivisme*) 라고 부른 과도한 동일시와 관련된 것인지도 모른다. "아이는 남을 때리면서 자기가 맞았다고 주장하고, 남이 넘어지는 것을 보고 운다. 마찬가지로 타인과의 동일시 속에서 위엄을 부리고, 잰 체하기도 한다. 이러한 행동을 통해 그는 자기 속에 있는 반대 감정의 양립상태를 명백히 드러낸다. 주인과 동일시하는 노예, 관객과 동일시하는 배우, 유혹자와 동일시하는 유혹당한 자"(자크 라캉, 《정신분석에 있어서의 공격성》). 유혹자에 대한 유혹당한 자의 과전이. 그것은 타인과의 관계에서의 성상(成像, *imago*)[23] 의 잘못된 투영이다. 이러한 현상은 안정된 관계에 미치지 못한 불안한 유사안정(*métastable*) 관계에서 나타날 수 있으며 이러한 관계에서는 정체성이 확립되지 못한 채, 몸에서 몸으로 직접 옮겨갈 수 있다. 여성에서 짐승으로, 한 여성에서 다른 여성으로. 그러나 그것은 또한 공격성이 순환되고, 원색적으로 드러나는 순간이기도 하다. 여성들이 공격한다. 루덩의 악령퇴치사가 '아마존'이라고 부른 여성들은 직접 신들린

23) 어릴 때 가지는 부모를 이상화한 개념.

여성들의 몸 위로 뛰어오른다. 성모 마리아의 대리가 되는 것이다. 이러한 통과의식 속에서 사회적, 상징적 정체성이 사라진다. 에미[24]가 말한다. "나는 지난 세기의 여성이랍니다."

스펙터클과 정신병리학적 현상과 축제와 과거의 회상이라는 여러 현상이 통합되는 한 예가 있다. 그것은 역사적으로, 그리고 지리적으로 매우 복합적인 현상이다. 그것은 이탈리아 남부 메조지오르노 지방에서 일어났다. '대(大) 그리스'라고 불리던 이 옛 그리스 식민지 지방에는 '타란툴라에게 물린 여성들'이 있다. 그녀들은 타란툴라라는 독거미에 물린 여성들이다. 그 독은 우울증과 경련, 불편, 두통을 야기한다. 그러나 문제는 이 지방에 타란툴라가 서식하지 않는다는 점이다. 그러므로 이것은 심리적 현상임에 틀림없다. 실제로 키르헤 신부[25]와 같은 사람들은 이미 17세기부터 그렇게 생각해왔다. 이 병의 치료법은 조상 대대로 내려오는 것으로 '거미 흉내', 혹은 '거미 춤'이라 불려왔다. 이 우울한 축제의 의식은 그것을 행하는 여성에게 매우 부담스런 것이었다. 돈을 주고 오케스트라를 고용해야 했으며 환자에게 장단을 맞추어줄 구경꾼이 있어야 했다. 또한 시간이 필요했는데 그것은 때로 며칠씩이나 계속되기도 하였다. 그리고 마지막으로 그녀들의 수호성인(守護聖人), 즉 다마스커스로 가는 길에서 하늘에서 내려오는 빛에 의해 그녀들처럼 쓰러진 사도 바울의 은총이 있어야 한다. 다음은 에르네스토 드 마르티노의 설명이다. "모든 것은 직접 우리들 눈앞에서 일어난다. 타란툴라에 물린 여성들의 타란툴라화(化)한 몸은 일종의 몸-악기가 되었다가 리듬을 타는, 그리고 멜로디를 맞추는 몸으로 변한다. 이렇게 하여 드러나지 않은 정신적 고통과의 연결이 재개되는 것이다. 악사들은 중개자, 고무자인 동시에 진행요원이다. … 10시경, 악사들이 음악을 연주하기 시작한다. 타란툴라에 물린 여성은 꼼짝도 하지 않고 침대에 누워있다. 그러나 타란텔라 무

24) 프로이트의 《히스테리 연구》에 나오는 히스테리 환자.

25) Kircher(1601~1680). 독일의 예수회 신부, 동양학자.

곡(舞曲)이 연주되기 시작하면 그녀는 날카로운 비명을 지른다. 그녀의 몸이 활처럼 팽팽하게 휜다. 의식(儀式)의 날이 시작된 것이다. 그것은 고전적인 히스테리 환자의 활이다. 교과서에 의하면 환자는 팔을 반쯤 구부린 채 발꿈치와 뻣뻣하게 경직된 목만으로 몸을 지탱한다…(《회한의 땅》). 스펙터클, 음악, 곡예, 해소. 앞의 여인, 즉 마리아 드 나르도는 플로베르가 짐마차와의 조우를 반복하는 것과 마찬가지로 거미에 처음 물린 경험을 반복한다. 어느 일요일 정오, 첫사랑의 실패에 몸부림치던 그녀를 거미가 물었다. 발작은 잃어버린 사랑으로의 회귀를 가능하게 하였다. 이 경우, 보충적 요소들이 끼어든다. 먼저 음악과 색채의 카타르시스 기능이다. 의식을 시작하기 전, 타란툴라에 물린 여성은 두 가지, 즉 음악과 색을 선택한다. 그것은 어떤 특정 음악과 색에는 반응하고, 나머지에 대해서는 반응하지 않음으로써 이루어진다. 이렇게 하여 '그녀에게 고유한' 거미가 선택되는 것이다.

한 중세 문헌에 다음과 같은 설명이 나온다. "타란툴라 거미에게 물린 사람들이 어떤 이유로 여러 다양한 노래와 멜로디를 듣고 그렇게 큰 차도를 보이는가? … 마음에 드는 음악이나 노래를 들으면 그들의 영혼이 기뻐한다. 희열은 매우 좋은 약이기 때문에 그들은 정신을 차리고 소생한다. 물론 그들이 느끼는 쾌락의 원인은 다른 곳에 있기는 하지만 말이다. 실제로 노래와 멜로디의 효력으로 그들의 체액(*humeur*)[26]은 몸 내부로부터 빨아들여져 몸 바깥으로 나간다"(《독에 대한 교황의 훈령》, *Sertum de papale de venenis*).[27] 여기서도 문제가 되는 것은 이물질이다. 이물질, 즉 격렬하고 강제적인 행위를 통해 독을 축출하는 것이다. 강요된 춤, 비극적 희열. 그것은 또한 먼 과거의 반복이기도 하다. 실제로 에르네스토 드 마르티노는 그리스 식민지인 대(大) 그리스 지방이 바로 바커스 제를

26) 프랑스어의 humeur는 체액, 분비액을 의미하기도 하지만 또한 기질, 기분, 화 등을 의미하기도 한다. 이것은 이런 기질 등이 몸의 액체에 좌우된다는 믿음에 기인한다.

27) Ernesto de Marino의 앞의 책에서 재인용 — 원주.

지내던 곳이라는 것을 밝혀내었다. 그러므로 이 지방 특유의 신앙은 결국 고대 이교의 자취인 것이다. 따라서 미슐레의 낭만주의적 몽상은 상당한 근거가 있는 것이다. 자신도 모르는 사이에 그리스 역사 속에 나오는 히로인들을 체현하는 지저분한 농부 아낙들은 이렇게 하여 신화의 일부분이 된다. 헤라가 보낸 등에에게 쫓기는 이오,[28] 큐피드의 화살에 찔린 페드라,[29] 베짜기의 경쟁 상대에 의해 자살로 내몰린 아라크네,[30] 아테나 여신, 목매어 자살함으로써 젊은 처녀들 사이에 목매어 죽는 유행을 만들어낸 이카루스의 딸 에리고네[31] …“여성들, 특히 혼전의 여성들을 엄습하는 위기, 여러 가지 금지된 사랑에 의해 촉발되는 발작. 그늘진 물가에서 고독을 씹는 모습으로 드러나는 발작. 모독당한 신의 분노가 폭발한 것일까? 그처럼 비밀스럽고, 환각적이며, 또한 저항할 수 없이 강하고 지독한 위기. 사회생활과 문명화된 인간계의 질서를 거부하는 동물계의 틈입. 비참한 도주에 종지부를 찍으려는 자살에의 충동. 미친 듯한 춤과 동반하는 최면적인 멜로디. 처음에는 아무런 목적도, 지향점도 없이 방황하는 것 같지만 서서히 그것의 목적과 지향점이 드러나는 것. 영원한 정화의 힘을 가진 물이 흐르는 그늘진 낙원에서 이루어지는

28) 아르고스에 있는 헤라 여신 신전의 여사제. 제우스의 사랑을 받는다. 헤라의 질투를 피하기 위해 제우스는 그녀를 암송아지로 만든다. 이것을 알게 된 헤라는 눈을 백 개 가진 아르고스에게 명령하여 그녀를 지키게 한다. 헤르메스의 술수에 의해 이오가 풀려나자 헤라는 등에를 보내 이오를 물게 한다. 그녀는 놀라 날뛰면서 보스포로스 해협을 건너 이집트로 간다.

29) 그리스 신화에 나오는 태양의 외손녀. 테세우스의 아내. 테세우스의 전처의 아들 히폴리투스를 사랑한 죄로 자살한다.

30) 그리스 신화에 나오는 베 짜기 솜씨가 뛰어난 여성. 직물의 여신 아테나와 솜씨를 겨루었다. 아라크네의 작품은 완벽했으나 그녀가 직물기술에서 아테나보다 우월하다고 자만했기 때문에 아테나는 화가 나서 그녀의 작품을 찢고 매질했다. 그녀는 두려움과 슬픔에 못 이겨 자살을 기도했으나 여신은 그것을 허락하지 않고 그녀를 거미로 만들었다.

31) 이카리우스의 딸로서 아버지의 죽음을 슬퍼하여 목을 매어 자살한다. 신들의 은총으로 별자리, 즉 처녀자리로 환생한다.

발작의 진정, 위기의 해소. 애초에 위기를 촉발시킨 신은 이제 반대로 그녀의 인간계 복귀를 돕는다. 따라서 그녀는 이 낙원에서 이제까지의 혼란에서 벗어나 다시금 (상징적 차원에서) 인간의 형태와 이성을 회복한다…"(《회한의 땅》). 발작이 진행되는 동안 그녀는 거미, 암소, 도마뱀, 염소, 목매단 인형이 된다. 변신의 축제가 계속된 후에야 발작이 진정되는 것이다. 인류학자인 마르티노가 이 미친 듯한 도주의 쾌락을 감지할 수 있었는지 어떤지는 확실치 않다. 그러나 이러한 쾌락적 측면은 그네의 의식에서 분명히 드러난다. 때때로 타란툴라에 물린 여성은 춤의 무대인 침대 시트 위에서 줄을 붙잡고 매달린다. 키르헤 신부는 그녀가 나무에 매어놓은 줄에 매달리기를 좋아한다는 사실을 발견했다. 그것은 '아이오레시스', 즉 의식용 그네이다. 에리고네가 자살한 후, 그녀를 좇아 목매어 죽으려는 여성들을 무마하기 위해 '아이오라', 즉 처녀의 그네 축제를 시행하였다. 그것은 인형들을 나뭇가지에 매다는 것이었다. 또 다른 해석에 따르면 이것은 만드라고라[32]를 수확하기 위한 방편이기도 했다. 요람의 흔들림을 재현하는 그네의 규칙적인 움직임은 안정시키는 힘이 있다. 그것은 아테나 여신에 의해 거미줄에 매달리게 된 아라크네를 재현하는 움직임이기도 하다. 거미, 매달린 인형, 그네의 쾌락. 그녀들은 흔들고, 또한 흔들린다. 처녀들 사이에 번진 목매달아 죽는 유행병을 진정시키기 위해 고안된 그리스의 신성한 그네 의식은 어린 여자 아이들의 그네 놀이와 동일한 것이다.

쾌락, 그것은 발작 동안에 경험되는 오르가즘의 대리물이다. 그것은 모든 형태의 이동 속에서 모방되고, 비틀린 손, 곡예사 같은 몸, 꼬인 팔다리, 활처럼 팽팽히 굽어진 몸에 깃든다. 그리고 발작의 진정, 그것은 피로와 무기력과 침묵과 부동 상태이다. 거미의 춤이 끝나고 드디어 신

---

32) 가지 과의 식물이며, 예로부터 '인간을 닮은 식물'로 불리며 이 형태적 특징 때문에 많은 미신을 만들어내었다. 이 나무는 뽑기가 무척 힘들며 또한 뽑으면 재난이 닥친다고도 한다. 교수대 근처에서 자란다는 터무니없는 미신도 있다.

의 은총이 드러나면 타란툴라에 물린 여성은 휴식한다. "은총은 정확히 14시 55분에 일어났다. 원래 예고된 시간보다 5분 빨랐다. 그날 바이올린을 연주한 이발사가 멀리서 시계 바늘을 가리키며 자기 예언이 맞았음을 표시하자 가족들과 회중들은 감탄하였다. 오케스트라가 성인의 은총을 기리는 타란텔라 무곡을 연주하기 시작하였다. 그 여성이 진짜로 음악과 춤의 자극에 반응하는지 아닌지 확인하기 위해서였다. 그러나 그녀는 침대에 꼼짝도 하지 않고 누워서 무심한 표정으로 그녀 주위에서 일어나는 일들을 멀거니 쳐다보았다"(《회한의 땅》). 그녀는 정말 나은 것이다. 또한 이오의 방황도 '오이스트로스', 즉 신성한 (등에에 의한) 물림과 함께 끝날 것이다. 그러나 어쨌든 잔치는 끝났다. 사회생활로 되돌아가는 것, '자연적' 양식, 즉 동물적이고 욕망하는 멋진 자유에서 떠나는 것, 음악과 춤, 그리고 그것들이 지배하는 시간을 떠나는 것, 그것은 물론 호시탐탐 우리를 노리는 자살의 유혹을 떠나는 것이다. 그러므로 그것은 분명히 위험에서 벗어나는 것이다. 족쇄에서 풀려난 육체의 위협으로부터. 또한 그것은 또 다시 지붕 밑으로, 집안으로, 부모의 슬하, 부부의 인연 속으로 돌아가는 것이며 결국 인간계로 다시 돌아가는 것이다. 축제는 정말 끝나고 만 것이다.

5. 축제와 광증

축제에는 분명 일상생활의 정상적 흐름의 역전이라는 요소가 포함되어 있다. 상다리가 부러질 지경의 진수성찬, 과음, 숙취, 과식, 토하기 등과 같은 현상으로 미루어볼 때, 우리는 축제의 본질이 단순히 평소에 맛볼 수 없었던 쾌락을 얻는 데 있는 것이 아니라 그것을 극한까지 밀고 나가는 데 있음을 알 수 있다. 교환, 뒤집기. 파트너 교환, 금지된 타인의 옷을 빌려 입기, 변장, 가면, 그리고 노동의 시간과의 단절을 의미하는 다른 템포의 음악. 미르체아 엘리아데와 로제 카이우아는 여기서 기원과 전복의 연관을 이끌어 냈다. 그들에 의하면 이 역전은 역사의 흐름에 의해 완전히 뒤집혀버린 기원, 즉 잃어버린 기원으로의 회귀이다. 한편 레비스트로스는 이 '과거'를 신화적 차원에 위치시켰다. "축제에서 사회생활은 역전된다. 그러나 결코 그것은 과거에 그랬기 때문이 아니다. 과거에도 결코 현재와 다를 수 없었고 또한 미래에도 결코 다를 수 없기 때문에 역전이 일어나는 것이다"(《친족 관계의 기본 구조》).

사회생활이(그러나 이것은 실제 사회생활이 아니라 시대에 따라 형성되는 사회의 신화적 이미지이다) 겉이라면 축제는 안이다. 축제에서는 모든 것이 거꾸로다. 심지어는 인간의 육체마저도 뒤집힌다. 히에로니무스 보슈의 낙원[33]이 바로 그것이다. 연인들은 머리를 아래로 하여 발을 벽에 대고 붙어있다. 비례도 역전된다. 열매와 동물은 거대하고, 선민(選民)들은 조그맣다. 그들은 동물과 열매를 타고, 그 속에 몸을 집어넣고, 완전히 들어갈 수도 있다. 꽃 옆에서 한 선민이 자기 몸을 애무하고 있다. 길게 뻗은 그의 손은 물을 향하여, 즉 자신의 머리 쪽으로 치세워진 성기를 붙잡고 있다. 그의 두 다리는 애무를 위해 넓게 V자 형으로 벌어져 있다. 그리고 그 두 다리 사이에는 붉고 도톰한 열매가 검은 가시를 꽂은 채 부풀어 있다. 또 한 사람은 다리를 굽혀 위로 올리고 손으로 땅을 짚고 있다. 이 사람의 머리와 상체는 보이지 않는다. 깃털과 비늘로 만들어진 일종의 달걀, 혹은 뒤집혀진 꽃 모양의 껍질에 가려져 있기 때문이다. 첫 번째 껍질은 과일처럼 분홍색 비늘로 되어있다. 두 번째 껍질은 담황색 깃털이다. 세 번째는 짙은 색 바탕에 연분홍 점이 있는 것이다. 그의 다리 사이에는 커다란 새의 꽁지가 삽입되어 있다. 꽃이 핀 과일이 물 위에 떠있다. 오렌지빛이 나는 커다란 과일의 뒤쪽에는 딱딱하고 가시가 있는 일종의 종려나무 잎 같은 것이 솟아 있다. 그 가운데에 꽃이 있고, 그 꽃의 한가운데로부터 붉은 솜털 뭉치 같은 것이 솟아나와 가볍게

---

33) Hieronymous Bosch(1460~1518, 네덜란드 출신 르네상스 화가)의 〈열락의 동산〉(*Le jardin des délices*)을 말한다.

흔들리고 있다. 그것은 독이 있는 것처럼 보이는 엷은 푸른빛의 투명한 얇은 막으로 싸여 있다. 매우 단단하면서도 또한 허약하게 보이는 둥근 공 모양의 이 막에는 흰색의 혈관이 뻗어있다. 그리고 그 속에는 열매에서 나온 이 꽃의 암술에 둘러싸인 채 선민 한 쌍이 서로를 애무하고 있다. 자연과 문화가 폐기되고, 모든 몸들이 서로 뒤섞여 있다. 동물, 열매, 인간이 함께 뒤얽혀있다. 꽃들이 스며들고, 열매가 애무하고, 동물의 몸이 열리고, 인간은 이러한 전체적 향락의 한 도구에 불과하다. 종교 서적의 페이지 가장자리에 그려진 장난 같은 채색 삽화들, 즉, 몸을 비트는 곡예사들의 형상들, 머리가 위에, 발이 아래에 있는 것을 정상으로 치는 몸의 질서를 전복하는 그로테스크한 형상들, 이런 것들은 전반적인 상상계의 타락을 증거하는지도 모른다. 유르기스 발트루자이티스[34]가 '동화 같은 반(反) 세계'라고 불렀던 그런 상태, 즉 역사적으로는 고딕시대에서 발견의 시대로 이행하는 과도기에 존재하였던 그 세계 말이다. 축제에서는 보슈의 그림에서와 마찬가지로 현실과 정반대의 상태가 체계적으로 제시된다. 현실세계의 비례 법칙을 체계적으로 비틀어놓은 상상계의 제시, 이것이 바로 환상의 전략이다. 마녀, 히스테리 환자는 축제를 자신의 몸에 체현한다. 불가능한 뒤집기를 완성하고, 재현할 수 없는 것, 즉 역전된 형체들을 보여준다. 잔느 데장쥬 어멈을 길들이는 악령퇴치사는 "그녀를 엎드리게 한 다음, 머리를 쳐들고, 팔다리를 뒤로 돌려 함께 묶은 다음, 다시 그것들을 풀어 제자리로 돌리도록 명령한다". 히스테리 환자는 이 장면을 상상 속에서 구현한다. 프로이트는 플리스에게 이렇게 쓴다. "나는 또 다음과 같은 사실을 발견했다네. 히스테리 환자의 두통은 몸의 양극단〔머리와 하체, 그 두 부분에 있는 털, 뺨과 엉덩이, 입술과 큰 입술, 입과 질(膣)〕을 동일시하는 환상적 비교에 기인한다는 것을. 두통은 강제적인 처녀성 상실을 상징하는 역할을 한다네. 그러므로 여기서도 질병은 욕망의 실현을 대신하는 셈이지"(1899년 9월 6일자 편지). 그러므로

34) Jurgis Baltrusaitis(1873~1944). 리투아니아 출신 상징주의 시인.

체조 선수 같은 몸의 뒤틀림과 병의 증상은 결국 동일한 것이다. 여기서 여성은 자기 몸을 역전시키는 이상한 능력을 보여준다. 여성들 사이에서 이런 몸짓은 웃음을 자아낸다. 호쾌한, 그리고 철학적인 웃음. 바우보가 데메테르 앞에서 치마를 벌렁 젖히고 엉덩이를 드러냈을 때 곡식의 여신이 터뜨린 바로 그 웃음이다.[35] 바우보는 다른 머리, 즉 욕망의 머리를 드러내었으며 데메테르는 즉각 그 의미를 깨달았다. 그것은 문화에 대한 조롱이었다. 머리가 아픈 것, 어린 소녀, 혹은 그물에 매달린 거미처럼 몸을 흔드는 것, 제멋대로, 자기 하고 싶은 대로 하는 것, 상징적 질서를 저지하고, 전복시키는 것이다. 그것이 바로 축제이다.

이러한 역전 속에, 그리고 기원으로의 소급과 사회생활의 이면의 접속점에 존재하는 것이 바로 광인, 야만인, 어린이이다. 즉 기원, 배제, 미래의 규범을 동시에 의미하는 세 인물이다. 여성은 이 셋과 유사한 동시에 또한 이 셋의 극한적 표현이다. 미친 여성, 야만적인 여성, 아이 같은 여성. 여성은 다른 셋의 참조항이 된다. 왜냐하면 그녀는 상실인 동시에 기원인 까닭이다. 또 다시 여성, 모든 게 여성 탓이다.

미슐레에 의하면 중세 축제는 기독교에 의해 억압된 이교의 흔적이다. "멋진 축제들, 중세의 축제 중 가장 아름다운 것들, 바보제(祭), 광인제, 당나귀제." 성인 전기, 가짜 성인전(聖人傳), 그리고 인간을 위로하는 기특한 동물들에 대한 전설 속에서 동물은 신의 창조물의 위계에 있어 인간에 매우 가까이 있다. "전설적인 이야기가 아닌 일상생활 속에서도 가정의 겸손한 친구이자 노동의 조력자인 그들은 인간에 의해 높이 평가된다. 그들은 그들 나름대로의 권리를 가지고 있고, 또한 축제도 가지고 있다." 전환이 일어났다. 마술적 동물과 농노, 즉, 겨우 인간 대접을 받는 인간의 최하층 계급 사이에는 더 이상 아무런 차이가 없다. 축제는 인간

35) 그리스 신화에 나오는 곡식의 여신 데메테르의 딸 페르세포네는 명계(冥界)의 신 하데스에게 납치당한다. 데메테르는 모든 의욕을 잃는다. 그러던 그녀가 바우보를 찾아갔을 때, 그녀는 치마를 들치고 성기를 드러낸다. 이것을 본 데메테르는 크게 웃고, 의욕을 되찾아 다시 딸을 찾아 나선다.

과 가까우나 결코 인간이 아닌 동물의 축제라는 의미를 갖는다. 사회 계급의 하나인 농노를 역(逆) 계급인 동물의 위치로까지 떨어뜨림으로써 그 계급 자체를 뒤집는다. 항상 민중의 소리에 예민했던 미슐레는 당나귀를 통해 억압된 민중을 본다. "민중은 당나귀에 자신의 이미지를 투영해 끌고 다녔다. 그렇게 제단 앞에 추하고, 가소롭고, 경멸당하는 자신의 이미지를 바쳤던 것이다! … 은총의 세계는 문을 활짝 열고 하찮은 자, 우직한 자를 맞는 듯하였다. 민중들은 순진하게 그것을 믿었다. 그들은 당나귀에게 다음과 같은 노래를 불러주었다. 그것은 한편으로 자기 스스로에게 하는 이야기이기도 하였다.

> 무릎을 꿇고 아멘이라고 말해라!
> 목초와 건초도 많이 먹었으니!
> 낡은 것들일랑 버리고, 이제 가거라!

최대한의 역전이 일어난다. "사람들은 가짜 교황과 주교와 사제를 뽑는다. 이들은 주현절(主顯節)[36] 저녁까지 옥좌를 차지한다. 여자 옷을 입고, 예배음악 곡조에다 음란하거나 그로테스크한 가사를 붙인 노래를 부르고, 제단이 선술집 탁자라도 되는 양, 그 위에서 먹어대고, 향로에 낡은 구두조각을 태운다. 한마디로 상상할 수 있는 모든 무례한 행동을 다 하는 것이다. 끝으로 사람들은 화려한 행렬을 이루어 멋진 제의(祭衣)를 걸친 당나귀를 교회로 데리고 간다. 그리고 그곳에서 당나귀를 위한 미사가 거행된다"(로제 카이우아, 《인간과 성스러움》). 때때로 사람들은 미친 어머니를 뽑기도 한다. 이 경우, 규범에 대한 위반은 성직자를 조롱할 때보다 더욱 커진다.

미슐레에 의하면 역사의 억압된 자는 자신의 미래를 쥐고 있다. 이렇게 하여 광인, 광대, 장터의 묘기꾼, 미친 어머니처럼 사회집단에서 배제된 자들은 예언자의 지위로 격상된다. 먼 기원, 즉 과거의 흔적으로서

---

36) 1월 6일.

의 그들은 자신들의 사회로부터 배제되었다. 그 때문에 그들은 그들 집단의 미래를 예시할 수 있다. 잃어버린 과거와 그 과거를 되찾는 미래 사이의 간격이 너무도 크기 때문에 차라리 그 간격을 뛰어넘는 초월이 가능하다는 이상한 변증법이 생겨나는 것이다. 《노트르담의 꼽추》에서 빅토르 위고는 이러한 이중적 형상을 재구성한다. 즉, 그는 미슐레처럼 그 형상에 반항의 기운, 해방적 기능을 주입하는 것이다. 이 기형의 괴물이 잔뜩 찡그린 표정으로 처음 등장하였을 때, 사람들은 그것이 가짜인 줄 안다. 그러나 그것이 그의 실제 모습이다. 버려진 아이였던 콰지모도는 광인과 악마의 특성을 함께 가지고 있다. 귀머거리에 애꾸인 데다 말도 제대로 하지 못하는 그는 '화형대의 장작'에 타죽을 신세를 겨우 면하고 죄인 공시대(公示臺)에 묶이기도 한다. 그러나 그는 노트르담 성당의 영혼이며 또한 구세주이다. 그는 또한 인간이 만든 사법제도의 정의롭지 못한 법률을 초월하는 더 큰 의미의 정의의 사도이다. 첫 장면에서 그가 기도소(祈禱所) 창문으로 얼굴을 내밀자 사람들은 '노엘'[37]을 외치며 환호한다. 광대 교황, 구원받은 죄인, 에스메랄다를 구해냄으로써 성역을 더럽힌 자. 게다가 하필이면 그녀를. 이집트 여성, 무희(舞姬), 염소를 거느린 여성. 거미 여인, 말벌 여인,[38] 그녀를 범하려는 자는 누구를 막론하고 단도로 찌르는 여자. 그녀는 "요정 혹은 천사", 혹은 그랭구아르[39]의 표현대로 "그건 불도마뱀, 님프, 여신, 메날로산[40]에 사는 바커스의 여사제다!" 그러나 여사제의 머리에서 구리 핀이 풀어지자 그녀는 단순한 집시처녀가 되고 만다. 신비스러운 이 이교도 처녀는 기독교도와 전혀 다르다. 오직 돈만이 그녀와 기독교적 현실을 이어주는 연결고리이다. 기독교도들은 그러한 그녀를 받아들이지 못한다. 따라서 그녀는 이

37) 라틴어로 '태어나다'라는 뜻이 있음. 그리스도의 태어남을 뜻함.
38) 프랑스어 '말벌'이란 단어에는 속어적인 표현으로 '여자'란 뜻이 내포되어 있다.
39) 피에르 그랭구아르. 《노트르담의 꼽추》에 나오는 등장인물, 시인.
40) 그리스 펠레폰네소스 반도의 중앙고지에 있는 산. 바커스 신에게 예배를 드리는 장소.

상적인 먹잇감이었다. 그녀는 에리고네처럼 교수형에 처해진다. 사형집행인은 교수대에서 그녀의 어깨를 짓누른다. 여기서 위고는 여자들 사이에 돌아다니는 벌레, 즉 '거미와 파리'의 은유를 사용한다. 거미는 사형집행인이다. 거미처럼 행동한다란 말은 결국 남성답게 행동한다는 말인가? 위고의 체계 속에서 교수형을 받은 남자는 성(性)이라는 육체적 기계장치를 지배하는 시계추이다. 교수대에 걸린 에스메랄다, 그것은 바로 끈에 묶여 흔들리는 성기이다. 거미는 사형집행인이다. 그러나 그것은 처녀이기도 하다. 왜냐하면 히스테리에서의 전복과 마찬가지로 위고의 체계에서도 박해자와 희생자의 혼동이 일어나기 때문이다. 어느 날, 위고는 회의 탁자 위에 털이 숭숭한 다리를 가진 거미 그림을 그렸다. 다리 하나는 굽혀져 펜을 쥐고 괴물 같은 자기 몸 위에 글을 써놓았다. 그림을 가로질러 글이 쓰여져 있었다. "멋지군 … Omnia sunt in hoc monstro."[41] 거미는 상징적 글쓰기 행위를 산출한다. 그것은 괴상한 짝짓기를 통해 자기 자신에게 되돌아감으로써 이루어진다. 거미와 파리. 그들은 한몸이다. 그것은 아직 존재하지 않는, 미래에 도래할, 그리고 위고의 남녀 양성적 환상 속에나 가능한 존재이다. 에스메랄다의 어머니는 미쳤다. 은둔자 '라 싸세트', 미친 여자, 신성한 여자 '파케트'.[42] 그들은 같은 여성이다. 단지 늙었을 뿐이다. 그것은 생애 마지막 단계의 마녀의 모습이다. 바로 그녀가 사형집행인에게 딸을 내준다. 타락한 사제 클로드 프롤로,[43] 그는 타락한 문화이다. 자신의 개인적 방탕을 통해 체제 수호에 기여한 자. 지옥을 품고 있는 자. 자신의 해방을 위해 여성에게 그 지옥을 떠넘기려는 자. 그 너머로 위고가 있다. 그는 미슐레처럼

---

41) '모든 것은 이 괴물 속에 있다.'

42) 에스메랄다의 어머니 '파케트'는 어린 딸을 집시에게 유괴당하고 나서, 스스로를 골방 속에 가두고 은둔 생활을 한다. 이 은둔자를 사람들은 '라 싸세트'라고 불렀다.

43) 《노트르담의 꼽추》의 등장인물. 노트르담 성당의 부주교. 에스메랄다에 반해 그녀를 납치하려한다.

스스로 남녀양성 사이에서 줄다리기 한다. 장 모렐이 말했듯이 위고는 '수염 난 여자'인 것이다. "이 늙은 수염장이는 멋진 수염을 가진 여자이다. 그녀는 장터에서 땅 바닥의 포석을 거뜬히 들어올릴 수 있다. 이 늙은 성모, 성모에 대한 이 진부한 이야기, 백발의 젊은이의 이상한 실수 … 위고는 안티테제인가? 신앙의 혼돈과 전복과 퇴폐를 초래하기 위해, 기성 가치들의 모순을 드러내기 위해 그보다 더 열심히 노력하는 자가 어디 있는가? 프롤로-콰지모도는 에스메랄다에 의해 윤무에 끼어 들어갔다. 가장무도회를 통해 모든 것을 혼란시키는 카니발의 사라반드, 파랑돌에 말이다. 그것은 성모의 기적의 영역이다. 그곳에서는 역할이 교환되고, 장님이 눈을 뜨고, 절름발이가 뜀박질친다. 에스메랄다. 민중의 마리아, 거지의 성모 … 종교와 학문과 권위의 오만한 바벨탑은 선동과 동요에 의해 파헤쳐지고 와해되어 비참하고 즐거운 민중의 바벨로 변한다"(《노트르담의 꼽추》, 서문).

축제와 광증, 시선의 소용돌이의 중심에 있는 여성 인물, 위협받는 문화. 혁명과 자유는 이제 멀지 않았다.

6. 어린이, 야만인

프로이트는 다형적 도착[44]이라는 개념을 내놓아 순진무구한 어린이라는 이미지를 파기하였다. 또한 그는 어머니와 아버지라는 기표들 사이에 괴롭게 끼어있는 어린이의 고통을 묘사함으로써 유년기의 이미지를 천국에서 지옥으로 바꾸어 놓았다. 그렇지만 광인과 이상 성격자의 예에서 보듯이 전복은 파괴가 아니다. 그리고 실제로 어린이의 지옥은 욕망의 낙원으로 복원된다. 왜냐하면 다형적 도착단계란 또한 어린이에게 모

44) 유아 성욕은 성기의 기능이 확립되기 전에 발달한다. 그 때문에 그것은 다양한 성감대와 밀접한 관련이 있는 부분들에 종속되어 있다. 이 현상을 다형적 도착이라 한다.

든 욕망이 다 허용되는 단계, 그러나 너무도 빨리 잃어버리는 바로 그 단계를 말하기 때문이다. 물론 이때 그의 욕망이 전부 충족되는 것은 아니다. 그렇기는커녕, 고통의 원인 중의 하나는 그가 도달하려는 거대한 대상들과 욕망 사이의 어마어마한 간극에 있다. 그럼에도 불구하고 이 단계에서 어린이는 그것들을 모두 인식할 수 있고, 몸의 모든 구멍을 통해 자기 몸을 탐색할 수 있고, '성감대'를 형성할 수 있으며 모든 단계를 거쳐 규범에 도달할 수 있다. 그것이 바로 유년기의 축제라는 '딴 세상'이다. "그러므로 이 '딴 세상'은 이제 더 이상 상상적인 형태의 노스탤지어나 실낙원이나 미래의 유토피아로 환원될 수 없다. 그곳은 어린아이의 사랑의 낙원이며, 아이구 맙소사! 그곳은 참 외설스럽다"(라캉, 《정신치료법》).

유년기의 축제 요소들의 핵심은 어른의 투영에서 나타난다. 루소의 예를 들어보자. 자기가 기쁘게 해준 어린 아이들에게 둘러싸인 루소의 감상은 이러한 투영의 대표적인 예이다. "이 축제는 그리 비용이 많이 들지 않았다. 기껏해야 삼십 수우밖에 안 되는 돈으로 백 에퀴 어치 이상의 만족을 얻을 수 있었다."[45] 자발성, 돈의 절약, 말의 절약, 제한된 교환, 제한된 지출. 그리고 무엇보다도 중요한 것은 자신이 소녀들의 쾌락을 창조하였다는, 즉 일종의 창조주가 된 것 같은 뿌듯한 느낌이다. "나는 사람의 마음을 가장 흐뭇하게 만드는 감미로운 장면을 목격하였다. 그것은 어린이의 순진무구한 즐거움이 내 주위로 퍼져나가는 장면이었다. 왜냐하면 어린이들의 즐거움은 그것을 보는 사람들을 온통 감염시켰기 때문이었다. 그렇게 싼값에 그런 즐거움을 얻을 수 있다니. 게다가 내가 그것을 창조하였다는 기쁨까지 덤으로 얻을 수 있다니." 어린이는 어른의 거울이다. 기대하는 정답을 제공하는 거울 요정이다. 마녀의 경우도 마

45) 루소의 《고독한 산책자의 몽상》에 나오는 에피소드. 불로뉴 숲에 놀러간 루소는 교사와 함께 나들이 나온 어린 소녀들을 만난다. 뽑기 과자 장수가 오자 그는 모든 비용을 댐으로써 소녀들이 뽑기를 통해 과자를 받을 수 있도록 해준다.

찬가지이다. 마녀는 사람들이 기대하는 대답을 종교재판관에게 제공한다. 때로 축제는 야만적이며 광적이고 난폭하게 보일지도 모른다. 그러나 이 모든 축제는 나와 타자 사이의, 모든 사람들 사이의, 그리고 모든 타자들 사이에서 동일시가 이루어지는 지리적, 시간적 장(場)이다. 동일시, 성적 공유, 교환, 그러나 계산된 교환이다. 루소의 경우, 그것은 수우, 혹은 에퀴라는 화폐단위로 계산된다. 돈뿐만이 아니다. 언어도 절약해야 한다. 말하지 않고 몸짓이나, 눈물이나, 미소로 의사소통해야 한다. 노래를 하더라도 무반주로 하는 것이 낫다. 악기 사용이 초래하는 거리감을 없애야 하기 때문이다. 화성보다는 멜로디를 선호하고, 거의 아무런 뜻도 없는 어린이들의 놀이같이 극단적인 노래를 선호한다. 샘물가 조우 시대,[46] 아무것도 잃어버린 것이 없는 충만한 언어의 시대, 길거리에서의 비밀 장난의 시대로의 회귀, 인간들 사이의 적당한 거리의 회복, 즉 가장 위협적인 접촉인 여성과의 접촉의 제한. 위고가 말했듯이 '모두 함께, 그러나 단둘이' 있는 것(《테레즈 네의 축제》). 루소로부터 레비스트로스로 가보자. 레비스트로스는 자신의 영역인 인류학적 관점에서 인간들 사이의 적절한 거리의 필요성을 보았다. 집단 사이의 적절한 거리, 즉 너무 가깝지도 너무 멀지도 않은 관계가 필요하다. 너무 가까울 경우, 멜라니 클라인이 묘사한 상상적 세계에서처럼 싸우고, 서로 먹고, 파괴하게 된다. 반대로 너무 멀 경우, 서로에 대한 무지 때문에 싸움이 일어난다. 해와 달, 남자와 여자는 뱃사공을 가운데 두고 서로 떨어져 있다. 그들은 아메리카 인디언의 신화에서처럼 배를 타고 영원히 이렇게 하늘과 땅을 운행한다. 이러한 적절한 거리는 문명사회에서는 강제나 명령이나 상징적 질서에 의해서만 얻어질 수 있다. 그러나 이처럼 강제가 필요하다는 사실은 우리에게 낙원에 대한 근원적인 노스탤지어가 있음을 보여준다. "가까운 사람들끼리 살 수 있는 세계의 감미로움, 그것은 사회적

---

46) 루소의 《언어기원론》에 의하면 언어는 샘물가에 우연히 모인 사람들 사이에서 싹텄다.

인간에게 영원히 거부되었다"(레비스트로스, 《친족관계의 기본 구조》).

가까운 사람들끼리 살기, 레비스트로스가 아마존의 몽상과 신화에서 발견한 이러한 상태는 인간불평등의 기원을 탐구하던 루소가 묘사한 상태와 일치한다. 그것은 세계의 청춘시대이다. 사람들은 우물가에서 서로 만난다. 그들은 거기서 육체의 생존에 필요한 물과, 마음의 생존에 필요한 언어와, 집단의 생존에 필요한 여성을 획득한다. 이러한 인류의 기원과 상통하는 장소인 축제는 또한 교환의 장소이기도 하다. 그곳에서 광인, 어린이, 여성은 평소에 그들에게 거부된 말할 권리와 지배권을 얻는다. 인류의 기원을 반영하는 이 구조 속에서 레비스트로스는 인간의 문화적 법칙이 되는 두 가지 기본적 교환형태를 찾아낸다. 그것은 말과 여성의 교환이다. 말의 교환은 언어이며, 여성의 교환은 족외혼이다. 그러나 이 둘의 발전과정은 서로 다르다. 언어는 그 속에 내포하는 정보를 희생하면서 완벽해진다. 그리하여 그것은 점차로 원래 가지고 있던 풍부한 의미에서 멀어진다. 그것은 너무 복잡해진다. 필연적으로 변질되고 종말을 맞게끔 되어있기 때문이다. 말을 너무도 많이 교환하는 바람에 결국에는 더 이상 말할 수 없는 순간이 오게 될 것이다. "말이 사물을 대신할 수 있게 된 것이다." 반대로 여성의 교환은 원래적 가치를 보존하였다. 왜냐하면 여성은 기호인 동시에 가치이며 기호인 동시에 기호의 생산자이기 때문이다. 우리는 다음과 같은 사실을 잘 알고 있다. 여성들은 말을 하며, 이를 통해 기호의 상태에서 벗어난다. 위대한 기독교 신화의 이 멋진 과학적 설명47)에서마저도 문화를 지키는 것은 바로 여성의 야만성, 즉 그녀가 태고적 기원을 체현한다는 사실이다. "부부의 대화에서 여성은 결코 단순히 말이 가리키는 대상만은 될 수 없다. 왜냐하면 여성은 일반적으로 어떤 특정한 의사소통에 쓰이는 어떤 특정한 종류의 기호이기는 하지만 그럼에도 불구하고 각 여성은 각기 특수한 가치를 유지하고 있기 때문이다. 이러한 가치는 그녀가 결혼 전과 결혼 후에 계속하여 부

47) 레비스트로스의 위의 책.

부의 대화라는 이중창에서 자기 파트를 맡을 수 있는 능력을 유지한다는 사실에서 나온다." 물론 이때 그녀의 언어는 결코 독립적인 언어가 아니며 또한 여성이 그녀 자신에 대해, 독자적인 관점에서 말한다는 것은 생각할 수도 없는 일이다. 그러나 여기서 중요한 것은 기호의 생산자로서의 여성의 기능이 인정되었다는 점이다. 실제로 여성의 다른 기능, 즉 교환기능의 경우, 집단간의 교환만이 인정되었을 뿐이다. 이중창, 노래, 스펙터클적 관계의 상징. 교환의 대상, 그리고 연극의 대상, 원초적 교환에서의 여성. 그러나 이 모든 교환 속에서 여성은 기원의 본질적 가치를 유지하고 있다. 마치 여성이 유년기에, 원초적 야만성 속에 머무르는 것이 필수적이라도 한 것처럼. 인간의 교환을 필연적인 언어적 앤트로피의 증가에 기인한 종말로부터 보호하는 최후의 보루로서 말이다. 말은 너무 잦은 순환을 통하여 정보를 잃고 의미를 잃어버릴 수 있다. 그러므로 여성만이라도 그 원초적 형태를 지켜야 하는 것이다. 스스로는 말하지 않고 남성의 말의 원인이 됨으로써, 그리고 그녀들의 신비를 통하여 언어 전체를 지킬 수 있어야 하는 것이다. 레비스트로스에 의하면 그녀들이 지키는 자질들은 원래 모든 인간의 의사소통을 지배하고 있었으며 그것들은 바로 '정의(情意)적 풍요', '열정', '신비'이다. 그는 후에 《신화학》에서 아메리카 인디언의 신화구조에서 여성의 월경, 즉 조절될 수 없는 피의 유출은 자연과 문화의 경계가 되는 분수령이라고 보았다. 그것은 자연에 너무 가깝기 때문에 (문화에 대해) 위협적이며 규칙적인 동시에 불규칙적이다. 그것은 자연적이고 위험한 질서에 속하며 언제나 지속될 수 있고 또한 대재난이 될 수 있다. 그러므로 문화의 관점에서, 그리고 문화적 가치의 담지자인 남자들의 관점에서 볼 경우, 그것은 무질서이다. 이 때문에 여성들은 항상 미개인처럼, 어린애처럼 취급된다. 또한 그녀들을 제어해 줄 예법과 관습도 필요하다. 그녀들은 사는 법을 배워야 한다. "여성들은 특히 교육을 잘 받아야 한다. 왜냐하면 그녀들은 주기적인 존재들이기 때문이다. 이 주기성 때문에 그녀들은 계속 위협받는다. 또한 이 때문에 우주 전체가 위협받는다. 우리가 앞에서 언급한 두 가지

가능성 때문이다. 그 첫째는 주기가 늦어지다가 급기야는 멈추는 것이다. 그러면 모든 것이 멈추어 버린다. 두 번째는 주기가 빨라져서 세계가 혼란 속에 빠지는 것이다. 왜냐하면 다음과 같은 상상이 가능하기 때문이다. 첫째는 여성들이 월경을 멈추고, 아이를 낳지 않을 수 있다는 것이며, 둘째로는 반대로 그녀들이 쉬지 않고 피를 흘리고, 온 천지사방에 아기를 낳아놓는 것이다"(《신화학》, 〈식탁 예법의 기원〉, 결론). 두 종류의 주기성이 서로 대립된다. 그 첫째는 여성의 생리주기이다. 신화는 이 시대의 사람들이 이 주기의 진정한 본질을 제대로 알지 못했지만 그럼에도 불구하고 적어도 야만적 논리의 무의식적 지식에 의해 생리주기가 종족의 번식을 담당한다는 점을 알고 있었다는 것을 보여준다. 두 번째는 문화의 주기성으로 이것은 남성들이 자연에 부과한 필연적인 물질적 변형이다. 이것은 계절과 식물과 동물, 그리고 여성들의 주기를 따르는 동시에 그들을 속박한다. 그러므로 정의(情意)적 관계에서 여성들은 이른바 미성숙 상태에 머물러 있어야 한다. 열정과 낙원의 영역은 결국 이러한 미성숙과 과거회귀가 지배하는 영역이다. 말과 여성의 교환은 야만적 축제의 핵심이다. 그것은 말없이, 훨씬 나중에 언어가 되는 그러한 의사소통 방식의 경계점에서, 그리고 교환형태의 경계점에서 이루어진다. 문화는 그 기원인 낙원과 결별하고 여성과 재화와 말의 교환을 도입한다. 이것들은 자궁과 같은 원시사회의 미숙하고, 말없고, 그러나 귀중한 교환 형태를 희생하고서 이루어진다. "그러나 상징적 사고와 그것의 집단적 형태인 사회생활이 태어난 그 모태의 뜨겁고 감동적인 분위기는 신기루처럼 아직도 우리의 환상을 달군다. 오늘날까지도 인류는 꿈꾸어 왔다. 교환의 법칙을 벗어날 수 있는 것처럼 느껴지는 그런 덧없는 순간들을 붙잡아 고정시킬 수는 없는 것일까 하고. 잃지 않고 얻고, 나누지 않고 향유할 수는 없을까 하고 …" 한마디로 말해, 여성을 붙잡아 두려면 그들을 원시적이고 야생적 상태로 붙들어 두어야 한다. 해석자로서 레비스트로스가 신화를 충실하게 기록하기만 한 것인지, 아니면 자기의견을 투영시킨 것인지는 확실치 않다. 그럼에도 불구하고 그를 통해 이 원초적 구조의 진실이 드러난다. 더 이상 교환하지 않기. 다시 말하면 더 이상 여자를 교환하지 않기. 여자 없이 살기, 그것은 역사의 바깥에 존재한다. 그러므로 그것은 결국 역사 없이 사는 것이다.

이렇게 사회생활에는 표면과 이면이 함께 존재한다. 중간쯤에 축제가 있다. 표면에는 교환, 분배, 소득, 이익, 그리고 열정의 감소, 의사소통의 상실이 있다. 이면에는 신화에서처럼 더 이상 아무런 교환도 일어나지 않으며 공동체의 안팎에서 향락, 융합, 공유가 이루어진다. 기원은 현재의 이면이다. 프로이트가 기원의 신화에서 묘사한 것은 바로 이것, 즉 수치스러운 역전의 한 기원이다. 《토템과 터부》, 《모세와 유일신교》, 《문명의 불안》에는 모두 축제의 분석이 나온다. 그것은 식인 축제, 토템 신앙의 잔치이다. 축제는 상(喪)으로부터 시작한다. 상에서 환희로. 악령퇴치 의식에서 악마가 행복한 얼굴을 통해 자신의 존재를 표현하는 것과 마찬가지로. 프로이트는 말한다. "상(喪) 다음에는 매우 시끌벅적하고 즐거운 축제가 따른다. 여기서는 모든 본능이 해방되고 모든 욕구 충족이 허용된다. 그리고 여기서 우리는 축제의 본질을 엿볼 수 있다. 사람들이 과도한 행동을 하는 것은 즐거워하라는 명령을 받았기 때문이 아니다. 과잉은 축제의 본성 그 자체이다. 축제에는 보통 때 금지된 것이 허용되며 즐거운 기분은 바로 이 허용에서 생겨난다." 축제는 상(喪), 즉 부친 살해의 뒤를 잇는다. 그러나 부친 살해는 또한 어머니에 의한 여성의 자본화, 즉 교환의 부재에 기인한다. 아들들은 아버지, 즉 모든 여성을 독차지한 사람을 죽인다. 그리고는 그를 애도한다. 이 기념 행위에는 모든 것이 재현된다. 즉, 억압된 것이 다시 나타나고, 동물 토템을 통해 아버지가 다시 살아나며, 부친 살해 역시 다시 한 번 이루어진다. 또한 축제를 통해 (여성의) 교환 부재 상태가 재현된다. 식인 축제에서 남자의 몸은 갈기갈기 찢긴다. 그것은 일종의 낙원이다. 상(喪)과 환희가 뒤섞인 이 순간은 여성과 남성이 최초로 격리된, 즉 그들 관계에 최초로 제한이 가해진 시점을 찬양하는 순간이다. 그러나 그것은 동시에 이러한 남녀간의 거리가 파괴되는 순간이기도 하다. 프로이트의 역사 해석에 따르면 근친상간은 여기서 기원한다. 이와 함께 세대(世代)가 생겨난다. 아버지들과 아들들은 딸들을 교환하고, 이것을 통해 세대가 이루어지는 것이다. 그리고 그것은 끝없이 계속된다. 축제에서는 이 교환이 사라진다. 레비스트로스는 지적한다. "어머니, 혹은 누이에 대한 욕망", "부친 살해와 아들들의 뉘우침은 물론 역사상의 어떤 특정 사실에도 부합되지 않는다. 그러나 그것은 어쩌면 태곳적으로부터 내려오는 영속적인 꿈을 상징적 형태로 표현하고 있는지도 모른다… 근친상간에 대한 아쉬움이 표출되는 상징적 욕망충족의 장(場)인 축제는 그러므로 어떤 특정 사건에 대한 기념이 아니다. 그것은 다른 것이며, 그것 이상의 것이다. 그것은 무질서, 혹은 반(反) 질서에 대한 항구적 욕망의 표현인 까닭이다."

그렇지만 그것은 어쩌면 시효가 끝난 예전의 질서를 되찾으려는 우회적 방식인지도 모른다. 근친상간에 대한 금기는 현재의 법, 즉 현재에 금지된 것이다(여기서 '현재'라는 말은 신화라는 문맥 속에서 이해되어야 한다. 나의 모든 논의는 항상 그 수준에서 이루어지고 있다). 여기에 대해 미슐레는 매우 설득력 있는 설명을 제공한다. 마법의 시대인 중세에 근친상간이란 같은 마을의 거의 모든 성원을 포함하는 매우 포괄적인 개념이었다. 아내를 취하기 위해서는 정말로 자기 고장, 즉 자기 교회 관할 구역을 벗어나야만 했다. 14촌까지, 영세(領洗)의 동료, 어린 시절의 친척들. 심지어는 자기 마을 안에서 사랑하는 것조차 모두 근친상간이었다. (마녀들의) 야연(夜宴)은 근친상간이 이루어지는 공간이다. 왜냐하면 사람들은 거기서 어린 시절의 사랑의 대상을 만나기 때문이다. 이 고삐 풀린 공간에서 그들은 진정한 질서, 그들의 최초의 사랑과 이웃과 친척들로 이루어진 원초적 질서를 되찾는다. 미슐레는 다음과 같이 주장한다. "근친상간은 농노의 보편적 조건이었다. 이러한 조건은 야연에서 분명히 드러난다. 그들의 유일한 자유이며, 진정한 삶인 그곳에서 그들은 자신의 모습을 그대로 드러낼 수 있었다." 역설적으로, 아니, 어쩌면 차라리 당연히, 진리는 이곳, 즉 앞면이 아닌 뒷면 속에 있다. "야연에서는 자연적 사랑이 분출한다. 청년은 그곳에서 어릴 때 알고, 사랑하던 여성을 만난다. 열 살 때 그를 '작은 신랑'이라고 불렀던 바로 그 여성을 말이다. 그는 분명히 그녀를 더 좋아한다. 그리고 종교적 금지에 대해 개의치 않는다. (…) 강력한 공모, 충실한 화합은 가족 간의 사랑을 굳건히 하고, 외부인을 배제한다." 야연은 동족끼리의 사랑이다. 그것은 지나간 어린 시절의 재현인 동시에 미래의 가족, 즉 확대 친족 관계에 뒤이은 부르주아적 축소 가족 관계를 예고한다. 남자 사촌은 마녀가 선택하는 지배적 인물이다. 그들의 여자들, 즉 그들 가까이에 있는 여자들은 항상 이 인물에 대해 유혹을 느낀다. 신화와 옛날이야기에는 야연에서 표출되곤 하는 이러한 동족간의 사랑이 지속적 현실 속에서 실패하는 예들이 등장한다. 이졸데의 경우, 폭풍의 언덕[48]과 카레올[49]에서 단 하나의 해결책을 발견한다. 그것은 죽음이다. 함께 자란 아이들이 다시 만날 수 있는 곳은 오직 그곳뿐이다. 야연은 이러한 재회가 문제없이 이루어질 수 있는 시공간이다.

이것이 야연, 즉 마녀의 축제의 본질이다. 미슐레에 의하면 그것은 여성의 절정이다. "야연에서 여성은 모든 것이다. 그녀는 성직자이며, 제단이며, 모든 사람들이 먹는 영성체의 제물이다. 어쩌면 그녀는 신의 역할까지 맡는지도 모른다." 그는 그곳의 성행위는 전적으로 이성애적이며 오직 그곳에서만 이성애적 성행위가 가능하다는 점을 암시한다. "템플기사단의 추잡한 형제애는 없고, 불필요했다. 야연에서 여성은 모든 것이었다." 모든 것, 즉 '반항의 영성체'의 주체인 동시에 대상이었다. 물론 그들의 모임은 검은 미사, 즉 뒤집혀진 미사였다. 그럼에도 불구하고 그것은 모임, 기념 축제라는 점에서 일종의 미사임에 틀림없다. 물론 거기에는 폭력이 있었다. 미슐레가 묘사한 자유롭고, 혁명적이고, 시적인 축

48) 에밀리 브론테의 《폭풍의 언덕》 역시, 어린 시절 오누이처럼 함께 자란 캐서린과 히스클리프 사이의 비극적 사랑이 주제이다.

49) 〈트리스탄과 이졸데〉에 나오는 트리스탄의 성이 있는 곳. 프랑스 북서부 브르타뉴 지방에 있음.

제와 대조되는 고야의 향연, 즉 아기를 삼키는 늙은 마녀들의 향연도 물론 있다. 이 두 가지 측면은 모두 맞다. 그것은 분명히 반(反) 자연이다. 그러나 그것은 또한 기독교에 의해 억압된 자연과 심층적으로 연결되어 있다. 반자연적이라 함은 먼저 마녀의 밤의 향연이란 성행위가 출산으로 이어지지 않는 장소라는 의미이다. 마녀들은 효과적인 피임 방법을 사용한다(미슐레는 얼음물이라고 시사했다). 그래서 농노 아낙은 "'절대로 임신하지 않는다'는 여러 사람의 반복된 보증을 받은 후에야 밤의 축제에 참가했다". 반자연적이라 함은 또한 마녀-산파가 계속적인 출산에 시달리는 여성들을 도와주고, 구해준다는 뜻이다. 《마녀들의 망치》에는 이에 대한 설명이 보다 자세히 나와 있다. "산파보다 더 기독교 신앙에 해가 되는 인물은 없다." 왜냐하면 그녀들만이 출생 즉시 아이들을 유괴하여 악마에게 바칠 수 있었기 때문이다. 그러므로 모든 산파들은 잠재적으로 마녀이다. 그녀들은 자연적 행위인 출산을 도와줌으로써 반자연의 편이 된다. "어떤 마녀들은 인간의 자연적 성정, 심지어는 유일한 예외인 암늑대를 제외한 모든 동물의 성정을 거스르는 행위를 한다. 즉 그들은 습관적으로 아기들을 찢어 먹었던 것이다." 이것이 바로 고야의 그림에 나오는 마녀, 그리고 식인 여성들이다. 아기를 훔치는 산파, 그녀들은 위험하다. 왜냐하면 그녀들은 문화와 자연의 경계를 넘나들 능력을 가지고 있으며 따라서 보다 심층적 의미에서 자연과 너무 가까이 있다. 사람들은 아기의 죽음을 바라는 모든 욕망을 그녀에게 투사한다. 혹은 더 극단적으로는 모든 출생이 즉각적으로 내포하는 죽음이란 의미를 그녀에게 투사한다. 그녀는 미래에 도래할 두려움, 부모의 죽음에 대한 속죄양이 된다. 왜냐하면 아기의 탄생은 또한 부모의 (다가올) 죽음을 알리는 기호이기 때문이다. 그러나 역전된 밤의 세계에서 그녀는 매우 좋은 어머니이다. 그녀는 성적 교환을 무효화하고, 그 효력을 없앤다. 그녀는 여성을 낳고, 수유한다. 그리고 미슐레가 지적했듯이 그 너머로 아련히 불임의 여성 인물이 나타난다. 그녀의 역할 상, 불임은 필수적이다. 따라서 그것은 성스러운, 가짜 불임이다. 성모 마리아처럼 말이다. "… 찬양되는 여성은 아이들을 거느린 풍요한 어머니가 아니다. 그것은 성모[50]이다. 그것은 불임으로 요절한 베아트릭스이다." 그것은 또한 이졸데이다. 정해진 결혼을 뒤헝클고 친족 관계를 해체하는 마녀. 사랑과 죽음의 묘약을 뒤섞고, 트리스탄을 사랑의 향연에 초대하여 죽음으로 이끄는 그녀. 상처를 치료하나 결코 트리스탄의 상처를 치유하지 못하는 그녀. 밤을 사랑하고 사랑 때문에 죽는 그녀. 바그너에 의해 종교재판관 대신 리베스토드가 집전하는 화형대 위에서 산화하는 이졸데. 낭만주의 신화에서 여성은 규범이 동요되고, 가치가 역전되고, 중세적 배제가 신성으로 화하는 균열에 위치한다.

야연이 끝난다. 하늘과 땅 사이, 민중의 잔칫상을 위해 대낮처럼 밝혀놓은 황야의 언덕 위에서 시작된 그 향연이. 미사와 대향연과 아이들도 함께 참여하는 밝은 장면과 성인들만이 참여가 허락된 안개에 싸인 어두운 장면으로 구성된 야연이 끝난다. 거기에는 특별한 춤이 있었다. 원무(圓舞), 마녀의 원무. "그들은 등을 맞대고 돈다. 서로 보지 않고 팔을 뒤로 내민 채. 때로 서로의 등이 맞닿는다. 차츰 차츰, 그들은 자신이 누구인지, 그리고 자기 옆에 있는 사람이 누구인지 모르게 된다." 육체의 뒤섞임, 공간의 혼란, 방향의 혼란. 히스테리 환자의 환상 속에서 성기와 머리가 융합되는 것처럼 육체의 아래 위가 뒤바뀐다. 축제의 다른 모든 것들처럼 육체가 뒤집힌다. 야연의 종말에는 마녀만이 남는다. 사탄은 사라지고 모두들 집으로 돌아갔다. "그러나 그녀, 사탄을 만든 그녀, 선과 악을 포함한 모든 것을 만든 그녀, 그렇게 많은 것을 조장한 그녀, 사랑과, 헌신, 그리고 범죄까지도 … ! 그녀는 어떻게 되었는가? 저기, 황야에 홀로 있다 …" 그리고 그 순간, 그녀는 웃으며 날아간다.

---

50) 프랑스어에서 성모를 나타내는 단어인 'Vierge'는 원래 '처녀'라는 뜻이다.

7. 경계 넘기와 전염

그녀가 웃는다. 그것은 두려움을 자아낸다. 마비시키고 속박을 없애는 메두사의 웃음처럼. 그녀는 거기서 우리를 똑바로 바라보고 있다. 마녀는 자주 웃는다. 《파르시팔》[51]의 쿤드리처럼. 제 1막에서 그녀는 거의 말이 없는 충실한 하녀로 나온다. 난폭하고, 광적인 불쌍한 미친 여자이다. 그녀는 '섬기다'라는 말 외에는 아무것도 알지 못한다. 그리고 실제로 그녀는 일단의 남성들을 섬긴다. 그들은 그녀를 노예로 부린다. 매일 아침, 그녀는 말을 타고 성배를 지키는 스페인의 왕 앙포르타스의 상처를 치료할 약을 찾아 나선다. 그것은 피가 나면서 썩어 들어가는 매우 깊은 상처였다. 그러나 그 약은 결코 찾아지지 않는다. 남을 돕는 나약한 여성, 이것이 최초의 쿤드리이다. 2막에서의 그녀는 마녀이다. 그녀의 진짜 주인은 마법사 클링소르이다. 그는 성욕을 없애기 위해 자기 몸을 수술함으로써 성스런 왕국으로부터 스스로 추방되었다. 거세와 순결을 혼동함으로써 클링소르는 악, 마법, 그리고 유혹의 편으로 추락하였다. 그리고 테너 목소리를 얻었다. 거세되어 악마처럼 변한 그는 쿤드리를 복종시켰다. 쿤드리 역시 긴 역사를 가지고 있다. 그녀는 그 옛날 그리스도가 지나갈 때 웃었다는 죄로 단죄를 받았다. 저주받은 웃음, 그녀는 그것을 영원히 몸에 지녀야만 한다. 그녀는 방랑하는 유대인의 여성형이다. 클링소르는 그녀를 젊은 파르시팔에게 보내 그를 유혹하게 한다. 그녀는 그에게 그의 어머니의 이름을 부름으로써, 그 어머니처럼 그의 이름을 발음함으로써 그 임무를 수행하려 한다. 그러나 파르시팔의 순결은 그 유혹을 견뎌내며 결국 성금요일의 매혹된 환희의 순간, 쿤드리를 구원한다. 쿤드리는 더 이상 웃지 않을 것이다. 그녀는 아마도 계속해서 하녀로 남을 것이다. 그녀는 이름을 말하는, 어머니의 이름을 말하는 미친

---

51) 1882년에 초연된 바그너의 오페라.

여자이다. 그녀는 또한 흩뜨리는 웃음, 즉 이 오페라에서 금지된 성(性)의 상징이다. 그녀는 또한 앙포르타스를 상처 입힌 장본인이다. 그녀의 웃음은 그의 가슴에 출혈하는 커다란 상처를 벌려 놓았다. 그녀는 그렇게 오염시킨다.

모든 웃음은 괴물의 영역에 속한다. 데메테르 여신을 웃게 만든 바우보의 몸이 거꾸로 뒤집혀 있었던 것도 바로 이 때문이다. "머리도, 가슴도 없는 여성의 몸. 그녀의 배에 얼굴이 그려져 있다. 치켜 올린 치마가 이 얼굴 비슷한 것의 가장자리를 머리카락처럼 둥글게 두르고 있다"(프로이트, 《응용 정신분석학》, 〈신화적 비교〉). 웃음은 자르고, 파열시키고, 진창을 튀긴다. 펜테실레이아[52]는 웃을 수도 있었다. 그렇지만 그러는 대신 그녀는 아킬레우스를 죽여서 먹었다. 여성이 위험한 선을 넘는 순간이다. 이렇게 문화의 경계선을 넘으면 그녀는 문화에서 배제된다. "각 문화는 고유의 위험과 문제를 가지고 있다. 각 문화는 상황에 따라 몸에 대한 이런 저런 이미지를 가지고 있으며 몸은 바로 그러한 상황의 거울이다. (…) 오염원은 항상 나쁘다. 그것들은 제자리에 있지 않거나 아니면 결코 넘어서는 안 될 선을 넘었기 때문이다. 그리고 이것은 누군가에게 위험을 초래한다"(메리 더글러스, 《오염론》). 파편화, 완전한 몸이라는 남성적 이미지에 대한 위협, 그것은 인간 발달 단계상, 거의 형성되지 못한 단계로의 회귀이다. 거울 단계 이전의 혼란된 상상계, 즉 딱딱하고 방어적인 주체의 갑옷이 형성되기 이전 단계로의 회귀이다. 그것은 위험하다. 왜냐하면 그럴 경우, 공격성이라는 유일한 축에 따라 외부, 혹은 내부를 향해 움직이는 거대한 이미지들은 파괴력을 갖춘 떠다니는 부분들

52) Penthesileia. 그리스 신화에 나오는 아마존의 여왕. 전쟁의 신 아레스와 오트레레의 딸이다. 트로이전쟁 때 트로이군의 명장 헥토르가 죽은 뒤, 트로이를 구원하러 전쟁에 가담하였다가 그리스의 영웅 아킬레우스의 창에 찔려 전사하였다. 19세기 독일 극작가 H. 클라이스트의 희곡 가운데 그녀와 아킬레우스의 사랑의 비극을 묘사한 《펜테실레이아》(1808)가 있다. 위의 얘기는 이 작품에 의거한다.

에 불과하기 때문이다. 이 육체의 조각들은 공격하고, 태우고, 찢는다. 경계를 넘으면 곧 조각과 부분으로 이루어진 이상한 환상의 세계가 펼쳐진다. 마녀(히스테리 환자)에게 파편화는 낙원일 수 있다. 그러나 다른 사람들에게 그것은 지옥이다. 히에로니무스 보슈가 경계선 이쪽저쪽을 넘나들면서 그려낸 것도 바로 이것이다. 그의 그림에는 인간의 귀들이 칼을 들고 걸어 다니고, 인간의 복부가 새의 머리를 향해 열려 있다. 문화적 구속과 억압된 마녀적 성향 사이에서 갈등하는 히스테리 환자에게 그것은 지옥인 동시에 쾌락이며 고통인 동시에 낙원이다. 이 낙원은 암묵적이며 비밀스럽다. 그것은 가장 첨예한 고통의 순간에까지도 완전히 사라지지 않는 보일 듯 말 듯한 미소 속에 숨어있다. 이렇게 하여 점차적으로 마녀와 그녀의 딸인 히스테리 환자의 모호성이 설명된다. 그녀 자신의 오래된 계통발생적 관점에서 보면 그것은 파편화 속에서의 쾌락이다. 그러나 다른 사람들의 관점에서 보면 그것은 고통이다. 왜냐하면 파편화, 즉 잘게 찢는 것은 곧 공격이기 때문이다. 고통은 원래 그녀의 것이 아니다. 그것은 원래 타인의 것이며, 투사에 의해 그녀에게 반사된 것에 불과하다. 일견 이상해 보이는 프로이트의 다음과 같은 진술도 이런 맥락에서 볼 때 설명이 가능해진다. "희생자와 박해자가 함께 그들의 어린 시절을 회상한다." 종교재판관-마녀, 정신분석가-히스테리 환자라는 짝의 한쪽 편에서 다른 쪽 편으로 고통과 쾌락, 낙원과 지옥이 순환하는 것이다.

경계가 파괴되면 전염이 일어난다. 이것은 발견되고, 증명된 사실이다. 마녀들은 지구 위에 (어느 종교재판관의 말을 빌면) '정원의 벌레처럼' 퍼져나간다. 그리스 처녀들은 목을 매달고, 타란툴라 거미에 물린 여성들은 춤추기 시작한다. 마녀들의 광증은 전염성이 있다. 그것은 급속도로 번져 나간다. 그것은 전염병이다. 미슐레에 의하면 중세의 전염병은 피부병이다. 그는 일련의 전염병에 대해 일반적 해석을 내린다. "삼 세기 동안 세 번의 끔찍한 역병이 퍼졌다. 첫째는 끔찍한 외부의 변형인 문둥병으로 일종의 피부병이었다. 둘째는 내부적 병으로 이상한 신경 발작,

간질병적 춤이었다. 모든 것이 가라앉는다. 그러나 피가 변질된다. 궤양이 생겨나고, 이것은 16세기의 재앙인 매독의 발병을 준비했다." 그러므로 모든 것은 사랑의 질병으로 귀결된다. 그것은 표면의 감염으로 시작하여 병적인 춤에 의해 준비되었다. 미슐레는 욕망의 동요, 즉 고통스러운 젖가슴의 부풂, 수포(水泡)와 같은 억압된 욕망의 기호의 분출에 대해 동정하는 마음으로 묘사한다. 마녀는 고통을 진정시키나 다른 한편으로 그것을 전염시킨다. 질병은 접촉에 의해 전파되고, 표면을 향해 진행한다. 그러므로 감염되지 않으려면 접촉을 끊으면 된다. 잔느 파브레는 1970년대에 마이엔[53]에서 행해진 연구에 대한 보고서에서 어떻게 "마법을 푸는 사람이 자기 고객에 대해서는 절연체의 역할을 하고, 고객의 상대편에 대해서는 도체(導體) 역할을 하는가"를 설명하였다. 그녀에 따르면 "그는 마법에 걸린 사람에게 스스로를 격리함으로써 접촉을 피하는 방법을 가르쳐주었다. 그에 의하면 격리만으로는 안 되고, 입 다물고 말도 하지 말아야 하며, 악수도 해서는 안 되었다. 이것을 보다 간단히 설명하자면 전기 회로에 비유하면 될 것이다. 왜냐하면 이 회로를 조작하는 모든 사람들에게 공통된 언어는 존재하지 않고, 또한 그 도식을 완전히 그릴 수도 없기 때문이다. 그러므로 차라리 '공기 중에는 언제나 전기가 있다' 정도로 말하는 것이 나을 것이다. 이것은 상당한 개연성이 있다. 왜냐하면 이 회로에 관여하는 어느 누구도 자신 외의 누가 여기에 관여하는지 그 숫자나 정체를 알 수 없기 때문이다"(《생물학적 불행과 반복》).

사람들은 접촉에 의해서, 또한 접촉의 거부에 의해서 죽을 수 있다. 먼저 접촉에 의한 죽음으로는 마법사가 지나간 다음, 갑자기 '뻣뻣하게 굳어 쓰러지는' 경우가 있다. 또한 파팽 자매의 경우, 자신들의 복사물이라고 할 수 있는 주인 자매와 너무 가까웠기 때문에 사고가 났다. 그러나 비접촉 역시 죽음을 가져올 수 있다. 예를 들어 마법에 걸린 것을 알고, 또한 주술에 걸리지 않으려면 어떻게 해야 하는지를 알았던 한 여성은 오랫

53) 프랑스 중서부 지방의 군(郡).

동안 말과 음식을 거부한 끝에 죽고 말았다. 자신을 구원하려면 적당한 거리를 찾아야 한다. 너무 가깝지 않게 — 왜냐하면 벼락을 맞으니까 — 또한 너무 멀지도 않게 — 그럴 경우, 더 이상 살아나갈 수 없기 때문에. 히스테리 환자는 이러한 벼락과 같은 효과를 산출한다. 예를 들어 K씨의 자동차 사고를 상기해보라 … [54] 전기, 그것은 유동적인 정체성이다. 그것은 이 사람에서 저 사람에게로 순환하며 결코 어떤 한 여성주체에게 고정되지 않는다. 그것은 모든 사람의 것이다. 즉 '성적 정체성'은 '성적 공동체'인 것이다.

마녀의 경우, 전염은 육체의 찌꺼기와 냄새를 통해 이루어진다. 이러한 특징은 히스테리 환자의 경우에도 지속적으로 나타난다. 물론 때때로 매우 큰 변형이 이루어지기는 하지만 말이다. 예를 들어 히스테리 환자는 우는 데 반해, 마녀는 울지 않는다. 그녀는 밖으로 분출하는 데 반해, 마녀는 억제한다. 때로는 그 반대일 때도 있다. 히스테리 환자는 마녀에 대한 레미니선스, 즉 무의식적인 기억의 회상이다. 이제 전염의 경로를 따라가 보자.

육체의 찌꺼기: 손톱 부스러기, 생리혈, 배설물, 머리카락, 이러한 육체의 조각들은 마법에 쓰인다. 육체에서 떨어져 나온 부분들, 그것들은 떨어져 나온 까닭에 더욱 강력한 힘을 가진다. 욕망의 대상이 고정되는 부분인 '대상 a'[55] 가 항상 그러하듯이. 이러한 부분의 전형적인 예는 샤일록[56] 이 요구한 한 파운드의 살점이다. 한 파운드의 살, 만일 그것을 떼어내면 죽음이다. 수량화 된 살, 셀 수 있는 살, 아킬레우스의 몸을 원하는 펜테실레이아의 백일몽에 나오는 것과 같은 나눌 수 있는 몸. 육체

---

54) 〈도라의 히스테리 분석〉에 나온 K씨의 사고. 도라의 유혹자였던 K씨는 도라를 길에서 만나 "교통이 혼잡한 곳에서 그녀를 향해 다가오다가 방향 감각을 상실한 채 멈추어 섰고 몰아상태에 빠져 있다가 차에 치었다"(프로이트, 《꼬마 한스와 도라》, 열린책들, 1997, 322쪽).

55) 자크 라캉의 용어. 어린 아이의 욕망이 고착되는 장소들. 육체에서 분리할 수 있는 신체의 일부분 역시 그중의 하나이다. 제2부 각주 96) 참조.

56) 셰익스피어의 《베니스의 상인》에 나오는 유대인 고리대금업자.

의 지리학에 의해 구멍과 연관이 있는 부분적 대상. 즉, 목소리, 침, 눈물, 똥, 외침과 같이 분비되고, 방출될 수 있는 것. 이제 우리는 왜 남성들이 여성들에게 눈물 흘리기를 원하는지 이해할 수 있다. 여성이 눈물 흘리기를 거부하는 것이 왜 범죄처럼 간주되는지를 이해할 수 있다. 울지 않는 것, 그것은 향락을 거부하는 것이다. 그것은 타인의 욕망의 부분적 대상인 귀중한 분비물을 방출하기를 거부하는 것이다. 울어라, 내가 너를 사랑하는 것을 보여주게. 이것은 남성이 여성에게 하는 말이다. 또한 종교재판관이 마녀에게 하는 말이다. 그리고 어디선가 프로이트가 히스테리 환자에게 하는 말이기도 하다. "'원인이 없어지면 결과도 없어진다'라는 격언과는 달리 우리는 이와 같은 관찰에서 다음과 같은 사실을 연역해낼 수 있다. 즉, 결정적인 사건은 몇 년을 두고 계속 작용한다. 더구나 그 작용은 결코 매개적 고리들을 통한 간접적 방식이 아니라 즉각적인 촉발이라는 직접적 방식으로 이루어진다. 이것은 오래된 정신적 고통이 시간을 두고 기억나며 또한 그때마다 명증한 정신 상태임에도 불구하고 눈물을 유발하는 것과 같은 이치이다." 눈물은 진실을 증명한다. 그래, 울어라, 그곳에 치유가 있다. 울어라, 너는 진실을 말할 것이다. 만일 울지 않으면 … 프로이트의 아름다운 여성들 중에 이에 대한 매우 인상적인 사례가 있다. 그녀는 울어야 할 그 순간에 바로 울지 않고 한참 시간이 지난 후에 운다. "매일 그녀는 자신의 모든 감정을 다시 살며, 울음으로 스스로를 위로한다. 자기 편리대로 말이다." 프로이트는 '지체된 눈물'에 놀란다. 그리고는 그것이 그녀를 괴롭힌 여러 가지 개인적 재난을 기념하는 일종의 기념일과 일치한다는 사실을 지적한다. 우는 것, 그것은 개인적 축제와 같다. 히스테리 환자는 자신만을 위하여 눈물을 간직한다. 그래서 그녀는 무감각하고, 무감동한 것처럼 보인다. 히스테리 환자의 '아름다운 무관심'에 대해서 많이들 얘기해왔다. 그러나 그녀들은 도둑맞은 모든 것들을 내면화함으로써, 자신들의 내면적 욕망을 내면에 가두고, 눈물을 들이마시고, 외침을 목구멍 깊숙이 삼킨 것에 불과하다. 내보내는 것과 들이마시는 것, 혐오와 갈망은 본질적으로 같은 것이다.

구토, 경련, 거부의 몸짓, 이것들은 역으로 흡수, 식도 속에서의 음식물의 순환, 음식물이 몸 안으로 들어갈 때 느끼는 쾌락, 또한 그것들이 몸의 다른 쪽 끝에서 괄약근을 자극하고, 또한 괄약근이 배출을 제지할 때 느끼는 쾌락과 일맥상통하는 것이다. 히스테리 환자들은 컵에 든 물을 보고, 그리고 식은 고기와 비계가 가득한 접시를 보고, 타구(唾具)를 보고 혐오감을 느낀다. 마녀가 만드는 마법의 도구, 마법의 약의 재료가 되는 모든 음식물 쓰레기와 육체의 찌꺼기에 대해 혐오감을 느끼는 것이다. 프로이트에 의하면 이것은 '다량의 흥분의 보류'이다. 히스테리 환자는 향락을 밖으로 분출하지 않고 혼자 간직한다. 때때로 남성들의 육체적 찌꺼기를 히스테리 여성 치료에 사용하면 상당한 효과를 보기도 한다. 역할이 뒤바뀐 것일까? 남성이 정액 외에 다른 것을 분비하는 것은 매우 중대한 위반인 까닭에 그것으로 인하여 역으로 질서를 회복시킬 수 있는 것일까? 성 아우구스투스는 다음과 같이 증거한다. "히포[57] 출신의 한 처녀는 기름을 바르자 곧 악마에게서 풀려났다. 그런데 그 기름 속에는 그녀를 위해 기도하던 한 신부가 흘린 눈물이 섞여 있었다." 마녀는 떨어진 눈물을 섞어 반죽하여, 성기의 열을 화덕 삼아 '당나귀 가죽'[58]의 케이크를 굽는다. 그녀는 이렇게 자신의 고유한 문화 속에서 교제하고, 자신의 음식을 직접 만들며, 자신의 감정을 직접 챙긴다. 그녀는 변화시키고, 행동한다. 이렇게 하여, 오래된 문화는 곧 새것이 될 것이다. 그녀는 더러운 것에 뒤섞인다. 그녀에게는 집안을 과도하게 쓸고 닦는 히스테리 환자와 같은 청결 강박증이 없다. 그녀는 때를 만지고, 쓰레기를 손으로 다루고, 태반을 땅에 묻고, 행복을 가져다준다고 하여 갓난아기의

57) 북아프리카 지중해 연안의 옛 지방 이름.

58) 샤를 페로의 동화 '당나귀 가죽'에 나오는 이야기. 아름다운 공주 한 명이 그녀의 친아버지의 청혼을 피해 당나귀 가죽을 덮어쓰고 숨어산다. 이웃 나라 왕자가 '당나귀 가죽'이란 이름으로 불리는 그녀의 본래 모습을 훔쳐보고 한눈에 반해, 식음을 전폐하고 오직 '당나귀 가죽'이 만든 케이크만 먹겠다고 떼를 쓴다. 결국, 그녀의 케이크를 먹고, 그는 기운을 차린다.

태아막을 태운다. 그녀는 쪼가리를 쓸모 있게 만들고, 그것들을 순환시킨다. 정말 말끔히 처리한다.

파편화된 쪼가리의 순환. 이것이 바로 히스테리 환자와 마녀에게 특유한 것이다. 그것은 순환한다. 심지어는 막힌 것처럼 보일 때마저도. 그것은 언어화가 불가능하기 때문에 막힌 것 같고, 종교재판관과 정신분석가가 보기에 막힌 것처럼 보인다. 그러나 그녀 자신에게는 결코 막히지 않았다. 목의 통증, 도라가 자신의 욕망을 인식한 산 속의 길, 이것들은 모두 내부적으로는 막힘없이 마음대로 흘러 다닌다. 그리고 외침이 있다. 결코 터져 나오지 않는 외침, 소리 없는 아우성. 입을 열어도 소리가 나오지 않는다. 일반적으로 의사소통을 방해한다고 간주되는 기침의 발작, 감기는 바로 그 때문에 만들어진 것이다. 왜냐하면 '막힘'에는 그 나름대로 기능이 있기 때문이다. 왜냐하면 그것을 통해 몸속에 깃든 악마가 순환하기 때문이다. "코에서, 늑막에서, 조용히, 혹은 떠들썩하게 표현되는 것? 결코 침묵되어질 수 없는 것, 너의 것도 나의 것도 아닌 우리 모두의 것, 널리 퍼져 있는 것. 격막(膈膜)을 뒤흔들고 잠을 달아나게 하는 것. 참을 수 없는 것을 토해내는 발작. 신체 기관의 공명을 통해, 목구멍을 통해, 성기의 소리를 들려주는 것. 그것이 바로 기침이다. 그것은 제어가 불가능하다. 사람들은 그것을 기침의 공격이라고 한다. 그러나 무엇에 대한, 누구에 대한 공격인가? 그리고 기침은 분명 구토와 맞닿아 있다. 그것의 전조인 동시에 메아리이다. 재탕, 삼탕으로 다시 쓰여 나의 입을 채우고 막는 것, 혀가 내뱉은 죽은 말로 나의 입을 상처내고 도려내는 것, 그것은 바로 완전한 동시에 쓰디쓴 반복의 대상 그 자체이다. 재탕, 삼탕 다시 쓰는 개작은 이제 그만 …" 필자 불명의(《정신분석학 통상(通常) 문》이라는 이 잡지 전체가 그렇듯이) 이 멋진 텍스트는 히스테리성 기침을 글쓰기와 연결시키고 있다. 작가는 종이 위에 배설한다. 그러나 작가와 히스테리 환자 사이에는 결정적인 차이점이 있다. 그것은 글로 쓰여진 작가의 육체의 찌꺼기는 출판됨으로써 다른 차원으로 옮겨간다는 점이다. 그리고 여기서 그들 사이의 연결은 끝난다. 히스테리 환자는 글을 쓰지 않는다. 생산하지도 않는다. 아무 것도 하지 않는다. 쓰지 않은 채 유통시키는 것 외에는 아무 것도 하지 않는다. "기침 혹은 무(無), 전부 아니면 무(無)." 그 둘 사이의 공간에서는 아무 것도 생산되지 않는다. 그 결과, 은밀하고 불법적인 마녀 수천 명이 타죽고, 음험하고 의기양양한 히스테리 환자는 사라졌다. 그러나 주인은 거기 버티고 있다. 여전히 남아있다. 그는 글을 출판한다.

냄새. 전염은 유혹적인 냄새를 통해서도 이루어진다. 루덩의 경우 "마법의 도구는 숙사 계단에 놓여있던 사향장미 꽃다발이었다. 소(小) 수도원 여자 원장이 그것을 주워 향기를 맡고 이어 몇몇 수녀들도 그렇게 했다. 그러자 그녀들은 즉시 마귀에 씌었다." 향기로운 장미가 수녀들 사이에 돌아다닌다. 마술은 향기롭다. 억압은 정반대의 형태로 드러나기도 한다. 루시 R 양은 참을 수 없는 타는 냄새에 사로잡혀 있다. "이 냄새는 나를 집요하게 따라다닌다. 항상 그 냄새가 난다. 그리고 내가 신경이 날카로울 때면 그 냄새는 더욱 강해진다." 이와는 반대로 후각을 잃는 경우도 있다. 지독한 후각 상실증, 타는 냄새를 맡지 못하는 것과 같은 드문 증상. 그것은 요리를 잘 못하는 첩경이다. 후각을 잃는 것은 부엌 냄새, 디저트 타는 냄새를 맡지 못한다는 것을 의미한다. 그것은 또한 자기 스스로 요리를 태우거나 타는 것을 개의치 않을 수 있다는 것을 의미한다. 요리를 못하는 것, 그것은 좋은 아내가 되지 못한다는 것이다. 따라서 부엌과 섹스가 일어나는 곳은 서로 연관이 있다. 이 모든 것에는 가족과 가정의 내밀한 냄새가 배어있다. 이것을 좀 더 자세히 살펴보자.

만일 좋은 향기가 악마적이라면 악취는 사수해야 할 좋은 가치를 지닌 치료제여야 한다. 여기서 우리는 스트린드베리의 주인공이 몸으로부터 나쁜 감정을 쫓아내기 위해 '약 중에서 가장 불쾌한' 약을 선택한 것을 상기하자. 구역질나는 강한 냄새를 지닌 다른 물질들과 마찬가지로 아사페티다는 잘못된 자궁을 제자리로 돌려놓는 효능을 가지고 있다. 그리고 그것은 마늘과에 속한다. 마늘은 또한 흡혈귀 퇴치제로 쓰인다. 마늘을 줄줄이 엮어서 창가에 매달아 두거나 마늘 꽃을 위험에 처한 처녀의 침대 위에 놓아둔다. 브램 스토커의 《드라큘라》에서 어느 좋은 어머니는 흡혈귀에 한 번 물렸고, 또 다시 물릴 위험이 있는 딸의 침대에 있던 냄새가 지독한 마늘 꽃다발을 치워버린다. 이제 흡혈귀가 마음대로 들어올 수 있게 되었다.

마르셀 데티엔은 《아도니스의 정원》에서 냄새의 작용 방식을 형식화하였다. 한쪽 극단에는 지독한 악취가 나는 렘노스 섬[59]의 여성들이 있다. 그녀들의 남편들은 그 냄새 때문에 트라케 지방[60] 여성들을 첩으로 맞았다. 그러자 그녀들은 어느 날 밤, 일제히 남편들과 아들들 모두의 목을 따버렸다. 다른 쪽 극단에는 아도니스 축제를 맞아, 하루 만에 양상추를 자라게 하는 향기로운 창녀들이 있다.[61] 두 극단 사이에는 데메테르를 기념하는 테스모포리아 축제 기간 동안 일체의 음식을 먹지 않는 기혼녀들이 있다. 이 축제 기간 동안 잠정적으로 남편과 떨어져 있어야 할 필요가 있기 때문이다. 굶어서 공복이 되면 약간 썩은 냄새를 풍기는데 테스모포리아 축제에 참여하는 여성들은 이 냄새로 남편들을 떼어놓았다. 또한 보다 확실한 격리를 위해서 마늘도 먹는다. 남편들의 사랑의 공격을 막기 위함이다. 이처럼 가족적 가치를 지닌 마늘은 욕망으로 헤매는 히스테리 환자들을 옳은 길로 되돌리는데 매우 적합한 냄새나는 식물임에 틀림없다.

렘노스 여성들은 악취가 난다. 그렇지만 왜? 모든 설명은 하나로 귀착된다. 씻지 않기 때문에 더럽고 냄새가 나는 것이다. 겨드랑이에서 암내가 나고, 또한 성기 냄새도 풍긴다. 마녀 메데이아는 이 섬을 지나가다가

---

59) 그리스 에게 해에 있는 섬 이름.

60) 발칸 반도의 동부지방, 즉 다뉴브 강에서부터 에게 해 사이의 지역.

61) 7월이 되면 고대 그리스의 도시 여인들은 옥상의 화분에 양상추를 심었다. 그리고 그녀들은 양상추가 심어진 화분을 '아도니스의 정원'이라고 불렀다. 양상추는 아도니스가 죽었을 때 아프로디테가 그의 시신을 뉘어놓았던 자리에 난 식물이었다.

그녀들에게 '파르마카', 즉 약을 던졌다. 그녀는 운향(藝香)이라는 냄새가 짙은 식물도 던졌는데 향초로 쓰이는 이 식물은 성욕을 억제하는 효능을 가지고 있다. 운향은 욕망을 죽이고, 임신부를 낙태시키고, 정액을 응고시킨다. 마녀의 식물인 이것은 격리에 효과가 있지만 그것은 어쩌면 재결합을 위한 격리인지도 모른다. 이것은 해체시키는 효능이 있다. 왜냐하면 이것은 렘노스 여성들을 극단적인 배제의 상황에 몰아넣음으로써 그녀들이 남자, 즉 남편과 아들들을 모두 죽일 수밖에 없게끔 만들었기 때문이다. 냄새가 이처럼 광범위한 효력을 가지고 있으며, 특히 격리하는, 즉, 여성과 남성을 갈라놓는 기능을 가지고 있다는 사실은 우리 육체의 가장 내밀한 수준에서까지도 도덕적 가치와 육체적 가지 사이에 충돌이 존재한다는 것을 나타낸다. 악은 향기롭고, 선은 냄새가 고약하다. 반대로 성녀는 다른 사람들의 도덕적, 때로는 육체적 배설물을 받아 낸 다음, 장미꽃 냄새로 보상을 받는다. '여자의 향기'. 이것은 모든 여자에게 공통된 것이 아니다. 여성은 각기 냄새가 다르고, 또한 그 가치도 다르다. 어떤 여자는 냄새가 '나쁘고', 어떤 여자는 '좋다'. 돈 후안은 아내들의 냄새를 혼동한다. 마녀의 냄새는 육체적 쾌락을 상기시킨다. 이 때문에 히스테리 환자는 모든 냄새를 다 감출 수 있는 타는 냄새로 이 냄새를 대치시킨다. 그렇지 않으면 아무 냄새도 맡지 못한다. 프로이트에게 있어 그것은 원초적 장애이다. 왜냐하면 후각은 인간의 감각 중 최초, 그리고 최고(最古)의 감각이기 때문이다. 그것은 또한 인간이 직립하게 되면서, 즉, 문화의 상태로 옮아가면서 제일 먼저 잃어버린 감각이다. 히스테리성 후각 장애에 대한 프로이트의 다음과 같은 설명은 또한 육체의 찌꺼기와 후각이 왜 중요한가에 대한 설명이 된다. "동물에게 (그리고 동물의 성에서도) 가장 중요한 감각은 후각이다. 그런데 인간의 후각은 약화되었다. 후각이 (그리고 미각이) 우세할 때는 털, 배설물, 육체의 표면 전부, 그리고 피가 최음제 역할을 하였다. 히스테리에서 후각이 민감해지는 것은 아마도 이 때문일 것이다"(《정신분석의 탄생》). 역사 시대의 시작과 함께 우리가 잃어버린 기원은 성적인 흥분 속에 그 자취가 남아있다. 후각은 그것의 기표이다. 그리고 털, 즉 육체 표면에 있는 모든 체모 역시. 그렇다. 마녀를 보라. 그녀의 머리는 봉두난발(蓬頭亂髮)이다. 즉 모자나 두건에 싸여 있지 않은 것이다. 모든 털이 밖으로 나와 있다. 그것이 자연인 까닭이다. 히스테리 환자는 털을 혐오한다. 이것은 온몸의 털을 뽑고, 대신 얼굴에 그림을 그리는 카두베오족 여성들과 비슷하다. 이 아마존 유역의 여성들은 영아살해와 낙태를 일삼을 정도로 자연적인 것을 혐오하였다.[62] 이들이 직각과 소용돌이 형태의 문화적 장식으로 자연적 장식을 대치하는 것은 바로 문신으로 털을 대치하는 것이다. 이번에는 수염이 더부룩한 빅토르 위고의 미소 짓는 얼굴이 환영처럼 되살아난다. 이것은 아이러니이며 양성동체적 선택이며 또한 언뜻 보기와는 달리 분명히 '여성적' 선택이다. 털은 냄새와 마찬가지로 '자연'의 쪽, 즉 모든 것을 구원하는 '자연'에 속한다. 그러므로 키스에 대한 도라의 구역질, 목이 메는 것 같은 느낌, 혐오감 등은 정반대의 것, 충족시킬 수 없는 강렬할 욕망을 의미하는 것이다. 마녀는 이러한 욕망을 그대로 받아들이고 표현한다. 이에 반해 히스테리 환자는 이러한 근원적인 에로스를 여러 가지 왜곡된 방식으로 표현한다. 예를 들어 불쾌한 냄새, 섹스의 은유인 편두통, 그리고 드러눕기 등이 그것이다(실제로 인간의 직립은 후각의 쇠퇴를 가져왔다. 인간이 후각의 성적 기능을 되찾을 수 있는 것은 드러누운 성행위의 자세에서이다). 그러나 이러한 방식 중에서 가장 중요한 것은 여러 형태의 마비이다. 히스테리 환자는 무관심을 통해 자신의 다름을 표현하고, 근원과 맞닿는다. 또한 무감각을 통해 성적 흥분을 무시한다. 역전된 마녀인 그녀는 자기 내부로 들어가 자신의 모든 성적 흥분을 내적 고통으로 바꾸어 놓는다. 마녀 역시 마비된 부분이 있다. 그것은 악마의 표시이다. 사람들은 커다란 바늘로 그녀 몸의 여러 부분을 찌른다. 이 임무를 맡은 남자들이 바로 '공공 침쟁이'이다. 아무리 찔러도 전혀 피가 나오지 않는다. 아무런 고통의 표시도 드러나지 않는다. 이러한 남성적 선

62) 레비스트로스, 《슬픈 열대》.

동으로부터 아무 것도 나오지 않는다. 그러나 이때는 이미 마녀가 스펙터클이 된 이후이다. 도처에서 쫓겨서 스스로를 방어해야만 할 경우이다. 그리고 육체적 무감각은 그녀의 자기 방어 수단이다. 전환이 일어난 것이다. 그러나 그 전환이 일어나기 이전, 즉 마녀가 아직 자유로울 때, 숲 속에서 야연을 즐기고 있을 때, 그녀는 외부에 대해 민감하게 감응하고 또한 그것을 밖으로 드러낸다. 살갗을 활짝 열고, 자연으로 돌아가 동물처럼 향기를 풍긴다. 감미로운 더러움 속에서.

그녀가 사로잡히면 이런 자유는 끝장이 난다. 그녀를 둘러싸고 마녀 심판이 열리면(수 세기 후, 히스테리 환자를 놓고 의학 실험이 실시될 때와 마찬가지로) 그녀는 자기 자신 속으로 침잠하여 소리를 지르고, 마비를 일으키고, 토한다. 히스테리 환자가 된 것이다. 도라의 기침은 유혹자의 키스에 대한 거세적(*castrating*) 반응이다. 마녀는 바늘을 무력하게 만들고 남성을 무력하게 만든다. 이들과 마찬가지로 방어적, '거세적' 여성은 마비에 의해 남성들의 세계 밖으로 이탈한다. 이제 해방은 근본적이며 결별은 돌이킬 수 없다.

제2장

유혹과 죄의식

인간에게 어떤 혼란스러운 사건이 생길 경우, 그것은 정신적 고통을 초래하기도 하지만, 반대로 그 정신적 단계를 뛰어넘어 육체적 고통으로 전환되기도 한다. 히스테리 환자의 경우, 어떤 사건에 대한 회한이 생겨나는 대신 육체적 고통이 생겨난다. 그것은 원인이 되는 사건과 관계되는 육체의 부위에 생겨난다. “그렇다면 무엇이 육체적 고통으로 전환되는가? 우리는 다음과 같이 대답할 수 있다. ‘그것은 제대로 된 경로를 따랐다면 마땅히 정신적 고통을 초래했을 어떤 것이다.’”(《히스테리 연구》) 그러므로 무의식적인 육체적 고통과 의식적인 정신적 고통 사이의 구별이 매우 중요해진다. 프로이트는 의식, 회한, 후회, 그리고 여러 가지 형태의 죄의식과 같은 의식적이고 정신적인 것을 우대하였다. 히스테리 치료, 더 나아가 분석 치료 일반은 고통을 의식적인 정신적 영역에 위치시킴으로써 그것의 육체적 대치물을 제거하려는 데 있다. 이것은 어마어마한 전환이다. 그리고 그것의 결과에 대해서는 아직까지 완전히 알려지지 않았다. 고통이라는 점에서 이 둘은 마찬가지이다. 이유를 모르는 육체적 고통을 죄의식에 의한 정신적 고통으로 대치하는 것이다. 이것은 비극적 도덕이다. 프로이트는 자신의 잘못에 대해 정신적으로 눈먼 오이디푸스 왕보다는 육체적으로 눈멀었으나 정신적으로 자신의 죄를 알고 있는 콜로누스의 오이디푸스를 선호하는 것이다.[63] 죄지은 '약'(*pharmakon*)[64]의 배출은 테베에 창궐하는 페스트보다 한결 낫다. 그리고 히스테리 환자는 페스트라고 볼 수 있다. 그녀는 자신의 잘못을 아는 편이 낫다. 왜냐하면 그녀 자신이 죄인이기 때문이다. 그런 다음, 그녀는 어떻게든 대처해 나가야 한다. 프로이트는 다소 철학적이고 불안한 여자 환자에게 다음과 같이 말했다. "분명히", "나는 당신의 병을 낫게 할 수 없습니다. 그것은 운명의 몫입니다. 그렇지만 한 가지는 분명합니다. 만일 당신이 성공한다면 히스테리적 고통을 진부한 일상적 불행으로 바꿀 수 있다는 것입니다. 그리고 그것은 매우 유익할 것입니다"(《히스테리 연구》). 프로이트는 이 장면에서 그리스 비극의 합창단 역할을 한다. 즉, 그는 주인공들의 고통에 직접적으로 개입할 수 없는 증인에 불과하다. 그러나 그는 불변의 지식을 구현하는 사람으로서, 또한 증인으로서, 스토리의 전개를 단계짓는 역할을 한다. 운명의 수레바퀴는 여전히 돌아간다. 그리고 집합적, 육체적, 전염성의, 또한 미친 듯한, 그리고 심지어는 당사자를 죽이기도 하는 (히스테리성) 고통은 비극의 작용에 의해 그녀만의 불행으로 변모한다. 그러나 비극의 주인공이 겪는 것과 같은 불행은 초인적인 사람만이 겪을 수 있는 특별한 영웅적 행위인 반면, 여기에서의 불행은 하나의 진부한 일상이 되고 만다. 원천적 과실에 대한 결과는 두 가지 형태로 나타날 수 있다. 첫째는 모호하고 무의식적인 과거 체험에 의해 육체에 나타나는 히스테리성 고통이고, 둘째는 '명증한' 기억에 의한 정신적 고통이다.

---

63) 소포클레스의 비극 《오이디푸스 왕》과 《콜로누스의 오이디푸스》 참조. 《콜로누스의 오이디푸스》는 《오이디푸스 왕》의 사건이 일어난 20년 후를 배경으로 하고 있다. 이 비극에서 64세의 오이디푸스는 장님 거지가 되어 사방을 떠돌아다닌다.

64) 자크 데리다가 사용한 용어로 '약'과 '독'의 의미를 동시에 가지고 있다 — 원주.

1. 유혹의 역사 : 제 1장. '타락한 아버지들'

프로이트의 이론에 의하면 유혹의 장면은 현실계(*le réel*)의 중추이다. 그는 이 장면의 구조에서 환상을 포착해내고 또한 이를 중심으로 주체의 위치 속에 상징계와 상상계를 도입한다. 정신분석학은 '장애물'에 부딪침으로써 태동하였다. 그 '장애물'이란 바로 히스테리 환자가 전하는 말도 안 되는 유혹의 이야기이다. 프로이트는 이 '말도 안 되는' 이야기를 상당한 진통 끝에 차츰차츰 더욱더 말도 안 되는 이야기, 즉 유아 성욕에 대한 이론으로 대치하였다. 이 과정은 몇몇 단계로 나누어 진행되었는데 이 과정을 통틀어 프로이트의 주안점은 누구에게 죄가 있는가? 즉 죄지은 자를 밝혀내는 데 있었다. 여기서 그의 전제는 고통이 있으므로 거기에는 과실이 있다는 것이었다. 과실을 범한 자는 누구인가? 이에 대한 탐구는 여러 번에 걸쳐 이쪽저쪽으로 왔다 갔다 하면서 진행되었다. 1892년에 이미 프로이트는 신경증의 원인이 "분별이 생길 나이 이전에 받은 성적 외상(外傷)"이라고 보았다. 그러나 이러한 가정은 그 자체로 타락, 즉 규범으로부터의 일탈을 내포하고 있다. 이 외의 다른 병인들은 다음과 같다. "(1) 비정상적 만족에 의한 탈진 (2) 성적 기능의 금지 (3) 이러한 행위에 수반하는 정동(情動) …"(《정신분석의 탄생》, 원고 A) 그러므로 유혹의 장면은 언어적 이미지로의 번역이 불가능한 시기에 생겨난 것이다. 이 요인들은 후에 변형을 거쳐 인간 전체로 확장되고, 유아기 일반에 적용되게 된다. 성도착이 모든 어린이에게로 확대된 것이다. 이것이 바로 다형성, 보편적 도착증이다. 이처럼 보편화됨으로써 도착증의 부도덕성과 비정상성 또한 사라지게 된다. 그러나 그 이전에 프로이트는 가족 구조의 모든 요소들을 탐구 대상으로 삼아 이를 천착한다. 가족 내의 모든 사람들이 죄라는 잣대 위에 올라간다. 그러나 그 중에서도 가장 큰 비난을 받는 대상이 있었다. 우리는 그것이 무엇인지 살펴볼 것이다.

유혹 장면의 스토리는 이중적 심판에 의해 전개된다. 프로이트는 자기 환자, 혹은 브로이어의 환자들에 대한 분석을 통해 환자들이 이른 시기에 유혹의 대상이 되었다는 사실을 발견했다. 이야기들이 축적되고, 환자들은 점점 더 많이 말을 하였다. 유혹의 눈사태가 일어났다. 또한 외상 발생 시 그것에 대한 환자들의 의식화 정도와 사후의 결과, 즉 사후에 생겨난 환자의 육체적 고통의 정도가 반비례한다는 사실도 발견되었다. 외상은 점점 더 유아기의 이른 시기로 거슬러 올라갔다. 프로이트는 환상이란 개념을 통해 이와 같은 끝없는 역행으로부터 빠져나올 수 있었다. 프로이트는 자신이 '위대한 임상적 비밀'이라고 부른 것, 즉 히스테리는 전성기적(前性器的, *présexuel*) 성적 쇼크에서 기인하며, 강박 신경증은 사후에 죄의식으로 변모된 전성기적 성적 쾌락에서 기인한다는 사실을 발견하였다. 이제 과실이 백일하에 드러났다. 그것은 쾌락에서 나온다. 성적 입문 단계에 관한 문화적 규범에 의해 정상적 성이 나타나는 단계라고 인정된 나이인 사춘기 이전에 경험한 쾌락 말이다. '전성기'란 사춘기 이전, 즉 생식에 관련된 분비가 일어나기 전을 의미한다. 이후, 문제의 사건들은 기억으로서 작용한다. 그러므로 환자의 생애 이야기에서 외상적 기억을 야기시킨 사건을 찾아내어야 한다. 또한 원래는 쾌락이었으나 나중에 고통으로 변모된 정동(情動)을 찾아내어야 한다. 그러므로 사건과 그것이 산출한 결과 사이에는 큰 차이가 있다. 이 결과는 기억과 걸맞지 않는다. 그것은 비례가 맞지 않고, 과도하다. 그리고 이 (비극적인?) 과도함이 바로 육체적 고통의 원인이다. 그것은 '번역의 잘못'이다. 즉, "오래된 성적 기억이 뒤늦게 되살아났을 때 그것은 심리 속에 성적 잉여를 산출한다. 그것은 사고의 차원에서 억압 효과를 가지며 기억과 그 기억의 결과물에 강박적이고 환원될 수 없는 특성을 부여한다. (언어적 이미지로) '번역되지 않고' 남아있는 것은 Ia 시기에 속한다. 그 때문에 성적 장면의 환기는 심리적 결과를 산출하지 않고 (육체적) 실현으로 귀착된다. 즉 전화(轉化)되는 것이다. 성적 잉여는 (언어적 이미지로의) 번역을 방해한다"(《정신분석의 탄생》, 원고 A). 여기서 거론된 시기들은 인생의 시기를 네 단계로 나눈 것과 일치한다. 4세까지의 전(前) 의식 시기(Ia),

8세까지의 소아(小兒)기(Ib), 14세까지의 전(前)사춘기(II), N 세까지의 성년기(III). 그러므로 유혹 장면은 언어 이미지로의 번역이 불가능한 시기, 즉 어린 시절 초에 일어난다. 기억은 그 자체로는 아무런 영향력이 없다. 영향력은 사용할 곳이 없는, 예비적, 잉여적 성 에너지 때문에 생긴다. 그것은 0점 성욕이다. 이때 0점이란 레비스트로스의 '마나'(*mana*)의 개념에서의 0점과 마찬가지이다. 즉, '마나'는 상징의 차원에서 아무런 상징적 가치가 없는 0점 상징 가치이지만 그것으로부터 모든 상징이 가능해진다. 0점 성욕 또한 이와 마찬가지이다.

다음 단계에서 매우 결정적인 사실이 밝혀졌다. 그것은 환자들의 얘기를 듣는 것에서 산출되었다. 어린 시절 초기의 외상에 '어떤 사람'이 관여한다. 그러므로 이에 책임이 있는 사람을 찾아야 한다. "**도발자**[65] 는 일반적으로 환자 주위에서 탐색되어야 한다 … 유아기적 성적 사건의 존재는 필수적 조건으로 판명되었다"(같은 텍스트). 그런데 히스테리 환자들은 고발한다. 신체적 마비를 통해, 후각의 이상을 통해, 뒤틀린 팔다리를 통해 그녀들은 지적한다. 그녀들은 무서운 인물인 아버지, 혹은 남자 친척 중의 한 명을 지적한다. 《히스테리 연구》에는 일련의 젊은 (혹은 조금 나이 든) 여성들이 등장한다. 그녀들은 도발적으로 — 그런데 이 도발은 누구를 겨냥하는 것일까? — 부당하게 그녀들을 이용한 친척들과의 사랑 이야기를 감추고 있다.

카타리나. '우울한 안색의 건장하고 키 큰 처녀'는 프로이트의 의사로서의 정체성에 대해 질문하고, 그를 백일몽에서 끌어낸다. "선생님은 의사가 아닌가요?" 그녀는 호흡 곤란과 현기증으로 고통을 받고 있다. 또한 다른 모든 환자들과 마찬가지로 참을 수 없는 압박감을 느낀다. "먼저 눈 위에 압박감을 느껴요 … 뭔가가 가슴을 눌러서 숨을 쉴 수가 없어요." 그녀는 상상한다. "누군가 내 뒤에 있다가 갑자기 나를 붙잡을 것 같아요."

---

65) 필자 강조 — 원주.

프로이트는 기민하게 행동하였다. 그는 "신경증 환자들이 2천 미터 이상의 고도에서도 잘 산다는 사실"에(카타리나는 타우에른 산맥에 있는 산장 주인의 딸이다) 흥미를 느끼고 단도직입적으로 물었다. 발작이 일어났을 때 뭔가 본 것이 있었나요? "[…] 끔찍한 얼굴이 보였어요. 무서운 모습으로 저를 쳐다보고 있었어요." 그 얼굴이 누구인지 알아볼 수 있었나요? 아니요. 프로이트는 그녀를 다그쳤다. "2년 전에 분명히 당신을 곤란하게 만든 무엇을 보았거나 무슨 소리를 들었음이 틀림없어요." 갑자기 머릿속이 밝아졌다. 기억이 났던 것이다. 그녀는 감격하여 소리쳤다. "아! 예수님. 감사합니다. 맞아요. 그 처녀와 함께 있던 아저씨를 보았어요." 천창으로. 방은 빗장이 질러져 있었다. 방안은 컴컴했다. 아저씨는 그녀의 사촌 위에 누워있었다. 그녀는 숨이 막혔다… 그녀는 토했다. 또 여러 가지 사건이 기억났다. 아저씨는 밤중에 몇 번이나 그녀를 찾아왔던 것 같다. 어느 날 그녀가 깨어나 보니 그가 옆에 있었다. "아저씨, 뭐하세요? 왜 아저씨 침대에 있지 않고?"… 또 어느 날 밤에는 깨어나 보니 문 옆에 허연 물체가 자물쇠를 벗기고 있는 것이 보였다. "아이고, 맙소사! 아저씨세요? 문에서 뭐하세요?" 등등. 동화 같은 이야기가 이어졌다. 모두 같은 이야기였다. 그 모든 이야기는 아저씨가 죄인임을, 타락하고 음란한 사람임을 고발하고 있었다. 1924년에 프로이트는 다음과 같은 각주를 덧붙였다. "그때로부터 오랜 세월이 흘렀다. 이제는 내가 지켜온 비밀의 원칙을 깨어도 좋을 것 같다. 카타리나는 산장 주인의 질녀가 아니라 딸이다. 그러므로 그 처녀의 병은 자기 친아버지 때문에 생긴 것이다." 그렇지만 1924년에 이르러 딸이 아버지를 죄인으로 지목하는 것은 전혀 중요하지 않게 되어버렸다. 오래전부터 프로이트는 그것을 믿지 않고 있었던 것이다.

로자리아. 그녀는 가수였다. 그녀는 목소리를 잃기 전까지 노래를 배우고 있었다. 목이 조이는 듯하고, 목구멍이 막혀서 더 이상 소리가 나오지 않았다. 어린 시절에 불행했던 그녀는 남편에게 학대받는 아주머니 곁에서 살아야만 하였다. 새로운 증상이 나타났다. 손가락을 찌르는 듯한 느낌 때문에 그녀는 빨리 손을 움직여야만 했다. 같은 장면이 재구성되었다. "류머티즘 환자인 그 나쁜 남자는 그녀에게 등을 마사지하라고 하였다. 그녀는 그것을 거절할 수 없었다. 그는 침대에 누워있었는데 갑자기 이불을 젖히고 일어나 그녀를 붙잡아 자빠뜨리려고 하였다."

엘리자베트는 다리의 통증 때문에 걸을 수가 없었다. 그녀는 그것을 묵묵히 견디고 있었다. 한쪽 허벅지는 감각 과민이었다. 너무도 예민했다. 그래서 이 환부를 꼬집으면 "그녀는 간지럼을 태울 때처럼 (프로이트의 생각에 의하면) 얼굴을 붉히고, 머리와 상반신을 뒤로 젖히고, 눈을 감았다". 어느 날, 프로이트는 첫 번째 실마리를 잡았다. 허벅지는 그녀가 아버지의 부은 다리에 처맨 붕대를 갈 때 아버지의 다리를 올려놓았던 바로 그 자리였다. 그 위에 다른 여러 외상이 겹쳐서 다리로의 전화(轉化)가 일어난 것이다. 사람들이 심장 발작을 일으킨 아버지를 집으로 옮겨왔을 때 그녀는 '그 자리에 못 박혔다'. 그녀는 죽은 언니의 침대 앞에서 마비되었다. 그녀는 형부를 좋아하고 있었는데 이제 그가 자유로워졌다는 생각이 들었기 때문이었다. 엘리자베트는 간병인이 흔히 겪는 에로틱한 그물에 걸린 것이다. 프로이트는 간병인들이 얼마나 어려운 처지에 있는지를 강조하였다. 수면 부족, 계속된 불안, '스스로의 육체에 대한 배려 부족', 그러나 무엇보다도 심각한 것은 강요된 무관심에 길들여지는 것이다. "이렇게 하여 간병인은 감정적 에너지를 가진 인상들을 축적한다. 이러한 인상은 거의 지각되지 않고, 또한 해소에 의해서 완화될 수도 없었다." 항상 타인의 몸을 돌보아야만 하는 간병인은 계속적인 억압 속에서 산다. 아버지의 유혹, 형부의 유혹. 두 죄인이 지목되었다. 치료 초기의 상담에서 엘리자베트는 밤중에 아버지가 불러서 침대에서 일어나 달려간 장면을 기억해내었다. 그날 밤, 그녀는 맨발이었다.

루시는 타는 냄새 때문에 고통을 받았고 화농성 비염을 앓고 있었다.

타는 냄새는 프로이트가 그녀로부터 하나의 기억을 끄집어냄과 동시에 사라졌다. 그녀는 어머니의 편지를 받았다. 소녀 두 명이 그녀를 춤추며 맴돌았다. 편지를 읽지 못하게 하려는 것이었다. 그녀는 그곳에 그냥 있고 싶은 마음과 어머니 곁으로 돌아가고 싶은 마음 사이에서 갈등하였다. 그 동안 디저트가 탔다. 그 냄새는 갈등의 기표가 되었다. 그러자 또 다른 냄새가 나타났다. 탄 냄새 때문에 숨겨져 있었던 그것은 담배 냄새였다. 그것 역시 타는 냄새이다. 그러나 남성적 냄새라는 점이 다르다. 소녀들은 디저트를 굽고 있었고 남자들은 담배를 피우고 있었다. 기억이 되살아났다. 식탁에 앉아있던 주인이(그녀는 그에 대해 사랑의 감정을 가지고 있었다) 갑자기 일어나 경리 책임자에게 소리쳤다. "아이들에게 키스하지 마세요!" 이 말은 그녀의 '심장에 일격을' 가하는 듯하였다. 담배 냄새가 고착되었다. 일단 그 기억이 살아나자 그녀는 정상적인 후각과 명랑함을 되찾았다.

에미는 2분마다 말을 멈추고 두려움과 불쾌감을 드러내었다. 그녀는 방 안에 누가 들어오면 화들짝 놀랐다. 그녀는 말을 더듬고, 말을 하는 동안 꼴깍하는 소리를 내었다. 차츰차츰 그녀의 이야기가 드러났다. "나를 건드리지 마세요"라는 말은 다음의 사건들과 관련이 있다. 그녀의 오빠는 19세에 아편을 많이 먹고 병이 났다. 그는 무서운 발작 속에서 때때로 갑자기 그녀를 붙잡았다. 후에 그녀가 아는 어떤 남자가 갑자기 그녀 집에서 광증을 일으켜 그녀의 팔을 잡았다. 그리고 마지막으로 그녀가 28세 되던 해, 그녀는 중병에 걸린 둘째 딸 때문에 질식해 죽을 뻔하였다. 정신 착란을 일으킨 딸이 그녀를 격렬하게 껴안았기 때문이었다. "그리고 한 남자 친구가 있었는데" 그는 살짝 몰래 방에 들어와 갑자기 그녀 앞에 우뚝 서는 악취미를 가지고 있었다. 또 어느 미친 사람이 실수로 그녀 방, 심지어는 그녀 침대에까지 들어온 적이 있었다.

히스테리 환자들은 기억에 의해 고통받는 것과 같은 정도로 상징적 위반에 의해 고통받는다. 그녀들은 친척 관계 속에서 고통받는다. 아버지,

오빠, 형부 등의 성적 공격을 받는다. 그때 받은 격심한 감정적 동요는 고통과 정신적 장애, 그리고 미학적 장소, 즉 마비, 혹은 감각 과민의 장소로 전화된다. 이렇게 죄인이 폭로된다. 이를 바탕으로 프로이트는 아버지와 히스테리 환자인 딸 사이의 도식을 만들었다. "나는 갈수록 히스테리가 유혹자의 도착증에서 기인하는 것으로 보인다. 유전은 아버지의 유혹의 결과다. 그래서 세대 사이의 다음과 같은 교환이 성립한다.

'제 1세대: 도착증, 제 2세대: 히스테리 그리고 그 결과 불임(…)'

실제로 히스테리에서 문제가 되는 것은 성에 대한 거부가 아니라 퇴폐에 대한 거절이다." 이렇게 하여 저주받은 퇴폐한 세대는 그리스 비극이나 유대교-그리스도교의 신화에서처럼 불임을 통해 스스로 절멸된다. 아버지들이 저지른 잘못은 딸들의 생식 기능을 통하여 처벌된다. 여기서 아버지라는 인물의 중요성이 크게 부각된다. 프로이트 이론의 전개에서 이러한 중요성은 감소되었다가 후에 다시 커진다. 물론 오이디푸스 콤플렉스의 경우, 어머니와 아버지 양자가 함께 담당하기 때문에 아버지만이 중요한 것은 아니다. 그러나 원시인의 무리에 대한 과학적 신화의 경우, 아버지의 역할은 어느 누구와도 비교할 수 없을 정도로 크다. 그러므로 이 첫 번째 유혹 장면에서 아버지는 '태곳적'이라고 묘사된다. "모든 것이 다른 사람의 탓으로 돌려진다. 그렇지만 그 중에서 누구보다도 큰 비난을 받는 사람은 바로 이 사람, 태곳적이며, 잊을 수 없는 이 다른 인물이다. 이후, 어떤 사람도 이 사람에 필적할 수 없다". 이 때문에 프로이트의 젊은 히스테리 환자들은 항상 이상적인 남자를 찾아 헤매며 가정을 이루지 못하고 족외혼에 실패한다. "사랑에 빠진 히스테리 환자들의 지나친 요구에서, 사랑의 대상에 대한 그들의 예속에서, 혹은 도달할 수 없는 이상을 추구하느라 결코 결혼하지 못하는 그들의 양태에서, 나는 부성(父性)적 인물의 영향을 감지한다"(《정신분석의 탄생》, 편지 52와 57).

그것이 바로 아버지이다. 그는 비시간적이고 비역사적인 기원에서부터 그랬다. 개인의 역사 역시 집단의 역사와 마찬가지로(프로이트는 후에 이것에 대해 묘사하였다) 잊을 수 없고, 도착적이고, 유혹적인 인물과 원초적 어린이와의 관계의 끝없는 반복이다. 이 '다른 인물'은 모든 다른 사람들의 모델이다. 그는 타자성의 기초이며 주체의 구조에 더 이상 하나의 인물이 아니라 하나의 장소, 즉 주체가 항상 의존하는 인물, 혹은 사물 등이 있는 장소이다. 아버지는 법이다. 상징계의 준엄성과 질서의 강력한 힘은 바로 태곳적의 아버지라는 아득한 옛날의 인물에서 나온다. 이 아버지는 독점욕이 매우 크다. 그것은 사악한 법이다. 너는 나 외의 그 누구도 사랑하지 말지어다. 히스테리 환자의 이야기는 사회구조를 그 뿌리인 가족, 즉 대대로 이어지는 세대 간의 관계에서부터 문제 삼는다. 부모는 신 포도를 먹었다. 그리하여 이제 자식들의 욕망은 신경증적이 되었다. 왜냐하면 가족들이 먹은 그 신 포도, 그것은 바로 그 자식들이었기 때문이다.

2. 유혹의 역사 : 제 2장. '거짓말쟁이 딸들'

프로이트는 유혹 장면을 정리하는 한편, 이 외상적 장면의 실제와 그것에 대한 허구적 기억 사이의 차이에 대해 연구하기 시작하였다. 외상적 쇼크가 그렇게도 집요하게 환자의 정서를 지배하는 현상을 설명하려면 우리는 그것이 당사자도 모르는 사이 그의 무의식 속에 각인되었다고 보아야 한다. 왜냐하면 한편으로 "기억은 현재 일어나는 사건처럼 작용하고," 다른 한편으로 "의식과 기억은 서로 배타적이기" 때문이다. 그렇다면 무의식적 기억이 있는 것일까? 레미니선스? 알고 있던 혹은 알지 못했던? 이것은 원죄에 관한 논리적 궁지와 비슷하다. 아담과 이브, 그들은 알았을까, 몰랐을까? 그리고 알지 못했던 죄에 대해서 책임이 있는 것일까? "신과의 관계에서 우리는 항상 죄인이다." 키르케고르는 《이것이냐, 저것이냐》의 끝에서 이렇게 제안한다. 그것은 가장 단순한 해결책이다. 언제나 죄인의 입장에 처하는 것, 그것은 바로 주체가 되는 것이다. 이 단계에서 죄인은 히스테리 환자가 아니다. 그러나 히스테리 환자는 완전한 주체도 아니다. 자신의 것이 아닌 테마들 속에 사로 잡혀, 남들의 힌트에 따라 말하며, 비몽사몽간에, 즉, 최면과 흥분 상태 사이에 있는 그녀는 그녀 자신이 아니다. 그녀는 동일시에 의해 차례차례로 다른 사람이 된다. 사람들은 그녀가 주체가 되는 것을 도와줄 것이다. 그녀를 죄인으로 만듦으로써. 그러나 그러기 위해서는 히스테리 환자의 이야기에 대한 일련의 분해 과정을 통하여 그녀들 모두가 이야기하는 것이 실제가 아닐 수도 있다는 의심을 심어주어야 한다. 그리고 그때부터 그것이 시작된다.

"나는 처음으로 히스테리 구조에 대한 정확한 개념을 얻었다. 모든 것이, 가끔 직접 나타나기도 하지만, 대개 환상의 개입을 통해 접근가능한 어떤 장면의 재생으로 귀결되고 있다. 환상은 이미 들었던 것이지만 나중에야 이해되는 것으로부터 나온다. 모든 재료는 물론 실제로 있었던 것들이다. 그것들은 보호 구조들이고, 사실의 승화이자 미화이고, 동시에 자기 정당화의 구실을 한다"(《정신분석의 탄생》, 편지 61). 무의식에 의해 실제와 허구 사이에 간격이 생긴다. 때로 사람들은 실제에 도달하기도 하고(시간이 지나면 그것이 불가능해진다) 때로는 환상밖에는 발견하지 못한다. 아버지에 의한 유혹이라는 이야기에 의심이 생겨나기 시작한다.

같은 해인 1897년에 쓰인 원고 L은 그 (실제와 허구의) 결합을 더욱 복잡하게 만든다. "히스테리의 구조. 목표는 원장면으로 돌아가는 것이다. 가끔 그것은 직접적으로 이루어지기도 하지만, 다른 대부분의 경우는 우회적으로, 다시 말해 환상을 통해서 이루어진다. 환상은 그 기억의 회귀에 저항하는 심리적인 방어기제이다. 동시에 환상은 그 기억을 정화하고 승화시킬 임무를 띠고 있다. 그 환상들은 이미 들었지만 나중에야 이용되는 사실로부터 만들어진 것이다. 따라서 그것은 체험된 사건과 지나간 사건의 이야기(부모나 조상의 이야기)와, 주체 자신이 본 것들의 결합이다." 이제 실제에서 남은 것은 무엇인가? 문틀을 가로막는 끔찍한 얼굴들과 침대 옆에 우뚝 서 있는 하얀 그림자들 중 무엇이 남아 있는가? 별로 없다. 입에서 입으로, 귀에서 귀로 전해지는 가족적 전설의 편린들. 몇몇 장면, 몇몇 얘기의 조각들, 그리고 직접 본 것 조금. 그렇지만 너무도 조금… 환상이 귀로 들은 것에 기초하고 있을 경우, 시각적인 요소는, 그것이 히스테리 환자의 감정에 아무리 강력한 힘을 가지고 있더라도, 결국 허구인 것이다. 이러한 심리 과정은 더욱 명백해진다. 실제는 말해진, 그리고 들은 언어에 의해 짜여진다. 얼마 후, 프로이트는 원고 M에서 환상을 왜곡과 융합이라고 주장하였다. 또한 그는 이러한 왜곡이 목적을 가지고 있다고 주장하였다. "이러한 경향은 증상을 낳았고 또한 증상을 낳을지 모르는 기억에 접근할 수 없도록 만드는 것을 목적으로 하고 있다. (…) 이러한 과정은 〔결합의 재료가 되는 파편들이〕 본래 어떻게 연결되어 있었는지를 발견할 수 없게 만든다." 바로 이것이다. 사람들은 결코 알 수 없을 것이다. 따라서 그 모든 것은 — 그런데 그것을 어떻게 알지? — 왜곡된 것이라고? 날조된 것이라고? 가짜라고? 유혹의 실제성이 사라진다. 이때부터 두 요소가 실제로의 접근을 불가능하게 만든다. 첫째는 본 것과 들은 것 사이의 간격이며 둘째는 환상에 의한 파편화이다.

몇 달 후, 프로이트는 다시 플리스에게 '큰 비밀'에 대해서 썼다. "최근 몇 달 동안 천천히 나에게 드러난 큰 비밀을 너에게 고백하겠다. 나는 더 이상 나의 신경증 이론을 믿지 않는다"(이 이론이란 히스테리 구조에서 전성기적 쇼크에 관한 가설이다). 이어 그는 자신이 방침을 바꿀 수밖에 없었던 이유를 설명하였다. "나는 나의 분석을 진정한 완성까지 밀고 가려할 때마다 계속 실망하게 되었다. 치료가 가장 잘 될 것 같던 사람들이 달아났다."[66] 실제로 여러 환자가 달아났고, 소식을 끊고 사라졌다. 그들에게 원장면의 비밀을 드러내 보이려고 할 때에 말이다. 그는 그들 중 한 사람에 대하여 "나의 자랑스러운 배 한 척이 침몰하였다"고 하였다. 신대륙 탐험을 지휘하여 히스테리라는 또 하나의 아메리카 대륙을 찾아가는 선

66) 편지 69.

단의 우두머리. 그들은 막 … 하려는 찰나였다. 그들은 … 을 목전에 두고 있었다. 폭로의 순간이 정지되었다. 비밀이 밖으로 드러나 나오려고 하지 않자 프로이트는 자신의 가설에 대한 의심에서 한 발 더 나아갔다. "그 다음으로, 나는 모든 사례에서 아버지가 도착증 환자로 비난받아 마땅한 것을 보고 놀랐다. 그와 똑같은 결정 요인이 발견되는 히스테리의 빈도도 예상 밖으로 높았다. 도착적인 행동이 아이에 대해 광범위하게 행해진다는 것이 거의 믿어지지 않았다." 이렇게 하여 방향 전환이 일어나고 퇴각이 감행되었다. 너무도 광범위하게 퍼져있는 아버지의 도착증 앞에서 정신은 움츠려든다. 이제 과오는 딸에게, 그리고 어린 아이에게 돌아가게 된다. 오이디푸스 콤플렉스와 유아 성욕이라는 형태로 말이다. "셋째, 무의식 속에는 '현실 징후'(*indice de réalité*)가 전혀 없다는 것을 발견했다. 따라서 진실과, 정동이 투여된 허구를 구분하는 것은 불가능했다(그래서 나온 해결책이, 성적 환상은 항시 부모라는 주제를 중심으로 이루어진다는 것이었다)." 책략이 사용되었다. 도착증 아버지는 면죄되고 죄는 분산되었다. 실제 있었던 사건은 해독불가능해 보였고, 그러자 그 실제 사실에 대한 모종의 이야기를 꾸며낼 수 있었던 사람이 죄인으로 지목되었다. 프로이트가 히스테리에 귀 기울이고 있는 동안, 즉 그것의 실제적인 원인을 찾고 있던 동안, 프로이트는 내내 기원의 신화에 사로잡혀 있었다. 먼저 그는 실제적인 원인을 찾으려고 하였으며 이를 위하여 실제로 있었던 사건을 알고자 하였다. 그러나 이 발견이 불가능해지자 (환자들이 도망친다. 그들은 거짓말쟁이다. 그걸 모르다니…) 결정적인 방향 전환이 일어났다. 실제에 도달하는 것이 불가능해지자 그것은 재구성된 것, 기록된 것, 그리고 있을 수 없는 것으로 변하고 말았다. 그러니까 그것에 다가가면 그토록 불안해하는 것이 아니겠는가? 언제나 마지막 경계선에서 말이다. 이제 남은 것은 유혹 장면이 왜 그렇게 빈번히 나타나는가를 설명하는 것이다. 그것은 후에 부모의 성욕과 연관된 어린아이 고유의 사고 구조인 오이디푸스 콤플렉스 개념을 산출해낼 것이다. 그리고 치료가능성이 줄어든다. "넷째, 아주 깊이 진행된 정신병에서 무의식적 기억은 솟아오르지 않기 때문에, 어린 시절의 경험의 비밀은 가장 망상적인 상태에서도 드러나지 않는다는 것이 확인되었다. 이렇게 나는 무의식이 의식의 저항을 물리치지 못한다는 것을 확인하고, 분석 중에 반대 과정이 일어나서, 의식에 의한 무의식의 완전한 길들이기에 도달할 수 있으리라는 희망을 버릴 수밖에 없었다." 비밀은 폭로되지 않은 채로 남아있다.

완치의 그날이 멀어진다. 영원히 연기된다. 병의 진정한 원인을 알려줄 아무런 토대가 없다면 분석의 종료를 통고해줄 근거 또한 아무것도 없지 않겠는가? 따라서 프로이트는 다음과 같이 결론짓는다. "그러한 생각의 영향으로 나는 두 가지 사실을 포기할 준비를 하였다. 신경증의 완전한 해결, 그리고 어린 시절에 근거한 병인의 정확한 포착 말이다."

그러나 이때부터 히스테리 환자는 거짓말쟁이로 비난받기 시작한다. 《과학적 심리학 초고》[67]에서 프로이트는 벌써 '히스테리적인 최초의 잘못'에 많은 지면을 할애하였다. 여기서 엠마의 이야기는 다르게 독해된다. 엠마는 상점에 혼자 들어가지 못한다. 그녀는 그것을 13세 때의 기억 탓으로 돌리고 있다. 당시 그녀가 상점에 들어가자 두 점원이 그녀를 보고 웃기 시작하였다. 그녀의 해석은 그 두 남자가 자신의 옷차림을 비웃었고, 그녀가 그들 중 하나를 욕망하였다는 것이다. 두 번째 기억이 솟아나왔다. 여덟 살 때 사탕을 사기 위해 상점에 들어갔던 기억이다. 그때, 상점 주인이 그녀를 애무하였다. 그럼에도 불구하고 그녀는 상점에 몇 번 더 갔다. 마치 그녀 자신이 그런 식으로 주인을 도발하고자 한 것처럼 말이다. 프로이트의 독해는 첫 번째 장면과 두 번째 장면을 연결 짓는 것이었다. 상점 주인은 그녀를 만지면서 웃었다. 그러므로 상징, 혹은 연관은 웃음이다. 그리고 그녀가 혼자였다는 사실이다. 두 점원은 첫 번째 장면을 재현함으로써 그녀에게 욕망 앞에서 느끼는 불안을 야기시킨 것

---

67) 《정신분석의 탄생》, 열린책들, 2005. 《과학적 심리학 초고》는 1895년부터 씌어지기 시작하였다.

이다. 그렇지만 이 첫 번째 장면은 진짜 첫 번째일까? 이전에 또 다른 장면이 있었던 것은 아닐까?

그리고 히스테리 환자들 중의 진주라고 할 수 있는 도라가 갇혀있는 거짓말의 회로가 있다. 도라의 모든 증상은 분출하는 욕망의 상징이다. 그러나 동시에 그녀는 어떤 알 수 없는 회로 속에 갇혀있다. 그녀는 기침하고, 말을 못하고, 글을 쓰고, 억압당한다. 프로이트의 이야기 속에 K씨 부부가 들어오면서 비난이 등장한다. K씨에 대한 도라의 비난이다. 호숫가에서 그는 그녀에게 사랑고백을 했던 것 같다. "당사자는 그런 상상을 불러일으킬 만한 행동은 추호도 한 적이 없다고 완강히 부인했다."[68] 비난은 K씨 부인의 개입에 의해 도라에게로 되돌아간다. 부인에 의하면 도라는 성적인 것밖에 관심이 없고, 포르노 책도 읽었다. 도라가 분석을 중단하고 프로이트를 떠난 것은 그가 이 정보를 도라에게 알려주었기 때문이다. 한 바퀴를 완전히 도는 회로 일주가 이루어졌다. 제 1 장. 희생자 도라, 유혹당한 도라. 제 2 장. 타락한 도라, 사악한 도라. 다음에 도라는 아버지를 비난한다. 그는 K씨 부인과 내연의 관계를 맺고 있다. 그러자 곧 프로이트는 다음과 같이 지적한다. "자가 비난으로부터 자신을 방어하기 위해 다른 사람을 비난하는 방식은 매우 자동적이다. 거짓말한다는 비난을 받으면 즉각 '거짓말쟁이! 네가 거짓말쟁이야!'라고 반박하는 아이들의 대응 방식이 그 좋은 본보기이다." 프로이트는 도라를 비난하기 시작한다. 도라는 의당 자기 자신을 비난해야 할 것이었다. 그러나 그녀는 대신 아버지를 비난한다. 그는 K씨 부인에게서 감염된 성병을 어머니에게 전염시켰다. 프로이트는 그것은 결국 도라의 자가 비난에 다름 아니라고 결론짓는다. 그녀는 자위를 하고 있었던 것이다. 이제 그녀는 꼼짝없이 붙잡혔다. 그녀는 프로이트에게로 화살을 돌린다. 그리고 이번에는 그를 비난한다. 왜냐하면 그는 전이의 대상이기 때문이다.

그녀는 도망친다. 프로이트는 그것을 하나의 복수 행위로 간주한다.

---

68) 〈도라의 히스테리 분석〉, 《꼬마 한스와 도라》, 열린책들, 1997.

1923년의 각주에서 프로이트는 이 분석의 오류는 도라의 동성애를 포착하지 못한 데 있었다고 인정했다. 비난의 회로에서 상처를 받지 않은 사람은 K씨 부인뿐이었다. 도라에게 에로틱한 책을 읽힘으로써 비밀에 입문시킨 사람은 바로 그녀였음에도 불구하고 도라는 그녀를 '보호하였다'. 남미의 남비크와라 족은 동성애를 '거짓 사랑'이라고 부른다. 이 표현을 차용해보자. 이 사람, 저 사람이 엮어내는 거짓말의 회로에서 더럽혀지는 것은 결국 도라의 명예이다. 처녀들은 거짓말쟁이야. 이렇게 하여 우리는 히스테리 치료법에 관한 훈계조의 이론으로 되돌아온다. 저명한 쥘 팔레는 《이성적 광증, 혹은 도덕적 광증》에서 태연히 주장한다. "이들 환자는 배우 뺨칠 정도이다. 그녀들에게 있어 자기 주위의 사람들을 속이는 것보다 더 즐거운 것은 없다. (…) 한마디로 말하여 히스테리 환자들의 삶은 거짓말로 점철되어 있다. 그녀들은 짐짓 경건하고 신앙심 깊은 척한다. 성녀처럼 간주되기도 한다. 그러나 그녀들은 비밀리에 너무도 수치스러운 행동에 탐닉한다. 또한 그녀들의 집안에서 남편과 자식들에게 난폭하게 굴고, 저속하고 때때로 음란하기까지 한 말을 퍼붓는다. 그리고 매우 난잡한 행동들을 한다."

물론 프로이트는 이런 입장을 견지하지 않을 것이다. 그것은 그의 문제가 아니다. 그리고 나는 그가 여성성에 대해 그냥 다른 사람들 하는 대로 하였다고 하여 그를 원망하지 않을 것이다. 결국 그는 히스테리를 '가족 내의 병'으로 보는(엘리자베트에 대한 프로이트의 진단 역시 이것이다) 일반 사회의 이데올로기를 충실히 반영하고 있을 뿐이니까. 그 역시 다른 모든 사람들과 마찬가지로 병의 원인을 제공한 유책 당사자를 찾기 위해 이 사람 저 사람 돌려가며 도마에 올려놓는 일반적인 가족들의 행태를 벗어나지 못했을 뿐이다. 유혹의 회로는 가족 구조의 반영이다. 그리고 프로이트 혼자서 이 구조를 변화시킬 수는 없다. 그러나 프로이트는 스스로도 알지 못하는 사이에 이 변화에 대해, 그리고 그것의 한계 및 이 한계를 없앨 수 있는 방법에 대해 생각할 수 있는 도구들을 제공하였다. 그리고 그것만으로도 그의 공헌은 충분하다.

3. 유혹의 역사 : 제 3장. '죄지은 어머니'

회로는 끝나지 않았다. 왜냐하면 원장면은 부모의 성관계, 즉 생식의 문제에 관련되는 까닭에 어머니에게도 아버지에게 던져졌던 질문과 마찬가지의 질문이 던져져야 하기 때문이다. 그러나 이상하게도 지금까지 어머니는 완전히 논외였다. 먼저 프로이트는 아버지에 의한 유혹이란 개념을 제시하였다가 철회한 후, 오이디푸스 콤플렉스를 창안하였다. 그리고는 성기에 의한 쾌락이란 축을 따라 최초의 유혹이란 개념의 길을 따라가다가 드디어는 어머니에 의한 유혹에 도달하였다. 이 도정을 묘사한 프로이트의 텍스트를 읽어보자. "어린 시절의 성적인 외상을 발견해내는데 몰두하고 있던 시기에 내 여성 환자들은 모두 자신들이 아버지의 유혹을 받은 적이 있다고 보고했다. 나는 결국 이러한 비난이 거짓이라는 결론에 이르게 되었는데 이를 통해 나는 히스테리 증상들이 실제적 사건들로부터 생겨나는 것이 아니라 환상에서 초래된다는 것을 이해하게 되었다. 나중에 가서야 비로소 나는 아버지에 의한 유혹이라는 이 환상 속에 여성들의 전형적인 오이디푸스 콤플렉스가 표현되어 있다는 것을 알게 되었다. 그러다가 어린 여자 아이들의 전(前) 오이디푸스기를 연구하는 도중, 이 유혹 환상을 다시 만나게 되었다. 그러나 이때 유혹자는 어머니이다. 여기서 환상은 어느 정도 현실적 토대를 가지고 있다. 왜냐하면 아이를 돌보아 주는 행위 속에서 성기에 쾌감을 야기시키고, 심지어는 최초로 그것을 일깨우는 사람은 다름아닌 어머니이기 때문이다"(《새로운 정신분석 강의》).

이것은 《히스테리 연구》의 시기로부터 몇 단계 더 발전한 것이다. '그것이 명백하게 드러나는' 여성들뿐만 아니라 모든 여성들은 아버지에 의한 유혹이라는 환상을 가지고 있는데 이것은 가족 구조의 정상적인 표지(標識)이다. 그러나 그 위에, 여자 아이는 어머니의 유혹을 받는다. 그리고 어머니의 경우, 이 시기는 더욱 초기로 거슬러 올라간다. 왜냐하면 여기에는 육체적 보살핌이 관련되기 때문이다. 여기서 가정 내에서의 분업이 드러난다. 물론 이 가정이란 부르주아 가정에 국한되지만 말이다. 프로이트에 의하면 하녀, 가정교사, 마부 등이 히스테리 환자를 둘러싸고 있다. 또한 프로이트는 카타리나에 대해 기록하면서 그녀가 아버지의 식사 시중을 들기는 하였지만 그럼에도 불구하고 그녀의 복장이 산장의 하녀 복장이 아니라 딸의 복장이었다는 점을 명기하였다. 어머니들은 몸을 돌보고, 아버지들은 법으로 작용한다. 청결과 불결은 여성, 어머니, 그리고 병든 늙은 아버지를 간병하는 딸들의 고유 영역이다. 도라의 어머니에 대한 유일한 언급은 그녀가 '교육을 별로 받지 못했고' '가정주부 정신병'이라고 할 수 있는 청결 강박증에 걸려 있었다는 것이다. 도라는 어머니와의 관계가 좋지 못했다. 어머니가 시키는 집안일을 거부하였기 때문이다. 육체의 청결, 그리고 오히려 가족을 해치는 화근이 되는 땟자국에 대한 전쟁. 좋아, 잘했어. 그런데 아주 어린 아이들을 돌볼 때, 어머니는 몸과 성기를 만지고 피부의 주름을 헤집고, 애무한다. 프로이트에 의하면 유혹은 그곳에 있다. 그러나 유혹의 덫은 더욱 복잡하다. 꼬마 한스에 대한 분석을 보면 무엇이 보이는가? 그것은 아이 자신이 유혹자라는 사실이다.

"한스의 나이 네 살 3개월. 매일 하는 대로 엄마는 아침에 한스를 목욕시켰다. 목욕을 하고 물기를 말린 다음 몸에 분을 발랐다. 엄마가 분을 바르면서 그의 고추 부분에 이르러 그것을 건드리지 않기 위해 조심하자, 한스가 물었다.

한스 엄마는 왜 거기 손가락을 대지 않는 거야?
엄마 지지라서 그렇지.
한스 지지? 그게 뭔데? 왜 그러는 거야?
엄마 그건 좀 점잖지 못한 짓이거든.
한스 (웃으면서) 정말 재미있다.
(〈다섯 살배기 꼬마 한스의 공포증 분석〉, 《꼬마 한스와 도라》)

각주에서 프로이트는 같은 현상이 여자 아이에게도 발견된다고 덧붙였다. 이 아이는 어머니가 허벅지 안쪽으로 손을 넣자 양다리를 꽉 압박하였다. 접촉을 피하건 피하지 않건, 고추나 잠지를 건드리건 안 건드리건, 규범을 따르건 범하건 간에 유혹자라는 비난을 피할 수 없다. 청결교육도 유혹이다. 그녀는 자기 의지와는 달리 더러울 수밖에 없다. 문화적으로 그녀에게 전수의 책임이 있는 몸의 기능을 가르치는 것도 유혹인 까닭이다. 정말 말끔히 처리했어.

실제로 미슐레는 어린아이에 의한 유혹을 지적한다. 그 아이는 소녀도 소년도 아닌, 양성적인 존재이며 온통 성적 특질로 충만하다. 농노의 아내는 요정과 꼬마 도깨비를 귀애한다. 그들은 어린이들을 통해 집 안으로 들어와 요람을 가볍게 흔든다. 화덕의 꼬마 도깨비는 버터 단지 속에, 장미꽃 속에, 화덕불 속에 깃든다. "그는 가볍고 대담하다. 만일 그를 잡지 않으면 도망칠지도 모른다. 그는 너무 많이 보고, 너무 많이 듣는다 … 그리고 애인 같은 면도 있다. 다른 누구보다 주제넘게 나서며, 너무도 작은 그는 도처에 끼어든다." 그는 그녀에게 침입하여, 그녀를 소유하고, 그런 다음에는 점점 커져서 악마가 된다. 그녀 몸속에 악마가 깃들게 되는 것이다. "이상하게 몸이 근질거려서 그녀는 잠을 이루지 못한다. 그녀는 괴상한 형상들을 본다. 그렇게 작고 순하던 요정이 거만해진다. 대담해진다. 그녀는 불안하고, 화가 나서 일어나려 한다. 그러나 일어나지 못하고 그대로 있는다. 대신 신음 소리를 낸다. 그녀는 자신이 누구에겐가 종속된 것을 느낀다. 그래서 생각한다. '이제 나는 내 자신이 아냐!'" 악마는 유혹자인 어린아이를 통해 나타난다. 그러나 이 경우, 농노 아낙은 적어도 유혹자라는 비난은 받지 않는다.

그 정반대 편에 멜라니 클라인이 묘사한 무서운 어머니 상이 있다. 이 경우, 유혹의 주체와 대상 모두 극단적으로 유혹의 죄과와 그로 인한 불안에 노출되어 있다. 그리고 이것은 젖가슴의 상실 때문이다. "아이들이 아버지에게로 전환하는 가장 기본적인 이유는 젖가슴의 상실 때문이라고 생각한다. 아버지와의 동일시는 어머니와의 동일시에 비해 불안이 적다." 오이디푸스기 초기에 거세하는 어머니 상이 나타난다. 강하고, 아귀 같고, 또한 동시에 유혹하는 어머니이다. "어머니에 대한 공포가 그렇게 압도적인 것은 아버지에 의한 강력한 거세 공포가 거기에 결합되기 때문이다. (어머니의) 복부를 겨냥한 파괴 성향은 완전한 구순기적, 항문기적 가학증을 동반하여 아버지의 페니스를 동시에 겨냥한다. 아이들의 상상에 의하면 이 배 속에 아버지의 페니스가 있기 때문이다. 이 시기에 아버지에 의한 거세 공포가 집중되는 곳은 바로 아버지의 페니스이다. 그러므로 여성적 단계는 어머니의 배와 아버지의 페니스와 연관된 불안에 의해 특징 지워진다. 그리고 이 불안 때문에 어린 남자 아이는 초자아의 횡포에 시달린다. 어머니와 아버지 양자의 이미지로부터 형성된 이 초자아는 아귀처럼 먹어치우고, 팔다리를 자르고, 거세하는 무서운 것인 까닭이다"(멜라니 클라인, 《정신분석론》). 이렇게 어머니는 페니스 도둑이 된다. 그녀의 배 속에는 아버지의 페니스가 들어있음에 틀림없다.

《마녀들의 망치》로 돌아가 보자. 종교재판관이 질문한다. "이 방법에 의하여(남성기관을 제거함으로써) 때때로 다수의(스무 개 혹은 서른 개) 남성기관을 수집하는 이들 마녀들에 대해 어떻게 생각해야 하는가? 그녀들은 그것을 새둥지에 집어넣거나, 상자 속에 은닉하는데 그 속에서 그것들은 살아있는 기관처럼 움직이고, 귀리 같은 것들을 먹는다고 한다. 이것을 본 사람이 있고, 또 보고도 되었다"(〈마녀들은 어떻게 남성기관을 제거하는가?〉). 마녀들은 남자들의 페니스를 제거한다. 어머니가 아버지의 페니스를 제거한다고 생각하는 어린 아이들의 상상에서와 마찬가지로. 결국 일종의 원장면이 육체 내부, 즉 불투명하고 유기체적인 장소의 한복판에 깃들어 있는 셈이다. 거기서 '아버지-페니스'는 '어머니-배'를 만난다. 그 이상은 볼 수 없다. 그렇지만 그 끔찍한 만남의 장면을 상상해 볼 수는 있는데 그 만남으로부터 '똥-아기'가 나온다. 어찌 되었건 이러한 환상적 신화에서 마녀와 어머니는 서로 합쳐지며, 이 둘은 하나의 동일한 여성이다. 그녀들은 죄인이다. 그리고 히스테리 환자는 이 마녀의 딸이다.

4. 유혹의 역사 : 에필로그. '가족 문제'

그것은 옮겨갔다. 아버지에서 딸을 거쳐 어머니에게로. 아들도 빠지지 않는다. 그들의 죄의식은 원시인의 거대신화의 핵심이다. "어느 날 문득 추방당했던 형제들이 힘을 합하여 아버지를 죽이고 그 고기를 먹음으로써 아버지 무리를 결딴낸다." 그러므로 인류의 첫 번째 거짓말은 프로이트가 말한 대로 '수많은 것들, 즉 사회 조직, 도덕적 제약, 종교 등의' 발생 요인이 된 이 최초의 충격적 범죄 행위의 억압이다. 그것들의 원동력은 죄의식이다. 이것은 히스테리에서의 유혹 장면의 경우와 마찬가지이다. 그것은 동일한 반전(反轉)이다. 히스테리 환자의 유혹 장면에서 프로이트는 처음에 아버지가 죄인이라고 생각했다. 그러나 곧 그는 이것이 환자 자신의 죄의식의 투영이라는 것을 눈치 챈다. 원시인 무리의 경우, 죄는 같은 방식으로 아버지와 아들 사이를 순환한다. 그러나 최초의 억압이 이 관계를 반전시킨다. 이제 아들이 죄인이 된 것이다. 그렇다면 이것은 어떤 결과를 가져오는가? "아들들은 이전에는 아버지라는 존재가 방해했던 것들을 스스로 금한다. 정신분석을 통해 우리에게 잘 알려져 있는 '사후복종'(事後服從)이라는 심리 상태가 바로 이것이다. 이제 아들들은 아버지의 대용품인 토템의 도살을 삼감으로써 저희들 행위를 부인하고, 그들이 해방시킨 여성들과의 성적 관계를 거부함으로써 〔아버지를 죽인〕 그 행위로부터 얻을 수 있는 과실을 포기한다. 이처럼 토테미즘의 두 가지 기본적인 터부는 자식들의 죄의식으로부터 초래된 것이다. 그리고 바로 이 때문에 이 두 가지 터부는 오이디푸스 콤플렉스의 두 가지 소망과 일치하는 것이다." 그러므로 여성의 교환은 죄의식으로부터 나온다. 그리고 여성들의 죄의식은 이 교환의 법칙에 대한 위반에서 나온다는 식으로 죄의 고리가 계속된다…. 여성은 순환되어야 한다. 결코 남을 순환시켜서는 안 된다. 그런데 히스테리 환자는 순환시킨다. 그리고 마녀도 제 나름대로 그렇게 한다. 이들은 모두 족외혼의 원칙을 범하고 친족 관계를 위반한다. 친족 관계의 위반. 가족 구성원들에 대한 에미, 루시, 엘리자베트, 도라의 무의식적 차원의 성적 결합. 가족 구성원. 위반, 너무 가까운 대상의 선택, 형부, 오빠, 아버지, 혹은 아버지의 정부 K씨 부인에 의해 아버지와 연결되어 있는 K씨. 위반은 정지로 변한다. 친족 내에서의 족내혼적 욕망의 순환은 순환 통로상의 여러 장소의 경색으로 나타난다. 그것은 더 이상 나오지 못한다. 만일 그것이 외부로 나오면 그것은 곧 금지된 남성, 혹은 여성을 옭아맨다. 드레이어[69]의 〈분노의 날〉을 상기해보자. 한 젊은 여성이 있다. 그녀의 어머니는 마녀로 몰려 화형당했다. 그녀의 남편은 늙은 목사이다. 남편의 전처의 아들인 젊은 남성. 두 젊은이들 사이의 공공연한 사랑 이야기. 밤중에 근친상간이 이루어진다. 적어도 여자는 그것을 충분히 인식하고, 그것에 동의하였다. 그녀는 남편의 죽음을 원하고 그 소원을 직접적으로 표현한다. 그 순간, 남편이 발작을 일으켜 급사한다. 그러자 늙은 어머니, 즉 그녀의 시어머니가 그녀의 누옥에서 나와 그녀를 마녀라고 고발한다. 그녀 역시 그것을 믿게 된다. 달리 생각할 수가 없었기 때문이다. 그녀는 자신의 욕망을 드러내었고, 규범을 위반하였다. 게다가 그녀는 마녀의 딸이 아닌가? 또한 그녀의 남편은 그녀가 소원을 빌던 바로 그 순간에 죽지 않았는가. 도라를 본 순간 K씨가 사고를 당한 것과 마찬가지로? 그녀가 욕망의 끈을 푼 순간, 바로 문제가 시작된 것이 아닌가?

히스테리의 역사에서 프로이트는 언제나, 그리고 어디에나 동성애의 대상이 되는 여성 인물, 즉 히스테리 환자가 자신과 동일시하는 인물을 상정한다. 확고히 자리잡고 있는 여성 타자, 만일 그 여성이 없다면 행위로 나타나거나 몸에 고착된 어떠한 실제적, 또는 허구적 위반도 일어날 수 없다. 드레이어의 이야기 속에는 어머니의 친구인 늙은 마녀가 여주인공의 눈앞에서 타죽는다. 도라에게는 K씨 부인이 있고, 카타리나에게

---

69) Carl Th. Dreyer (1889~1968). 덴마크 출신의 영화감독. 〈분노의 날〉(*Dies Irae*) 은 드레이어의 1943년작 흑백영화로 마녀 사냥이 한창이던 17세기 노르웨이의 어느 마을을 배경으로 하고 있다.

는 아버지와 함께 잔 사촌언니 프란체스카, 로자리아에게는 '아저씨'에게 학대받는 '아주머니'(어머니, 아버지)[70] 가 있었다. 엘리자베트에게는 언니가 있었는데 그 죽은 언니 앞에서 그녀는 얼어붙은 듯 꼼짝할 수가 없었다. 루시에게는 결코 입을 맞추어서는 안 되는 두 작은 소녀들이 있었다. 에미에게는 병든 딸이 있었다. 그 딸은 그녀를 '숨막힐 정도'로 꼭 껴안는다. 도처에 다른 여성이 있다. 라캉은 이렇게 썼다. "이렇게 하여 히스테리 환자들은 다른 여성에게 보내진 경의를 자기 것처럼 느낀다. 그녀가 이 여성을 좋아하는 것은 그녀 속에 있는 스스로의 비밀이다. 그녀는 자신이 맡고 싶으나 결코 맡을 수 없는 역할을 하는 남성에게 이 여성을 제공한다. 그녀는 여성이란 무엇인가라는 질문을 끊임없이 던진다. 그러나 그녀는 자신의 욕망을 속일 수밖에 없다. 왜냐하면 이 욕망은 타자의 욕망이기 때문이며 이것은 대상의 입장에서 이 두 욕망을 충족시킬 수 있도록 해줄 자아도취적 동일시를 할 수 없었다는 사실에서 기인한다"(《정신분석과 그 교훈》). 능란한 남성의 솜씨가 두드러지는 멋진 묘사이다. 그러나 동시에 논리적 문제점도 잘 드러난다. '경의'를 '자기 것처럼 느끼기 위해' 히스테리 환자는 도대체 얼마나 비싼 대가를 치른단 말인가. 그리고 그러는 동안, 자신의 여성적 욕망을 속이는가. '여성의 욕망'이라는 이 애매한 표현에서 벌써 이 문제점은 드러난다. 왜냐하면 그것은 여성이 되고 싶은, 그리고 여성을 갖고 싶은 이중적인 욕망이기 때문이다. 그것은 상상적 변화이며 양립할 수 없는 두 가지의 종합이며, 불가능한 타협이다. 사람들이 꿈꾸는, 그리고 미슐레의 글에 나오는 마녀가 감행하였던 이 위반. 그러나 우리는 어디에서도 이 상상적 마녀의 자취를 찾을 수 없다. 이 인물이, 또한 그녀의 격렬한 행위가 불러일으킨 욕망은 오직 여성인 우리 자신들 속에서만 겨우 감지될 수 있을 뿐이다.

왜냐하면 미슐레가 묘사한 마녀, 즉, 그가 재창조한 이 억압당한 여성

---

70) 프로이트의 사후 각주에 의하면 이 경우도 아주머니, 아저씨가 아니라 친부모였다(프로이트, 《히스테리 연구》, 열린책들, 238쪽) — 원주.

에게는 가족이 없고, 가족에서 벗어나며, 가족을 만들지도 않기 때문이다. 그녀는 가혹한 억압 때문에, 착취적인 봉건 체제에 의해 포도송이처럼 짓눌려 생겨났다. 아니, 생겨났기보다는 갑자기 나타났다는 편이 나을 것이다. "그 체제는 으깨고, 짓누르는 무시무시한 장치, 영혼을 부수는 잔혹한 압착기이다. 기계의 나사가 돌아간다. 그녀는 더 이상 숨을 쉬지 못하고, 반죽음이 되어 기계에서 튕겨 나와 낯선 세계에 던져진다." 그녀가 솟아오르듯 갑자기 나타난다. 늑대 아이처럼, 여자 카스파르 하우저[71] 처럼. "그건 괴물이야, 어디서 왔는지 모르는 운석이야. 맙소사, 누가 감히 그것에 접근하겠는가?" 후에 사람들은 진짜배기 마녀는 모두 어머니와 아들의 사랑에서 태어난다는 것을 알게 된다. 그때는 아들들이 오랫동안 어머니 곁에 머무는 때였다. 이처럼 근친상간에서 태어난 까닭에 그녀에게는 가족이 없다. "출현 당시, 마녀에게는 아버지도, 어머니도, 아들도, 남편도, 가족도 없다." 딸은 있을 수 없다. 왜냐하면 미슐레의 욕망에 의하면 여성성이란 꿰뚫는 것이니까. 마녀를 압살하지 못하는, 그러나 다른 모든 여성을 압살하는 이 가족이라는 장치에는 딸이 없다. 그녀는 가족이 없는 까닭에 어느 곳에도 살지 않는다. 아니, 차라리 '어느 곳도 아닌'이라는 말이 의미하는 그곳에 산다. "불가능한 곳, 즉 가시덤불로 가득 찬 숲, 가시나무와 엉겅퀴가 뒤엉켜 아무도 통과할 수 없는 곳" 말이다. 중요한 것은 그곳이 통과를 허용하지 않는다는 점이다. 그녀는 격리된 이곳으로부터 금지된 길을 내고 기독교 문화의 잔혹한 통과 의례를 우회한다. 가족 외부에 존재하는 자신의 상황으로부터 그녀는 오이디푸스와는 정반대되는 두 가지의 능력을 끌어낸다. "명증한 광증에서 얻어지는 혜안(慧眼), 그것은 그 정도에 따라, 시(詩), 제 2의 눈, 통

71) Caspard(혹은 Kaspar) Hauser. 1828년 약 17세의 나이로 뉘른베르크 근처에서 발견된 아이. 그의 주장에 의하면 그는 오랫동안 탑에 홀로 감금되어 아무도 보지 못하고 살았다고 한다. 그가 자고 있는 동안 누군가가 소량을 음식물을 가져다 놓았고 그는 이것으로 연명했다. 발견 당시 그의 체구는 작고 행동도 어린 아이 같았다.

찰력, 순진하면서도 교활한 말, 그리고 특히 자신의 모든 거짓말을 믿는 능력으로 심화된다." 이렇게 하여 진실의 문제가 해결된다. 그녀는 진실하다. 왜냐하면 그녀는 자신의 거짓말을 믿으니까. 그녀는 "그녀 자신을" 속이지만 결코 다른 사람을 속이지는 않는다. 그러나 그녀는 속지 않는다. 그녀는 반복하고, 미리 예상한다. 그녀는 현재에 있지 않다. 그녀는 희미한 이교적 과거이다. 그녀는 지식에 도달하기 위해 현재에서 벗어난다. "이 능력에서 다른 능력이 파생된다. 그것은 숭고한 자가 생식(*conception solitaire*) 능력이다. 우리의 생리학자들은 많은 종류의 암컷들이 처녀 생식을 한다는 것을 인정한다. 그렇다면 몸만이 아니라 정신도 역시 그렇지 않겠는가?" 자가 생식. "그녀는 혼자서 수태하고, 아이를 낳는다." 누구를? 한바탕 웃음, 농땡이 부리는 로빈 후드 같은 자를. 그것은 의사(醫師)이다(그런데 불행하게도 의사는 미슐레의 기대에 부응하지 못했다). 그렇지만 지식은 위반이다. "위반자는 학자이고, 학자는 위반한다. 한계선을 넘기 위해 그는 문화적 공간을 장갑처럼 뒤집는다. 그러나 그것은 여전히 같은 공간, 즉 신화적 공간이다"(미셸 세르, 《헤르메스 혹은 커뮤니케이션》, 〈사전〉). 미셸 세르는 여기서 지식의 현실세계로의 귀환을 알린다. 왜냐하면 실제로 미슐레가 말한 '지식'이란 신화적인 것이고, 과학 또한 공상적인 것이기 때문이다. 라캉이 히스테리 환자와 '지식' 사이의 관계를 말할 때도 이는 마찬가지이다. 이때의 '지식'은 주인/스승(*maître*)의 '지식'이다. 물론 그 주인/스승이란 가장인 아버지일 수도 있고, 대학 교수일 수도 있지만. "히스테리 환자는 분열된 주체이다. 달리 말하면 그것은 작동하는 무의식이다. 그것은 주인/스승으로 하여금 지식을 산출하도록 강요한다"(〈라디오 포니〉[72]). 전이의 장(場)에서는 히스테리 환자의 '도전'과 주인/스승, 그리고 주인/스승의 시원찮은 복제품인 대학교수의 '실패'가 일어난다. 이 모든 것은 히스테리 환자의

72) 1970년 벨기에의 RTB와 프랑스의 ORTF에서 방송된 라디오 프로그램. 여기서 라캉은 로베르 조르젱의 일곱 가지 질문에 대답한다. 텍스트는 *Scilicet*, 2/3, 1970에 게재되었다.

상상적 침실에서 일어난다. 그리고 그 침실은 강의실로 변한다. 그것은 침실의 현실이며, 그것은 정신분석의 한계이다. 히스테리 환자는 분열되어 있다. 그러나 나는 그녀가 마녀의 인도에 따라 남성과 여성, 즉, 그녀의 양성성을 구성하는 두 인물들 사이에서 분열되어 있었다고 말하고 싶다. 또한 그녀가 아직 헤어 나오지 못하고 있는 가족의 벽과 아직 이룩하지 못한 새로운 탄생 사이에서 분열되어 있다고 말하고 싶다.

5. 비상(飛翔)

히스테리 환자는 가족의 굴레에서 빠져나오려는 욕망을 표현하는 반면, 결코 가족을 가진 적이 없는 마녀는 처녀 생식을 한다. 이를 통해 그녀들은 수없이 재해석되고, 재창조된 신화 속에서 지금까지 존재한 적이 없었던 뭔가를 개시하고, 예고한다. 양성성은 항상 존재해왔다. 그러나 그것은 항상 같은 것으로 회귀하는 남성성에 의해 지배되어 왔다. 그것은 헤르마프로디테[73]에서부터 불사조 페닉스까지, 즉 남녀의 융합에서부터 불멸의 삶까지를 주제로 삼은 일련의 신화에서 항상 그러했다. 자신의 남성성을 자랑스럽게 생각하는 젊은 목동과 성적으로 흥분된 님프와의 융합인 헤르마프로디테. 긴 치마를 입었으나 한 손으로 점잖게 치마를 들치어 자신의 페니스를 공공연히 내보이는 디오니소스. 상처받지 않고, 죽지도 않는 거인 카이네우스가 된 처녀 카이니스.[74] 이 모든 것

73) Hermaphrodite. 그리스 신화의 두 신인 헤르메스와 아프로디테 사이에서 태어난 헤르마프로디테는 원래 미소년이었다. 그러나 산 속의 샘에서 목욕을 하던 그에게 반한 샘의 님프 살마키스가 신에게 한 몸으로 만들어달라고 간절히 기도했고, 그래서 그는 결국 남녀양성의 몸을 가지게 되었다.

74) Kainis. 테살리아 왕 엘라토스의 딸. 바다의 신 포세이돈의 사랑을 받아들이는 조건으로 어떤 무기에 의해서도 상처받지 않고 죽지도 않는 남자가 되게 해달라고 하였다. 남자가 된 그녀의 이름은 카이네우스가 되었으며 혁혁한 전과에 힘입어 라피트 족의 왕이 되었다.

은 남성으로 회귀한다. 불멸에 도달하기 위해 잠깐 여성의 상태를 거칠 뿐이다. 이 신화들의 연쇄를 따라 헤르마프로디테에서 불사조로 가 보자(마리 델쿠르의 도식에 의거하여[75]). 그것은 독수리나 맹금류, 혹은 헬리오드롬[76]처럼 스스로 태어난다. 그것은 자기 아버지를 향내 나는 불로 태우거나 아버지의 시체를 나일 강의 수원으로 옮겨간다. 거기서 그는 자신의 재에서 다시 태어난다. 로마 황제들은 신격화에 의해 획득된 불멸의 상징으로 독수리를 사용하였다. 그리스도교는 분파 통합을 위해 이러한 이미지들을 융합하는 과정에서 그리스도를 신성한 종려나무 위에 앉은 '페닉스'로 묘사하기도 하였다. 아버지와 아들로 단단히 이어져 있는 이 역사에는 여성이 완전히 배제되어 있다. 아니, 차라리 이 역사는 여성을 배제하기 위해 만들어졌다고 하는 편이 나을 것이다. 여기서 남성들은 여장을 하고, 여성과 융합하며, 자웅동체의 남자인 헤르마프로디테가 된다. 그리고 불멸의 존재가 되어 드디어 생식과 출산, 여성의 몸에서 아이와 함께 나오는 물, 그리고 여러 물질과 피로부터 해방된다.

마녀는 아버지 없이 생식한다. 그녀는 '영혼 압착기'에 떼밀려 나온다. 심리적 압박과 박해의 살아있는 산물로서. 히스테리 환자는 양성적이다. 그런데 그건 무슨 뜻이지? 프로이트에 의하면 심한 히스테리 발작이 일어날 때에 그녀는 '여성'인 동시에 '남성'이다. "환자는 입고 있는 옷을 한 손으로 꽉 움켜쥐고(여성으로서), 다른 손으로는 그것을 벗기려고 한다(남성으로서)(〈히스테리성 환상과 양성 소질의 관계〉). 그녀는 여성과 남성의 역할을 동시에 맡는다. 남성, 공격자. 그리고 옷을 붙잡는 여성. 남녀 양성의 문화적 제스처는 가소롭게도 겨우 이 두 동작, 두 손의 움직임, 그리고 옷 하나에 의해 상징된다. 마녀의 자연과 마찬가지로 히스테리 환자의 양성성은 그것보다 훨씬 많은 것을 의미한다. 우리가 히스테리라는 한계를 벗어나기만 하면 말이다. 그것은 히스테리 환자가 고발하

---

75) Delcourt, Marie. *Hermaphrodite*.

76) Heliodrome. 고대 페르시아 신화에 나오는 태양의 전령.

는, 그러나 결코 성공하지 못하는 여러 역할로부터의 결별이며, 구경거리가 되기를 거부하는 것이며, 너무도 많은 여성들이 압살당한 가족적, 사회적 광대놀음의 종말이다. 그것은 유혹과 히스테리, 종교재판관과 마녀라는 두 쌍의 짝짓기를 끝장내는 것이다.

양성적. 그녀들은 스펙터클과 고통을 원하는 남성들의 요구에 부응한다는 점에서 여성이다. 그러나 몸이 묶이고 말조차 제대로 하지 못함에도 불구하고 그녀들의 발작이 스펙터클의 경계를 넘어 관객들을 우회적으로 공격한다는 점에서 남성이다. 양성적. 양립할 수 없는, 서로 모순되는 몸동작을 통해 아직 가능하지 않은, 그리고 어쩌면 영원히 불가능한 것을 예고한다는 점에서. 그러나 그녀들은 누구보다도 단단히 갇혀있다. 갇혀있는 히스테리 환자는 쁘띠 부르주아의 상징이다. 갇혀있는 마녀는 민중의 상징이다. 그리고 그녀들은 어떤 해방의 능력도 가지고 있지 않다. 지금 현재의 소급적 재독서, 신화적 효력밖에는. 지금 현재, 그녀들은 더 이상 존재하지 않는다. 물리적으로 그녀들은 사라지고 없다. 마녀도 히스테리 환자도. 만일 누군가가 그런 척한다면, 그건 시늉에 불과한 것이다. 그녀들은 사라진 옛 인물이다. 포승을 풀어주기 위해 죽음에서 깨워낸 인물이다. 나는 그녀들을 매우 사랑했다. 그러나 그녀들은 더 이상 존재하지 않는다.

여성에 의한 출생에서 해방됨으로써 남성에게 불멸을 가져다준 양성의 신화 중에서 오직 새의 날개만 간직하자. 그리고 마녀의 지팡이, 그녀의 이륙, 그녀의 날아감, 그녀의 비상만 간직하자. 이 두 가지는 결국 같은 것이다. 불가능한 통합과 상상적인 변화 대신 실제적인 변화가능한 통합, 모순되지 않은 지위로 나아가자. 발작의 스펙터클에 시선을 보내지 말고, 그 시선을 돌리자. 그것은 우리 것이 아니다. 시선을 돌려서 보도록 하자. 예전에 보던 것을 보자. 그렇지만 동시에 우리 자신도 보도록 하자. 한 철학자[77]의 말을 빌려 출구를 준비하자. "단성 생식하는 처녀는 여전히 어제 밤의 철학의 살아있는 기반으로 남아있다. 미성년의 처녀는 걱정스럽고도 자유로운 성년의 공간 앞에서 주저한다."

그녀는 그녀의 발작을 지켜보는 시선으로부터 벗어났다. 그녀는 그녀를 구경거리로 삼아 쇼를 벌이는 약장사와의 끈을 끊었다. 마법사 시몬, 장 보댕, 샤르코, 그리고 프로이트라는 자… 일체의 주인/스승들과 연을 끊었다. 마녀와 마찬가지로 그녀는 곧 비상할 것이다. 그러나 이번에는 알 수 있을 것이다. 그녀가 그 후 어떻게 되었는지를.

77) 미셸 세르가 《마녀》에 대해 한 말—원주.

참고문헌

Gaston Bachelard, *La Formation de l'esprit scientifique*, PUF.

Michel de Certeau, *La possession de Loudun*, Archives, Julliard, 1970.

Marcel Detienne, *Les jardins d'Adonis*, Bibliothèque des histoires, Gallimard, 1972.

Mary Douglas, *De la Souillure*, Bibliothèque d'Anthropologie, Maspero, 1971.

Jules Fairet, *Folie raisonnable et Folie morale*, 1866.

Jeanne Favret, *Le Malheur biologique et sa répétition*, numéro spécial "Histoire et Structure" d'Annales, 1971.

Gustave Flaubert, *La Tentation de Saint-Antoine*.

Sigmund Freud, *Etudes sur l'hystérie*, PUF, 1956 ; *Naissance de la psychanalyse*, PUF, 1954 ; Cinq Psychanalyse, PUF, 1956 ; *Névrose, psychose, perversion*, PUF, 1973 ; *Nouvelles Conférences sur la psychanalyse*, Gallimard "Idées", 1971 ; *Ma Vie et la psychanalyse*, Gallimard "Idées", 1968 ; *Totem et Tabou*, Payot, 1951(한국어 판, 《프로이트 전집》, 열린책들, 참조).

Victor Hugo, *Notre-Dame de Paris*, Livre de Poche, 1972.

Mélanie Klein, *Essais de psychanalyse*, 1967.

Jacques Lacan, *Ecrits*, Seuil, 1966 : L'agressivité en psychanalyse, La psychanalyse et son enseignement, Du traitement possible de la psychose.

______, *Premiers écrits sur la paranoïa*, Seuil, 1975.

Claude Lévi-Strauss, *Structure élémentaire de la parenté*, Mouton, 1972 ; *Introduction à l'oeuvre de Marcel Mauss*, PUF, 1966 ; *L'origine des manières de table*, *Mythologique* 3, Plon.

Ernesto de Martino, *La Terre du remords*, Gallimard, Bibliothèque des Sciences Humaines, 1966.

Marcel Mauss, *Sociologie et Anthropologie*, PUF, 1966.

Jean Maurel, *Introduction à Notre-Dame de Paris*, Livre de Poche, 1972.

Jules Michelet, *La Sorcière*.
Jean-Paul Sartre, *L'Idiot de la Famille*, Gallimard, 1971.
Michel Serres, *Hermès ou la Communication*, Dictionnaires, Edition de Minuit, 1968.
Sprenger et Institoris, *Le Marteau des Sorcières*, (Armand Danet 역), Plon, Civilisations et Mentalités, 1974.
Ilza Veith, *Histoire de l'hystérie*, Psychologie contemporaine, Seghers, 1972.
Jean Laplanche & J. Pontalis, *Vocabulaire de la psychanalyse*, PUF, 1967(한국어 판, 임진수 역, 《정신분석학 사전》, 열린책들, 2005).
Ordinaire du psychanalyste (l'), n° 2, novembre 1973, Les Mains libres.

장 파브레와 장 모렐에 대한 상징적 빚은 이 참고문헌 목록으로 충분하지 않다. 이 텍스트는 그들의 것이다.

제 2 부

출 구

엘렌 식수 Hélène Cixous

그녀는 어디 있는가?

능동성/수동성

해/달

문화/자연

낮/밤

아버지/어머니

머리/감정

지성으로 이해하는/감성으로 느끼는

로고스/파토스

형태, 철(凸), 걸음, 전진, 씨앗, 진보

질료, 요(凹), (걸음을 걸을 때 딛고 서는) 땅, 밭

남성

여성

언제나 같은 은유이다. 그것의 모습은 다양하다. 그러나 우리는 말을 할 때면 항상 그것을 따르고, 또한 그것에 좌우된다. 글을 쓰거나 말을 할 때면 언제나 동일한 두 가닥의 실을 따른다. 그것은 문학, 철학, 비평, 수세기에 걸친 재현과 반영의 역사에로의 접근 통로이다.

사고(思考)는 언제나 대립을 통해 작동해왔다.

말하기/글쓰기

높음/낮음

이항적, 위계화된 대립을 통한다. 우등/열등. 신화, 전설, 책. 철학적 체계. 질서가 개입하는 곳이라면 어디서나, 대립관계(이원적, 양립불가능의; 혹은 부인할 수 있는, 변증법적)를 통해 무엇이 사고가능한가를 결정하는 그런 법칙이 있는 곳이라면 어디서나. 그리고 이 모든 대립의 짝들은 쌍으로 이루어져 있다. 이것은 뭔가 의미심장한 것이 아닐까? 말중

심주의에 의한 모든 사고들의 — 모든 개념, 법칙 그리고 가치들의 — 이항체계화는 남/여라는 쌍과 관련되어 있는 것이 아닐까?

자연/역사
자연/예술
자연/정신
열정/행동

문화이론, 사회이론, 모든 상징체계 — 예술, 종교, 가족, 언어 — 이것들은 모두 한결같이 동일한 도식을 통해 발전되었다. 어떤 사물에 의미를 부여하기 위해 하나의 대립관계를 만드는 과정에서 하나의 쌍이 파괴된다. 온 세상은 전쟁터이다. 매번 전쟁이 터진다. 항상 죽음의 기계가 작동한다.

아버지/아들	권위, 특권, 힘의 관계
로고스/글쓰기	대립, 갈등, 부인, 회귀의 관계
주인/종	폭력, 억압.

'승리'는 결국 같은 것, 즉 모든 것의 위계화로 귀착된다. 위계에 의한 편제를 통해 모든 개념체계는 남성의 지배하에 들어간다. 남성을 지탱하는 '능동'과 '수동' 사이의 대립에서 남성적 특권은 단적으로 드러난다. 전통적으로 성적 차이의 문제에 대처하는 방법은 바로 능동/수동이라는 대립관계와 짝짓는 것이었다.

그것은 매우 광범위한 것이다. 철학사를 들춰보자 — 왜냐하면 철학적 담론은 사고를 조직하고 재현하므로 —. 거기에는 모든 가치를 지배하는 하나의 절대적 불변항이 있는데 그것이 바로 이 능동/수동의 대립이다.[1)]

---

1) 철학사를 관통하며 탐색하는 데리다의 모든 저작은 바로 이 점을 드러내는데

게다가 철학에서 여성은 수동성과 연관되어 있다. 여성이 문제가 될 때면 언제나. 예를 들어 친족관계를 조사하거나, 가족 모델이 문제가 되거나, 존재론이 문제가 되거나, "이것이 무엇이냐?"라고 묻는 것이 무슨 의미를 갖는지 질문할 때, 뭔가 말의 의지가 문제가 될 때. 의지란 욕망이며 권위이다. 그것에 대해 질문하면 우리는 곧바로 아버지에게로 간다. 우리는 때로 이러한 과정에 어머니의 자리가 전혀 없다는 것을 눈치조차 채지 못한다. 극단적으로 말해 '존재'의 세계는 어머니 없이도 존재할 수 있다. 어머니는 필요 없다. 뭔가 어머니 같은 것이 약간 있기만 하면 된다. 그리고 바로 아버지가 이 역할을 담당한다. 그는 어머니이다. 여성은 수동적이거나, 아니면 존재하지 않는다. 그녀에게 남겨진 것은 생각할 수 없고, 생각되어지지도 않는다. 즉 그녀는 사고의 대상이 되지 못하며, 대립 관계에 들지 못하며, 아버지와 쌍을 이루지도 못한다(아버지는 아들과 쌍을 이룬다).

말라르메의 비극적인 꿈,[2] 부자 관계의 신비에 대한 한 아버지의 애도가 있다. 상(喪) 중의 상(喪), 즉 사랑하는 아들을 잃는 상(喪)을 입은 시인은 비탄을 토해낸다. 아버지와 아들 간의 결혼의 꿈. 그리고 거기에 어머니는 없다. 죽음에 직면한 남성의 꿈. 죽음은 여성과는 다른 방식으로 그를 위협한다.

주력한다. 플라톤, 헤겔, 니체의 경우 다 같이 하나의 동일한 과정, 즉 여성의 억압, 배제, 추방이 되풀이된다. 이것은 하나의 살인이다. 그러나 그것은 남성의 힘의 과시 및 재현으로 간주되어 역사와 혼동된다 — 원주.

2) 《아나톨의 무덤을 위한 시》(*Pour un tombeau d'Anatole*, Seuil, p. 138). 말라르메의 아들의 무덤. 아들의 어머니인 말라르메는 무덤 속의 아들을 죽음으로부터 보전하고, 지킨다 — 원주.

"찬란한 결합
결혼
— 그리고
내게 남아있는
생기
나는 그것을 쓰련다
… 를 위해
그럼 어머니는 없단 말인가?"

그리고 남성적
혈통 관계의 꿈,
스스로에게서 나와
아들에게로 가는
하느님 아버지의 꿈 —
거기에 어머니는 없다.

그녀는 존재하지 않는다. 그녀는 존재하지 않을 수 있다. 그러나 그녀의 것이 뭔가 있어야만 한다. 여성에 대한 종속에서 벗어난 그는 여성에게 아무 것도 써지지 않은 공간만을 남겨준다. 그가 원하는 대로 자신의 욕망을 새길 수 있는 질료만을 말이다.

문학사를 살펴보아도 사정은 마찬가지이다. 그것은 모두 남성에게로 귀착된다. 그 자신의 고뇌, 스스로 근원이 되고자 하는 그의 욕망으로. 아버지에게로. 철학 — 및 문학(뭔가를 의미한다는 점에서 문학은 철학의 지배를 받으므로) — 과 남근중심주의 사이에는 근원적인 연관성이 있다. 철학은 여성 비하로부터 성립되었다. 남성적 질서에 대한 여성의 예종은 이 기제의 작동을 위한 전제 조건인 것처럼 보인다.

이제 이러한 말중심주의와 남근중심주의와의 연대에 문제를 제기하고, 여성에게 주어진 운명과 여성의 은폐 상태를 조명하는 것이 시급해졌다. 이를 통해 우리는 마치 자연적이며 영원한 것처럼 잘못 제시되어 왔던 남성적 구조물을 뒤흔들어야 한다. 이를 위해 우리는 여성성으로부터 여러 사상과 가정을 도출해야만 한다. 그것들은 아직도 여전한 권위를 가지고 있는 이 남성적 구조의 보루에 치명타를 가할 수 있을 것이다. 만일 이들 체계를 떠받치는 토대가 산산조각 난다면 말중심주의와 위대한 철학체계들과 세계질서 일반에 어떤 일이 벌어질 것인가?

말중심주의적 기도(企圖)가 항상 암암리에 남근중심주의를 기초하고,

남성적 질서에 역사와 동등한 자격을 주도록 조장하였다는 것이 어느 날 갑자기 밝혀진다면 어떻게 될까?

그렇게 되면 모든 역사와 이야기는 달리 서술되어야 할 것이다. 이러한 미래는 도저히 예측이 불가능하다. 역사적 동력의 담당자가 바뀔 것이다. 그 손과 몸이 바뀔 것이다. 아직은 생각할 수도 없는 어떤 사상이 전체 사회의 작동방식을 변화시킬 것이다. 실제로 우리는 지금까지 결코 알려진 적이 없었던 수백만의 두더지들에 의해 옛 문명의 개념적 토대가 잠식당하는 시대를 살고 있다.

그녀들이 죽은 자들 사이에서, 말들 사이에서, 법률들 사이에서 깨어날 때.

옛날 옛적에 …

우리는 아직 다음의 이야기를 "그냥 하나의 이야기일 뿐이야"라고 말할 수 없다. 그것은 오늘날에도 여전히 유효하기 때문이다. 잠에서 깨어난 대부분의 여성들은 그들이 잤다는 것을, 잠재워졌다는 것을 기억한다.

옛날 옛적에 … 그리고 또 다시 …

숲 속에서 공주들은 왕자들이 와서 깨워주기를 기다리며 잠을 잔다. 침대에서, 유리 관 속에서, 어린 시절의 숲 속에서, 마치 죽은 여성들처럼. 아름다우나 수동적인, 그래서 매력적인. 모든 신비는 그들에게서 나온다. 인형놀이를 좋아하는 것은 남성들이다. 피그말리온[3]의 시절부터 그래왔던 것처럼. 그들의 오래된 꿈은 하느님 어머니가 되는 것이다. 최고의 어머니, 제 2의 어머니, 제 2의 탄생을 주는 어머니 말이다.

그녀는 잠잔다. 그녀에게는 이제까지 어느 누구의 손도 닿지 않았다. 그녀는 영원하며 완전히 무력하다. 그는 그녀가 오래전부터 자신을 기다리고 있었다는 것을 믿어 의심치 않는다.

---

3) Pygmalion. 그리스 신화에 나오는 사이프러스의 왕, 혹은 조각가. 자신이 만든 여성의 조각에 반해 아프로디테 여신에게 그와 똑같은 여성을 줄 것을 청하자, 여신은 조각을 사람으로 만들어준다. 그는 이 여인, 즉 갈라테아와 결혼하여 파포스라는 아들을 얻는다.

그녀의 미모는 그를 위해 감춰져 있다. 그녀는 완성된 것, 아니면 전혀 시작도 되지 않은 것이 갖는 완벽성을 가지고 있다. 그렇지만 그녀는 숨쉬고 있다. 꼭 알맞은 만큼의 — 너무 많지 않은 생기. 그는 그녀에게 키스할 것이다. 그래서 그녀가 눈을 뜨면 그녀는 오직 그만을 볼 것이다. 다른 모든 것 대신 그만을, 그 — 모든 것.[4]

— 이 꿈은 정말 만족스러워! 누구의 꿈이지? 누구의 욕망에 득이 되는 거지?

그가 그녀 쪽으로 몸을 숙인다 … 컷. 이야기는 끝났다. 막(幕). (그, 혹은 그녀가) 일단 깨어난 다음에는 전혀 다른 이야기가 될 것이다. 이제 두 사람이 존재하게 되니까. 여자는 절대로 알 수가 없어. 그러면 서막의 관능적인 단순함이 사라져버릴 것이다.

조화, 욕망, 무훈(武勳), 탐색, 이 모든 것들은 여성의 도착을 위한 전제 조건이다. 더 엄밀히 말해서 그녀의 일어남의 전제 조건들이다. 그녀는 누워 있고, 그는 서 있다. 그녀가 일어난다. 이것으로 꿈은 끝난다. 다음은 사회문화적인 것이다. 그는 그녀에게 많은 아기를 만들어주고, 그녀는 출산하느라 청춘을 다 바친다. 침대에서 침대로, '그것'이 이제 더 이상 '여자'가 아니게 될 나이까지.

'첫날밤의 침대, 출산의 침대, 죽음의 침대.' 조이스의 《율리시즈》에서 여성의 여정은 침대에서 침대로 이행한다. 율리시즈-블룸의 여행은 일어서서 하는 여행이다. 그는 서 있는 자세로 끊임없이 더블린을 향해 한다. 보행, 탐험. 페넬로페 — 모든 여성의 여행은 고통의 침대에서의 여행이다. 그 침대에서 어머니는 계속 죽는다. 퓨어포이 부인[5]은 병원의 침대에서 끝없는 출산을 경험한다. 유부녀이면서 불륜을 저지른 몰

4) "그녀는 사랑과 접촉함으로써 깨어난다. 그리고 그 이전에 그녀는 꿈일 따름이다. 그러나 이 꿈속 존재에는 두 단계가 있다. 먼저 사랑이 그녀의 꿈을 꾸고, 다음으로 그녀가 사랑을 꿈꾼다." 키르케고르의 《유혹자》는 이렇게 생각한다 — 원주.

5) 《율리시즈》의 등장인물.

리[6]의 침대는 끝없는 성적 몽상의 장소이다. 그녀의 여행은 추억 속의 여행이다. 그녀는 방황한다. 누운 채로. 꿈속에서. 되새김질하고, 혼잣말을 한다. 여성의 여행은 육체로서의 여행이다. 마치 남성적 질서에 의해 인간계의 비사회적, 비정치적, 비인간적 반쪽에, 즉 자연 쪽에 속하도록 운명지어진 것처럼. 왜냐하면 그녀들은 문화적 교환이 일어나는 세계에서 배제되고, 또한 역사가 만들어지는 사회라는 무대의 가장자리로 물러나 있으므로. 그녀는 지치는 법도 없이 내부, 즉 그녀의 배 속, 그리고 그녀의 집안에서 일어나는 일에 귀를 기울인다. 그녀는 그렇게 자신의 식욕 및 정서와 직접적으로 맞닿아 있다.

그리고, 변화가 일어나는 공적 장면에 일원으로 참여하는 위험과 책임을 (어느 정도) 감수하는 그(남성)에 반하여, 그녀는 이러한 능동적 세계에 무관심하거나 저항한다. 그녀는 일관성의 화신이다. 그녀는 항상 거의 동일하며, 일상적이고, 영원하다.

남성의 꿈. 나는 그녀를 사랑해. 부재하는, 그래서 매력 있는, 존재하지 않고, 종속적인, 그러므로 사랑스러운 그녀를. 왜냐하면 그녀는 자신이 있는 곳에 있지 않으니까. 그리고 그녀가 자신이 있는 곳에 있지 않는 한, 나는 그녀를 사랑해. 그때 그가 그녀를 바라보는 눈이란! 그녀가 눈을 감으면. 그가 그녀를 완전히 이해할 때. 그때 그녀는 그를 위해 만들어진 이 모습, 즉 그의 응시에 사로잡힌 육체에 불과하다.

그럼 여성의 꿈은? 그건 한갓 꿈일 뿐이다. 나는 자고 있어. 내가 잠들어 있지 않으면 그는 나를 찾지 않을 거야. 그의 좋은 땅과 나의 나쁜 땅을 가로질러 나를 얻으러 오지 않을 거야. 절대로 날 깨우지 마! 정말 괴로워! 그를 유혹하려고 무덤에 들어가야 하다니. 그런데 그가 내게 키스한다면? 그 키스를 어떻게 하지? 나는 그것을 원하는 것일까?

그녀는 무엇을 원하는가? 잠들기를, 어쩌면 꿈꾸기를, 꿈속에서 사랑

---

6) 《율리시즈》의 주인공 리오폴드 블룸의 아내. 애인과 불륜 관계를 맺고 있다.

받기를, 남자가 다가오기를, 만져지기를, 거의, 거의 성적 쾌락에 도달하기를. 그렇지만 진짜로 도달하면 안돼. 그러면 깨어날 테니까. 그러나 그녀는 꿈속에서 도달하였다, 옛날 옛적에.

그리고 또 다시 옛날 옛적에. 수세기를 걸쳐 여성의 사랑 이야기는 같은 이야기를 되풀이하였고, 잔인한 플롯으로 속여 왔다. 모든 이야기, 모든 신화는 그녀에게 이렇게 말한다. "너의 욕망은 우리의 국가 중대사 속에 낄 수 없어." 사랑은 문턱처럼 경계점에서 이루어지는 것이다. 우리 남성은 성공하기 위해, 사회의 사다리를 오르기 위해 만들어졌다. 우리를 자극하고, 충동질하며, 야망을 키워주는 유혹은 좋다. 그러나 그것의 완수는 위험하다. 욕망이 사라져서는 안 된다. 너희들 여성은 우리에게 있어 영원한 위협, 반(反) 문화를 의미한다. 우리는 너희 집에 머무르지 않는다. 우리는 너희 침대에 머무르지 않을 것이다. 우리는 방랑한다. 우리를 유혹하라, 흥분시켜라. 이것이 우리가 너희에게 요구하는 전부이다. 우리를 부드럽고 여성적으로 만들지 말라. 늙게 하지 말라. 시간과 돈을 경시하도록 만들지 말라. 너희 식의 사랑은 우리에게 죽음을 의미한다. 문턱처럼 경계선상에 있는 것.[7] 모든 것이 미결정인 채이고, 근접 미래형이며, 항상 연기되어 있다. 그 너머는 추락이다. 상호 예종(隷從), 길들임, 가족과 사회적 기능 속에의 감금이다.

이런 해피엔딩의 이야기를 많이 읽음으로써 그녀는 자신의 운명인 '상실'로 나아가는 길을 알게 된다. 한 바퀴 돌고는 떠난다! 한 번의 입맞춤, 그리고 그는 떠난다. 깨어지기 쉽고 결핍에 의해 생명을 부지하는 그의 욕망은 부재(不在)에 의해 유지된다. 남성은 끊임없이 추구한다. 마치 자기가 기왕에 가지고 있는 것조차 제대로 소유하지 못하는 것처럼. 그녀는 어디 있는가? 그가 걸어 다니는 모든 공간 속, 그가 등장하는 문학

7) 프로이트는 말한다. 쾌락은 미리 맛보는 것이라고. 맞는 말이다. 그러나 그것은 일면적 진리에 불과하다. 실제로 이 관점은 남성적 환상에서 나왔고, 또한 그 환상을 지탱하는 버팀목이다. 왜냐하면 남성적 환상은 거세 위협에 의해 형성되었기 때문이다 — 원주.

의 모든 장면 속에서 여성은 어디에 있는가?

대답은 많다. 그리고 우리는 그것들을 알고 있다. 그녀는 그림자 속에 있다. 그가 그녀에게 던진 그림자 속. 그리고 그녀는 곧 그림자이다.

그는 낮, 그녀는 밤 — 그것은 태초 이래의 영원한 판타지이다. 그는 백(白), 그녀는 흑(黑). 그녀는 그의 체계라는 공간에서 배제된, 그러나 그 체계의 작동을 보증하는 억압된 존재이다.

그녀는 멀리 격리되었다. 그가 거리의 양가적 이익을 누릴 수 있도록, 또한 그녀 자체인 거리를 통하여 유혹의 수수께끼와 감미로운 위험을 미결 상태로 남겨둘 수 있도록. '유괴자' 헬레네의 역할을 하는 그녀는 어떤 의미에서 '바깥'이라고 할 수 있다. 그러나 그녀는 이 '바깥'을 소유할 수 없다(실제로 그녀가 그런 욕망을 갖는 경우도 드물다). 그것은 남성의 바깥이다. 바깥, 그러나 그것은 결코 완전한 외부, 즉 그가 파악할 수 없는 낯선 이질적 존재여서는 안 된다. 그러므로 그것은 길들여진 바깥이며 그녀는 그 바깥 속에 머물러 있다.

자기 자신을 유괴당한 유괴자.

그녀는 — 이질성(異質性)이라는 몫을 담당할 뿐만 아니라 — 그의 세계 내부에서 그의 불안과 그의 욕망을 재연(再燃)시킨다. 그녀는 그의 질서 속에서 그가 자기 것으로 소유하고 싶어하는 이질성, 바로 그것이다. 게다가 그녀에게는 '검은 대륙'이란 술수가 가해졌다. 그녀는 스스로에 대해 거리를 두도록, 남성이 보기 원하는 대로의 여성을 보도록 (보지 않도록) 유도되었다. 그런데 그런 여성이란 거의 아무것도 아닌 존재에 불과하다. 그녀에게는 《즐거운 지식》[8]의 문턱을 장식하는 오만한 '내 집 문 위의 게시문'이 금지되었다. 그녀는 결코 다음과 같이 외치지 못할 것이다.

> 나는 내 집에 살고 있고,
> 결코 남을 흉내 낸 적이 없다 …

8) Nietzsche. *Die fröhliche Wissenschaft*, 1882.

그녀는 그녀 '자신의' 집은커녕, 심지어는 그녀 자신의 육체 속에도 들어가 살 수 없었다. 그들은 감금하고, 잔인하게 억압하고, 또한 너무도 오랫동안 인종차별주의를 고수할 수 있었다. 그러나 그것은 일시적인 것이다. 그녀는 말을 배우는 것과 동시에, 자기 이름을 배우는 것과 동시에, 자신의 영지가 검다는 것을 배웠다. 왜냐하면 너는 아프리카이고, 너는 흑인이니까. 너의 대륙은 검다. 검은 것은 위험해. 검은 어둠 속에서 너는 아무 것도 볼 수 없어. 겁나지. 움직이지 마. 넘어질지도 모르니까. 숲에는 절대로 가지마. 이렇게 우리는 검은 것에 대한 공포를 내면화하였다. 그녀들은 자신의 눈을 가지지 못하였다. 그녀들은 자신의 집을 탐험하러 가지 않았다. 그녀들은 아직까지도 자신의 성(성기)을 두려워한다. 그녀들의 몸은 식민지가 되었으며, 그녀들은 감히 자신의 몸을 즐기지 못하였다. 여성은 여성을 두려워하고 혐오한다.

그들은 여성들에 대해 매우 큰 죄를 범했다. 그들은 교묘하게, 때로는 폭력적으로, 여성들로 하여금 여성들을 미워하도록 만들었다. 스스로의 원수가 되도록, 자신들의 막대한 힘을 스스로를 적대하는 데 쓰도록, 남성들의 일을 대신 맡아서 하도록 만들었다.

그들은 여성들에게 반(反)나르시시즘을 주입시켰다. 그것은 스스로를 사랑한다는 점에서 나르시시즘이기는 하다. 그러나 실제로 자신이 가지고 있지 않은 것을 사랑한다는 점에서 반(反)나르시시즘인 것이다. 그들은 이렇게 비열한 반(反)사랑의 논리를 만들어내었다.

'검은 대륙'은 어둡지도, 탐험불가능하지도 않다. 물론 아직 탐험되지 않았지만 그것은 단지 너무 어두워서 탐험불가능하다고 믿게끔 만들어졌기 때문일 뿐이다. 또한 우리의 관심사가 오직 흰 대륙, 그리고 그 대륙에 있는 결핍의 기념물들뿐이라고 믿게끔 만들어졌기 때문이다. 그리고 우리는 그것을 믿었다. 우리는 메두사와 심연이라는 무시무시한 두 개의 신화 사이에서 얼어붙어 버렸다. 만일 그것이 아직도 계속되고 있지 않다면 인류의 절반은 웃음을 터뜨리고 말았을 것이다. 그러나 남근적 말 중심주의의 군단은 여전하다. 그들은 여전히 활발한 현역이며, 거세라는 교의를 기반으로 옛 도식들을 재생산하고 있다. 그들은 아무것도 바꾸지 않았다. 단지 자신의 욕망을 실제라고 이론화하였을 뿐이다. 이런 사제들이여, 벌벌 떨지어다, 우리가 이제 성기[9]를 내보일 테니까!

여성은 남성이 아니라는 사실, 혹은 어머니에게 그것이 없다는 사실을 발견하고 기절초풍한다 해도 할 수 없지. 그렇지만 이 두려움은 그들에게 무척 걸맞지 않은가? 최악, 그것은 아마도, 그리고 분명히, 다음의 사실이 아닐까? 여성은 거세된 것이 아니라는 것. 세이렌[10]의 소리를 듣지 않기만 하면(왜냐하면 세이렌은 남성이었으니까) 역사의 방향과 의미가 바뀔 수 있다는 것. 메두사를 보려면 얼굴을 똑바로 바라보기만 하면 된다. 그래도 죽지 않으니까. 그녀는 아름답고 웃고 있으니까.

그들은 말한다. 재현할 수 없는 것이 두 가지 있다고. 바로 죽음과 여성의 성기가 그것이라고. 그건 여성성과 죽음을 연결시키는 것이 필요했기 때문이지. 그들은 겁나면 발기하니까! 그래서 그들은 스스로를 위해 우리를 무서워할 필요가 있었지. 보아라, 페르세우스들을![11] 마귀 쫓는

---

9) 여기서 식수가 사용한 sextes라는 말은 성무일과(聖務日課)의 6시과로 정오에 해당한다. 그러나 식수는 이 단어를 sexe(성, 성기)와 textes의 뜻을 동시에 포함하는 단어로 변화시켜 사용하였다. 위에 나온 '사제'라는 단어와 함께 이 단어는 남근중심주의의 본산인 종교를 비꼬는데 일조한다. 동시에 여성의 성+여성의 텍스트라는 복합적인 뜻을 가진다. 식수의 여성적 글쓰기의 좋은 예이다.

10) Seirenes. 그리스 신화에 나오는 반신반인인 바다의 요정. 뱃사람들을 아름다운 목소리로 매혹하여 난파시켰다고 함.

11) Perseus. 그리스 신화에 나오는 제우스와 다나에의 아들. 다나에의 아버지인 아르고스의 왕 아크리시오스는 페르세우스가 자신을 죽일 것이라는 신탁 때

기구를 두르고 벌벌 떨면서 뒷걸음질로 우리를 향해 다가오는 꼴을! 예쁜 등이군! 촌각도 지체할 수 없어. 나가자.

그녀들이 멀리서부터 돌아오고 있다. 영원으로부터, '바깥'으로부터, 마녀들이 숨어살던 황야로부터. 문화의 밑과 바깥으로부터. 그들이 그토록 망각시키려고 애썼던, 그리고 수도원 지하 감방에 단단히 가둬두었던 그녀들의 그 어린 시절로부터. 그들은 '행실 나쁜' 몸을 가진 어린 소녀들을 가두었다. 스스로 손댈 수 없게 얼음 속에 보존하였다. 불감증의 그녀들. 그러나 그 밑의 움직임은 얼마나 맹렬한지! 성(性)의 경찰은 또 얼마나 동분서주해야 하는지. 그녀들의 위협적인 귀환을 막기 위해서는 항상 새로 시작해야 하니까. 양측 모두 굉장한 힘을 경주하였기 때문에 수 세기 동안 이들의 투쟁은 아슬아슬한 균형 속에 정지되어 있었다.

우리, 철 이른 자들. 우리, 문화에서 억압된 자들. 재갈 물린 아름다운 입들, 꽃가루, 헐떡이는 숨결들. 우리, 미궁들, 사다리들, 짓밟힌 공간들. 도둑맞고, 날아가는 자들 — 우리는 '검둥이' 그리고 우리는 아름답다.

여성이 글쓰기에 도달하기

누구인가?
보이지 않는, 낯선, 비밀스런, 감추어진, 신비한, 검은, 금지된

문에 딸과 외손자를 나무 궤짝에 넣어 바다에 버린다. 세리포스 섬에 도달한 이들은 섬의 왕 폴리덱테스의 영접을 받으나 다나에에게 반한 왕은 페르세우스를 제거하기 위해 메두사의 머리를 가져올 것을 명한다. 하데스신의 투구를 쓰고 날개 달린 샌들을 신은 페르세우스는 아테나 여신의 도움을 받아 메두사의 머리를 잘라온다. 이 머리를 본 폴리덱테스왕과 그의 신하들은 곧 돌로 변하고 만다.

나는 …

이것이 나란 말인가? 옷과 베일로 감싸인 비육체적 존재. 주의 깊은 손길에 의해 역사와 변화의 장에서 배제되고 소외된 존재. 무화(無化) 되어 무대 가장자리나 지키고, 부엌과 침대 쪽에서 서성이는 이것이 나란 말인가?

너를 위해?

이것이 나란 말인가? 유령 같은 인형, 고통과 전쟁의 원인, 핑계거리. 프로이트에 의하면 그녀의 '아름다운 눈을 위해서' 남성들이 멋진 꿈을 꾸고, 정복을 하고, 파괴를 행하는 바로 그녀란 말인가? 당연히 그들의 행위는 '나'를 위한 것이 아니다. 내 '눈'을 위한 것이다. 왜냐하면 내가 너를 쳐다보아 주어야 하니까. 그는 보여져야 하니까. 스스로 그렇기를 원하는 모습대로, 혹은 자기 모습이 그에 미치지 못할까봐 전전긍긍하는 그 이상적인 모습대로 남이 자기를 보아주어야 하니까. 그러니까 나는 아무 것도 아니다. 혹은 어쩌면 영원한 남성이 칭찬을 받고 싶을 때면 언제나 돌아가는 어머니인지도 모른다.

그들은 말한다. 그리스인들이 일천 척이나 되는 배를 띄우고 파괴하고, 죽이고, 십 곱하기 십 년 동안 남성들끼리 엄청난 전쟁을 치른 것은 그녀를 위해서라고! 저기 저 여자. 유괴되고, 은폐되어 사라져버린 그녀를 위해서라고. 왜냐하면 그들은 그녀를 위해서, 그러나 그녀 없이, 긴 죽음의 축제를 벌였으니까. 그들이 생이라고 부르는 그 축제를 말이다.

타자의 살해

나는 어릴 적부터 격렬하게, 그리고 고통스럽게 거부해 왔다. 여러 가지 역사적 우연에 의해 내가 한 귀퉁이를 차지하게 된 역사의 무대에서 일어나는 일을 받아들이기를 거부해 왔다. 나는 다음과 같은 이상한 '행운'을 가졌다. 운명의 주사위란 우연에 의해서, 각기 다른 길을 방랑하던 두 유대인 종족의 궤적의 교차,[12] 그리고 유대인들의 이동을 통해 서양 역사의 획을 긋던 추방과 분산 과정의 끝점에서 나는 태어났다. 바로 이 역사의 벌거벗은, 생생한 표본 한가운데 떨어졌던 것이다. 나는 알제리에서 읽고, 쓰고, 울부짖고, 토하기를 배웠다. 오늘날 나는 경험을 통해 안다. 알제리에 사는 프랑스 소녀의 삶이 어떤 것이었는지 다른 사람들은 결코 상상할 수 없다는 것을. 직접 살아보아야, 당해보아야만 안다. 제국주의적 맹목성의 '절정'에서 '프랑스인'들이 인간들이 사는 땅에서 마치 그 땅에는 비존재들, 즉 선천적 노예들만이 사는 것처럼 행동하는 것을 봤어야만 한다. 이 최초의 장면에서 나는 모든 것을 깨달았다. 나는 보았다. 금권을 가진 우월한 개화된 흰둥이('프랑스인') 들이 원주민을 억압함으로써 자신들의 권력을 확립해나가는 것을. 이들의 손아귀에서 원주민들은 갑자기 '보이지 않게' 되어버렸다. 프롤레타리아나 외국인 노동자나 정상 '피부색'을 가지지 않은 소수 인종과 마찬가지로. 그리고 또 여성도.[13] 그들은 인간으로 간주되지 않는다. 그저 도구로 파악될 뿐이다. 더럽고, 어리석고, 게으르고, 음험한 등의 자질을 가진. 이질적인

---

12) 나의 아버지는 유대인 분파 중 스페인－모로코－알제리를 거친 세파라드의 일원이고 나의 어머니는 오스트리아－헝가리－체코슬로바키아(외할아버지) + 독일(외할머니)를 거친 아스케나제의 일원이다. 내 부모님은 잠시 들린 파리에서 서로를 알게 되었다 — 원주.

13) 여성들. 이 시기에는 나는 이에 대해 생각하지 않았다. 당시 내 눈에 확실히 드러나던 목숨을 건 투쟁은 무엇보다도 먼저 식민세력과 그 희생자간의 투쟁이었다. 그 다음으로 나는 그것이 자본주의적 구조의 제국주의적 결과임을 깨달았다. 또한 그것은 계급투쟁의 일종이었다. 그러나 그것은 더욱 심하고 잔인하고 비인간적이었다. 왜냐하면 여기서 착취당하는 사람은 심지어는 '노동자'조차도 못되었기 때문이다. 인종차별주의 때문에 그들은 인간 이하로 취급되었다. 그리고 사람들은 마치 그것이 '자연' 법칙인 것처럼 행세하였다. 전쟁 중이었지만 나는 전쟁을 직접적으로 경험하지 못했다. 프랑스에 살지 않았기 때문이다. 나는 직접 내 눈으로 배반과 부역을 보지 못했다. 우리는 비시정부 하에서 살았다. 나는 원인을 알지 못한 채, 그 결과만을 보았을 뿐이다. 그래서 추측하고, 짐작해야만 했다. 왜 우리 아버지는 의사 일을 할 수 없는지, 왜 나는 학교에 갈 수 없는지 등을. 왜 어느 백인 소녀가 말한 것처럼 "유대인은 모두 거짓말쟁이"인지를 — 원주.

것을 파괴하는 변증법적 마술 덕택에. 나는 보았다. '선진' 대국들이 이질성의 축출을 통해 건립되는 것을. 배제, 그러나 완전한 추방은 아니다. 그저 노예가 될 뿐이다. 그건 역사의 상투적 행위이다. 두 개의 종족이 있어야 한다는 것. 주인 종족과 노예 종족.

주종의 변증법은 다음과 같은 아이러니를 내포한다. 이질적인 것의 몸뚱이는 없어지지 말아야 한다. 그러나 그 힘은 정복되어져야 하며 주인에게 귀속되어야 한다. 적합한 것과 부적합한 것이 있어야 한다. 깨끗한 것이 있으니 더러운 것이, 부자가 있으니 빈자가 있어야 한다, 등등.

서너 살 무렵, 내가 처음으로 길에서 목도한 것은 바로 이 세계가 위계적인 두 개의 다른 세계로 나뉘어져 있다는 것이다. 또한 이 상태가 폭력에 의해 유지된다는 것이다. 구걸하는 사람, 즉 기아와 가난과 절망에 허덕이는 사람들, 그리고 부와 교만으로 허덕이는 사람들, 즉 배불리 먹고, 남을 짓밟고, 무시하고, 죽이는 사람들이 있다는 것을 보았다. 그들은 마치 영혼의 눈이 멀어버린 사람들처럼 훔친 땅 위를 돌아다닌다. 다른 사람들도 역시 살아있는 사람이라는 것을 보지 못한 채.

그때 이미 나는 역사의 흐름을 지탱하는 '현실'이 무엇인지 모두 알았다. 수세기에 걸쳐 모든 것은 나와 동일한 것(내 것, 그러므로 좋은 것)과 그것과 경계를 이루는 다른 것과의 구분으로부터 시작한다는 것을. 그런데 내게 좋은 것을(좋은 것이란 항상 내게 좋은 것을 의미하므로) 위협하는 것은 타자이다. '타자'란 도대체 무엇인가? 만일 진짜 '타자'라면 아무 것도 얘기할 것이 없다. 왜냐하면 그것은 이론화(理論化)가 불가능하기 때문이다. 나는 타자를 파악할 수 없다. 그는 다른 곳, 즉 외부에 있는 절대적인 타자이므로. 그는 〔나의 세계 속에〕 자리잡지 않는다. 그러나 물론 역사에서 '타자'라고 불리는 것은 자리잡는, 즉 변증법적 순환 속에 들어오는 타자성, 즉 위계화된 관계 속에서의 타자이다. 그 관계 속에서 '그의' 타자를 지배하고, 명명(命名)하고, 정의하고, 할당하는 것은 유아독존적 독차지의 태도이다. 그리고 사회는 헤겔에 의해 체계로 확립된 역사의 진행 법칙이란 그 끔찍하도록 단순한 논리를 가지고 내 눈앞에서 죽음의 투쟁 기제를 완벽하게 재생산하였다. 한 '사람'을 '타자'의 위치로 격하시키는 것, 그것은 인종차별주의의 가혹한 술수이다. '타자'는 필수적이다. 노예 없는 주인은 있을 수 없으니까. 착취 없는 정치경제적 대국은 있을 수 없으며, 멍에에 매인 가축 없는 지배 세력, 북아프리카 원주민 없는 '프랑스인', 유대인 없는 나치스는 있을 수 없다. 또한 배제 없는 소유도 있을 수 없다. 배제에는 경계가 있으며 배제 또한 변증법의 한 부분이다. 만일 타자가 없다면 사람들은 그것을 만들어 내기라도 할 것이다. 실제로 주인들은 그렇게 한다. 그들은 노예들을 알맞게 재단해낸다. 정확한 치수로. 그들은 대립항들을 재생산해 내기 위한 기계를 조립하고 에너지를 공급한다. 그리고 이러한 재생산은 경제와 사상이 제대로 돌아가는 데 있어 필수적이다.

타자성의 역설. 그것은 역사의 어떤 순간에도 타자성이 있는 그대로 용납된 적이 없다는 것이다. 타자는 항상 다시 소유되고, 도로 잡히고, '다른' 사람으로서의 속성을 파괴당하였다. 심지어는 배제조차 진정한 배제가 아니다. 알제리는 프랑스가 아니라 '프랑스적'이었던 것이다.

사람들은 나에게도 '우리의 선조 골족' 운운을 가르쳤다. 그러나 나는 알제리에서 태어났다. 나의 선조들은 스페인, 모로코, 오스트리아, 헝가리, 체코슬로바키아, 독일에서 살았다. 출생지주의를 따르면 나의 형제들은 아랍인들이다. 그렇다면 역사 속에서 우리는 어디에 있는가? 나는 모욕당한 사람, 즉 식민지인 쪽이다. 나는 아랍인이(아니)다. 나는 누구인가? 나는 프랑스 역사를 '한다'. 나는 유대인이다. 프랑스인 당신들의 전쟁과 당신들의 혁명 동안 나는 어떤 격리 지구에 연금되었는가? 나는 싸우고 싶다. 내 이름은 무엇인가? 나는 삶을 바꾸고 싶다. '나'는 누구인가? 내 자리는 어디인가? 나는 찾는다. 나는 도처를 샅샅이 찾는다. 나는 책을 읽고 질문한다. 나는 말하기 시작한다. 어느 언어가 나의 모국어인가? 프랑스어? 독일어? 아랍어? 여러 세대 동안 나를 위해 말해준 사람은 누구인가? 나는 운이 좋았다. 이 무슨 우연이란 말인가! 프랑스가 아닌, 독일이 아닌, 알제리에서 태어난 것은. 자칫했으면 나는 오늘날 이렇게 글을 쓸 수 없었을 것이다. 내 친척들처럼 영원히 아우슈비츠에서 익명으로 사라졌을 테니까. 행운. 나는 이렇게 말하곤 했다. 백 년 전에 태어났으면 파리 코뮌에 참가했을 거야. 뭐라고? 네가?[14] — 나의 전쟁터는 어디인가? 나의 전우들은 어디에 있는가? 아니, 내가 무슨 말을 하는 거지? 내 말은 나의 여자 전우들 말이지.

나는 샅샅이 찾아본다. 우연의 딸. 한 해만 빨랐어도. 기적이지. 그래, 나도 알고 있어. 그런데 그게 싫어. 나는 죽는 수밖에 없었을 거야. 어제였더라면 나는 어떻게 되었을까? 내게 있어 다른 세계란 상상가능한 것일까?

— 어린 시절 내내 나는 알고 있었다. 내가 몇 번이나 기적적으로 살아남았다는 것, 또한 한 세대 전이라면 존재할 수도 없었다는 것을. 또한 나는 항의했다. 내 겨레가 숨쉴 수 없고, 먹지 못하고, 짓밟히고, 모욕당하는 곳에서는 나 또한 살고, 숨쉬고, 먹을 수 없다고. 내 겨레, 즉 나를 구성하는, 그리고 나와 같은 사람들. 역사의 희생자들, 추방자들, 식민지의 피지배자들, 화형 당한 사람들.

그래, 알제리는 도저히 사람이 살 수 없는 곳이야. 프랑스는 더 말할 것도 없지.

독일! 공범자 유럽! …

— 나는 말했다. 그래도 분명 다른 세계가 있을 거야. 그리고 모두들 알고 있다. 탐험이나 항해처럼 다른 세계로 가는 데는 통로가, 표시가, 지도가 있다는 것을. 그것은 책이다. 모두들 알고 있다. 경제적, 정치적 오염과 타협에 물들지 않은 세계가 있다는 것을. 체제 재생산이 강요되지 않는 그 세계, 그것은 바로 글쓰기이다. 지옥 같은 반복을 벗어날 수 있는 다른 세계의 가능성은 그 쪽, 즉 그것(*ça*)이 씌어지고, 그것이 꿈꾸

---

14) 파리 코뮌은 1871년 봄, 파리 시민들에 의해 구성된 파리 시 자치체를 말한다. 일종의 혁명정부로 이 해 5월 말, 정부군에 의해 진압되었다. 이 에피소드는 스페인 및 독일계 유대인인 식수의 민족적 정체성 문제를 드러낸다.

고, 그것이 새로운 세계를 만드는 곳을 향해 열려있다.

나는 그리로 간다. 나는 책을 들고 식민지 현실의 공간을 떠나 멀리 떠난다. 때로 나는 나무 위에 올라간다. 땅에서, 너절한 세상으로부터 먼 곳을 찾아. 그것은 결코 독서를 위한 독서, 망각을 위한 독서가 아니다. —천만의 말씀! 나는 결코 상상적 낙원에 틀어박히려는 것이 아니다. 나는 탐색한다. 나처럼 항거하고, 나와 같은 희망을 가지고 있는 사람들이 어딘가는 있을 테니까. 나는 절망하지 않는다. 내가 이처럼 혐오하고, 이처럼 분노한다면 나 이외에도 분명히 그런 사람이 있을 것이다. 누구인지는 아직 모르지만 내가 크면 찾을 수 있을 거야. 그때가 되면 그 사람들과 합류해야지. 어딘지는 아직 모르지만. 그때를 기다리며 나는 나의 진정한 선조(나는 패전 덕택에 골족에 대해 많이 용서한다. 그들도 소외당하고, 농락당하고, 정복당했으니까), 진정한 동맹자, 진정한 '동족'과 교류하고 싶다. 내가 태어난 이 땅을 지배하는 이 우스꽝스럽고 혐오스러운 종족이 아니라.

그래서 나의 관심은 자연스럽게 투쟁이 기록된 텍스트들을 향하였다. 전쟁의 텍스트, 혁명의 텍스트. 나는 픽션을 통해 여러 나라를 접할 수 있었고, 그 속에서 발견해낸 일종의 반(反) 세계〔나는 '고국'이나 '조국' 같은 말을 결코 할 수 없다. 심지어는 반(反) 이라는 접두사를 붙여서도 말이다〕 속에서 오랫동안 책을 읽고, 또 살았다. 그곳에서 인종, 계급, 출신을 구분하려는 기도는 곧 반발을 초래한다. 그곳 사람들은 정당한 이념을 위해서 살고, 죽고, 그리고 모든 것을 할 준비가 되어있다. 그곳에서는 관대함이 불가능하지 않으며, 또한 경멸받지 않는다. 나는 항상 내가 무엇을 증오하는지를 알고 있었다. 나는 나의 적을, 그리고 그것의 파괴적 표현들을 식별해내었다. 권위, 억압, 검열, 부와 권력에 대한 끝없는 갈증. 이것들은 변하지 않는 악의 표현들이며 끊임없는 죽음의 작용이다. 그러나 그것은 지속될 수 없었다. 죽음은 파괴되어야 했다. 현실과 역사는 투쟁의 연속이며, 그것이 없었더라면 우리는 벌써 오래전에 죽고 없었을 것이다. 그래서 나는 내 정신적 여정에서 전쟁터, 갈등, 죽음의 세력과 삶의 세력 간의, 잘못된 이념과 정당한 이념 간의 대치의 장을 선호하였다. 나는 항상 전쟁을 원하였다. 혁명적 과정 없이 변화가 오리라고는 결코 믿지 않았다. 나는 막강한 권력의 힘을 매일 목도하였다. 나치즘, 식민주의, 수세기를 걸친 폭력적 불평등, 여러 종족의 학살, 종교 전쟁. 단 하나의 해답, 그것은 투쟁이었다. 그래서 — 물론 명확히 이론화하지는 않았지만 — 나는 투쟁의 텍스트로 직행하였다.

나는 힘에 대해, 그 사용 양태, 그 가치에 대해 물었다. 픽션과 신화의 세계를 통틀어 그것을 소유하고 사용하는 자들을 추적하였다. 도처에서 나는 물었다. 네 힘은 어디에서 오는가? 너는 그것을 어떻게 사용하였는가? 그것은 어떤 대의를 위한 것인가? 나는 특히 '주인들', 왕, 우두머리, 판사, 지도자 등 내 생각에 사회를 변화시킬 수 있었던 사람들에게 주목하였다. 그리고 '영웅들', 즉 개인적 힘은 있되 사회적 권위가 없었던 사람들, 단독행동자, 기인(寄人), 말썽꾸러기들. 또한 길들여지지 않는 무법의 거한들에게도.

나는 성경을 읽지 않았다. 도중에서 때려 치웠다. 사울과 다윗을 읽다가 말이다. 권력에 의해 썩어 가는 인간들의 위대함과 타락.

나는 헤라클레스를 좋아하였다. 그의 근육이 죽음을 위해 봉사하지 않는다고 생각했기 때문이었다. 그러나 어느 날 나는 그가 혁명가가 아니라 순진한 헌병[15]이라는 것을 발견하였다.

나는 트로이 전쟁을 어느 쪽 편도 들지 않고 내 나름대로 치렀다. 나는 괜히 신성한 체하는 그 우두머리들의 치사하고 우둔한 정신에 구역질이 났다. 그들은 무엇을 위해 봉사하였는가? 자기만족적 영광을 위해. 그들은 무엇을 사랑하였는가? 자신들의 늠름한 이미지를. 그것은 남성적 규범의 제곱이다. 남성적 가치만이 아니라 남성성의 정수(精髓), 그것은 이론의 여지없는 권력이다. 인간-왕 족속의 등장. 파렴치한 주인들. 악당들. 양심의 가책. 아가멤논 타입. 나는 그 족속을 경멸하였다.

15) 기성 질서를 수호하는 사람이라는 의미.

이렇게 나는 모든 신화와 역사의 시대를 섭렵하며 앞으로 나아갔다.

그러면 나는 무엇이었을까? 누구였을까? 이 질문은 한참 후에야 제기되었다. 어느 날 문득 나는 이전까지 이런 저런 시대에 내가 살았더라면 내가 그렇게 되었을 것이라고 생각했던 사람들과 나 자신을 동일시하기가 어렵다는 것을 느끼게 되었다.

호메로스의 시대에서 나는 아킬레우스였다. 나는 그 이유를 안다. 나는 반(反) 왕이었다. 나는 정열적이었다. 내 안에는 역사를 복잡하게 만드는 분노가 들끓고 있었다. 나는 위계질서와 명령을 우습게 알았다. 게다가 나는 사랑을 할 줄 안다. 나는 여성들과 남성들을 무척 사랑했다. 나는 내게 유일한 사람의 가치와 미모, 부드러움을 안다. 나는 스스로에게 치사한 질문을 던지지 않았고, 한계를 몰랐으며, 나의 양성성을 아무런 근심 없이 즐겼다. 내 속에서 양성이 조화되는 것이 지극히 자연스럽게 보였다. 그렇지 않을 수도 있다는 것을 생각조차 하지 못했다. 나는 오랫동안 여성들 틈에서 살지 않았던가? 그리고 남성들 틈에서도 나는 조금도 여성적 부드러움을 포기하지 않았다. 나는 금지라는 것을 몰랐다. 나는 어리석은 미신이나 쓸데없는 구분의 위쪽에, 즉 그것을 초월하여 있었다. 그리고 나는 항상 전면적으로 사랑하였다. 파트로클로스,[16] 나는 그를 전심전력을 다해 사랑하였다. 여성으로서 나는 그의 누이, 연인, 어머니였으며, 남성으로서는 그의 동생, 아버지, 남편, 그리고 그 자신이었다. 그리고 나는 여성들을 어떤 남성보다도 더 잘 사랑할 줄 알았다. 그렇게 오랫동안 그녀들의 동료이자 누이였으니까. 나는 사랑하였다. 그리고 나는 사랑을 사랑하였다. 나는 결코 굽히지 않았다.

그렇지만 때로 나는 부끄러웠다. 나는 오디세우스가 될까봐 두려웠다. 때로 나는 그가 아니었던가? 아킬레우스일 때 나는 백절불굴이었다.

---

16) Patroklos. 《일리아드》에 나오는 트로이 전쟁의 영웅. 아킬레우스와의 우정은 유명하다. 아킬레우스가 아가멤논과 불화하였을 때 아킬레우스를 따라 은둔한다. 그러나 그리스가 불리함을 알고 아킬레우스의 허락을 받아 다시 참전한다. 그가 헥토르에게 죽임을 당하자 아킬레우스 역시 다시 참전한다.

그렇지만 무기를 바꾸었을 때는 어떠했던가? 내가 교활한 자의 무기를 사용하면? 인간의 약함과 초라함을 너무도 잘 아는, 그러나 진정한 불굴의 힘을 제대로 알지 못하는 사람의 무기라면? '침묵, 추방, 간계', 젊은 예술가 스티븐 디덜러스[17]가 '마음의 대장간 속에서 아직까지 만들어지지 않은 그 종족의 양심'을 만들어내는 동안 사용하였던 전략적 후퇴의 도구. 물론 고립된 자의 비상수단이기는 하다. 그러나 나는 오디세우스, 즉 도피의 예술가와 나 자신을 동일시하는 것이 싫었다. '승리자', 죽음을 모면한 자, 귀향하는 자! 항상 자기 자신에게로 귀환하는 자, 비록 엄청나게 우회하더라도 말이다. 대여자, 즉 여성들에게 스스로를 대여할 뿐, 오디세우스 자신의 이상적 이미지를 제외하고는 어느 누구에게도 자신을 주지 않는 자. 자신의 백절불굴의 저항을 그 대단한 남근적 바위에 대고 보고하는 자. 그는 그곳에서 비상한 힘을 과시해 보인다. 자신의 귀향을 상징하는 최고의 행위로서 말이다. 그런데 그것은 유대인의 환상(내년에는 예루살렘에서)과 너무도 비슷하다. 그것은 바로 활줄을 매는 행위이다. 물론 당시 나는 그 장면을 분석하지 않았다. 그러나 그것이 뭔가 상징적인 '남성적' 가치를 내포하고 있지나 않을까 하는 의심이 들었다. 그 때문에 나는 그에 대해 반감을 가졌다. 진부해. 요정 세이렌에 저항하기 위해 자기 몸을 돛대에 묶다니! 작은 남근 하나에 큰 남근 하나를 곱한 셈이지 … 후에 오디세우스는 급진적 사회주의자가 된다. 중요한 얘기 하나. 나는 내가 처한 위험한 상황을 꾀나 거짓말로서 빠져나가려고 했던 적이 있었는데(어린 시절 두세 번 그런 적이 있었다) 그때 나는 이 꾀 많은 사람과 나를 동일시했었고, 그 때문에 나는 오랫동안 속이 상했다. 나는 내가 수세(守勢)에 처하게 된 것에 화가 났다. 그리고 당시 나는 나 자신을 이해하고, 용서할 수 있는 지적인 힘과 지식을 갖추고 있지 못했다.

17) 제임스 조이스의 소설 《젊은 예술가의 초상》과 《율리시즈》의 주인공. 율리시즈는 트로이 전쟁의 영웅 오디세우스의 로마식 이름이다.

이렇게 나의 갑옷, 검, 방패는 한 영웅에서 다른 영웅으로 옮겨갔다. 그러던 어느 날, 하긴 꽤 늦게, 나는 어린 아이 시절을 벗어났다. 나의 분노는 진정되지 않았다. 알제리 전쟁이 임박했다. 사회가 휘청거렸다. 진짜 전쟁이 다가옴을, 올라옴을 느꼈다. 내 피의 냄새도 변하였다. 그리고 나는 중성적인 어린 아이 시절을 벗어났다. 분노하는 신경 다발, 격렬한 꿈으로 들끓었다. 전면적인 설욕, 우상의 전복, 억압당한 자들의 승리를 계획하였다.

나는 더 이상 단순하게, 직접적으로 삼손과 동일시할 수 없었으며, 내가 좋아하던 멋진 사람들 속에 깃들 수 없었다. 내 육체는 더 이상 내 의도(젖가슴)[18]에 따라 주지 않았다. 나는 여성이었던 것이다.

그러자 모든 것이 복잡해졌다. 나는 전쟁을 포기하지 않았다. 그러기보다는 차라리 자살하는 편이 나을 것이다. 더욱더 투쟁이 필요했다. 왜냐하면 이제 여성에 대한 모욕이 추가되었기 때문이다. 그리고 적은 도처에 있었다. 계급의 적, 식민주의자, 인종차별주의자, 부르주아, 반(反) 유대주의자에 이제 '남성들'이 추가되었다. 아니 차라리 적이 배로 위험해지고, 가증스러워졌다고 하는 편이 낫겠다. 그러나 최악의 문제는 내 형제들, 나와 동일한 상상적 진영 중에서도 반대 진영과 마찬가지로 편협하고, 거칠고, 무서운 도발자들이 나타났다는 점이다. 어떤 의미에서 나는 항상 알고 있었다. 그리고 보았다. 내 주위에 있는 이 명백한 성적 야만을. 그러나 나 자신의 몸을 통해 상처를 받고서야, 그 때문에 내가 도저히 극복할 수 없고, 해결할 수 없는 모순에 봉착하고서야 비로소 그것은 내게 참을 수 없는 현실이 되었다. 이후, 나는 결코 이 모순에서 빠져나오지 못했다. 친구가 적이기도 하다는 바로 그 모순 말이다. 모든 여성들은 그런 현실을 살아왔고, 또한 살고 있다. 내가 그러하듯이.

---

18) 식수의 글쓰기의 특징을 잘 드러내는 곳으로 여기서 식수는 의도들(*desseins*)이란 단어를 쓰고 있는데 이것을 des seins으로 띄어쓰면 '젖가슴'의 복수가 된다. 식수는 글쓰기 도중 이런 말장난을 즐기며 이것은 그의 글에 중의적인 차원을 부여한다.

'우리'는 함께 투쟁한다. 그래, 그렇지만 누구? 한 남성, 또 그 곁에, 어떤 물건, 어떤 사람 — (여성. 항상 괄호 속에 들어있는 그녀. 여성으로서의 그녀 존재는 억압당하고, 불인정된다. 오직 비(非) 여성으로서만 용인되고, '받아들여'진다. 그리고 당신들은 그것을 의식조차하지 못한다. 오직 그녀가 스스로를 죽이면서 남성처럼 행동하고, 남성처럼 말하고, 남성처럼 생각할 때만 받아들여진다는 것을. 내가 지금 말한 것은 여성들에게는 매우 진부한 이야기이다. 많이들 얘기해 왔으니까. 실제로 미국과 프랑스에서 페미니즘 운동을 촉발시킨 것은 바로 이 경험이다. 이론적으로는 결코 차별이 존재하여서는 안 되는 곳에서 근본적인 남성의 무의식적 인종차별주의를 발견하는 바로 그 경험 말이다. 또한 여기에 정치적 아이러니가 있다. 인종차별주의자들과 함께 인종차별주의에 대항하여 싸우다니!)

나, 반란과 분노의 나는 어디에 서야 하는가? 여성인 나의 자리는 어디인가? 역사를 헤집으며 찾아보았지만 어디에도 나는 없었다. 이제 나는 안다. 나의 용사들은 남성이며 그들의 가치관은 어느 경계를 벗어나지 못한다. 그들은 남성들 앞에서, 남성들끼리에서는 위대하다. 그러나 여성이 나타나면 그들 역시 눈멀고 거친 폭군이 된다. 인색함, 잔인성, 쩨쩨함, 비겁 등 내가 그들의 자질이 아니기를 바랐던 그 모든 결점을 고루 갖춘 ··· .

내가 설 곳은 어디인가? 누구처럼 되어야 하나? 누구? 여성의 긴 불행의 역사 속에서 여성들의 관대함에 대한 보답은 항상 유기(遺棄)였다. 그들은 메데이아[19]의 이야기를 약간 완화하여 반복하여 왔으며 보다 더 다정하게, 보다 더 슬프게 증여, 열정, 정열, 소외, 최악의 사태의 발견

---

19) Medeia. 그리스 신화에 나오는 콜키스 왕의 딸. 황금 양피를 구하러온 이아손에게 반해 조국을 배신하면서 이아손을 돕는다. 후에 이아손에게 버림받자 이아손의 새 신부인 크레오우사에게 결혼 선물로 독 묻은 옷옷을 보내 그녀를 죽인다. 이아손과의 사이에서 낳은 자기 자식들도 죽이는데 일설에 의하면 그들을 요리하여 이아손에게 먹임으로써 복수했다고도 한다. 그녀는 아테네로 가서 아이게우스 왕과 재혼하며, 테세우스의 죽음을 획책한다. 그러나 그가 아이게우스의 아들임이 밝혀지자 추방당하여 고향으로 돌아간다.

이라는 일련의 과정을 되풀이 해왔다. 그녀들에게 최악이란 죽음이 아니다. 그것은 모든 것을 바친 자신들의 사랑이 애인의 저열한 야망에 이용당했다는 사실이다. "나는 너무도 잘 알고 있어. 나의 전부였던 사람, 내 남편이 인간 말종이 되었다는 것을"(유리피데스, 《메데이아》).

이런 여성들은 너무도 많다. 학대받고, 속임받고, 고통받고, 버림받고, 인내하는 여성. 인형, 가축, 도구. 모든 것을 빼앗긴 여성. 그렇게도 착취당하고, 박탈당하다니. 그녀들은 모든 것을 준다. 물론 그녀들의 잘못이겠지? 아리아드네[20]를 보라지. 계산하지 않고, 머뭇거리지 않고, 믿고, 끝까지 갔으며, 가진 것 전부를 주었고, 안정된 모든 것을 포기한다. — 보답을 바라지 않고 지출한다. — 오디세우스와는 정반대 인물이다. — 그녀는 한 번도 뒤돌아보지 않고, 인연을 끊고, 떠날 줄 알았다. 허공 속, 미지의 세계 속을 향하여. 테세우스는 그녀가 굳건히 붙들고 있는 실에 자신을 고정시켰다. 그러나 그녀가 나아갈 때 그녀에게는 그런 실이 없었다. 나는 플루타르코스의 《테세우스전(傳)》을 읽는다.

전형적인 운명이야! 두 가닥의 실이 남성의 상승과 여성의 하강을 동시에 직조한다. 테세우스의 여정에는 권력을 향한 상승 과정의 모든 요소들이 다 들어있다. 아직 아버지로부터 인정받지 못한 아들이 인정을 받기 위해 메데이아를 아내로 맞은 아테네 왕 아이게우스에게로 간다(이 무슨 역사의 아이러니인가! 추방의 운명을 전전하던 메데이아가 완전히 퇴장함으로써 무대는 비워지며, 그 무대 위에 남성문화구조의 첫 모델이 확립되다니). 이것은 부자 관계의 신비가 드러나는 숭고한 순간이다. 아버지와 아들은 신분의 표시인 칼에 의해 서로를 알아본다(그리고 샌들도. 왜냐하면 그 이름이 상기시키듯이 테세우스는 아이게우스가 샌들을 감춰놓은 바위를 들 수 있었던 사람이기 때문이다. 아들이란 무엇인가? 바위를 들고, 물려

20) Ariadne. 그리스 신화에 나오는 크레타의 미노스 왕의 딸. 반인반우(半人半牛)의 괴물 미노타우로스와 싸우러 온 테세우스에게 반하여 그가 미궁에 들어갈 때 실패를 주어 무사히 미궁에서 탈출할 수 있게 도와준다. 테세우스에 의해 낙소스 섬에 버림받는다.

받은 신발을 신는 사람이다).[21]

이후, 승승장구의 행적이 이어진다. 그는 무자비한 영혼의 실로 여성들의 몸을 꿰어나가면서 광대한 영토를 획득하였다. 아리아드네, 안티오페,[22] 히폴루테,[23] 파이드라[24] 등 수많은 사랑에 빠진 여성들과 아마존 여전사들이 제물로 바쳐진다. 테세우스와 더불어 위대한 사랑의 최후의 불꽃들이 꺼진다. 그의 편력은 계속 이어진다. 겨우 열 살밖에 안된 헬레네[25]의 유괴에 이르기까지(그녀는 이렇게 시작하였다, 아니 차라리 이렇게 시작되었다고 하는 편이 낫겠다). 그 후로는 더 이상 알 수 없다. 왜냐하면 테세우스는 유괴와 소비의 도정 끝에서 증발하기 때문이다…. 그리고 그는 아직도 쫓아다니고 있다. 게다가 아버지가 죽은 후, 그는 아티카 지방의 모든 주민들을 한 도시에 모았고, 도시 조직 속에 편입시켰다. 플루타르코스는 이들 중 일부는 테세우스의 지배에 순응하였고, 그 외의 사람들은 그의 힘 때문에 겁이 나서 할 수 없이 굴복하였다고 전한다. 중앙 집권, 모든 소규모 지방 행정 조직의 파괴, 즉 아테네의 탄생인 것이다. 이후 그는 행복하게 살았다. 그는 마라톤 평원의 숫소[26] 모습을

21) 그리스 신화에 의하면 아이게우스는 트로이젠에 들러 피테우스 왕의 딸 아이트라 공주를 범한다. 트로이젠을 떠나며 그는 칼과 샌들을 바위 밑에 숨겨놓고 그곳의 왕에게 아들이 크면 그 사실을 일러주라고 한다. 청년이 된 테세우스는 바위를 들치고 검과 샌들을 꺼낸 후, 아버지를 찾으러 아테네로 간다.

22) Antiope. 아마존의 여성. 테세우스에게 납치당하여 그와 결혼하며 아들 히폴루토스를 낳는다. 아마존 족과 아테네 사이에 전쟁이 벌어졌을 때 아테네 편에 서서 싸우다 죽는다.

23) Hippolute. 그리스 신화에 나오는 아마존의 여왕. 그러나 그녀는 테세우스가 아니라 헤라클레스에게 죽임을 당한다.

24) Phaidra. 안티오페가 죽은 후, 테세우스와 결혼하는 크레타의 공주. 아리아드네의 동생.

25) Helene. 트로이 전쟁의 원인이 되었다고 하는 그 유명한 여성. 테세우스는 그녀를 납치하여 아테네 근처에 숨겨놓았으나 그가 없을 때, 그녀의 오빠들이 그녀를 찾아내어 고향으로 데리고 간다.

26) 그리스 신화에 의하면 테세우스가 아버지의 인정을 받으러 아테네에 왔을 때 마라톤 평원에서 숫소가 큰 피해를 입히고 있었다. 이 소는 예전에 헤라클레

새긴 주화를 주조하였고, 많은 돈을 소유하였다.

나는 아리아드네가 될 수 없었을 것이다. 사랑 때문에 모든 것을 준다고? 좋아. 그렇지만 누구에게? 테세우스는 떨지 않고, 사랑하지도, 욕망하지도 않는다. 그는 스스로의 운명을 향하여 여성들의 몸을 거쳐 지나간다. 그는 그녀들의 몸을 찬미조차 하지 않는다. 모든 여성은 수단일 뿐이다. 나는 그것을 분명히 안다.

그렇지만 디도[27]는 가능할 수도 있다. 나는 이 장면에서 한 여성의 입장에서 고통받기 시작한다. 비르길리우스의 《아이네이드》(제 3, 4권)를 읽어 보라. 여기서 우리는 로마를 창시할 운명을 지닌 존경스런 아이네아스가 신들의 가호로 여성의 위험에서 보호되는 장면을 볼 수 있다.

이아손보다 덜 악독하고, 단순한 동물적 쾌락에 탐닉하는 데 있어 테세우스보다 덜 '순수'하며, 보다 도덕적인 그가 자신의 여자들을 '떨치고' 버리는 데는 항상 신, 혹은 대의라는 핑계가 있다. 제 1장, 트로이 탈출. 그는 어깨에 아버지를, 팔에는 아들을 달고 있다.

> 왜냐하면 뛰다 보니 잘못된 길로 접어들어 평소에 다니던 방향에서 멀어진 동안 나의 아내 크레오우사를 잃어버렸기 때문이다. 그녀는 불행한 운명 때문에 멈추었는가? 아니면 길을 잘못 들었는가? 아니면 지쳐서 쓰러졌는가? 나는 모른다. 그러나 그 이후, 그녀는 내 눈앞에 다시 나타나지 않았다. 나는 육지, 즉 풍요의 여신 세레스의

스가 크레타 섬에서 가져온 것이었다. 테세우스는 그 소를 생포하여 아폴론 신전의 제단에 바친다. 이때 그의 칼을 보고 아이게우스는 그가 자신의 아들임을 알게 된다.

27) Dido. 투로스의 공주. 그리스 신화에 따르면 그녀의 오빠 피그말리온이 그녀의 남편인 시카르바스를 암살하자 페니키아를 탈출하여 북아프리카에 카르타고를 세운다. 가에툴리의 왕인 이아르바스의 청혼을 피하기 위하여 그녀는 화형대 위에서 자살한다. 로마의 시인 비르길리우스는 시대착오적으로 그녀를 트로이 전쟁 시대의 인물로 설정하였다. 그에 의하면 트로이의 왕자 아이네아스가 카르타고에 갔을 때 그곳의 여왕인 디도는 그에게 반하였다. 그가 그녀를 버리고 이탈리아로 떠나자 절망한 그녀는 화형대 위에서 자살한다.

> 신성한 거처에 도착하고서야 비로소 그녀의 실종을 알게 되었고, 그녀에 내해 생각이 미쳤다.

> 우리가 거기 모두 모였을 때야 나는 비로소 다른 사람은 다 있는데 그녀만이 없다는 것을, 그녀의 동료들과 아들과 남편이 모르는 사이에 그녀가 사라져 버렸다는 것을 알았다. 나는 미쳐 날뛰며 신과 인간 모두를 비난하였다. (《아이네이드》 제 2권)

끔찍하기도 하지! 그 존경스러운 남자는 사방으로 찾아다닌다. 그러자 죽은 아내 자신이 나타나 그를 역사 앞에서 정당화시킨다.

> 그리고 그녀는 내게 이렇게 말하며 나의 걱정을 씻어주었다. "사랑하는 남편이여, 왜 당신은 그렇게 어리석은 고통에 빠져 있나요? 이런 일은 신의 뜻이 아니면 일어나지 않아요. 신들은 당신이 크레오우사를 동반자로 데리고 가는 것을 허락하지 않아요. 번창하는 운명과 왕국과 왕족의 피를 받은 부인이 당신에게 예정되어 있어요. 당신의 사랑 크레오우사를 위해 더 이상 눈물 흘리지 말아요. 그래요, 나는 무르미도네스[28] 와 돌로페스족의 멋진 집을 보지 않을 거예요. 트로이의 여인이자 신성한 비너스의 며느리인 나는 결코 노예로서 그리스 여인들을 섬기러 가지 않을 거예요. 신들의 강력한 어머니가 나를 이곳에 붙들어 두는군요. 안녕, 항상 우리 아들을 사랑해주세요."[29]

제 1장. 주제: '한 여성의 노예?' 아니, 그렇지 않아! 제우스의 사자 메르쿠리우스가 제국 창시자 연맹의 이름으로 개입한다. "그래, 너의 왕국과 너 자신의 운명을 잊고 한 여자를 위해서 아름다운 도시를 세우려 하느냐?" 이렇게 해서 독실한 아이네아스는 수치로부터 구원된다. 물론 그 다음의 장면들은 그에게 매우 견디기 어려운 것이었다. 고통, 사랑, 그

---

28) 아킬레우스의 휘하에서 용감하게 싸운 북 그리스 지방의 한 종족.

29) 《아이네이드》, 제 1권 4부, 320~365연.

리고 디도의 미모가 가슴을 찢는 노래와 어우러지는 바람에 분명 아이네아스는 굴복당하고 말았을 것이다. 그러나 "운명은 이를 허용치 않는다. 그리고 신은 영웅의 침착한 귀를 막아준다." 그는 괴로웠다. 그러나 그에게는 자신의 법이 있다. 그리고 그는 그것을 따른다. 그의 법은 분명하다. 크레오우사는 죽음을 통해 그에게 숭고한 힘을 주었다. 남성의 큰 사랑은 그의 조국이라는 것을 알려주었다. 아버지로부터 아들로 전해지는 남성적 땅. 그러니까 아스카니아스[30]를 위해서 ….

디도의 자리에서. 그러나 나는 디도가 아니다. 아무리 고상하다 하더라도 나는 결코 희생자 속에 깃들 수 없다. 나는 저항한다. 수동성은 역겹다. 죽음의 약속이니까. 그럼 누구를 택할까? 나는 역사를, 그리고 내가 아는 이야기들을 모두 섭렵하였지만 내가 동일시할 여성을 찾지 못했다. 물론 나는 그들을 동정하고, 사랑하고, 슬퍼한다. 그러나 나는 아니다. 내 삶은 그럴 수 없다. 나는 절대로 무기를 내려놓을 수 없다. 물론 한 사람이 있기는 하다. 바로 잔 다르크이다. 그러나 유대인인 나로서는 절대로 그녀와 나를 동일시할 수 없다. 왜냐하면 나는 교회와 그 이데올로기적 지배력에 대해 경계하고 의심하니까. 그러나 그 밖의 모든 것에서 나는 그녀와 동행한다. 그녀의 힘, 주저하지 않는 행동 방식, 남성들과의 분명한 관계, 탁월한 자신감, 그리고 재판과 화형을 함께 산다. 결코 동일시 할 수 없었던 그녀를 제외하면 그 외에는 아무도 없다. 그래서 나는 그 후로도 오랫동안 일종의 비밀스런 아킬레우스로 남아 있었다. 그의 성적 모호성 덕택에 나 역시 성적 모호성을 가질 수 있었기 때문이다. 그러나 매일 아킬레우스로 살 수는 없다. 그리고 나는 내가 사랑할 수 있는 여성이 되고 싶다. 그리고 나는 스스로를 사랑하는 여성을 만나고 싶다. 비굴하지도, 가려지지도, 파괴되지도 않은 살아있는 여성을 만나고 싶다. 나는 책을 읽는다. 확인하고 싶기 때문이다. 사람들 사이의 관계 중에서 사랑이라는 이름으로 불릴 자격이 있는 유일한 관계가 세상

30) 아이네아스와 크레오우사의 아들. 율리우스 카이사르의 선조라고 전해진다.

저 편에 존재하는지를. 나의 출발점은 몇몇 생각들이다. 아니 차라리 확신, 혹은 예감들이라는 편이 낫겠다. 내게 있어 이것들은 이론화되지 않고 오랫동안 거의 무의식적인 상태에 머물러 있었다. 나는 도처에서 계급, 혹은 민족간의 지배권 다툼이 개인적 차원에서 재생산되고 있는 것을 본다. 이 체제에 틈은 없는 것일까? 피할 길은 없는 것일까? 내 욕망을 논거로 나는 비슷한 욕망을 가진 다른 사람의 존재를 상정했다. 내게 이런 욕망이 생겼다는 것은 바로 체제 속에 뭔가 다른 것이 들어올 수 있는 가능성이 있다는 것을 의미하기 때문이다. 시인들은 모두 그것을 알고 있다. 생각되어질 수 있는 모든 것은 실재한다는 것을. 윌리엄 블레이크도 그렇게 주장했다. 그리고 그것은 사실이다. 남성적 질서에 지배되는 전통과는 다른 관계들이 분명히 있을 것이다. 그래서 나는 급하게, 그리고 더욱 초조하게 찾는다. 다른 방식의 교환이 일어나는 무대, 옛날부터 내려오는 죽음의 역사에 영합하지 않는 욕망을. 이 욕망은 '사랑', 즉 사랑이란 말로 그와 정반대의 것을 의미하지 않는 그런 유일한 사랑을 창조할 것이다. 우리는 상대방에 대한 비하 정도로는 만족하지 않는 변증법적 운명을 되풀이하지 않는다. 그와는 정반대로 서로에 대한 인정이 있을 것이다. 그리고 이러한 인정은 서로에 대해 알고자 하는 충실하고 애정 어린 노력에 의해 달성될 것이다. 요컨대 사람들은 타자와 차이라는 위험을 기꺼이 무릅쓰게 될 것이다. 그리고 이질적인 존재 때문에 위협을 느끼는 대신, 모르는 사람, 즉 발견하고, 존중하고, 도와주고, 유지할 미지의 것이 있다는 사실 때문에, 또한 그것을 통하여 자신이 더욱 풍요해진다는 사실 때문에 기뻐할 것이다.

이 사랑은 타자의 살해를 영속시키는 모순과 양가성에 빠지지 않을 것이다. 그것은 개인을 항상 가족 모델로 회귀시키는 거대한 사회적 기제 속으로 환원되지 않을 것이다. 그것은 헤겔이 육체적 자기고유성이라는 개념에 기반하여 그 냉혹한 악순환을 도식화하였던 타자와의 관계의 역설 속에 함몰되지 않을 것이다.

자기고유성에 기반한 독차지의 제국[31)]

—불행하게도 헤겔이 처음 창안한 것은 아무것도 없다. 《정신현상학》(*Phénoménologie de l'Esprit*)에서 묘사된 이 모든 과정, 즉 변증법, 삼단 논법의 체계, 결국 자기 자신에게로 돌아오기 위해 주체가 자신 밖으로 나와 타자를 통과하는 것 등의 과정 모두가 사실은 매일의 일상생활에서 이루어지는 일반적 현상이기 때문이다. 사회의 기능보다 더 끔찍한 것은 없다. 더 일반적인 것은 없다. 헤겔식의 기계 장치는 개인, 가족, 국가의 삼 단계를 거치며 완벽할 정도로 매끄럽게 작동한다.

독차지의 드라마라는 동력에 의해 움직이는 역사적 과정 속에서는 갈등과 파괴를 초래하지 않는 욕망이란 생각할 수도 없다. 우리는 항상 독차지의 제국에서 살고 있다. 역사의 시작에서부터 항상 같은 주인들이 역사를 지배해왔다. 남의 것을 자기 것으로 사취하는 그들의 경제를 그 위에 각인하면서. 역사, 즉 남근중심주의의 역사는 계속 반복되어왔다. 조이스가 말했듯이 '하나의 차이와 더불어'. 그러나 그것은 옷만 바꾸어 입은 것일 뿐, 항상 같은 것이다.

그리고 프로이트는? 헤겔과 니체의 후계자인 그 역시 아무것도 창안하지 않았다. 운명, 혹은 인간 역사의 모든 위대한 이론가들은 욕망의 논리를 재생산했다. 그 논리는 너무도 일반적이다. 그것은 타자로 향한 움직임을 가부장적 무대 장치 속에, 남성적 법의 지배하에 가둬둔다.

역사, 남근중심주의의 역사, 소유의 역사. 단 하나의 역사. 단 하나의

---

31) 프랑스어의 propre라는 단어는 고유의, 자기 자신의, 원래의, 깨끗한 등 여러 가지 의미를 가지고 있다. 식수는 propre라는 단어의 다의성을 충분히 활용한다. 그러나 한글 번역에서 이런 모든 의미를 포괄할 수는 없다. 헤겔에 의하면 정신의 전개의 목표는 "자신의 고유한 개념에 도달하는 것"이다(《역사 속의 이성, 세계사 철학 입문》). 식수는 이러한 자기고유성의 획득을 그 이상의 것, 즉 자기 자신의 것을 높이 평가하고, 남의 것 또한 모두 자신의 것으로 만드는 태도로 보았다. 우리는 이러한 식수의 해석을 강조하기 위해서 이를 '(자기고유성에 기반한) 독차지'란 말로 번역하였다.

정체성의 역사. (아들, 혹은 여성과 같은) 타자로부터 자신을 인정받는 남성의 역사. 이러한 인정은 헤겔이 말했듯이 타자에게 그의 주인이 죽음이라는 것을 상기시킴으로써 이루어진다.

남근중심주의 체제하에서 인정(認定)은 갈등을 통해 이루어지며 이 갈등의 대가를 치르는 것은 여성이다. 또한 이런 세상에서 욕망은 항상 남의 것을 자기 것으로 만드는 사취의 욕망이다. 이 논리는 다음과 같은 방식으로 작동한다.

(1) 욕망은 어디에서 오는가? 차이와 불평등으로부터 온다. 한 쌍을 이루는 두 요소가 평등한 상태일 경우, 어느 쪽으로도 운동이 일어나지 않는다. 운동을 일으키는 것은 힘의 차이이다('물리' 법칙에 의거한 논리).

(2) 슬그머니 논리의 비약이 이루어진다. 그러므로 평등한 힘을 가진 성적 차이는 욕망의 운동을 일으키지 않는다. (사취의) 욕망을 일으키는 것은 불평등이다. 불평등이 없으면, 투쟁이 없으면, 그것은 부동(不動)이다. 죽음이다.

(분석을 하는 주체인 주인이 누구인가에 따라서 좀 더 의식적일 수도 있고, 좀 덜 의식적일 수도 있지만 어찌 되었건 이러한) 분석의 단계들 중에서 내가 생각하기로 남성의 위대한 협잡이 이루어지는 것은 바로 이 단계이다.

우리는 부정적 결과 없이, 파트너 중 한 명의 몰락 없이, 욕망을 산출하는 차이, 혹은 불평등을 상정해볼 수 있다. 이 경우, 불평등이라는 단어는 불일치, 불균형을 의미할 뿐이다. 타자를 산 채로, 그리고 차이가 있는 채로 보존하는 그런 유형의 교환에서는 서로가 서로를 인정할 수 있을 것이다. 그러나 (헤겔식) 인정의 도식에서는 타자를 위한, 동등한 타자를 위한 자리가 없다. 살아있는 온전한 여성을 위한 자리가 없다. 여성은 남성을 인정해야 한다. 그리고 그 인정을 완수하는 과정에서 그녀는 사라져야 한다. 대신 남성은 이득, 혹은 승리를 얻는다. 그러나 그 이득, 혹은 승리는 상상적일 뿐이다. 그러므로 좋은 여성이란 남성이 그녀 위에 자신의 힘과 욕망을 시험할 수 있을 만큼 충분히 오랫동안 '저항'하는 여성이다(한마디로 말해서 '존재하는' 여성이다). 그러나 너무 오래 끌어서는 안 된다. 남성이 자기 자신으로 돌아오는 것을 향유하기 위해서는, 스스로의 눈에 더욱 위대하고 더욱 든든한 사람이 되어 자신으로 되돌아오기 위해서는 과도한 장애에 부딪치지 말아야 하기 때문이다.

정도의 차이는 있지만 여성들은 모두 남성적 욕망의 이러한 특성을 경험하였다. 그리고 그 부차적 결과까지도. 대상을 죽여야(죽이는 척해야) 하는 허약한 욕망. 강간에 대한 환상, 혹은 실제적 강간 행위로의 이행. 그리고 많은 여성들은 여기서 무엇이 문제가 되는지 예감하고는 대상의 역할을 연기하기로 동의한다.

왜 이런 희극이 필요할까? 이 희극의 극단적 행위는 주인이 죽음과 희롱하는 것이다. 바타이유는 그 극단, 즉 문명인이 떨어지기를 거부하는 심연 가장자리까지 헤겔을 밀어붙이면서 웃음보를 터뜨렸다. 죽음과 여성의 성기에 대한 은유로 작용하는 바로 그 심연 직전까지 말이다.

모든 역사는 좁은 의미의 경제, 즉 절약과 불가분의 관계에 있다.[32] 그것은 남성과 남성-존재, 즉 그 남성의 생존과의 관계이다. 이 경제란 남의 것을 자기 것으로 만드는 사취의 법칙에 다름 아니며 그것은 남근중심주의의 산물이다. 적합/부적합, 자기 것/자기 것이 아님, 깨끗함/더러움의 이항대립은(항상 첫 번째 항이 더 우월하다) 동일성/차이라는 대립을 만들어내고, 체계화한다. 이 경제 속에서 남성과 존재는 단번에 하나가 된다. 그리고 여성은 내 것으로 만들 수 없는 가능성을 가진 것으로 간주되고, 따라서 위협적이다. 욕망이란 결국 남성의 소유에서 벗어나려 하는 것을 다시 붙잡아 자기 것으로 만들려는 욕망에 불과해진다. 남성적 경제는 (무의식적인?) 술책과 폭력을 통하여 이항대립을 이루는 두 개의 항 중 하나에 더 큰 가치를 부여함으로써, 또한 프로이트가 말한 이른바 팔루스의 우위를 재확인함으로써 성적 차이를 위계적인 것으로 만든다. 실제로 '차이'는 항상 대립으로 인식되고, 실행되어 왔다. 그리고 남

32) 프랑스어의 économie는 경제와 함께 절약, 혹은 저축이라는 뜻도 함께 가지고 있다.

성성/여성성의 대립에서는 남성적 특권이 확인되며 이 과정은 미리 정해진 갈등의 역학에 따라 연출된다.

독차지의 제국은 공포로부터 기원한다. 이때의 공포는 전형적인 남성적 공포인 박탈과 분리의 공포, 특권 상실의 공포이다. 달리 말하면 거세 공포인 것이다. 이처럼 남성성은 상실에 의해 구조화된다. 이 때문에 남성은 자신의 법과 힘과 지배력을 타인에게 부과함으로써만이 스스로의 주체성을 확인할 수 있다. 그러므로 자기 것이 아닌 것의 문제(그러므로 욕망의 문제, 그리고 시급히 다시 자기 것으로 만들어야 할 필요성의 문제)와 이러한 남성 주체성 사이에는 밀접한 관계가 있다. 즉, 이들은 남성성의 특성과 직결되어 있는 것이다. 그러나 여성성은 그렇지 않다.

우리는 무엇을 주는가?

지금까지 역사의 움직임은 대체로 소유의 움직임에 다름 아니었다. 그러나 그 속에 차이가 있다면 그것은 그 속에서 작용하는 두 가지 이질적인 경제와 관련이 있으며 이들 두 가지 경제의 근본적 차이는 수여, 즉 주는 행위에 대한 상이한 태도에 있다.

여성적, 그리고 남성적 (정치) 경제는 서로 다른 요구와 구속들로 구성되어 있다. 그리고 이것들은 사회화되고 또한 은유를 거치면서 기호들, 힘의 관계, 생산과 재생산의 관계, 남성적, 혹은 여성적이라고 불릴 수 있는 거대한 문화적 체계를 만들어 내었다.

나는 여기서 남성, 여성이라는 명사 대신 남성적, 여성적이라는 형용사를 썼다. 이것은 남성 = 남성적, 여성 = 여성적이라는 혼동을 피하기 위한 것이다. 왜냐하면 남성들 중에서도 자신들의 여성성을 억압하지 않은 사람이 있으며, 여성들 중에서도 자신들의 남성성을 다소 강하게 드러내는 사람들이 있기 때문이다. 성적 차이는 결코 사회적으로 결정된 성에 따라 배분되는 것이 아니다. 다른 한편으로, 내가 정치 경제나 리비도 경제라는 말을 합쳐 쓸 때 나는 결코 기원, 즉 남성적 특권에 의해 지배되는 역사를 염두에 두지 않는다. 우리는 본질주의적 해석에 빠지는 것을 경계해야 한다. 예를 들어 프로이트와 존스는 그 위험을 무릅썼다. 물론 그들의 방식은 달랐다. 즉, 여성성에 관한 논쟁에서 그들은 서로 대립적인 관점에 섰다. 그러나 그들 모두 '자연적', 해부학적 성차 결정이라는 명제를 주장하였다는 점에서는 일치하였다. 그리고 그것은 남근중심주의에 대한 지지를 내포하고 있다.

그들의 입장을 개략해보자.

존스는 (《조숙한 여성의 성》에서) 여성을 결핍된 남성으로 보는 프로이트의 명제들을 비판한다.

프로이트에게 있어

(1) 여성적 상황의 '숙명성'은 해부학적 '결함'의 결과이다.

(2) 오직 하나의 리비도밖에 없으며 그것은 본질적으로 남성적이다. 남자 아이와 여자 아이는 다 같이 팔루스 단계를 거친다. 그때까지 여자 아이는 일종의 작은 남자 아이이다. 유아기 성욕은 성기 중심이며 능동성/남성성에 의해 지배된다. 질은 아직 '발견되지' 않았다. 성적 차이가 만들어지는 것은 팔루스 단계 이후부터이다.

(3) 양성 모두에서 최초의 사랑의 대상은 어머니이다. 따라서 이성애는 남자 아이의 경우에서만 '자연적'이다.

존스에게 있어 여성성은 하나의 독자적인 '본질'이다.

처음부터(생후 6개월부터) 여자 아이는 아버지에 대한 여성적 욕망을 가진다. 여자 아이의 최초의 환상들에 대한 분석을 보면 여자 아이들은 젖가슴에 실망하고는 그 대신 남성 성기, 혹은 (유추에 의해) 그와 같은 형태의 대상에 대한 욕망을 갖는다. 그리고 이러한 대치의 연쇄에 의해 남성 성기를 대신하는 일련의 부분적 대상들을 거쳐 결국 아기에게로 귀착된다. 이렇게 하여 존스는 프로이트의 영지로 얌전히 다시 들어온다. 게다가 그는 한술 더 뜬다. 젖가슴-남성 성기-아기라는 등식에서 그는 여자 아이의 최초 욕망의 대상은 아버지에 대한 욕망이라고 주장한다(아버지의 아기를 갖고 싶다는 욕망 역시 그녀의 최초의 욕망이다). 그러므로 여자 아이의 최초 사랑 역시 이성애인 것이다. 따라서 그녀 역시 일차적 형성물로서의 오이디푸스 콤플렉스를 가지며 어머니에 의한 절단의 위협도 받는다. 결국 여성은 해부학적 결함이 없이 그냥 여성이다. 그녀의 음핵은 작은 남성 성기가 아니다. 또한 음핵에 대한 자위는 프로이트가 주장하듯이 남성적 행위가 아니다. 그리고 〔여자 아이의〕 초기 환상에 의하면 질은 매우 일찍 발견되는 듯하다.

고유한 여성성이 있다는 존스의 주장은(그러나 다른 곳에서는 정통적 명제들을 그대로 보존한다) 여성을(그리고 신을. 존스는 신이 암컷과 수컷을 만들었다는 점을 상기시켰다!) 편드는 것처럼 보인다. 그러나 실제에서 존스는 그 핑계 아래 다시 한 번 남근중심주의를 강화시켰다. 그리고 양성성은 사라져 버렸다. 이 두 진영을 갈라놓는 넘지 못할 심연 사이에서.

프로이트는 1933년에 발표한 "오이디푸스 콤플렉스의 소멸"이란 논문에서 나폴레옹을 흉내내어 "해부학은 운명이다"라고 말했다. 만일 우리가 이 주장을 따른다면 우리는 여성의 사형 선고에 동참하는 것이다. 그리고 모든 역사를 끝장내는 데 일조하는 것이다.

남성과 여성의 성차가 심리적 결과를 산출한다는 것은 부정할 수 없는 사실이다. 그렇지만 그 결과는 결코 프로이트가 주장하는 바대로가 아니다. 프로이트는 남녀가 오이디푸스 콤플렉스와 각각 다른 관계를 가진다는 사실에 의거하여 여자 아이와 남자 아이에게 전혀 다른 사회적 역할을 배분하였다. 그에 의하면 여성은 남성에 비해 '승화'의 정도가 낮기 때문에 '어쩔 수 없이' 생산성이 낮다. 그러므로 상징적 행위, 즉 문화의 생산은 남성들의 몫이다.[33]

---

33) 프로이트의 명제는 다음과 같다. 오이디푸스 콤플렉스가 사라질 때 초자아가

프로이트의 이론은 그가 양성간의 해부학적 차이라고 부르는 것으로부터 시작한다. 그리고 우리는 그것이 그의 눈에 어떻게 나타나는지 알고 있다. 즉 그것은 팔루스의 유무라는 차이에 의해 결정되는 것이다. 그 잘난 부분들 말이다. 라캉에 의해 초월적 기표로 정의되는 그것으로부터 모든 것이 시작되는 것이다.

그러나 〔팔루스에 대한 이러한 입장은 일종의 환상에 불과하며〕 성차는 해부학에 대한 이러한 환상적 관계에 의해 결정되는 것이 아니다. 이러한 환상은 시각에 크게 의존하고 있다. 성의 발달 과정에서 밖으로 드러난 것, 거울에 비춰 보일 수 있는 것에 너무도 큰 중요성을 부여하고 있다. 이상하지 않은가! 그러니 이것은 분명 관음증 환자의 이론에 틀림없다.

아니다. 내 생각으로 차이는 향락의 차원에서 가장 뚜렷하게 인지될 수 있다. 그리고 남성은 여성의 욕동(慾動, *pulsion*)적 경제를 확인할 수 없으며 또한 남성적 경제에 의거하여 이해할 수도 없다.

사람들은 여성에게 이렇게 질문한다. "여성은 무엇을 원하는가?" 물론 여성들도 이 질문을 스스로에게 던진다. 그러나 그것은 사람들이 그녀에게 자꾸 물어보기 때문이다. 또한 사회에는 그녀의 욕망을 위한 자리가

그 자리를 물려받는다. 거세의 위협을 느끼는 순간부터 남자 아이는 매우 엄격한 초자아의 도움으로 오이디푸스 콤플렉스를 극복하기 시작한다. 남자 아이에게 있어 오이디푸스 콤플렉스는 일차적인 형성물이다. 남자 아이의 최초 사랑의 대상은 여자 아이와 마찬가지로 어머니이다. 그러나 여자 아이는 보다 덜 엄격한 초자아의 지배를 받는다. 이미 거세되었기 때문에 그녀의 초자아는 덜 힘차다. 그녀는 결코 오이디푸스 콤플렉스를 완전히 극복하지 못한다. 여성의 오이디푸스 콤플렉스는 일차적 형성물이 아니다. 전오이디푸스기에 경험한 어머니에 대한 애착은 여자 아이에게 어려움을 야기하며 프로이트에 의하면 그녀는 이것을 결코 완전히 극복하지 못한다. 이 어려움이란 바로 중간에 대상을 (어머니에서 아버지로) 바꾸어야 하는 것이다. 이 전환은 매우 고통스러우며 여기에는 부수적인 포기가 수반된다. 전오이디푸스적 성에서 '정상적' 성으로의 이동은 클리토리스를 포기하고 질로 이동하는 것을 전제로 한다. 이 '운명'이 완성된 후, 여성의 상징적 활동은 매우 제한적이다. 그녀는 아무 것도 잃을 것이 없고, 얻을 것도 없고, 지킬 것도 없기 때문이다—원주.

너무도 작기 때문에 그것을 어떻게 처치해야 할지 모르며, 또한 어디에 두어야 할지, 심지어는 대체 자신이 욕망을 가지고 있기나 한 것인지 아닌지 모르게 되었기 때문에 할 수 없이 질문하는 것이다. 그러나 내 생각에 이 질문은 보다 직접적이고, 보다 시급한 질문을 숨기고 있다. 그것은 "나는 어떻게 향락을 느끼는가?"이다. 여성적 향락. 그것은 무엇인가? 그것은 어디서 일어나는가? 그것은 여성 육체의 층위에, 여성 무의식의 층위에 어떻게 새겨지는가? 그리고 그것은 어떻게 씌어지는가?

우리는 가설적인 선사시대에 대해, 그리고 모권 시대에 대해 장광설을 늘어놓을 수 있다. 혹은 바흐오펜[34] 처럼 모권제 사회의 형태를 재구성해 볼 수 있다. 그리고 가족과 남성 권력의 역사에 대한 모권제의 시적, 신화적 영향을 유추해 볼 수 있다. 그것은 매우 강력한 전복력을 지닌 가정일 것이다.

권력, 소유, 남성 지배, 국가 형성, 이데올로기적 기제에 대한 대안적 역사를 생각해보는 것은 물론 그 나름대로 가치가 있다. 그러나 현재에서 '기원'에 대해 왈가왈부하는 것은 아무짝에도 쓸모없는 일이다. 남근중심주의가 있다는 것은 분명한 사실이다. 역사는 전 시대를 통틀어 그것밖에는 산출하지 않았다. 그렇지만 남근중심주의는 결코 숙명적이거나 자연적인 것은 아니다. 남근중심주의는 적이다. 모두의 적이다. 여성들뿐만 아니라 남성도 역시 손해를 보기 때문이다. 물론 그 손해의 양상은 다르다. 그러나 그 정도는 여성들만큼이나 심각하다. 이제 고쳐야 할 때가 되었다. 다른 역사를 만들 때가 되었다.

'숙명'이나 '자연' 혹은 본질은 없다. 다만 문화역사적 한계 속에서 만들어진, 때로는 경직된, 그럼에도 불구하고 여전히 생명력을 가진 구조들이 있을 뿐이다. 이러한 문화역사적 한계는 역사의 장 그 자체와 혼동되어온 까닭에 우리는 과거 오랫동안 다른 가능성을 상상하지 못하였다.

---

34) J.-J. Bachofen(1815~1887). 모권제를 연구한 스위스의 역사가. 따라서 그는 비역사의 '역사가'인 셈이다 — 원주.

그리고 현재에도 그것은 여전히 매우 어렵다. 현재는 과도기이다. 고전적 구조에 틈이 보이기 시작한 까닭이다.

앞으로(이삼백 년 후?) 성차는 어떻게 전개될까? 그것에 대한 예상은 불가능하다. 그러나 착각해서는 안 된다. 남성과 여성은 태곳적부터 문화적으로 결정된 여러 인자의 그물망 속에 얽혀있다. 게다가 이 그물망은 너무도 복잡해서 분석이 불가능하다. 그러므로 이데올로기에 얽매이지 않고 '여성'이나 '남성'에 대해 말하는 것은 불가능하다. 이 이데올로기는 수많은 표상과 이미지, 반영, 신화, 동일화 등을 통해 한순간도 끊임없이 우리의 상상력을 변화, 왜곡, 변질시킨다. 따라서 모든 개념은 태어나는 그 순간에 이미 구식, 즉 시대에 맞지 않는 구닥다리가 되고 만다.

인간의 행동, 정신, 역할, 정치경제의 근본적인 변화가 일어나지 않으라는 법은 없다. 현재로서는 이런 변화가 리비도 경제에 어떤 영향을 미칠 것인가에 대해서 생각할 수 없다. 그러나 우리는 양육, 교육, 감독 구조 및 그에 따른 이데올로기의 재생산 구조에서의 전반적이고 보편적인 변화를 상상해 볼 수 있다. 실질적인 성의 해방도 상상해보자. 이것은 다시 말하면 자신의 몸에 대한 (그리고 타인의 몸에 대한) 관계의 변화를 상상해보는 것이다. 또한 감각적이고 유기체적인 물질로 이루어진 우리 자신이라는 거대한 우주를 충분히 인식하고 제대로 파악하는 것이다. 물론 이것은 그만큼 근본적인 정치적 변화(상상해보자!) 없이는 이루어질 수 없다. 그러나 그렇게 되면 '여성성'과 '남성성'은 성차, 성의 경제 및 지출과 결핍, 그리고 수여의 차원에서 지금과는 전혀 다른 방식으로 발현될 것이다. 현재 '여성적', 혹은 '남성적'이라고 여겨지는 것이 앞으로도 똑같이 '여성적', 혹은 '남성적'으로 간주되라는 법은 없다. 오늘날 차이의 일반적 논리는 대립성에 의해 지배된다. 그러나 앞으로는 그렇지 않을 것이다. 차이는 결코 어떤 단일한 대립항이 아니라 수많은 새로운 차이들의 집합으로 구성될 것이다.

그러나 우리는 아직도 구닥다리들 속에서 허우적거리고 있다. 물론 몇몇 예외를 제외하면 말이다.

미래의 남성

예외는 있다. 항상 있어왔다. 그들은 불안하고 시적인 사람들이다. 동성애적 요소를 가차없이 억압하는 도덕률에 지배되는 꼭두각시로 전락하지 않은 사람들이다. 여성이건 남성이건 간에 그들은 복합적이고 유동적이며 개방적인 사람들이다. 다른 성(性)의 요소를 허용함으로써 그들은 보다 풍요하고 복수(複數)적이며 강해질 수 있었다. 반면, 이러한 유동성 때문에 그들은 매우 연약하기도 했다. 창조는 이런 조건에서만 이루어질 수 있다. 사상가, 예술가, 새로운 가치의 창조자, 니체식의 미친 '철학자', 새로운 개념과 형식의 창조자, 그리고 기성 개념과 형식의 파괴자, 삶을 바꾸는 자. 이들은 상호보완적이거나 모순되는 특이성들에 의해 동요될 수밖에 없다. 물론 동성애자라야만 창조할 수 있는 것은 아니다. 그러나 창조하는 주체 속에 타자가 없다면, 다양성이 없다면 철학이건 시(詩)건 간에 창조는 불가능하다. 분리된 사람들, 생각된 사람들, 무의식에서 나온 모든 사람들이 없다면, 그리고 (우리의 여성들, 우리의 괴물들, 우리의 재칼들, 우리의 아랍인들, 우리의 분신들, 우리의 두려움과 같은) 스스로도 알지 못했던 우리들 자신의 한 부분이 출현하여 모든 황무지에 갑작스런 생기를 불어넣지 않는다면, 창조란 불가능하다. 모종의 동성애(양성성의 유희, 혹은 양성적인 나)가 없다면, 그리고 그것이 나의 초(超)주관성을 결정화(結晶化)하지 않는다면, 다른 '나'란 있을 수 없으며, 또한 시(詩)도 픽션도 없다.[35] 나는 바로 이 개인적인 물질, 즉 내가 그 속에서 기뻐하고 슬퍼하는 풍요롭고 즐거운 남성적, 여성적, 혹은 다른 어떤 물질이다. 그리고 '나'라고 불리는 이 모든 인격 구성의 과정에서 우리는 상징을 통해 대체(代替)를 통해 우리의 동성애를 억압한다. 그러나 다른 한편으로 그것은 행동 특성, 몸짓 양식 등과 같은 여러

35) 《누구의 것도 아닌 이름》(*Prénom de Personne*, 엘렌 식수, 쇠이유 출판사), 〈호프만의 계산〉, 112쪽 이하 참조 — 원주.

기호를 통해 드러난다. 글쓰기의 경우, 그것은 더욱 명백하게 나타난다.

장 주네의 경우, 그의 텍스트는 분리와 파편화와 재통합의 과정을 겪는다. 그리고 이 과정에서 모성적이며 풍요로운 여성성이 드러난다. 다수의 남성, 수컷, 신사, 군주, 왕자, 고아, 꽃, 어머니, 젖가슴들이 환상적으로 뒤섞인 채 사랑이란 경이로운 '에너지의 태양' 주위를 맴돈다. 그리고 그 사랑은 사랑에 빠진 이 찰나적이고 개별적인 개체들을 폭파하고 분해한다. 그것들이 다른 몸으로 재구성되어 새로운 사랑을 준비할 수 있도록 말이다.

여성은 양성적이다.

먼저 양성성에 대한 재검토가 필요하다. 전통적으로 양성성은 거세에 대한 방어 기제로 인식되었으며 따라서 '중성적'이라고 분류되었다. 이제 이러한 전통적 운명에서 이 개념을 구출하여 이에 대한 적극적인 재평가를 해야 할 때가 되었다. 그러므로 나는 두 가지 종류의 양성성을 구분하려한다. 양성성의 가능성과 실천에 관한 두 가지의 대립된 관점을 구분하려 하는 것이다.

(1) 완전한 존재에 대한 환상으로서의 양성성. 이러한 양성성은 거세 공포를 대체하고 성차의 문제를 은폐한다. 성차가 신화적 분리의 표시, 즉 위험하고 고통스러운 분할가능성의 흔적으로 여겨지기 때문이다. 오비드의 헤르마프로디테[36]가 바로 그렇다. 그는 양성적이라기보다는 무성적이었다. 두 성으로 이루어진 것이 아니라 두 개의 반쪽으로 이루어져 있었기 때문이다. 그러므로 이것은 통일성의 환상이다. 하나 속에 두 개가 있는 것. 게다가 그 두 개조차 완전한 두 개가 아닌 것.

(2) 거세를 예방하려는 이러한 융합적이고 말소적인 양성성에 나는 또 다른 양성성을 대립시킨다. 이러한 양성성의 경우, 허위적인 남근중심주

---

36) 제 1부, 2장, 5절 〈비상〉의 역주 참조.

의적 재현의 극장에 갇혀있지 않은 각각의 주체는 양성성으로 자신의 에로틱한 우주를 만든다. 이 양성성은 개개인에 따라 특유한 방식으로 다양하게 나타나는 두 성의 존재를 자신 속에서 포착하고 그 둘의 차이 및 어느 한 성을 배제하지 않는다. 이러한 '허용'적 자세는 자기 몸과 타인의 몸의 모든 부분에서 드러나는 욕망의 발현을 증대시킬 수 있다.

즉 이 양성성은 차이를 말소하기는커녕, 오히려 그것을 부추기고, 추구하며, 덧붙이는 흥분된 양성성이다. 현재로서는 역사적이고 문화적인 이유들 때문에 이 양성성에 대해 개방적이고, 또한 이로부터 이득을 보는 사람은 여성이다. 어떤 의미로 "여성은 양성적이다". 남성은 영광된 남근적 단성성을 추구하도록 훈련받아 왔기 때문이다. 남근중심주의적 이데올로기는 남근 지상주의를 주장하고 실천해왔고 이 때문에 하나 이상의 희생자를 만들어 내었다. 먼저 여성인 나는 어쩌면 왕홀(王笏)과 같은 남근의 거대한 그림자에 사로잡혀 있는지도 모른다. 게다가 사람들은 나에게 이렇게 말해왔다. "네가 휘두르지 못하는 그것을 경배하라." 그렇지만 남성의 운명 역시 전혀 부러울 것이 없다. 그 기괴한 운명은 그들을 진흙 불알 달린 우상으로 축소시켜버렸다. 게다가 프로이트와 그 추종자들이 지적한 바대로 동성애 공포증에 걸려버렸다. 왜 남성은 여성이 되기를 두려워하는가? 어째서 여성성에 대한 거부(*Ablehnung*)가 있는 것일까? 이것이 바로 프로이트가 봉착하였던 질문이다. 그것이 바로 거세의 '바위'이다. 프로이트의 친구인 플리스는 억압된 것은 지배적 성에 의해 정복된 성, 즉 여성이라고 보았다(프로이트에게 양성성의 명제를 제공한 사람은 바로 플리스이다). 그러나 프로이트는 그와는 달리 억압당한 것은 바로 그 자신의 성, 즉 남성의 성이라고 보았다.

정신분석은 여성에서부터 시작하여 형성되었으며 여성성을 억압해왔다(그러나 실제에서 그 억압은 그리 성공적이지 못하였다). 그러나 남성성에 관한 한, 정신분석은 현재로서는 거의 반박의 여지가 없는 설명을 제공한다.

우리, 혼란을 유발하는 우리 여자들은 그것을 너무도 잘 알고 있다. 그러나 아무 것도 우리를 강제하지 않는다. 남자의 결핍의 은행에 우리의 삶을 기탁하라고, 주체의 형성이 모욕적인 리허설 끝에 올려지는 드라마에 의해 이루어진다고 생각하라고, 끊임없이 아버지의 종교를 구해내어 지지하라고 강제하지 않는다. 왜냐하면 우리는 그것을 원치 않으니까. 우리는 지고한 구멍 주위를 맴돌지 않는다. 우리는 부정(否定)적인 것에 충성할 아무런 여성적 이유가 없다. 여성적인 것은 (시인들이 그렇지 않을까 생각해왔던 대로) 긍정이다. … and yes I said yes I will Yes. 그래. 몰리는 《율리시즈》의 끝에서 이렇게 말했다. 이로써 《율리시즈》는 모든 책을 뛰어넘어 새로운 글쓰기로 나아간다. 나는 '그래'라고 말했어. 그래, 나는 원해.

여성은 어떤 의미에서 양성적이다. 이렇게 말하는 것은 언뜻 보아 역설적으로 보인다. 그럼에도 불구하고 그것은 차이의 문제를 달리 제기하는, 그리고 새로이 제기하는 방식이다. 또한 글쓰기를 '여성적', 혹은 '남성적'이라고 규정하는 새로운 문제제기 방식이다.

나는 이렇게 말해야겠다. 오늘날 글쓰기는 여성들의 것이다. 이것은 도발이 아니다. 다만 여성은 타자의 존재를 인정한다는 의미이다. 여자아이와 남자 아이에게는 다 같이 양성성이 잠재해 있다. 여성은 아이에서 여성으로 변하는 여성되기의 과정에서 이 잠재적 양성성을 지우지 않았다. 여성성과 양성성은 함께 간다. 이 둘의 결합 관계는 각 개인에 따라 다양하게 나타난다. 또한 각 개인의 생애 궤적의 단계에 따라서도 다르다. 즉 어떤 순간에는 이 요소들 중 어느 하나가 더 강하게 나타나고, 또 다른 순간에는 다른 것이 강하게 나타나는 것이다. 남성들의 경우, 타자가 자신을 관통하도록 스스로를 내맡기기가 더 어렵다. 글쓰기는 타자가 내 속으로 들어오고, 머물다 나가는 통로, 입구, 출구, 거주지이다. 이 타자는 나이면서 내가 아니다. 나는 타자가 될 줄 모른다. 그러나 나는 타자가 나를 지나가는 것을 느끼며 그는 나를 살게 한다. 또한 그는 나를 찢고, 불안하게 하며, 변화시킨다. 그는 누구인가? 여성인가, 남성인가, 몇몇인가? 다수인가? 이 미지의 존재는 나에게 알고자 하는 욕망을 불러일으킨다. 그리고 모든 삶은 그 욕망으로부터 솟아오른다. 이 우글거림은 휴식이나 안정을 허용하지 않는다. 그것은 항상 '현실'과의 관계를 교란시킨다. 또한 불확실성을 만들어냄으로써 주체의 사회화를 방해한다. 그것은 우리를 괴롭히고, 지치게 한다. 그리고 남성에게 있어 이러한 침투성, 비(非) 배타성은 위협이며 절대로 허용할 수 없는 것이다.

이것이 일종의 스펙터클이 될 정도로 진행되었을 때, 옛 사람들은 이것을 '신들림'이라고 불렀다. 남성적 상상에서 신들림은 결코 바람직한 것이 아니다. 수동성, 즉 위험한 여성적 태도로 여겨지는 까닭이다. 수용성이 어떤 면에서 '여성적'인 것은 사실이다. 역사적으로 항상 그래왔듯이 우리는 정신착란 상태의 여성의 수용성을 이용할 수 있다. 여성은 개방성을 통해 '신들릴' 수 있다. 즉, 자기 자신에 대한 소유권을 박탈당할 수 있다.

그러나 내가 여기서 말하는 여성성이란 그녀에게 의탁하는 타자, 즉 방문자를 살아있는 채로 간직할 수 있는 여성성이다. 그녀는 그것을 타자로서 사랑할 수 있다. 타자가 되기를, 다른 사람이 되기를 사랑하는 것이다. 그리고 그것은 결코 동일한 것에 대한, 즉 그녀 자신에 대한 비하를 동반하지 않는다.

수동성은, 물론 극단적일 경우, 죽음과 맞닿아 있다. 그러나 복종이 아닌 비(非) 폐쇄성도 있다. 이러한 비폐쇄성은 신뢰이며 이해이다. 파괴가 아니라 멋진 확장이다.

여성의 개방성은 위험을 내포하고 있다. 그러나 여성은 이 개방성 덕택에 자기 자신에서 나와 타자에게로 간다. 미개척지를 여행하는 여성은 부인하지 않고, 다가간다. 간격을 없애기 위해서가 아니라 간격을 보기 위해서, 그녀가 아닌 것, 그녀인 것, 그녀일 수 있는 것을 경험하기 위해서.

글쓰기는 작업하는 것이다. 작업당하는 것이다. 동일한 것과 타자와의 소송을, 양자의 중간을(에서) 질문하는 (질문당하는) 것이다. 타자 없이는 아무 것도 살 수 없다. 글쓰기는 '타자와 함께 하는 하나', 즉 타자와의 합일을 원한다. 그리고 이를 통해 죽음의 작업을 해체한다. 이러한 합일된 하나는 타자와의 끊임없는 교환을 통하여 무한한 활력을 얻는다. 그것은 가장 먼 것, 즉 자기 자신, 타자, 자기 안에 있는 타자를 통해서만 스스로를 알 수 있고 또한 다시 시작될 수 있다. 그것은 수천의 변화를 이루는 증식의 과정이다.

물론 그것은 위험과 고통 없이는 이루어지지 않는다. 자아의 순간들의 상실, 의식의 상실 없이는 이루어지지 않는다. 한때 우리 자신이었던, 그러나 우리가 초월하고, 떠나는 우리의 옛 존재의 상실 없이는 이루어질 수 없다. 또한 감각과 시간과 방향 감각의 혼란이라는 대가를 지불하지 않고는 이루어질 수 없다.

그렇지만 이것이 여성 특유의 것일까? 유류분(遺留分) 없는 경제[37]라는 역설적 논리를 새기고, 묘사하고, 이론화한 것은 남성들이다. 여기에 모순은 없다. 다만 다시금 남성들의 여성성에 대해 질문하도록 만들 뿐이다. 법에서 해방된, 절도를 벗어난 글쓰기, 즉 남근적 심급을 넘어서는 글쓰기를 시도한 남성은 매우 드물다. 주체가 여성화되는 글쓰기의 지점까지 모험하는 남성은 극히 드물다.

글쓰기에서 차이는 어디를 통과하는가? 차이는 지출 방식에 있다. 자신과 동일한 것에 높은 가치를 부여하는 방식에 있다. 비(非) 동일한 것에 대해 생각하는 방식에 있다. 요컨대 모든 '이윤/관계'에 대해 생각하는 방식에 있다. 이 말을 수익, 혹은 자본화라는 의미로 해석한다면 말이다.[38]

오늘날에서도 남성과 자기고유성과의 관계는 여성과 그것과의 관계보다 훨씬 긴밀하고 엄격하다. 남성은 여성보다 훨씬 더 직접적으로 자신과 동일하지 않은 것의 위협을 받는 것 같다. 남성은 정신분석학이 묘사하는 문화적 산물, 즉 아직 무엇인가 잃을 것을 가지고 있는 사람이다. 욕망과 교환의 움직임에서 그는 무엇인가를 취하는 쪽이다. 그에게 있어

---

37) 경제(*economie*)라는 말에는 저축이라는 뜻이 있으며 때로 보류, 예비(*ré-serve*)와 같은 의미로 쓰이기도 한다. 따라서 이 표현은 모순적이다.

38) 프랑스어의 rapport에는 '관계'라는 뜻과 함께 '이윤'이라는 뜻도 있다.

상실, 지출은 하나의 상업적 거래다. 이런 거래의 경우, 증여에는 언제나 대가가 있다. 즉, 증여는 이익을 가져다주는 것이다. 또한 상실은 복잡한 과정을 거쳐 그 정반대의 것으로 변질된다. 즉 이익의 형태로 되돌아오는 것이다.

그렇다면 여성은 이러한 회귀의 법칙에서 벗어나 있는가? 다른 형태의 지출이 있을 수 있는가? 물론 '무상'의 증여는 없다. 아무런 대가 없이 주는 법은 결코 없다. 그러나 모든 차이는 왜, 그리고 어떻게 주느냐, 즉 증여의 이유와 방법에 있다. 또한 증여라는 행위를 통해 어떤 가치를 확인, 전파하느냐 하는 데 있다. 증여자가 증여함으로써 무엇을 얻느냐, 그리고 그것으로 무엇을 하느냐 하는 데 있다. 이 차이는 왜 있으며, 어떻게 생기는 것일까?

우리가 무엇인가를 남에게 줄 때, 이 행위를 통해 우리 자신이 얻는 것은 무엇인가?

전통적인 남성의 경우, 그는 그 대가로 무엇을 원하는가? 그리고 여성은? 먼저 남성이 원하는 것을 살펴보자. 집단 사이의 문화적 교환, 개인 사이의 교환, 자본의 교환, 감정(혹은 사랑, 혹은 성적 쾌락)의 교환을 막론하고 남성은 모든 교환에서 남성적인 것이 증대되어 돌아오기를 원한다. 교환을 통해 사나이다움, 권위, 권력, 돈, 혹은 쾌락이 증가되기를 원한다. 그리고 이를 통해 자신의 남근중심적 나르시시즘을 강화한다. 실제로 사회는 그것을 위해, 그것에 의해 만들어졌다. 그리고 대부분의 남성들은 그것을 끊지 못한다. 전혀 부럽지 않은 운명이다. 남성은 항상 시험에 처해 있다. 그는 자신을 '증명해야' 하며 그것을 다른 사람에게 보여야 한다. 남성적 이득은 거의 언제나 사회적으로 인정된 성공과 혼동된다.

여성은 어떻게 주는가? 보존, 혹은 낭비, 비축, 삶, 죽음과 여성은 어떤 관계를 맺고 있는가? 그녀 역시 무엇인가를 위해서 준다. 그녀 역시 남에게 줌으로써 자신도 뭔가를 얻는다. 즉, 쾌락, 행복, 스스로의 가치 증진, 보다 나은 자기 이미지 등을 얻는 것이다. 그러나 그녀는 결코 '지출한 비용의 보상을 받으려고' 하지 않는다. 그녀는 자신에게 돌아오지 않을 수 있다. 절대로 머무르지 않고, 스스로를 베풀고, 도처로, 타인에게로 나아간다. 그녀는 극단을 피하지 않는다. 그녀는 목표지향의 존재가 아니라 어디까지 나아갈 수 있나를 시험하는 존재인 것이다.

여성에게 '고유한 것'이 있다면 그것은 역설적으로 계산 없이 자기 자신을 내어주는 능력에 있다. '말단'이나 중심 '부분들'이 없는 끝없는 육체. 만일 그녀가 전체라면 그것은 모든 부분 하나하나가 각각 하나의 전체를 이루는 그러한 부분들로 이루어진 전체이다. 그 부분들은 결코 단순하지 않고 또한 부분적인 존재도 아니다. 그것들은 다양하며 그 자체로 완전하고 항상 움직이며, 항상 변화하는 하나의 우주이다. 그곳에서 에로스는 결코 움직임을 멈추지 않는다. 그 우주는 별들이 운행하는 넓은 공간이다. 그 속에서 여성은 결코 다른 별들보다 우월한 하나의 별, 즉 태양을 중심으로 공전하지 않는다.

그렇다고 해서 여성이 미분화된 마그마라는 것은 아니다. 다만 자신의 육체나 욕망을 중앙집권화 하지 않았다는 것이다. 남성의 성욕이야 남근 주위로 몰리게 놔두자. 그리하여 (정치해부학적으로 말하자면) 부분이 전체를 독재로 다스리는 중앙집권적 육체가 되도록 놔두자. 그러나 여성은 이러한 지방화, 즉 머리-생식기의 한 쌍에 봉사하며, 일정한 경계선 안에서만 머무는 지방화를 하지 않는다. 여성의 무의식이 세계적인 만큼, 그녀의 리비도는 우주적이다. 마찬가지로 그녀의 글쓰기도 앞으로 무한히 나갈 뿐이다. 결코 경계를 새기거나 획정하지 않고, 타자들이 마음대로 통과하도록 허용하며, 그, 그녀, 그들 속에 잠시, 그러나 정열적으로 머무르며 나아간다. 그녀는 그들이 자신 속에서 깨어날 때부터 무의식과 최대로 가깝게 그들을 지켜보고, 욕동과 최대로 가깝게 그들을 사랑한다. 그리고 그 동안 그녀는 그들 속에서 산다. 그녀는 그 짧은 시간 동안 동일화의 포옹에 흠뻑 젖는 것이다. 그런 다음, 그녀는 더 멀리 나아가 마침내 무한으로 넘어간다. 오직 그녀만이 안으로부터 알기를 원하고, 내부의 탐색을 감행한다. 추방된 자, 그녀는 내면의 고동을 끊임없이 들어왔다. 그것은 언어 이전의 언어이다. 그녀는 천 개의 혀를 가진 다른 언어가 말해지도록 내버려둔다. 장벽도 죽음도 모르는 그 언어가 말이다. 그녀는 삶에 대해서 아무것도 거부하지 않는다. 그녀의 혀는 가두는 대신 품는다. 제어하는 대신 가능하게 한다. 그것은 동요를 표현하며 그녀 속에 있는 여러 여성의 존재를 드러낸다. 그러나 그녀는 자신의 분신들인 이 미지의 여성들에 대해 방어적 태도를 취하지 않는다. 오히려 변화무쌍한 자신의 가능성을 즐긴다. 나는 노래하는 드넓은 육체이다. 그 육체 위에 어떤 '나'가 접목된다. 이 '나'가 여성인지, 남성인지는 확실치 않다. 인간적 특성을 좀 가지고 있기도 하다. 그러나 그것은 무엇보다도 먼저 하나의 생명체이다. 끊임없이 변화한다는 점에서 말이다.

나는 그녀가 '시작하는' 것을 본다. 그것이 씌어진다. 그녀를 끊임없이 일으켜 세우는 그 시작들. 그것은 씌어질 수 있고, 씌어져야만 한다. 그것은 흰 종이 위의 검은 글이 아니다. 검은 종이 위의 흰 글도 아니다. 그것은 종이에 충돌하여 새겨지는 기호가 아니다. 한 색깔 위에, 그리고 색깔들끼리의 대조를 통해 드러나는 것도 아니다. 그것은 다음과 같이 진행된다.

땅이 있다. 그녀의 땅 — 어린 시절, 육체, 빛나는 피 — 혹은 바탕이다. 잊을 수 없는, 그러나 잊혀진 흰 바탕, 그리고 무수한 지층과 종이로 겹겹이 싸인 이 땅, 이것이 그녀의 태양이다. 그 무엇으로도 이 태양을 꺼뜨릴 수 없다. 여성적 빛은 위로부터 오지 않는다. 떨어지거나 내리 꽂히지 않는다. 관통하지도 않는다. 그것은 사방으로 뻗어나간다. 그것은 느리고, 부드럽고, 어렵고, 또한 절대로 중지시킬 수 없는 고통스런 차오름이다. 그것은 퍼져나가 땅을 적시고, 스며들고, 솟아나며 드디어는 둔중하고 두꺼운 표면을 찢고, 적시고, 헤쳐 놓는다. 안쪽 깊은 곳으로부터 어둠을 헤집으며 차오른다. 이 빛은 내려꽂지 않고 산란한다. 그녀는 이 빛에 의지하여 바짝 가까이 들여다본다. 그녀의 눈에 물질의 입맥들이 보인다. 남성들에게는 전혀 소용에 닿지 않는 바로 그 자잘한 입맥들 말이다.

여성의 일어남. 그것은 발기가 아니다. 그것은 확산이다. 화살이 아니라 그릇이다. 여성이여, 글을 쓸지어다. 그녀의 텍스트는 스스로를 모색하면서 스스로를 알아 나간다. 그리고 자신이 살과 피 이상임을 안다. 스스로 빚어지는 반죽, 소리와 향기가 범벅되어 반란으로 부풀어오르는 반죽, 날아다니는 색깔들, 잎사귀들, 우리가 자양분을 공급하는 바다에 몸을 던지는 강물들의 현란한 결합임을 안다.

아, 이것이 여성의 바다/어머니[39] 구나. 그가 말한다. 그는 내게 대야를 내민다. 그 속에는 자신이 결코 분리시키지 못한 자신의 팔루스적 어머니의 물이 가득 들어있다.

그렇지만 우리의 바다는 우리가 만든 것이다. 물고기가 많건 적건 간에, 불투명하건 흐리건, 붉건 검건, 파도가 높건 잔잔하건 간에, 좁건 넓건 간에 말이다. 아니, 우리가 바로 바다이다. 모래다, 산호다. 해초, 해변, 조수, 헤엄치는 여성들, 어린아이들, 파도이다.

다소 막연하게 우리는 벌거벗은 바다-땅이다. 이 바다-땅의 어떤 물질인들 싫어하랴? 우리는 모두 그것을 더듬어 만질 줄 알고, 그것을 말할 줄 안다.

여성은 이질적인 것들로 구성되어 있다. 그녀는 이 이질성에 의해 성욕이 자극된다. 그리고 그것은 그녀에게 즐거운 이익이 된다. 그녀는 이질성 속에서 자극된다. 대기를 유영하는 여성, 대기를 나는 도둑. 그녀는 자신에게 집착하지 않는다. 스스로를 분산시키고, 아낌없이 내어주는 굉장한 그녀. 그녀는 타자를 욕망하고 또한 타자가 될 수 있다. 미래의 그녀 자신, 또한 현재의 그녀가 아닌 다른 여성이 될 수 있다. 그가 될 수 있고, 너도 될 수 있다.

여성은 다른 곳을 두려워하지 않는다. 동일한 것뿐만 아니라 다른 것도 두려워하지 않는다. 타자를 위한 나의 눈, 나의 혀, 나의 귀, 나의 코,

---

39) 식수는 프랑스어에서 바다(*mer*)와 어머니(*mére*)가 동음이의어임을 이용하여 특수한 효과를 산출하고자 하였다.

나의 피부, 나의 입, 나의 몸. 내가 타자를 욕망하는 것은 내게 있는 구멍을 막기 위해서가 아니다. 내 결함을 메우기 위해서, 혹은 운명적인 '여성적' 질투 때문도 아니다. 또한 내가 끊임없는 대체의 연쇄(여기서 모든 대체물들은 하나의 궁극적 대상으로 환원된다) 속에 있기 때문도 아니다. 아들과 아버지의 하녀인 늙은 식인귀 할머니들이 들려주던《엄지 동자》와 같은 동화나 남근 선망과 같은 이야기는 이제 끝장났다. 남성들이 스스로를 대단하게 여기도록 내버려두자. 우리가 죽도록 자기네들을 부러워한다고, 우리를 남근 선망에 절은 구멍에 불과하다고 믿도록 내버려두자. 그들이 태곳적부터 해오던 사업이니까. 우리는 다음과 같은 우스운 사실을 값비싼 대가를 치르고 확인하였다. 남성들의 신체적 구조는 오직 자신들의 화살 꼬리에 깃털을 다는 데 집중되어 있다. 발기를 통해 그들은 우리에게 알리려고 한다. 그들이 대단한 존재이며, 아직도 그것들을 가지고 있다는 것. 그것을 우리로부터 확인받기 위해 발기한다는 것을(그들의 그 잘난 작은 시니피앙의 모성적 주인인 우리로부터 말이다). 여성이 아이를 욕망하는 것은 남근 선망 때문이 아니다. 모든 남성들이 그것을 중심으로 맴도는 바로 그것, 신체의 그 작은 부분 때문이 아니다. 임신은 고대 시대를 제외하고는 숙명이 아니었고, '질투하는 여자'의 무의식이 만들어낸 기계적인 대체도 아니었다. 남근 선망이나 나르시시즘, 혹은 '항상 거기 있는 어머니'에 의해 초래된 동성애로 귀착되는 것도 아니다.

'아이'와의 관계에 대해서도 재고가 필요하다. 현대의 페미니즘 사상가들 중에는 모성이 자본주의적, 가족주의적, 남근중심주의적 재생산을 돕는 공모자 역할을 한다고 하여 모성을 비판하는 사람들도 있다. 이런 고발은 필요하다. 그러나 신중해야 한다. 결코 금기, 즉 새로운 형태의 억압을 만들어 내어서는 안 된다.

너 역시 모든 사람이 눈멀고 수동적이라고 생각하느냐? 아이가 아버지를 만들어 낼까봐 걱정하느냐? 여성이 아이를 만들어 냄으로써 하나 이상의 불행, 즉 아이 – 어머니 – 아버지 – 가족을 한꺼번에 만들어 낼까봐 걱정하느냐? 그렇지 않다. 예로부터 내려오는 이러한 순환의 고리를 끊어버리면 된다. 그건 네가 하기 나름이다. 여성, 남성 다 같이 옛 관계와 그 관계에서 비롯된 모든 결과들을 불식시켜야 한다. 탈가족화한 새로운 주체를 삶이란 바다에 진수(進水) 시키자. 출산이 여성을 보수화한다고 하여 여성 육체에게서 좋은 시절을 뺏을 수는 없다. 그보다는 차라리 탈모성-부성화하자. 탈페티시즘[40] 화 하자. 아이의 탄생이 곧 부모의 죽음을 의미하는 변증법에서 벗어나자. 아이는 타자이다. 그러나 폭력 없는 타자이다. 다른 리듬, 신선함, 가능성의 육체이다. 너무나 연약한, 그러나 무한함 그 자체인 육체이다. 대대손손 전수되어 온 거세 운운을 집어치우자. 앞으로 나가기 위해 뒤로 물러서는 짓은 더 이상 하지 말자. 살고자 하는 욕망처럼 간단한 것을 억압하지 말자. 구강 욕동(慾動, *pulsion*), 항문 욕동, 음성 욕동. 모든 욕동은 좋은 힘이다. 그리고 그 중에 임신의 욕동이 있다. 글을 쓰고자 하는 욕망처럼. 내부에서 살고자 하는 욕망, 배, 혀, 피의 욕망. 우리는 임신의 즐거움을 거부하지 않을 것이다. 고전 작품들 속에서 항상 극화되거나, 감추어지거나, 저주받은 그 임신을 말이다. 억압된 것 중에서도 특히 억압된 것, 그것이 바로 임신이다. 임산부에 대한 터부는 임신 기간 동안 여성이 갖는 힘을 잘 드러내준다. 태곳적부터 사람들은 여성이 임신을 하게 되면 상품 가치가 배가 된다고 생각해왔다. 뿐만 아니라 여성 자신의 눈에도 여성으로서의 가치가 높아진다. 그리고 완전한 여성의 몸과 섹스를 이루게 된다. 임신을 체험하는 방법은 수없이 많다. 아직 보이지 않는 타자인 태아와 강한 유대를 가질 수도, 그렇지 않을 수도 있다.

그것은 진정한 변신의 경험이다. 다수가 되고, 타자가 되고, 예측불가능해진다. 이런 체험은 좋은 의미의 변질의 가능성을 우리 육체에 새겨

---

40) 페티시즘(*fétichisme*), 즉 물품음란증이란 어머니에게 남근이 없다는 것을 부인함에 따라, 주체의 욕망이 남근 역할을 하는 대상이나 신체의 일부분에 집중되는 것을 말한다. 아기와의 관계만을 놓고 볼 때, 탈페티시즘이란 아기를 남근의 상징적 등가물로 여기는 태도에서 탈피하는 것을 말한다.

놓지 않을 수 없다. 그것은 여성 육체의 또 하나의 기능이다. 그녀의 육체를 통해 살아있는 생명체를 만들어 내는 특별한 능력이다. 리듬과 교환의 변화, 공간과의 관계, 더 나아가 모든 지각 체계의 변화이다. 뿐만 아니라 그것은 결코 남이 대신해 줄 수 없는 긴장과 육체적 위기의 경험이다. 오랫동안 평화롭게 이루어지다가 출산이란 초월의 순간에 폭발하는 이 작업의 경험이다. 이 순간, 그녀는 자신을 보통 때보다 더욱 위대하고 강하게 느낀다. 임신은 또한 타자와의 '관계'의 경험이다. 출산을 표현하는 또 다른 말인 '세상에 내놓다'라는 표현이 내포하는 모든 것과의 관계의 경험이다. 내 속에 있는 내가 아닌 것의 존재를 경험한 여성이 어떻게 씌어진 글, 즉 샘에서 나온 물줄기가 샘으로부터 분리되는 것처럼 스스로를 근원에서 단절시키는 글쓰기와 특별한 관계를 갖지 않을 수 있겠는가?

여성의 향락과 상상력과 같은 여성의 리비도 경제와 여성의 주체성 사이에는 연관이 있다. 여성의 주체성은 복수(複數) 적이다. 그리고 여성은 복수로 나누어지는 데 대해 아무런 회한도 느끼지 않는다(그러나 그녀가 회한이 없다는 것은 결코 발레리가 《젊은 파르크》에서 묘사한 것처럼 죽음이나 탈진을 의미하는 것은 아니다). 또한 그런 복수적 개체들이 서로 화답할 때, 그녀의 '자아'라고 불리는 그것은 결코 시도 때도 없이 개입하지 않는다.

고삐 풀린 듯 격렬한 그녀는 파도의 종족이다. 그녀는 일어나, 다가간다. 몸을 세워 연안에 닿은 다음, 뒤덮고, 씻어낸다. 절벽의 주름진 틈새에 파고들어 흘러내린다. 그리고는 다시금 새로운 물결이 되어 일어서고 레이스 모양으로 들쑥날쑥한 광대한 몸을 솟구친다. 그녀는 끊이지 않고 계속하여 바위 몸을 뒤덮고, 드러내고, 때 빼고, 광낸다. 그녀의 부드러운 썰물은 결코 버리고 떠나지 않는다. 그것은 연안이 없는 비(非) 기원으로 다시 돌아온다. 마치 다시 돌아오기 위해 스스로를 불러내는 것처럼.

여성은 결코 '한 자리에' 머무르지 않는다. 그녀는 폭발이다. 확산이다. 비등(沸騰)이며 풍요이다. 그녀는 무한대로 자신을 확장하며 향락한다. 자아 밖에서, 동일한 것의 밖에서, '중심'으로부터, 그녀의 '검은 대륙'의 수도로부터, 남성[41]에 의해 배치받은 '화덕/가정'으로부터 멀리 떨어진 곳에서 향락한다. 언제 꺼질지 모르는 남성의 불을 지키는 불 지킴이 노릇으로부터 최대한 멀리 떨어진 곳에서 말이다. 그녀는 남성의 수호자이다. 그러나 그는 그녀를 감시해야 한다. 왜냐하면 그녀는 그에게 폭풍이 될 수도 있기 때문이다. "폭풍이 일어나 나를 죽일 것인가? 아니면 나 스스로 꺼질 것인가? 바람 때문에 꺼지는 것이 아니라 스스로에 싫증나고 지쳐서 사멸하는 램프처럼? … 혹은 끝까지 다 타 버리지 않기 위해서 나 스스로 꺼져야 할 것인가?"[42] 남성 에너지는 이렇게 묻는다. 비축된 기름에 한계가 있기 때문이다. 여성 에너지의 경우, 자원이 무한대이다. 이 사실은 아직까지 별로 분석되지 않았다. 그럼에도 불구하고 이것은 일반적인 교환 및 애정 생활과 여성 욕망의 운명에 큰 영향을 끼쳤음에 틀림없다. 남성들은 두려워한다. 여성은 흘러넘치는 까닭에 '도를 지나칠지도' 모르기 때문이다. 여성 운명의 아이러니, 그것은 여성이 '아무것도 아닌 것'이거나 아니면 과도한 것, 이 둘 중 하나란 사실이다. 여성이 아무것도 아니라는 말은 《도라의 경우》를 후렴처럼 장식한다("당신도 알다시피 내 아내는 내게 아무것도 아닙니다"). 그리고 여성이 과도하다는 말은 여성이란 뭔가 부족한 존재, 즉 '제대로 되지 않은 존재'라는 말과 동의어처럼 쓰인다. 이를 통해 남성들은 여성에게 상기시킨다. 여성의 주인인 남성은 한계를 가진 존재들이라는 점을 말이다.

여성들은 한 자리에 머무르지 않고, 넘쳐흐른다. 이 넘쳐흐름은 불안한 것일 수 있다. 왜냐하면 고삐 풀린 여성은 끝없는 미망(迷妄)과 광증으로 흐를 수 있기 때문이다. 그것은 현기증이 날 정도로 어지럽다. 그럼에도 불구하고 그것은 (만일 우리가 개인성, 즉 영구불변의 정체성이란 개

41) 영어의 'husband'가 의미하듯 화덕의 관리인, 즉 '남편'이라고 불리는 '집안의 봉사자' — 원주.

42) 니체. 《즐거운 지식》, 〈아포리즘〉, p. 315, Minuit, 10/18 — 원주.

념을 물신화하지 않는다면) "나는 어디에 있는가?", "여기서 누가 향락을 느끼는가?"와 같은 멋진 질문이 될 수 있다. 물론 이는 이성, 통일성의 원칙에서 볼 때 황당한 질문이다. 그러나 이런 질문은 원래 제기되지 않는다. 답이 요구되지 않는 질문이다. 그것은 여성이 방랑하고, 물결처럼 떠돌고, 날아다니는 공간을 열어준다.

이러한 방랑의 능력은 힘이다. 그러나 다른 한편으로 여성은 이 때문에 자기고유성에 기반한 독차지의 태도 및 소유 확인과 할당의 옹호자에 의해 쉽게 상처받는다. 여성이 아무리 온순하고 순종적이라 하더라도 여성은 항상 남성적 질서를 위협한다. 왜냐하면 그녀들에게는 야만의 가능성과 결코 길들여지지 않는 미지의 부분이 남아있기 때문이다.

여성은 '불가사의하다'.[43] 여성은 헤아릴 수 없다. 그러나 남성은 그런 여성과 함께 셈을 해야 한다. 불가사의, 그래. 남성들은 여성의 불가사의를 벗겨내는 데서 쾌락을 느낀다. 그럼에도 불구하고 남성들은 여성을 수수께끼 같다고 비난한다. 여성은 자기 자신에 대해서도 불가사의하다. 그 때문에 여성들은 오랫동안 불안해왔다. '스스로를 이해하지 못하고' 알지 못한다는 점에 대해 죄의식을 느껴왔다. 왜냐하면 그녀 주위에서는 모두들 질서정연한 지배력으로서의 '앎'을 높이 평가하기 때문이다. 또한 억압에 기초한, '포착', 체포, 소환, 및 장소 제한에 기초한 (앎의) '통제'에 높은 가치를 부여하기 때문이다.

글쓰기 여성성 변혁

여성성의 경제와 사랑의 가능성 사이에는 연관성이 있다. 여성성의 경제란 아낌없는 개방적 주체성이다. 결과에 대해 계산하지 않는 증여로

---

43) 발레리의 《젊은 파르크》에서 여성적인 것, 즉 여성적 해체에 의해 나/자아가 괴롭힘을 받는 것은 우연의 일치일까? 이 작품에서 분할된, 무한히 해체된 나/자아는 오직 스스로를 (전체적으로) 추구하기 위해 태어나고, 존재한다. 그리고 그것은 끝까지 완전히 재구성되지 못한다 — 원주.

특징 지워지는 타자와의 관계이다. 또한 오늘날 이러한 '타자의 리비도'와 글쓰기 사이에도 연관성이 있다.

현재로서는 여성적 글쓰기를 정의하는 것은 불가능하며 그것은 앞으로도 계속 그러할 것이다. 왜냐하면 이 행위는 결코 이론화되거나, 어떠한 틀에 갇히거나, 약호화 될 수 없기 때문이다. 그러나 그렇다고 해서 그것이 존재하지 않는 것은 결코 아니다. 그것은 언제나 남근중심주의적 체계를 지배하는 담론을 벗어날 것이다. 또한 철학적, 이론적 체계의 지배를 받지 않는 곳에서만 나타나고 또 장차 나타날 수 있을 것이다. 오직 무의식적, 기계적 반응을 거부하는 주체들에 의해서만, 어떤 권위에도 굴복하지 않는 경계인들에 의해서만 여성적 글쓰기는 사고될 수 있을 것이다. 그렇지만 지금이라도 시작은 가능하다. 그것의 효과와 그것이 지닌 무의식적 욕동의 몇몇 요소들과 여성의 상상력과 현실계 및 글쓰기와의 관계를 살펴보는 것은 가능하다.

실제로 지금부터 내가 말하는 것 역시 시작에 불과하다. 왜냐하면 이 특성들은 즉각 나에게 큰 영향을 미치기 때문이다.

나는 글쓰기에서 무엇보다도 먼저 목소리를 통해 여성적인 것을 느낀다. 글쓰기와 목소리는 섞이고 엮인다. 글쓰기의 연속성/목소리의 리듬은 상호 교환되면서 서로의 호흡을 끊고, 텍스트를 헐떡이게 한다. 혹은 유예와 침묵으로 텍스트를 채운다. 따라서 텍스트는 때로 목소리의 상실을 겪기도 하고, 또 때로는 외침으로 찢어지기도 한다.

여성적 글쓰기는 여성이 말을 하기 시작할 때 느끼는 찢어지는 듯한 고통으로 끊임없이 메아리쳐 왔다. 여성이 '말하기 시작하는 것'은 스스로를 뿌리째 뜯어내는 행위이자 현기증 나는 도약이며, 몸을 던지고 다이빙하는 행위이다. 집회에서 여성이 말하는 것을 들어보라(그녀가 너무도 심하게 숨을 헐떡이지 않을 경우에 말이다). 그녀는 '말하는' 것이 아니라 떨리는 자기 몸을 허공에 던진다. 자신을 풀어놓는다. 날아간다. 그녀의 목소리 속에 그녀의 모든 것이 담긴다. 그녀는 자기 말의 '논리'를 온몸으로 뒷받침한다. 그녀의 맨살이 진실을 말한다. 그녀는 스스로를 노출한다. 실제로 그녀는 자신의 생각을 육적(肉的)으로 물질화한다. 온몸으로 뜻을 전한다. 그녀는 말을 몸에 새긴다. 왜냐하면 그녀는 제어할 수 없는, 그리고 정열적인 욕동이 말에 드러나는 것을 거부하지 않기 때문이다. 그녀의 담론은 (심지어는 '이론적', 혹은 정치적인 담론도) 결코 단순하거나 단선(單線)적이지 않다. '객관화'되거나, 일반화되지 않는다. 그녀는 역사 속에 자신의 개인적 역사를 끌어온다.

모든 여성들은 크게 말하기 시작할 때의 고통을 알고 있다. 심장은 터질 듯 고동치고, 때로는 말의 능력을 잃어버리며, 발밑에서 땅이 꺼지고 말이 새어나가 버리는 듯한 느낌을 받는다. 왜냐하면 여성들에게 있어 공공장소에서 말하는 것은—심지어는 입을 여는 것조차도—분별없는 짓, 위반을 의미하기 때문이다.

그것은 이중적인 고통이다. 왜냐하면 기껏 이렇게 위반을 해도 대부분의 경우, 남성들은 남성의 언어밖에는 듣지 못하는 까닭에 남성의 귀에는 소귀에 경 읽기 꼴이 되고 말기 때문이다.

말하기, 무대를 향해 기호를 보내기, 적절한 수사법을 사용하기, 우리들은 문화적으로 이런 것들에 익숙하지 못하다. 게다가 우리는 그것에서 즐거움을 느끼지 못한다. 실제로 사람들은 말을 할 때 어떤 대가를 치른다. 커뮤니케이션의 논리는 기호(기표)와 주관성의 경제를 요구한다. 연설에는 무미건조하고 빈약하며 유연성 없는 단선적 전개가 요구된다. 우리는 불안을, 질문을 사랑한다. 우리의 말에는 찌꺼기가 있다. 우리에게는 그 찌꺼기가 필요하다. 말은 교환가치에 따라 엄격한 길을 따라 움직인다. 글쓰기는 항상 그 교환가치를 깨고 과잉에, 쓸데없는 것에 자리를 할애한다. 바로 이 때문에 글쓰기가, 언어의 자기 모색이 좋은 것이다. 애무할 때와 마찬가지로 한 문장, 혹은 한 생각이 사랑받을 수 있도록, 울림을 줄 수 있도록 충분한 시간을 들이는 것이 좋은 것이다.

여성으로부터, 그리고 여성에게로 글을 씀으로써, 남근에 의해 지배되는 담론의 도전에 대응함으로써 여성은 스스로를 입증할 수 있을 것이다. 상징계가 그녀에게 할애한 침묵이라는 자리와는 다른 자리를 주장할 수 있을 것이다. 여성이여, 침묵의 덫에서 빠져 나올지어다. 주변부, 혹은 하렘에 침잠하지 말지어다.

여성의 말과 글 속에서 끊임없이 울려 퍼지고 있는 것이 있다. 예전에, 감지할 수 없을 정도로 약하게, 그러나 너무도 깊숙한 곳에서, 우리를 가로지르고, 스쳐갔던 것. 아직도 우리를 감동시킬 힘을 가지고 있는 그것. 그것은 노래이다. 모든 여성이 생생하게 간직하고 있는 최초의 음악, 최초의 사랑의 목소리이다.

목소리, 법 이전의 노래. 상징계에 의해 호흡이 끊이기 전, 분리시키는 권위에 의해 언어 속으로 재편입되기 이전의 노래. 가장 깊고, 오래된, 멋진 방문. 모든 여성의 내부에는 이름 없는 첫사랑이 노래되어 울린다.

여성 속에는 항상 다소간의 '모성'이 있다. 그것은 치유하고 먹여주고 분리에 저항하는 힘, 절단을 허용하지 않으며 모든 규칙을 마모시키는 힘이다. 여성은 유년기와의 끈을 끊지 않았다(자신의 어린 시절, 현재 그녀 자신 속에 있는 아이, 그리고 그녀가 만들고, 새로 만들고, 그녀가 타자가 되는 장소에서 해체하는 그 아이와의 관계를 끊지 않았다). 마찬가지로 즐거움과 격렬함의 원천인 '어머니'와의 관계도 끊어지지 않았다. 텍스트로서의 나의 몸에는 노래로 가득한 조류가 지나간다. 내 말을 들어보렴. 그것은 들러붙고 집착하는 '어머니'가 아니다. 그것은 너를 만지는, 너를 감동시키는 불분명한 목소리[44] 이다. 그것은 너를 너의 가슴으로부터 떼어내어 언어에 이르게 한다. 그것은 너의 힘을 내뿜게 한다. 그것은 너를 웃게 하는 리듬이다. 그것은 모든 메타포, 몸(모든 사람의 몸? 혹은 한 사람의 몸 전체?) 을 가능하게 하고, 또한 욕망할 만하게 만드는 내밀한 수신자이다. 그것은 신, 영혼, 혹은 네 속에 들어와 너를 팽창시키는 타자처럼 묘사가 불가능하다. 그리고 너의 여성적 스타일을 언어 속에 새기도록 부추기는 너의 한 부분이다. 목소리, 그것은 고갈되지 않는 젖이

---

44) équivoix는 식수의 신조어로 équivoque(모호한)과 voix(목소리)가 합성된 것이다.

다. 이제 그것을 되찾았다. 잃어버린 어머니. 영원, 그것은 젖과 뒤섞인 목소리이다.

기원은 아니다. 여성은 기원으로 돌아가지 않는다. 남자 아이의 행로를 보라. 그것은 고향으로 돌아온다. 남성은 프로이트가 말하는 향수(鄕愁, *Heimweh*), 즉 노스탤지어 때문에 출발점으로 되돌아온다. 그들은 그곳을 다시 차지하고, 거기서 죽는다. 여자 아이의 행로를 보라. 그것은 창조하기 위해 더 멀리, 미지의 곳으로 나간다.

어째서 여성은 목소리와 특별한 관계를 가지는가? 왜냐하면 여성은 결코 남성처럼 무의식적 욕동에 대해 그만큼 많은 방어기제를 쌓아올리지 않기 때문이다. 너는 결코 남성처럼 떠받치고, 틀어막지 않는다. 너는 그처럼 '신중하게' 쾌락으로부터 멀어지지 않는다. 남근적 조작 때문에 좋은 관계가 좀 오염되기는 했지만 그럼에도 불구하고 여성은 결코 '어머니'와 멀어지지 않았다(여기서 내가 말하는 '어머니'는 '어머니'라는 역할이 아니다. 그것은 이름이 아닌, 선의 근원으로서의 어머니이다). 여성 속에는 항상 약간의 질 좋은 어머니의 젖이 남아있다. 그녀는 흰 잉크로 글을 쓴다.

목소리! 그것은 또한 스스로를 던지는 것이다. 스스로를 쏟아놓는 것이다. 그리고 아무것도 되돌아오지 않는다. 감탄, 외침, 숨가쁜 소리, 아우성, 기침, 구토, 음악. 그녀는 떠난다. 그녀는 상실한다. 이렇게 그녀는 글을 쓴다. 전방의 허공중에 목소리를 던지듯이. 그녀는 멀어진다. 앞으로 나아간다. 자신의 자취를 검토하기 위해 뒤돌아보지 않는다. 그녀는 자신을 쳐다보지 않는다. 그것은 저돌적인 달리기이다. 그것은 끊임없이 자신의 이미지를 확인하는 남성적 나르시시즘과는 정반대이다. 남성은 남에게 보여지는 데, 스스로를 쳐다보는 데, 자신의 광채를 모으고 자신을 주워 담는 데 열중한다. 그것은 회귀하는 시선, 분할된, 항상 뒤돌아보는 시선이다. 그것은 거울의 경제이다. 그는 스스로를 사랑해야 한다. 그러나 여성, 그녀는 스스로를 내던지며 사랑한다. 발레리 역시 그 점을 감지했다. 그는 '젊은 파르크'의 자기 모색 장면에 모호한 성격을 부여하였다. 먼저 그녀는 스스로에 집착한다는 점에서 남성적이다. '스스로의 모습을 보고 있는 자신의 모습을 보는 것', 그것은 모든 남근중심적 사변/사변화(思辨化, *spécularisation*), 모든 테스트씨[45]의 좌우명이다. 그러나 낮은 곳으로, 낮은 곳으로 내려가는 격렬한 하강은 여성적이다. 그 과정에서 스스로를 알지 못하는 한 목소리가 바다의 동요 속에 흩어져 사라진다.

목소리-외침. 고뇌, ― 고통과 분노로 폭발한, 갈가리 찢긴 '말', 담론을 분쇄하는 말. 여성의 말은 항상 그렇게 표출되었다. 남성적 사회가 여성을 무대 전면으로부터 격리하고, 쫓아내고, 모든 것을 빼앗기 시작한 그 시대부터. 메데이아 시대로부터, 엘렉트라 시대로부터.

목소리. (묶은 것을) 풀기, 그리고 소음. 발사! 그녀는 쏜다, 자신을 쏜다. 중지. 여성들의 몸으로부터. 그 몸속에 여성들은 매장되고, 연금되어 있었다. 그 몸을 향락하는 것도 금지되어 있었다. 여성들은 여성성에 대해 쓸 것이 너무나 많다. 그들의 성에 대해서. 다시 말하면 무한하고 가변적인 복잡한 성감, 그들 몸 중 너무도 작고, 또한 너무도 거대한 곳에서 일어나는 번개 같은 점화에 대해서. 운명에 대해서가 아니라 욕동의 모험과 여행, 횡단, 전진, 갑작스럽고 느린 성감의 발현, 무감각했던 부위가 갑자기 예민해지는 것에 대해서. 여성의 몸은 수많은 뜨거운 화덕을 가지고 있다. 족쇄와 검열을 분쇄한다면, 그녀의 몸을 이리저리 지나가는 수많은 의미가 마음대로 표출되도록 내버려둔다면, 낡은 모국어의 (하나밖에 없는) 밭고랑은 수많은 언어로 메아리칠 것이다.

우리는 우리 몸을 외면하였다. 부끄럽게도, 우리는 우리 몸을 모르도록 교육되었다. 바보 같은 정숙함으로 채찍질하라고 배웠다. 우리는 속았다. 각자 반대 성을 사랑하라고? 너에게 네 몸을 줄 테니 너는 내게 내

45) 프랑스의 시인 폴 발레리의 작품 《테스트씨와의 하루 저녁》(*La Soirée avec Monsieur Teste*, 1896)에 나오는 인물. 지력(知力)을 최대한으로 가동하여 자아의 실체와 그 본질을 밝히려고 노력하는 인물.

몸을 달라고? 여성들은 남성들에게 맹목적으로 몸을 준다. 그렇지만 그 몸을 돌려주는 남성이 어디 있는가? 그것을 얘기하는 텍스트가 그렇게도 적은 것은 무슨 이유인가? 그것은 자기 몸을 돌려받는 여성이 너무도 적기 때문이다. 여성은 자신의 몸을 글로 써야 한다. 칸막이, 계급, 수사학과 명령과 규칙을 깰 수 있는 삼투성 언어를 창안해야 한다. 담론의 마지막 보루까지 침몰시키고, 꿰뚫고, 뛰어 넘어야 한다. '침묵'이라고 말하는 대신 웃어넘기는 담론까지도. 불가능을 목표로 삼으면서도 '불가능'이란 말 앞에서 갑자기 멈추어 그곳에 '끝'이라고 쓰는 담론까지도 뛰어 넘어야 한다.

더욱더 몸으로. 사회적 성공과 승화에로 초대된 남성들에 비해 여성은 우선 몸이다. 여성은 더욱더 몸인 까닭에 남성에 비해 글쓰기를 더 많이 가지고 있다. 오랫동안 여성은 학대에, 가족과 결혼에 의한 길들임에, 반복적인 거세 기도에 대해 몸으로 대응해왔다. 침묵을 결심하기 전에 수천, 수만 번 입 속에서 혀를 돌렸던 사람은 그 때문에 죽었거나, 아니면 누구보다도 자신의 입과 혀를 잘 안다. 이제 나-여성은 법을 폭파시킬 것이다. 이제 폭파가 가능하다. 그리고 불가피하다. 지금 당장 폭발이 일어나기를. 언어 속에서 일어나기를.

문화와 사회에서 '억압된 자', 그들이 돌아온다면 그것은 폭발적인 귀환일 것이다. 최고로 지독한 억압에 걸맞은 전적으로 파괴적이고 전복적인 귀환, 지금까지 폭발된 적이 없는 엄청난 힘을 가진 귀환일 것이다. 왜냐하면 팔루스의 시대 끝에 이르면 여성들은 전멸되어 버렸거나 아니면 격렬한 이글거림의 최고조에 도달해 있을 것이기 때문이다. 그녀들의 오랜 귀머거리 역사 내내 그녀들은 꿈속에서, 몸으로, 그러나 입을 다물고, 침묵 속에서, 소리 없는 반항을 살아왔다.

그녀들의 연약함 속에는 얼마나 엄청난 힘이 깃들어 있었던가. 여성의 견줄 데 없는 강렬함에 걸맞은 상처받기 쉬운 '연약함'. 그녀들은 승화시키지 않았다. 다행한 일이다. 그녀들은 목숨과 에너지를 보존하였다. 미래 없는 삶이란 막다른 골목을 만들지 않았다. 화려한 몸속에서 열정적으로 살아왔다. 멋진 히스테리 환자들. 프로이트는 고백할 수 없었다. 그녀들 덕택에 경험한 수많은 관능적인 순간들에 대해. 그녀들은 모자이크 된 동상/모세의 율법(*statue mosaïque*)을 육적(肉的)이고 정열적인 몸의 언어로 폭파하였다. 귀로는 들을 수 없는, 그럼에도 불구하고 벽력처럼 맹렬한 그녀들의 고발은 프로이트를 사로잡았다. 정숙이란 일곱 겹 베일 아래 감추어진 그녀들의 벌거숭이 몸은 눈부시게 찬란하다. 그녀들은 한마디 몸의 언어로 거대한 현기증을 야기하였다. 그리고 이를 통하여 그녀들의 역사는 남성의 역사, 즉, 성서적-자본주의적 사회의 역사에서 화살처럼 분리되어 나왔다. 새로운 여성의 선구자는 바로 이들, 어제의 희생자들이다. 그녀들 이후, 주체들 간의 관계는 결코 그 이전과 같을 수 없다. 그것은 도라, 바로 너이다. 너, 길들일 수 없는 여성, 시적 육체, 시니피앙의 진정한 '여주인'. 내일이 오기 전에 너의 능력이 드러날 것이다. 너의 말이 더 이상 억제되지 않을 때, 그 뾰족한 끝이 너의 가슴을 향하지 않을 때, 그것이 타자와 그들의 문법에 대항하여 씌어질 때에 말이다. 우리가 남성들의 소유가 아니듯이 글쓰기의 공간도 남성들만의 공간이 아니다. 그들만이 그것을 독점하도록 내버려두어서는 안 된다.

여성은 항상 남성 담론 '안'에서 기능하여 왔다. 항상 자신과 대립되는 시니피앙에 종속당해온 시니피앙이었다. 그 적대적 시니피앙은 여성이란 시니피앙의 특수한 에너지를 말살시키고, 너무도 다른 그녀의 소리를 폄하하고, 질식시켰다. 그러나 이제 때가 되었다. 그 '안'을 해체시키고, 폭파시키고, 뒤집고, 움켜쥘 때이다. 그것을 자기 것으로 만들고, 이해하고, 그녀 자신의 입에 담을 때이다. 자신의 이빨로 그 혀를 깨물고, 새로운 언어를 만들어 그 안에 들어가야 한다. 그대는 볼 것이다. '안'에서 웅크려 졸고 있던 그녀가 그 '안'으로부터 얼마나 쉽게 입술까지 샘솟아 오를 수 있는지를. 그리고 거품이 되어 입술 바깥으로 넘쳐흐를 수 있는지를.

남성들의 도구, 개념, 자리를 가로채자는 것이 아니다. 그들이 차지하던 주인의 자리를 빼앗자는 것도 아니다. 우리는 물론 동일화의 위험을 알고 있다. 그러나 그 위험에 반드시 굴복해야만 하는 것은 아니다. 이런 것은 불안에 떠는 자들, 공포에 떠는 남성들에게 맡겨두자. 기능에 대한 남성의 강박적 관계에 맡겨두자. 그들은 기능을 지배하고자 한다. 즉, 뭔가를 '기능하게 하기' 위해서는 반드시 '그것이 어떻게 기능하는가'를 알아야 직성이 풀리는 것이다. 그러나 우리 여성들은 내면화하거나 조작하기 위해 취득하지 않는다. 단번에 지나가기 위해, 경계를 부수기 위해서 소유할 따름이다.

이런 것이 여성의 힘이다. 문장 구문을 교란시키고 구문을 엮어주는 그 잘난 끈을 끊어버린다(남성들은 말한다. 그것은 아주 가는 끈에 불과하다고). 그 끈은 남성들에게 탯줄 대용이다. 늙은 어머니가 항상 그들 뒤에 있다는 것을, 그들이 남근 역할을 하는 것을 보고 있다는 것을 확인해주는 바로 그 끈이다. 이 끈이 없으면 남성들은 향락을 느끼지 못한다. 그러나 여성들은 그 끈을 끊어버리고 불가능한 것을 향해 나아간다. 그곳에서 그녀는 사랑에 의해 타자가 된다. 그리고도 죽지 않는다.

탈고유(固有)화, 탈인격화. 왜냐하면 여성은 넘치고, 과도하고, 모순적인 까닭에 법, 이른바 '자연적' 질서를 파괴하기 때문이다. 모든 것을 개인-개별화시키는 경직된 법을 부수고, 미래와 현재를 구분짓는 경계를 없애기 때문이다. 니체에 의하면 이러한 능력은 점쟁이와 마법사의 특권이다(《비극의 탄생》). 주체와 인칭 대명사와 소유 대명사는 어떻게 될까? 만일 여성이 즐거운 변신을 감행하여(왜냐하면 그녀는 오랫동안 그녀가 살아온 세계인 그녀의 내부로부터 모든 존재와 관련을 맺기 때문이다) 또 다른 앎의 방식, 생산의 방식, 커뮤니케이션의 방식을 유포한다면 말이다. 이러한 대안적인 방식이 도입되면 각 개체는 하나 이상의 복수적 존재가 되며, 타자와의 동일시를 통해 '같은 것'이란 개념 자체가 무너진다. ― 이 방식은 또한 산포시키고, 여러 개체를 가로지르는 방식이다.

이 방식을 통해 그녀는 다른 여성, 다른 남성이 되며, 모든 설명과 해석, 그리고 모든 것을 어떤 특정한 장소, 혹은 어떤 특정 부위와 연관시키려는 태도와 결별한다. 그녀는 잊는다. 그녀는 망각을 통해, 도약을 통해 행동한다.

그녀는 난다/훔친다.[46)]

날다/훔치다, 그것은 여성의 동작이다. 그녀는 언어 속에 날아 들어가 언어를 날게 한다. 날기/도둑질, 우리는 그것의 수많은 기법을 모두 배웠다. 태곳적부터 우리는 날면서/훔치면서밖에는 소유할 수 없었다. 우리는 날면서/훔치면서 살아왔다. 우리 욕망의 좁고 숨겨진 통로를 찾아왔다. 'voler'(날다/훔치다)라는 동사가 두 가지 뜻을 가지고 있는 것은 우연이 아니다. 두 가지 뜻 사이에서 왔다 갔다 하면서 두 가지 의미를 누린다. 그럼으로써 의미를 지키는 경찰을 당황하게 한다. 그것은 우연이 아니다. 여성은 새와 도둑을 닮았다. 도둑이 여성과 새를 닮은 것과 마찬가지로. 그(녀)들은 (머무르지 않고) 그냥 지나가기만 한다. 도망친다. 공간의 질서를 흩뜨리고, 방향을 바꾸어 놓는다. 가구, 물건, 가치들의 위치를 바꾸고, 구조들을 비우고, 고유 재산/깨끗한 것을 뒤죽박죽으로 만든다.

훔치지 않은 여성이 어디 있는가? 사회의 매끄러운 작동을 방해하는 행위를 꿈꾸고, 그 맛을 느끼고, 저지르지 않은 자, 누구인가? 분리하는 경계를 뒤흔들지 않은 자, 그것을 조롱하지 않은 자, 누구인가? 자기 몸에 차이를 새겨보지 않은 자, 쌍과 이항대립처럼 둘씩 짝짓는 체계에 구멍을 내보지 않은 자, 누구인가? 연속된 것, 연쇄적인 것, 경계짓는 담장을 위반해보지 않은 자, 엉망으로 만들어보지 않은 자, 누구인가?

여성적 텍스트는 전복적인 것 이상이다. 그럴 수밖에 없다. 그것은 움

---

46) 프랑스어의 'voler'는 '날다'와 '훔치다'의 두 가지 뜻을 동시에 가지고 있다. 식수는 여성적 글쓰기의 특징을 보여주는 데 있어 이 중의성을 이용한다.

직이지 않는 오래된 껍질을 화산처럼 들어올리면서 써진다. 끊임없이 이동하면서. 여성은 스스로를 써야만 한다. 그것은 새로운, 반항하는 글쓰기의 창안이 될 것이기 때문이다. 그러한 글쓰기는 해방의 순간, 여성의 역사에 필수불가결한 단절과 변화를 가능케 할 것이다. 그것들은 서로 불가분의 관계에 있는 두 차원에서 이루어질 것이다. 먼저 개인적 차원의 경우, 여성은 자신을 씀으로써 자신의 육체를 회복할 수 있을 것이다. 그녀의 몸은 몰수당한 것보다도 더 나쁜 처지에 있었다. 사람들은 그녀 몸을 광장의 불안스런 낯선 자, 병자, 혹은 사자(死者)로 만들어 버렸다. 그것은 나쁜 동료이며, 금지의 원인이자 장소였다. 육체의 검열은 호흡과 말의 검열을 동반하였다.

글쓰기는 여성으로 하여금 자신의 힘을 되찾게 하는 행위이다. 그것을 통해 여성은 자신의 성욕, 즉 자신의 여성으로서의 존재와 검열받지 않은 관계를 실현할 수 있다. 뿐만 아니라 그것은 여성에게 여성의 재산, 쾌락, 신체 기관들, 봉인되어 있던 광활한 육체적 영토를 돌려줄 것이다. 또한 그것은 초자아, 과도한 모세의 율법의 지배를 받는 구조로부터 여성을 해방시킬 것이다. 이러한 구조 속에서 여성은 언제나 죄인이었다(여성은 언제나, 모든 것에 대해 죄인이었다. 욕망이 있어도 죄, 없어도 죄. 불감증이라서 죄, '너무' 뜨겁다고 해서 죄. 동시에 두 가지가 아니라서 죄. 너무 모성적이라서 죄, 충분히 모성적이 아니라서 죄. 자식이 있어서 죄, 자식이 없어서 죄. 먹여서 죄, 안 먹여서 죄 …). 너 자신을 써라. 네 육체의 소리를 들려주어야 한다. 그러면 무의식으로부터 무한한 자원이 샘솟을 것이다. 마르지 않는 여성적 상상력이 펼쳐질 것이다. 자연 그대로인 우리의 원유(原油)는 낡은 게임의 법칙을 바꿀 새로운 가치를 세상에 퍼뜨릴 것이다. 달러나 황금이나 검은 황금으로 평가되지 않는 그런 가치를 말이다.

이동의 존재인 여성은 어떻게 하면 자기고유성에 기반한 독차지의 제국 안에서 그곳을 찾을 수 있을까? 자신을 상실할 곳을, 자신의 유동성,

얽매이지 않는 자신의 영원한 자유를 새길 곳을?

그렇지만 다른 곳이라면? 타자가 사형 선고를 받지 않을 그런 다른 곳이 미래에는 장차 있을 것이다. 그러나 과거에 그런 곳이 존재한 적이 있었던가? 지금 현재 존재하고 있는가? 물론 지금 현재 '여기' 없을지는 모른다. 그러나 거기에는 이미 존재한다. 사회 질서를 어지럽히는 그곳, 욕망이 픽션을 존재하게 하는 그곳에. 그러나 아무 픽션이나 그런 것은 아니다. 왜냐하면 대립적 체계 속에 사로잡힌 고전적 픽션도 존재하기 때문이다. 실제로 문학사는 남근중심주의 전통과 일치한다. 즉, 그것은 스스로를 바라보고, 스스로를 반복하며 즐거워하는 남근중심주의에 불과한 것이다.

그러나 나는 다른 세상 쪽으로 간다. 그리고 나는 찾는다. 결코 길들여지지 않는 어떤 자원이 글쓰기 속에 존재한다고 생각하면서. 글쓰기란 탈-관계, 탈-이익의 관계이다. 글쓰기 속에는 역사가 금지하고, 현실이 배제하거나 인정하지 않는 것이 나타날 수 있다. 그것은 타자이다. 그리고 그 타자를 산 채 보존하려는 욕망이다. 그러므로 그것은 살아있는 여성성, 차이, 사랑이다. 예를 들어 여성을 해방시키는 욕망, 극한까지 가는, 어떤 것에도 복종하지 않는 욕망이다. 아무리 문화에 의해 협박을 당하더라도, 사회가 아무리 신성시한다 하더라도 그런 것들에 위축되지 않고 자신의 필요를 하나의 가치로 내세울 수 있는 욕망이다. 죽음으로 삶을 재단하지 않는 욕망이다. 왜냐하면 굴복한 삶이란 결코 삶이라 불릴 수 없기에.

그러므로 그곳은 비타협성과 열정의 '장소'이다. 사는 시늉을 진짜 삶이라고 착각하지 않는 각성된 장소이다. 그곳에서 욕망은 선명히 드러난다. 불길처럼 그것은 밤을 가로지른다. 번개! 바로 그것이다. 틀림없다. 삶은 바로 여기에 있다. 그 다음에는, 죽음이다.

때때로 나는 나라는 존재, 즉 여러 개의 생을 살고 있는 이 존재를 위치시킬 곳을 찾아낸다. 그곳은 다른 세상이다. 다른 사람이 될 수 있는 남성들, 여성이 될 수 있는 남성들에 의해 열린 세상이다. 왜냐하면 태곳적부터 돌아가며 자신의 '진실'을 반복하던 그 거대한 기제 속에도 낙오자가 있었기 때문이다. 그리고 만일 그들이 없었다면 나는 글을 쓰지 않았을 것이다. 일단의 시인들이 있었다. 그들은 어떤 대가를 치르고라도 전통과는 다른 그 무엇을 전하려하였다. 그들은 사랑할 줄 아는 남성들, 즉 다른 사람들을 사랑하고, 원할 줄 아는 남성들이었다. 이들은 억압에 저항하는 여성, 숭고하고 동등한 주체인 여성, 그러므로 현실 사회의 틀 속에서는 용납되지 않는 '불가능한' 여성을 상상할 수 있었다. 이러한 여성에 대한 시인의 욕망이 가능하려면 그녀를 부정하는 사회적 규약들의 파괴가 선행되어야 했다. 왜냐하면 그녀의 출현은 혁명, 혹은 고통스런 폭발을 초래하기 때문이다. 그리하여 때로 지진으로 인해 틈새가 벌어질 때, 물질의 전복으로 사물에 근본적인 변화가 생길 때, 그리하여 잠시 동안 모든 구조들이 뒤흔들릴 때, 야만 상태가 질서를 일시적으로 휩쓸 때, 그 짧은 순간, 시인들은 여성들을 통과시킨다. 클라이스트가 그랬다. 그는 죽도록 그것을 원했다. 한 번도 고개를 숙인 적이 없는 누이이자 애인인 여성들, 어머니이자 딸인 여성들, 어머니이자 누이인 여성들이 살 수 있기를 말이다. 그런 다음, 사법관들의 궁전이 재건되고 나면, 즉시 대가를 치러야 한다. 통제불가능한 요소들은 모두 즉각적으로 사형에 처해져야 한다.

(이런 행위는 오직 시인들에게만 가능하다. 재현에 충실한 소설가들에게는 불가능한 것이다. 시란 원래 무의식에서 동력을 얻음으로써 생겨난다. 그리고 무한한 피안의 세계인 무의식은 억압된 것, 즉 여성, 혹은 호프만 식으로 말하면 요정 등이 살아남아 있는 장소이다. 따라서 시인들은 가능하다.)

클라이스트[47]가 있었다. 그때는 모든 것이 열정이었다. 모든 차원에서 개인을 초월하는 열정. 더 이상 장벽은 없다. 미하엘 콜하스[48]는 도

---

47) Heinrich von Kleist(1777~1811). 독일의 시인, 소설가. 연인인 헨리에테 포겔을 권총으로 쏜 다음, 자신의 관자놀이를 쏘아 자살하였다.

48) 클라이스트의 소설 《미하엘 콜하스》의 주인공. 부당한 관세에 대한 항의로 시작된 그의 저항은 전 사회 체제에 대한 항거로 나아간다.

덕적, 사회적 세계에 전쟁을 치르러 떠났다. 정치적, 종교적 보루에 대항하여, 관세 장벽 때문에 국가에 대항하여. 왜냐하면 삶을 방해하는 데는 관세 장벽만으로도 충분하기 때문이다. 굴복된 인간이기를 거부하는, 자신을 그것 이상으로 생각하는 그러한 삶을 방해하는 데는 말이다. 클라이스트와 함께 우리는 모든 것을 초월한다. 그리고 그것은 위반으로 불리지 않는다. 왜냐하면 열정이란 개념조차 존재하지 않는 세계에 갑자기 열정의 불길이 섬광처럼 타오르기 때문이다.

셰익스피어라고 불리는 인물이 있었다. 그는 천의 존재를 가진 인물이었다. 나는 그의 세계 속에 나오는 모든 인물들을 살았다. 왜냐하면 그들은 항상 삶 속에 있거나, 아니면 죽음 속에 있었기 때문이다. 삶과 죽음은 어떠한 거짓된 시늉으로도 분리되어 있지 않았기 때문이다. 전부와 무(無), 긍정과 부정의 놀라운 결합이 있었기 때문이다. 전자와 후자 사이에는 단 한 번의 입맞춤, 단 한마디의 행복, 혹은 불행의 말만이 존재하였기 때문이다. 그 세계의 모든 장소는 깊은 심연 아니면 높은 산봉우리일 뿐, 평범하거나, 연약하거나, 절도 있는 것은 아무 것도 없기 때문이다. 그곳에서 남성이 여성이 되고, 여성이 남성이 된다. 노예 없는 세상. 그곳에는 죽음의 세력인 악당들이 있다. 모든 살아있는 자들은 위대하다. 인간 이상이다.

경계가 없는 그들의 세계에서는 타협이 발붙이지 못한다. 또한 거기에 들어가는 자들은 모두 극단적인 행동을 한다. 그러므로 그곳은 현실과는 다른 피안의 세계이다. 그곳에서는 정치에 대한 극렬한 심판이 행해진다. 그곳은 권력의 유혹이 결코 버젓이 범접할 수 없는 생성의 우주이다. 그곳에서 펼쳐지는 많은 삶들을 통해 끊임없는 투쟁이 행해진다. 잘못된 사상들, 규칙들, '가치들', 지배자들의 추하고도 살인적인 바보짓에 항거하는 비극적인 투쟁이.

클라이스트, 셰익스피어. 다른 사람들도 있기는 하다. 그러나 이들의 관대함과 넉넉함에 견줄만한 사람은 없다. 그곳에서 나는 사랑했다. 그리고 사랑받는 것을 느꼈다. 그곳으로부터 시작하여 나는 이제 미래에 대한 몇몇 제언을 하고자 한다. 그 어디에도 나-전체를 위한 자리가 없던 시절에(나의 작은 몇몇 부분들을 위한 자리가 있기는 했지만), 내가 글을 쓰기 시작하지 않았을 때, 내가 살아남을 수 있었던 것은 삶에 미친 이런 몇몇 미치광이 덕택이었다. 나는 클라이스트의 펜테실레이아였다. 물론 나는 아킬레우스이기도 했다. 나는 클레오파트라를 향한 안토니우스였고, 안토니우스를 향한 클레오파트라였다. 나는 또한 줄리엣이었다. 왜냐하면 로미오 안에서 나는 부친 숭배를 뛰어넘었기 때문이다. 나는 아빌라의 성녀 데레사였다. 모든 남성들보다 더 많이 알았던 그 미친 여성. 지극한 사랑을 함으로써 새가 될 수 있었던 바로 그 여성.

사실 나는 항상 새였다. 매, 독수리였다. 나는 정면으로 태양을 바라보러 갔다. 나는 여러 번 죽었고 재 속에서 다시 태어났다. 나는 아라비아에서만 자라는 한 나무와 신비하게 연결되어 있다. 나는 항상 날기/도둑질을 해왔다. 그리고 날아다니는 여성/도둑으로서 나는 도망쳤고, 여러 땅과 바다로부터 멀리 벗어났다. (나는 결코 기거나, 땅을 파거나, 파헤치거나, 발을 구르며 제자리걸음은 하지 않았다. 그렇지만 헤엄은 많이 쳤다.) 그리고 도둑으로서 나는 오랫동안 장 주네 속에 깃들어 살았다.

히스테리 환자들은 나의 자매들이다. 나는 도라였다. 나는 도라의 삶을 통하여 도라가 만든 모든 인물들의 삶을 살았다. 또한 그녀를 죽인 모든 인물들, 그녀가 거쳐 간 인물들, 그녀가 전율시킨 모든 인물들이 되었다. 어느 날은 프로이트였다가, 또 다른 날은 프로이트 부인, K씨, K씨 부인이 되었다. 도라가 그들에게 입힌 상처를 그 한 사람, 한 사람의 입장에서 경험하였다. 그리고는 마침내 나는 벗어났다. 1900년에 나는 재갈 물린 욕망이었다. 그 분노, 그 광포한 결과였다. 나는 부르주아적 결혼이라는 치사한 기제가 삐걱거림도 없이 회전목마처럼 돌아가는 것을 방해했다. 나는 모두 보았다. 나는 '사람들'의 치사한 계산을 드러내었고, 담론 뒤에 감춰진 거짓과 비겁한 행위의 무의식적 원인을 드러내었다. 나는 아무 말도 하지 않았다. 그러나 나는 모든 것을 알게 만들었다. 나는 그들의 빈약한 투자 자금을 훔쳤다. 그러나 그것은 아무것도 아니다. 나는 그들의 문을 쾅 닫고, 떠났다. 만약에 여성의 역사가 그 당시에 이미 시작되어 있었더라면 도라는 어떤 여성이 되었을까? 나는 바로 그러한 도라이다.

여성의 역사가 시작되면 글쓰기는 새로운, 다른 사랑을 한다. 글쓰기는 다름 아닌 이러한 사랑이다. 다른 사랑이란 글쓰기의 이름이다.

다른 사랑. 그 태초에 차이가 있었다. 새로운 사랑은 타자를 감히 용납하고, 타자를 원한다. 앎과 꾸며냄 사이에서 서로를 빼앗아 날아가는 듯하다. 여성, 영원으로부터 도착하는 자. 그녀는 머무르지 않는다. 아무데로나 간다. 그녀는 교환한다. 그녀는 '주는 욕망'이다. 주되 결코 대가를 바라지 않는다. 그녀는 한몸으로의 융합이라는 환상에 사로잡혀있지도 않다. 그녀는 들어간다. 그녀는 사이에 있다. 그녀와 나, 너, 또 다른 나 사이에. 그곳에서 하나는 항상 무한히 하나 이상이며, 나는 항상 나 이상이다. 그곳에서는 한계에 부닥칠 염려도 없다. 그녀는 우리의 생성과 변화를 즐기고, 향락한다. 이런 것을 일일이 들자면 끝이 없을 것이다. 그녀는 방어적 사랑을 관통한다. 극성스런 모성애와 지배, 집착을 뚫고 지나간다. 쩨쩨한 나르시시즘을 넘어, 끊임없이 움직이는 열린, 과도적 공간 속에 들어간다. 그곳에서 그녀는 기꺼이 위험을 무릅쓴다. 그녀는 하나의 전쟁에 불과한 사랑, 즉 사랑-전쟁을 넘어선다. 교환을 상징한다고 주장하는 이 사랑-전쟁은 여성의 삶을 침대로 환원시킨다. 그녀는 이 침대를 넘어선다. 그리고 그녀는 증오를 먹고 자라는 에로스의 역학을 비웃는다. 증오, 그것은 남근의 유산, 잔재, 종속이다. 그 대신 그녀는 타자 속에서 진정한 타자를 사랑하고, 보고—생각하고—찾는다. 탈거울화, 탈사색화를 추구한다. 즉 거울처럼 반사하거나, 사색의 대상으로 삼기를 거부한다. 그녀는 죽음의 역사 속에 들어가지 않는다. 물론 현재의 역사는 여전히 죽음의 역사이며 그녀 역시 현재에 발을 디디고 있다. 그럼에도 불구하고 여성은 다른 곳에서 새로운 역사, 즉 삶의 역사를 시작할 수 있다. 그 다른 곳에서 여성은 준다. 그녀는 자신이 주는 것을 재지 않는다. 그녀는 주는 데 있어 속이지 않는다. 또한 주제넘게 자신이 안 가진 것을 주려고도 하지 않는다. 그러나 그녀는 그 이상을 준다. 그녀는 살아야 하는 이유를 주며, 생각할, 변화시킬 거리를 준다. 이 새로운 '경제'는 경제 용어로 말해질 수 없다. 그녀가 사랑하는 곳에서는 예전의 모든 경영 개념은 낡아빠진 퇴물이 된다. 너는 매순간 나를 새로운 사람으로 인식한다. 그리고 나는 그 순간 네가 원하는 나, 네가 바라는 그대로의 나가 된다. 우리는 우리 자신이 어떤 가능성을 가지고 있는지 모른다. 그러나 내가 글을 쓸 때면, 이 모든 나, 즉 나 스스로도 모르고 있던 나의 모든 가능태가 나를 통해 씌어진다. 어떠한 배제도, 어떠한 예상도 없이. 그리고 장차 우리가 될 수 있는 모든 것, 즉 미래의 모든 '우리'가 우리를 부른다. 지칠 줄 모르는, 도취시키는, 그리고 결코 충족되지 않는 사랑의 추구에로 우리를 부른다. 우리는 결코 우리 자신을 놓치거나 배반하지 않을 것이다.

남근중심주의의 새벽

〈프로이트〉

> 외적인 인자의 영향(이에 대한 논의는 우리의 범위를 벗어난다. 게다가 이것에 대해서는 모든 것이 아직 완전히 알려지지도 않았다)에 의해 모권제 사회가 부권제 사회로 넘어갔다. 이것은 당연히 그때까지의 법적인 질서를 일거에 전복시키는 사건이었다. 이러한 변혁의 메아리는 아이스킬로스(Aeschylos)의 《오레스테스 3부작》(*Oresteia*)[49] 에서 들려오는 듯하다. 하지만 어머니에서부터 아버지로의 이행은 관능성에 대한 정신성의 승리를 의미하기도 한다. 이것은 문명의 진전

49) 3부작으로 이루어져 있는 이 이야기는 클리타임네스트라가 남편인 아가멤논을 살해하자 아들 오레스테스가 아버지의 죽음을 복수하는 것을 그 내용으로 한다. 오레스테스는 아테네의 아레오파고스의 재판에서 무죄 판결을 받는다.

> 을 보여주는 사건이기도 하다. 그 까닭은 모권은 감각에 의해 증명될 수 있는 것인 데 반하여 부권이란 연역과 가정에 바탕을 둔 추정이기 때문이다. 감각적 지각보다는 인지적 과정에 우위를 두게 된 이 사건은 중대한 결과를 초래했다(《인간 모세와 유일신교》).[50)]

〈조이스〉

> 의식적인 수태시킴이란 의미로서의 부성이란 남성에게는 존재하지 않는다. 그것은 신비적 신분이며, 교황의 지위처럼 한 명의 아비에게서 한 명의 자식으로 이어지는 사도적 계승이다. 교회는 바로 이 신비 위에 세워졌다. 물론 이탈리아의 교활한 지식인들은 성모라는 미끼를 유럽의 군중들에게 던지기는 했다. 그러나 교회는 결코 이 성모 위에 세워진 것이 아니다. 그래서 그것은 요지부동 못하게 단단히 세워졌다. 왜냐하면 대우주인 이 세상과 마찬가지로 이 소우주도 허공에 세워진 것이기 때문이다. 불확실성 위에, 있을 법하지 않은 이야기 위에 세워졌기 때문이다. 어머니의 사랑(*Amor matris*), 주관적이며 객관적인 소유격, 어쩌면 이것이 삶의 유일한 진실인지도 모른다.[51)]

아버지란 무엇인가? 조이스는 말했다. "부성이란 합법적인 허구이다"라고. 부권은 허구이다. 그러나 그 허구는 진실로 통한다. 부성, 그것은 신이라고 불리는 존재가 되지 못한 것, 즉 신이 되기에 실패한 상태를 말한다. 그래서 남성들은 술책을 써서 아버지 행세를 하면서 여성들의 열매를 자기들 것이라고 '본국 송환'시켰다. 이름 붙이기 술책이다. 부재의 마술이다. 신, 그것은 남성들의 비밀이다.

---

50) 프로이트. 《종교의 기원》, 〈인간 모세와 유일신교〉(이윤기 역, 열린책들, 2003, 398쪽). 이 책의 인용은 대체적으로 이 번역본을 따랐으나 부분적인 수정이 가해졌다.

51) 조이스. 《율리시즈》 상(김종건 역. 범우사, 1988, 374쪽). 옮긴이 수정.

> 모세의 계율 중에는 지금까지 인식되어 온 것 이상으로 중요한 계율이 하나 있다. 그것은 하느님 상을 빚지 말라는 금제이다. 말하자면 눈에 보이지 않는 것을 믿어야 한다는 일종의 강제 같은 것이다. 바로 이 점에서 나는 모세가 아텐 종교[52] 이상으로 엄격하다고 생각한다. 모세는 일관성을 유지하고 싶어 했는지도 모른다. 모세의 신은 이름도 얼굴도 없었다. 모세의 이러한 조처는 자신의 하느님이 마법에 악용되는 것을 막기 위한 조처였는지도 모른다. 그러나 이 금제를 수용할 경우 엄청난 결과가 야기된다. 왜 그런가 하면 이로써 감각적 지각은 추상적 관념에게 그 자리를 물려주는 결과가 초래되기 때문이다. 이것은 감성에 대한 정신성의 승리, 좀더 엄격하게 말하면 심리적으로 필연적인 결과와 함께 본능적인 모든 충동의 단념을 의미한다(《인간 모세와 유일신교》).[53]

유대 여인

같은 이야기가 카프카의 소설[54]에도 나온다. 한 남자가 시골에서 올라온다. 이 '알지 못하나 믿는' 사람은 법 앞에 도착한다. 그런데 법 앞에는 문지기가 버티고 있다. 그래서 이 순진한 남자는 법 안으로 들어가도록 해달라고 요청한다. 문은 열려 있다. 그러나 안으로 들어갈 수는 없다. 나중에는 또 어떨지 몰라도. 아무것도 이 남자의 입장을 막지 않는다. 그러나 다른 한편으로 모든 것이 막는다. 문지기의 존재, 문지기의 언동, 문지기의 검은 수염, 문이 열려있다는 사실 자체, 아무것도 그의

---

52) 기원전 1375년에 왕위에 오른 이집트의 아케나텐(Akhenaten) 통치기간에 나왔던 유일신교. 열성적인 종교 개혁가로서 아케나텐은 당시 대중적인 종교를 모두 쫓아내고 태양신인 아텐(Aten)만을 섬기도록 강요하였다. 프로이트에 의하면 모세는 아텐교의 영향을 받아 유일신교인 유대교의 토대를 세웠다.

53) 프로이트. 〈인간 모세와 유일신교〉(이윤기 역, 397쪽).

54) 프란츠 카프카. 〈법 앞에서〉(*Vor dem Gesetz*), "〈법 앞에서〉는 《소송》의 마지막 순간을 여는 열쇠이다. 여기서 그의 수수께끼는 '끝없는' 해석에 붙여진다." K의 죽음의 필연성이 거기에 새겨진다 — 원주.

입장을 막지 않는다는 사실 자체. 그러므로 모든 것이 그의 입장을 막는다. '법', 그리고 법이 의미하는 것, 그가 다름 아닌 그 자신이라는 사실과 같은 이 모든 것이. 그래서 그는 기다린다.

> 이 불행한 우연을 그는 처음 몇 년 동안은 큰 소리로 저주하다가 후에, 나이 들어서는 그저 혼자서 속으로 투덜거린다. 그는 어린 아이같이 되어, 문지기를 여러 해를 두고 살펴보다 보니 외투 깃 속에 있는 벼룩까지도 알아보게 된 까닭에 벼룩에게까지 자기를 도와 문지기의 기분을 돌려달라고 청한다. 마침내 시력이 약해져 그는 자기의 주위가 정말로 어두워지는지 아니면 눈이 자기를 속이는 것인지 분간을 못한다. 그런데 이제 어둠 속에서 그는 분명하게 알아본다. 법의 문들로부터 끌 수 없게 비쳐 나오는 사라지지 않는 한 줄기 찬란한 빛을. 이제 살 날이 얼마 남지 않은 것이다. 죽음을 앞두고 그의 머릿속에서는 그때까지의 모든 경험이, 그가 지금껏 문지기에게 던져보지 못한 하나의 물음으로 집약된다. 굳어가는 몸을 이제는 일으킬 수가 없어서 그가 문지기에게 눈짓을 한다. 문지기는 그에게로 깊이 몸을 숙일 수밖에 없다. 그 사람의 몸이 워낙 오그라들어 두 사람의 키 차이가 그에게 불리하게 벌어졌기 때문이다. "지금 와서 도대체 뭘 더 알고 싶은 거요?" 하고 문지기가 묻는다. "당신 욕심이 많군." "모든 사람들이 법을 얻고자 노력할진대" 하고 그 시골 사람이 말한다. "이 여러 해를 두고 나 말고는 아무도 들여보내 달라는 사람이 없으니 어쩐 일이지요?" 문지기는 (…) 그의 스러져가는 청각에 닿게끔 고함질러 이야기한다. "여기서는 다른 그 누구도 입장 허가를 받을 수 없었어, 이 입구는 오직 당신만을 위한 것이었으니까. 나는 이제 문을 닫고 가겠소."[55]

그 남자가 한 평생을 다 바쳐서야 겨우 생각해낼 수 있었던 것, 그것을 전수받을 사람이 없었다. 죽음의 순간, 평생이라는 대가를 치르고서야

---

55) 카프카. 〈법 앞에서〉(한국어판, 전영애 역. 《변신·시골의사》, 민음사, 1998, 168~169쪽).

겨우 발견해낼 수 있었던 그 열매를 수확할 사람이 아무도 없었던 것이다. 사실 원래 그 순간에는 아무도 없다. 결코 열린 것도 아니고, 또한 결코 열리지 않은 것도 아닌 그 문, 즉 법의 문턱이 닫히는 순간에는 말이다. 대체 무슨 법인가? 어디에 있는 법? 누구? 누구의 법?

그러나 현실은 '법 바깥'의 청원자와 문지기 사이의 힘의 관계에서 너무도 분명히 결정화되었다. 문지기, 그는 'ㅂ'의 일련의 대리자들 중, 최초의 사람, 경찰, 천 가지 법을 가진 권력의 제 1단계이다. 법 '바깥'이라고? 그렇다면 법 '안'이란 무엇인가? 법에 '안'이란 것이 있다는 말인가? 하나의 장소일까? 어떤 지역일까? 도시, 혹은 왕국일까? 그 남자는 살아있는 동안 언제나 그렇게 믿어왔다.

그 남자는 바깥에 있었던 것일까? 그가 원하던 그 안, 모든 남성에게 마련된 그 장소, 이 'ㅂ'의 바깥에? 그는 그 장소가 그의 재산, 그의 권리, '도달가능한' 그의 대상이라고 믿었다. 그는 그 안에 들어가려는 참이었다. 막 그것을 향유하려는 참이었다.

이렇게 하여 'ㅂ'은 그의 삶을 대신하고 그를 'ㅂ' 앞에 영원히 붙들어 두었다. 옴짝달싹 못하고, 오그라들었다. 그리고 그곳에는 죽어가는 그에게서, 죽음으로부터 배울 사람이라고는 아무도 없었다. 어쩌면 그는 마지막 순간 깨닫기 시작했는지도 모른다. 법은 안에 있는 것이 아니라는 것, 법에게는 장소가 없다는 것, 문 앞에서 썩어갈 순진한 자의 몸 외에는 다른 장소가 없다는 것, 그는 항상 'ㅂ' 안에 있었다는 것, 'ㅂ'은 그 문 앞에 출두하는 한에서만 존재한다는 것을. 그는 죽음에 직면하기 전까지 'ㅂ'이 자신이 출두한 그곳의 뒤에, 주위에, 그리고 출두하기 전에 이미 그 자신 속에 있다는 것을 알지 못했다. 그러나 그는 이제 깨달았을 것이다. 그가 없으면 법은 아무 것도 아니라는 것을. 절대적으로 보이는 법의 힘은 모세의 신처럼 존재하지 않기 때문에, 보이지 않기 때문에 막강하다는 것을. 법에는 장소가 없다. 법에는 아무것도 없다. 그러므로 법은 그가 만드는 한에서만 '존재한다'. 법은 아무것도 아니다. 오직 모든 안 보이는 것들이 가지는 무서운 힘에 불과할 뿐이다.

수많은 법의 대리인(대리인으로 추정되는 자)들은 이것을 이용하였다. 그들의 힘, 즉 만류하고 억압하는 힘과 조용하고 절대적인 그들의 폭력은 이 보이지 않는 것, 이 아무 것도 아닌 것에 바탕을 두고 있다.

너는 통과하지 못할 것이다. 너는 나를 보지 못할 것이다. 한 여성이 법의 문 앞에 서 있다. 수염쟁이 문지기가 — 날카로운, 위협적인 수염이다 — 문턱을 넘지 말라고 한다. 가지 말라고, 향유하지 말라고 한다. 그러나 그녀는 계속 그쪽을 쳐다본다. 안을 넘겨다본다. 'ㅂ'의 시선이 어디에서 나오는지 보지 못하지만 그럼에도 불구하고 그녀는 그것이 자신을 지켜보고 있는 것을 느낀다. 너무도 오랜 세월 동안 그녀는 줄곧 이렇게 지내왔다. 그러다 보니 한 줄기 빛이 보이는 것 같은 착각에 빠진다. 그것은 그녀의 시선이 허공 속에, 무(無) 속에 던지는 끊임없는 흐름이 만들어 낸 불꽃이다. 그러나 너무도 오랫동안 자기 눈으로 보지는 못하고 남의 눈에 보여지기만 했기 때문에 그녀는 창백해지고, 쪼그라들고, 늙고, 줄어들었다. 더 이상 보지 못하고, 더 이상 살지 않는다. 이것이 이른바 '내면화'라고 하는 것이다. 그녀는 스스로의 상상의 산물인 이 아무것도 아닌 것으로 가득 차 있다. 그리고 그것 때문에 죽어간다. 승화라고? 그래, 그러나 부정적 승화이다. 그것은 힘의 역전, 즉 그녀로부터 나오는 힘을 반대로 그녀에게 겨누어 그녀를 해치는 것이다. 물론 그녀는 그 힘이 자신으로부터 나온다는 것을 모른다. 그녀의 무능력, 마비, 무기력이라고? 그것은 그녀의 힘, 욕망, 저항, 그들의 'ㅂ'에 대한 그녀의 맹목적인 신뢰에 비례한다. 만일 그녀가 '들어간다면'? 왜 그녀는 이 발걸음을 내딛지 않는가? 첫 발자국조차도 말이다. 그녀는 다른 문들이 있을까봐 두려운 것일까? 아니면 뭔가를 예감하기 때문일까? 아니면 그것은 삶의 두 가지 허상들 사이에서의 선택일까? 그것들은 허상이다. 왜냐하면 그것들은 허공, 즉 무(無)에 새겨진 것이기 때문이다. 그녀는 스스로 무(無)를 체현(體現)한다. 즉, 그녀는 무(無)인 것이다. 이 삶의 허상들은 그녀를 눈에 보이는 것의 세계에 가두어 둔다. 가장 낮은 수준의 가시적인 것, 즉 그녀와 가장 가까운 대화 상대자와의 관계 속에 묶어둔다. 그것은 바로 문지기의 외투 속에 있는 벼룩들이다. 그리고 그녀 역시 한 마리의 벼룩이다.

어쩌면 'ㅂ'은 실제로 존재하는지도 모른다. 그리고 그녀는 모르기 때문에, 게다가 권력에 압도당했기 때문에 얼이 빠졌는지도 모른다. 'ㅂ'을 만들어내는 것은 바로 이것, 즉 알지 못하는 사람이 경험하는 얼빠짐인 것이다.

사람들은 그녀에게 말했다. 어떤 장소에는 들어가지 않는 편이 좋다고 말이다. 이 장소는 남성들이 지키고 있다. 그 장소로부터 법이 생긴다. 그 법이 위치하는 장소는 그녀 자신의 육체이다. 사람들은 그녀에게 말했다. 그 안의 법은 검다고. 들어갈수록 더욱 검어진다고. 문지기는 또 말했다. 신중하라고. 왜냐하면 그 너머는 더욱 나쁘니까.

그녀는 자신의 육체 속에 들어가지 않는다. 그녀는 최악을 확인해보지 않는다. 그것은 그녀의 소유조차 아니다. 그녀는 그것을 문지기에게 넘겨준다.

똑같은 술책이 유대인과 여성에게 거듭 자행되었다. 그 술책이란 바로 성전(聖殿)에 있는 궤짝으로 은유되는 자를 만들어낸 것이다. 그 궤짝은 가득 차 있다. 무엇으로? 무(無), 즉 아무것도 없는 빈 것으로 가득 차 있다. 그러니 그것을 탐하거나 아쉬워할 필요도 없다. 이것이 바로 '전능한 존재'라는 술책이다. "나는 스스로 존재한다고 말하는 자이다". 내 이름은 "네가 존재하지 않는 곳에 존재하는 자"이다. 아버지란 무엇인가? 바로 아버지라고 간주되는 자이다. 진짜라고 인정되는 자이다. '진리', 그것이 부성의 본질이며 법의 힘이다. 아버지는 '선택받은 존재'이다.

어느 날 모권제는 끝났다(프로이트는 《오레스테스 3부작》에 이것이 나타난다고 보았다).[56] 아들들은 더 이상 어머니의 아들이 아니다. 그들은 이제 아버지의 아들이 되었다.

---

56) 엥겔스 또한 이 '혁명'의 여러 단계를 재구성하였다(《가족, 사유재산, 그리고 국가의 기원》) — 원주.

자식의 소속이 흔들리다가 뒤집혔다. 어머니란 무엇인가? 사람들은 더 이상 무엇이 더 확실한지를 묻지 않았다. 그들은 이제 이렇게 물었다. 무엇이 더 강한가?

한편에 어머니, 배, 젖이 있다. 살, 피, 젖으로 연결된 관계, 즉 생명이란 빚으로 연결된 관계가 있다. 어머니에게 무엇을 빚졌는가? 정자와 젖 사이에 논쟁이 벌어졌다. 어머니는 자양분만 주는가? 아니면 씨도 주는가? 누구에 의해 생명이 시작되는가?

오레스테스는 과도기를 살았다. 그러니 모든 것이 얼마나 힘들었을까? 그가 행한 모친살해는 그때까지 가장 큰 죄였다. 그러나 그것은 어머니의 종말을 고하고 숭고한 시대를 여는 행위가 된다. 모친살해를 어떻게 평가할 것인가? 피의 가치는 무엇인가? 말의 가치는? 피와 말 사이의 투쟁. 아폴론 신은 말한다. 결혼 계약, 즉 말과 의지로 맺은 계약은 혈연보다 더 강하다고. 어머니와 맺은 끈은 느슨해진다. 말로 맺은 끈은 팽팽히 당겨진다. 지금까지는 유기체 차원에 머물러 있는 시대였다. 이제 사법권이 아버지의 질서를 구하러 올 것이다. 육체와 정의(正義) 사이에 새로운 관계가 확립될 것이다.

《공양(供養) 하는 여인들》[57] 에서 연출된 베일

아가멤논은 왕비가 던진 끔찍한 베일, 즉 그물에 걸려 쓰러졌다. 신의 복수 역시 거짓된 겉모습이란 베일 아래 진행된다. 두 명의 신이 아버지의 자식들을 돕는다. 록시아스(Loxias), 즉 아폴론 왕과 그의 동생 헤르메스이다. 아폴론의 신탁에는 지금까지 거짓이 없었다. 그러나 그는 남편 신인 제우스의 충고의 말을 '탈구(脫句) 시키고', 비틀고, 간접적으로 일러준다. 헤르메스는 거짓말쟁이에다 도둑이다. 그리고 이중적 의미를

57) 아이스킬로스의 《오레스테스 3부작》의 제 2편. 원제목대로 《코에포로이》라고도 부른다.

지닌 말의 대가이다. 그러나 이 두 신은 서로가 서로의 분신이다. 제우스와 대지(大地)는 서로 힘을 합쳐 부성(父性) 및 그 요람인 아버지의 집을 수호한다.

죽은 아버지 아가멤논은 최고의 자리, 즉 사자(死者)의 자리를 차지한다. (그가 죽어있지 않았던 적이 있었던가? 그는 살해당하던 그날 하루만 살아있던 것이 아니었던가? 클리타임네스트라는 이렇게 질문하였다. 그러나 아무도 그 말을 듣지 못하였다.) 그는 이 난공불락의 위치에서 비밀스럽게 전복적이고 결정적인 혁명을 지휘한다.

> 이 신탁을 어찌 거역할 수 있겠습니까? 게다가 설사 내가 거역한다 해도 결국 이루어지고 말 것입니다. 여러 가지 욕망이 같은 목적을 향하고 있으니까요. 신의 명령, 돌아가신 아버지에 대한 깊은 애도, 그리고 나를 괴롭히는 빈곤 말입니다. 그리고 무엇보다도 나는 세계에서 으뜸인 명예로운 국민, 고귀한 가슴을 가진 트로이의 정복자들이 두 여자에게 지배당하는 것을 그대로 두고 볼 수는 없습니다. 내가 두 여자라고 한 것은 다른 한쪽도 마음은 여자나 매한가지니까요. 만일 그자가 지금 그것을 모르고 있다면 조만간 알게 될 것입니다.[58]

모든 것이 모호한 신탁의 신인 록시아스의 명령을 거친다. 포이보스[59]는 남동생[60]에게 간계를 불어넣는다. "꾀를 써, 혼자서 죽여." "그들에게 오레스테스가 죽었다고 말해, 맹세라도 해." 유리한 말은 불행을 가져오지 않는다. 자기가 죽었다는 소문을 퍼뜨림으로써 남동생은 생명을 보존한다. '남동생'.

누나를 돕는 것은 지하세계의 밤의 신 헤르메스이다. 안내자, 죽은 자

58) 아이스킬로스. 《공양(供養)하는 여인들》(한국어 번역본, 김영종 역, 《희랍비극》. 글벗사, 1995, 91쪽). 이후 이 작품의 번역은 대체로 위의 번역판에 의거하였으며 옮긴이에 의해 부분적으로 수정되었다.

59) 록시아스와 포이보스는 모두 아폴론 신의 다른 이름.

60) 엘렉트라의 남동생, 즉 오레스테스.

와 산자를 연결하는 중개자. 어두운 심연으로부터 오는 전령. 그는 죽은 자의 증오와 낯설고 난폭한 말을 전달한다.

포이보스가 구해낸 꾀 많은 오레스테스. 그의 내부에서는 지옥의 간교한 전령 헤르메스가 속삭인다. 오레스테스 속에는 그의 분신인 필라데스,[61] 즉 부재이며 현존인 자가 있다. 필라데스란 이름은 불안을 야기시킨다. 왜냐하면 그것은 하데스의 문이란 뜻이기 때문이다. 이방인-추방자-전령-그는 죽은 자들의 걷잡을 수 없는 욕망이 해방시킨 유령이다.

아이스킬로스는 이렇게 말한다. "뒤틀린 말은 전령 속에서 바로 잡힌다." 오레스테스의 행위는 그 비틀림을 통해 잘못을 바로잡는다. 은밀하게 운명을 부르짖는 자,[62] 거짓말쟁이 오레스테스는 어둠이 내리는 시각에 한 사람 이상을 살해한다. 경계의 수호신, 지하의 신 헤르메스는 오레스테스를 통해 한 시대 이상을 종식시킨다. 여기에 사용된 시나리오는 매우 고전적, 남근중심주의적이다(아내의 배반과 근친상간적 야합을 통한 선왕의 제거). 그 다음에는 복수의 의무가 뒤따른다(이것은 합법적인 의무이다. 그러나 그것은 정정당당히 행해지는 정면 승부라는 전사(戰士)의 윤리에 배치되는 왜곡된 수단에 의해 이루어진다). 위장과 우회를 통해 하나 이상의 비인간적 존재, 인간 이상의 존재가 숨겨지고-숨기고-드러난다. 정신 이상의 남동생은 시대의 수레바퀴를 돌리고, 여성적 핵심을 폭파시킨다. 모권제의 황혼을 맞아 메데이아 이후 시대의 말기까지 남아있던 모든 에너지가 단번에 방출되어 버렸다. 모권제의 파편이 사방에 흩어졌다. 이 장면은 피로 물든다. 모계를 따라 흐르던 피가 모계 혈통으로부터 방향을 바꾸면서 터져 나온 것이다. 오레스테스는 중성적이다. 남성적이지도 여성적이지도 않다. 반은 능동적이고 반은 수동적이다. 범죄인

---

61) 오레스테스의 외사촌, 친구.

62) clamedestin. 이 단어는 프랑스어에 존재하지 않는다. 동음이의어로 clandestin, 즉 '비밀의', '불법적인'이라는 뜻의 형용사가 있다. 또한 이 단어는 clamer(부르짖다)와 destin(운명)의 복합어로도 간주될 수 있다. 식수적 언어유희의 한 사례이다.

도 아니고, 그렇다고 해서 무죄도 아니다. 그러나 오레스테스는 자신의 행위를 통해 위대한 모권통치의 종말을 선언한다. 이제 남근중심주의의 새벽이 열린 것이다.

(남성의 법에 의해 길들여진 이 땅에는 이제 단 한 명의 위대한 여성밖에 남지 않았다. 그러나 이 최후의 위대한 여성의 생명도 얼마 남지 않았다. 어떤 남성도 '계속 소유할' 수 없었던 여성, 나이를 먹지 않는 여성, 남자를 갈아치우는 여성. 그녀는 채 여자가 되기도 전의 어린 나이에 이미 얼굴 하나로 테세우스를 물러가게 만들었다. 또한 눈길 한 번으로 1천척의 배를 파선시켰다. 그녀는 바로 변하지 않는 여성, 헬레네이다. 이때 다른 곳에서는 새로 등장한 남근중심주의자들이 엘렉트라의 영도 아래 힘을 합하여 부권제를 위해 진력한다. 그러나 그들은 결코 그녀의 생명을 빼앗지 못한다. 그녀는 날아오른다. 무한을 향한 마지막 비행이다. 영원히 승화된 매혹적인 지도자인 그녀는 결코 굴복하지 않는다. 다만 수 세기에 걸쳐 그 이름 속에 추방되어 있었을 뿐이다.)

— 그러니까 결국 엘렉트라 누나밖에 남지 않았다.

이 이야기는 메데이아 이후 시대에 일어난다. 위대한 여성의 시대가 끝장난 후, 테세우스가 아드리아드네의 실을 끊어버린 후의 일이다. 이 실은 남성들을 모계 혈통이라는 단선적인 미궁으로 이끌고, 또한 그 속에 머물도록 연결시켜주던 끈이다. 테세우스는 사라져가는 여성의 야성적 힘을 단번에 땅 끝으로 내몰고, 메데이아를 최후의 안식처에서 몰아내었다. 그는 자신의 칼을 어쩌면 자신의 아버지일 수도 있는 사람의 탁자 위에 올려놓았다.[63] 그는 이방인이다. 게다가 불확실한 아들이다. 그럼에도 불구하고 그는 뻔뻔스럽게도 권력을 잡는다. 어머니의 아들은 사라져야 한다. 이제 아버지의 아들이 세상의 모든 것에 자신의 자국을

63) 그리스 신화에 의하면 아테네의 왕 아이게우스의 아들 테세우스는 트로이젠에서 살다가 열여섯살이 되어 아버지를 찾아간다. 당시 아이게우스의 아내는 메데이아였다. 그녀는 테세우스를 바로 알아보고 자기 아들들의 왕위 계승권을 지키기 위해 테세우스를 제거하려 한다. 이것이 실패로 돌아가자 그녀는 용이 끄는 마차를 타고 아시아로 달아났다. 제 2부 각주 19) 참고.

남기게 될 것이기 때문이다.

메데이아 이후 시대의 말기, 어머니의 황혼이 죽음의 암흑 속으로 꺼져갈 무렵, 엘렉트라라는 전깃불이 켜진다. 짧은, 과도기적 영매(靈媒)의 시대가 반짝 열린 것이다. 그러나 이 불빛은 곧 꺼지고 만다. 그 다음에는 영원한 가부장의 시대가 도래하게 될 것이다.

엘렉트라의 모호한 힘. 그것은 리비도 그 자체이다. 그 어느 것도 그녀 목소리를 막을 수 없다. 그것은 정의가 아니라 에너지이다.

그것을 막을 수 있는 것은 명철한 이성의 신 아폴론이 아니라 리케이오스,[64] 즉 아폴론-늑대 사냥꾼이다. "왜냐하면 내 마음은 내 어머니께서 그 무엇에도 굴하지 않도록 만들어주신 까닭에 육식 동물인 늑대처럼 사납기 때문이다."

엘렉트라의 혀

"하지만 반짝이는 별빛과 대낮의 햇빛을 우러러보는 동안엔 한탄과 슬픔의 외침을 결코 그치지 않겠어요. 이 아버지의 집 문턱에 서서, 제 새끼를 빼앗긴 나이팅게일처럼 지나가는 사람들에게 소리쳐 울기를 그치지 않으렵니다."

"그건 저도 어쩔 수 없습니다. 너무도 깊은 슬픔인지라 내 혀가 제멋대로 돌아가는군요. 영원히 한탄을 그치지 않겠어요. 아버지의 고통이 지칠 줄 모르고 다시 시작되는군요. 그걸 보고서 어떻게 내 하소연을 억누를 수 있겠어요? …"

코러스. 그녀의 입으로부터 분노가 피어나네요.

클리타임네스트라. 자네 덕택으로 이년 주둥아리가 닥쳐진다면 자네가

---

64) 아폴론의 별명. 이것은 아마 그가 늑대들(*lykoi*)로부터 양떼를 보호한 데서 비롯된 것으로 보인다. 소포클레스의 비극 《엘렉트라》에서 그녀는 리케이오스에게 기도한다.

온 것을 크게 사례해야겠군.[65]

외침, 고갈되지 않는 것, 마르지 않는 고통의 샘. 그녀는 아버지의 고통으로부터 나온 바닥 없이 깊은 이 급류의 흐름을 외치고, 토해 내어야 한다. 사람들이 흘린 모든 피, 모든 정액이 이 이상한 목구멍을 통해 꾸역꾸역 흘러나온다. 아버지는 그렇게 돌아온다. 바로 이 목구멍을 통해, 무덤 속 깊은 곳으로부터. 그녀의 혀는 아버지를 부르고, 아버지를 내뿜는다. 그리고 아버지, 즉 가장 강력한 자는 그녀의 혀를 점령한다. '살무사의 혀',[66] 클리타임네스트라는 이렇게 부른다.

어머니의 귀는 이 독으로 중독되었다. 클리타임네스트라는 벌써 찔렸다. 위대한 여성에게 있어 죽음은 귀를 통해, 급박하게 스며들어온다.

처녀는 여장부로 변한다.

여장부, 정액 가진 여성. 그녀의 혀는 거품을 내뿜는다. 아버지도, 남편도, 자식도 없이, 나는 항상 눈물에 젖어 삽니다.[67] 그녀에게는 몸도, 배도, 젖가슴도 없다. 가진 것이라곤 혀뿐이다. 왜 상(喪)은 제대로 수행되지 않는가? 혀가 수축되고, 굳어진다. 뿌리라도 돋은 것 같다. 그녀는 육신 없는 아버지를 위해 졸음과 고독을 참고 견딘다.

"이 초상(初喪)의 슬픔은 해소될 수가 없어요. 내 슬픔에는 휴식도 끝도 없어요. 내 탄식은 영원히 그치지 않을 거예요."

네 앞에는 황금이 넘치는 미케네가 있다. 네 앞에는 죄악이 넘치는 궁전이 있다. 그리고 궁전 앞에는 외침으로 넘치는 처녀가 있다.

그녀는 두툼한 입술을 앞으로 내민다. 얼굴 대신으로 쓰이는 가면이

---

65) 소포클레스, 《엘렉트라》(한국어판. 김영종 역, 《희랍비극》. 글벗사, 1995, 옮긴이 부분 수정). 위 문장들은 이어진 장면이 아니라 여러 장면에서 부분적으로 발췌된 것이다.

66) 프랑스어의 '살무사', 즉 vipère는 vit-père, 즉 '아버지는 살아있다'란 말과 그 발음이 같다.

67) 소포클레스, 《엘렉트라》에서 엘렉트라의 대사.

목소리의 진동 때문에 찢어지지 않도록 말이다. 그녀는 앞으로 나와 있다. 경계에 서 있다. 그녀는 들어가지 않는다. 멀리 가지도 않는다. 그녀는 멀찍이 떨어져 있다. 그렇지만 그녀의 아우성이 사회와 집단을 뒤흔들 수 없을 정도로 그렇게 멀리 떨어져 있는 것은 아니다. 그녀는 경계에서 있다. 그녀는 이 기관, 그 말단 기관을 통해 사회와 가족과 연결되어 있다. 그녀는 안과 밖 그 사이에 있다. 극단적 긴장 속에 있다. 삶에서 죽음으로 가는, 그리고 죽음에서 삶으로 오는 문턱, 그녀는 그 문턱에 서 있다. 아니, 그녀 자신이 바로 그 문턱이다. 긴장된 그녀. 내뿜는 그녀. 불굴의 그녀. 그녀는 진동시킨다.

여성적 전기(電氣)와 엘렉트라

— 고대인들은 노란 호박(琥珀)의 속성을 알고 있었다. 엘렉트론(*elektron*), [68] 그것을 문지르면 가벼운 물체들을 끌어당긴다.

엘렉트라는 자력(磁力) 있는 여성이다. 그녀는 코러스, 클리타임네스트라, 크리소테미스[69]와 같은 가벼운 육체들을 끌어당긴다. 그것은 하나의 치밀한 체계이다. 그 속에서는 교환과 끌어당김과 미립자의 상실이 일어난다. 엘렉트라는 이 체계의 원동력이다. 그녀가 끌어당기는 것은 불안정한 육체이다. 왜냐하면 그런 육체들은 전자를 쉽게 내보내기 때문이다. 그러므로 그녀가 이들 육체 근처에 가면 그들로부터 전자가 빠져나온다. 다른 한편으로 그녀 자신도 끊임없이 음입자를 내어보낸다. 그녀의 목소리로 그녀 존재의 민감한 가장자리를 끊임없이 자극한다. 그녀 스스로 노출시킨 이 쓰라린 피부를 자극한다. 그녀는 오레스테스 같은 고상한 금속은 끌어당기지 않는다. 그것은 전자를 내어주지 않고 자력/사랑의 간청에 반응하지 않는다. 엘렉트라는 자신에게 보충적인 것들을

68) 그리스어의 호박을 의미하는 elektron에서 전기(*electricity*)라는 말이 나왔다.
69) 엘렉트라의 여동생.

끌어당긴다. 여성의 육체들을 끌어당긴다. 문지르면 그녀와 같은 방식으로 반응하는 것들. 그녀처럼 자기 것을 잃고, 주고, 스스로 왕좌에서 내려올 줄 아는 것들을. 그것은 매우 강력한 음전기이다. 그러나 그것은 방전을 통해 양전기가 된다. 그런 다음, 타자가 다가오기를 기다린다. 목소리는 물질적인 덫이다. 그러나 그것은 아무것도 받지 않는다. 그것은 끌어당기기만 할뿐, 결코 아무것도 취하지 않는다. 왜냐하면 자력이 없어지면 안 되기 때문이다. 불안정 상태로 유지되어야 하기 때문이다.

여성의 무기

눈물, 아우성, 독약, 베일, 그물. 거기서 소리치는 자는 누구인가? "뭐라고요? 우리의 사랑도, 예전에 우리가 서로 잡던 이 손도 지금 당신을 잡을 수 없다고요?"

누구? 메데이아, 아리아드네, 디도?

> 해변이 온통 사람들로 들끓고, 바다 위가 떠날 준비로 아우성일 때,
> 디도 너는 얼마나 신음하였는가!
> 몹쓸 사랑이여! 너는 우리 인간의 마음에 몹쓸 짓을 하는구나!
> 다시 한 번, 그녀는 눈물로 애원해보고 싶었다.
> 사랑에 매달려 애원하고 싶었다.
> 그녀는 죽을 수 없었다.
> 할 수 있는 모든 것을 다 시도해보기 전에는.
> (…)
> 동생아, 가서, 그 나쁜 사람에게 이렇게 호소해라.
> (…)
> 그런데 왜 아이네아스는 나의 말에 귀를 닫고 고집을 피우는가?
> 왜 서둘러서 가는 것이냐? 그를 사랑한 불행한 연인의 마지막 바람을 들어,
> 배가 쉽게 뜰 수 있는, 바람이 잔잔한 때를 기다리라 하여라.

내가 청하는 것은 이제 결혼의 맹세가 아니다 — 그는 그 맹세를 깨뜨렸다.
그가 사랑하는 왕국 라티움[70]을 포기하라는 것도 아니다.
단지 잠시의 말미, 그의 열성에게 잠시의 중지, 잠시의 휴식을 청한다.
운명이 내게 패배를 감내하는 방법을 가르쳐줄 때까지
기다려줄 것을 청하는 것이다.
이것이 나의 마지막 간청이다.
(…)
그리고 그가 그것을 허락하면, 나는 그에게 보상할 것이다.
죽음으로써 백배로 되갚을 것이다.

이것이 그녀의 간청이었다.
이것이 그녀의 동생이 아이네아스에게 전한 눈물어린 간청이었다.
그러나 그는 그 모든 눈물에 무심하였다.
그 모든 간청에 꿈쩍도 하지 않았다.
〈《아이네이드》, 제 4권, 〈폭풍〉〉[71]

모든 역사는 이러한 끊임없는 한탄을 담고 있다. 아무도 귀 기울이지 않는 이 한탄은 끈질기게 계속되고, 수그러들었다가는 다시 시작된다. 왜냐하면 여성에게 있어 이것은 죽느냐, 사느냐의 문제이기 때문이다.

이러한 끊임없는 합창은 흐느낌과 침묵과 헐떡거림, 그리고 히스테리 환자들의 기침으로 더욱 고조된다.

이것이 오페라의 기원이다. 내 생각에는 오페라를 사랑할 수 있는 남성이란 바로 이런 소리를 낼 줄 아는 사람들이다. 고통받은 남성들만이, 자

70) 이탈리아 중부에 있는 지방. 현재의 로마를 포함하는 지역으로 아이네아스는 이 왕국의 라티누스왕의 딸인 라비니아와 결혼하여 이곳에 라비니움이란 도시를 세우고 통치한다.

71) Vergilius, Publius Maro. 《아이네이드》(*Aeneid* 한국어판: 김명복 역, 문학과 의식, 1998, 174~175쪽). 옮긴이 부분 수정.

신들의 여성성에 굴복할 줄 아는 남성들만이 오페라를 사랑할 수 있다.
다른 남성들, 즉 건설자들은 이러한 감정을 거부한다.

> 알프스 산에서 오래 산, 단단한 참나무가 불어오는 북풍에 찢기며,
> 그 뿌리를 뽑히는 공격을 받을 때와 같았다.
> 요란한 소리를 내며 나무줄기가 흔들리고,
> 나뭇가지들이 꺾이면서 높은 곳으로부터 나뭇잎들이 땅 위에 떨어지나,
> 나무는 절벽 위에 굳건히 버티고 서서, 머리를 하늘 높이 세우고,
> 그 뿌리는 땅속으로 더욱 깊이 박힌다.
> 이처럼 그 영웅은 그치지 않는 탄원으로 고통을 받았고,
> 그의 튼튼한 심장은 철저히 고통을 겪었다.
> 그러나, 그의 마음은 확고했고, 그녀의 눈물은 아무 효과도 없었다.
> 불운한 디도는, 가혹한 운명 앞에서 질겁하여
> 죽음을 부른다. 정말이지, 이제 하늘을 보는 것도 지겨웠다.[72)]

베르길리우스는 동정한다. 시인들은 알고 있다.

그런데 철학자들은 뭐라고 말하는가? 칸트는 담담하게 말한다. "여성은 가정의 전쟁을 혐오하지 않는다. 그녀의 무기는 그녀의 혀다. 자연은 여성에게 수다와 열정적인 지껄임을 선물했다. 남성들은 그것 앞에서 무장해제 당한다." 누가 그를 무장해제 시키는가? 결국 다시 무장시킬 뿐인 것을. 자기 진영으로 '도망치게' 만들 뿐인 것을.

도대체 혀로 사람을 죽일 수 있단 말인가?

"사자(死者)들의 복수자, 그는 교활한 발걸음으로/ 아버지 집 지붕 아래로 스며든다/ 그곳에는 옛 시대의 풍요가 잠들어 있다."

그의 주먹은 날카롭게 날을 세운 죽음을 휘두른다.

"마이아의 아들이신/ 헤르메스님께선 계략을 어둠으로 감추시어/ 뜻을 이루도록 이끄신다 … 시간이 되었다."

72) 같은 책, 175~176쪽.

"남자들이 이제 곧 일을 끝낼 것입니다."[73] 그 남성들의 손은 남성적 무기를 휘두른다. 그리고 이제 마침내 조용해진다.

그러나 나는 이 순간 내 무기를 다시 칼집에 넣었다. 나는 아직 야성적인 여성이다. 그러나 곧 노예가 될 것이다. 내 혀는 휘둘러지지 않았다.

엘렉트라의 혀, 오레스테스의 혀. 서로 대조적인 그들의 말.

그녀, 귀찮은 년, 그녀로부터 어머니에게 바치는 독약의 물결이 도도히 흘러나온다. 그것은 분명하다. 나는 당신에게 내 증오, 내 똥, 내 진실을 준다. 왜냐하면 당신이 그것을 요구하니까. 나는 당신이 원하는 것을 준다. 크리소테미스야 당신에게 황금과 같은 침묵을 주건 말건. 나는 당신에게 주겠어. 당신이 받지 못할까봐 염려하는 바로 그것을.

"저를 나쁜 년이건, 입이 더러운 년이건, 몰염치한 년이건, 무엇이든 좋으실 대로 말씀하세요.

제가 아니라 어머니 편에서 스스로 말씀하시는 거예요. 어머니가 그런 짓을 하셨으니 제가 이런 말을 하는 거지요."[74]

나는 당신의 과오의 산물이다. 그러나 나는 정자(精子)의 딸이다. 오레스테스로부터 그물이 던져진다. 계략이 꾸며진다. 일련의 모호한 말이 흘러나온다. 모호한 신탁을 둘러대고, 빈 유골 항아리를 사용하여 그는 덫을 놓고 그물을 친다. 과연 거짓말과 비밀과 모호한 기호의 달인이다. 무덤 위에 얹어 놓은 머리칼, 전령.[75] 어떤 말이 죽이는가? 위장된 말인가, 아니면 날카롭게 날이 선 말인가?

"자유롭게 말하기 위해 나는 많은 대가를 치렀단다!

—저도 그건 그렇게 생각합니다. 그래서 그 자유를 소중히 지켜야죠."[76]

---

73) 소포클레스. 《엘렉트라》(《희랍비극》, 320~321쪽).

74) 소포클레스. 《엘렉트라》, 294쪽.

75) 오레스테스는 아가멤논의 무덤에 머리칼을 바친다. 그는 자신의 신분을 속이고 전령으로 위장한다. 그리고는 빈 유골 항아리를 가지고 클리타임네스트라의 궁전에 와서 오레스테스가 죽었다고 가짜로 전한다.

남동생은 이렇게 훈계한다. 나는 네 곁에 있어. 그렇지만 침묵을 지켜. "함구하는 것이 좋겠어요. 어쨌든 꼭 필요하지 않은 말은 하지 마세요."

이제 남성의 시간이다. 남성적 범죄의 시간, 죽음을 궁리하는 계산의 시간이다. 경제를 바꾸자. 너 자신을 낭비하지 말라.

가부장제는 재산을 관리할 줄 안다. 과잉을 멀리하고 술책을 가까이 한다. 모권제의 남성, 규방의 전사인 아이기스토스[77]의 시대는 끝났다. "제발, 한마디만, 단 한마디만." 그는 새로운 남성에게 간청한다. 그러나 미래의 주인인 이 남성은 시간을 낭비하지 않는다. 피도 머리도 낭비하지 않는다. 아이기스토스야, 빨리 들어가거라. "지금은 네 말이 문제가 아냐. 네 목숨이 문제지." 이제는 더 이상 여성의 계모임이 아니다. 여성들이야 기껏 싸워봐야 주먹으로 치는 정도고, 그러다가는 또 서로 얼싸 안는다. 그러나 남성들은 칼로 자른다.

여성들의 전쟁은 모호하다. 아버지의 딸과 어머니의 딸, 아버지의 고귀한 이름을 받은 딸과 낳아준 암컷의 이름을 따르는 딸, 딸에 대해 애증을 함께 가진 어머니와 그 어머니로부터 불가분의 관계에 있는 딸처럼 서로 적대하는 사람들 사이에는 끈이 이어져 있으며 그것은 결코 끊어지지 않는다. 왜냐하면 이 헤픈 싸움에서 결판이 나는 것은 바로 역사 속에서의 여성의 운명이기 때문이다. 크리소테미스와 같은 품행 방정한 여자도 두 가지 법 사이에서 망설인다. 피의 법과 정자의 법 사이에서 말이다. 그러나 그녀는 아직도 쇠퇴하는 모권제에 속해 있다. 엘렉트라는 가부장제의 길을 열고, 그 길을 비춘다. 양탄자 위에서 자는 여성들은 이미 시대에 뒤처졌다. "진정 살아있는 자는 바로 땅 밑에 잠들어 있는 남자들이다."

이러한 전복의 시대에 모든 것은 두 개의 얼굴을 가지고 있다. 한 얼굴은 아직도 구체제 쪽을 바라본다. 그리고 또 한 얼굴은 새로운 권력을 직시한다. 예고된 단절이 모든 사람의 육체에 새겨진다. 클리타임네스트

76) 소포클레스. 《엘렉트라》, 315쪽.

77) 아가멤논의 동생. 클리타임네스트라와 공모해 형을 죽이고 왕위를 찬탈한다.

라는 그 무서운 시체로부터 뒷걸음질치면서 살고 있다. 꿈에 사로잡힌 그녀는 꿈에 나타난 나뭇가지에 홀려있다. 괴물처럼 빨리 싹터 번져가는 그 나뭇가지 말이다.[78]

그녀는 알고 있다. 장차 자신이 무엇을 알게 될 것인지를. 그녀는 엘렉트라와 불가분의 관계에 있다. 그러므로 그녀는 분열될 수밖에 없다. 그녀는 엘렉트라가 주는 난폭한 선물, 즉 그녀의 말을 감내한다. 혀에는 혀로 대응하면서. 크리소테미스는 왔다 갔다 하면서 축소되는 심연과 좁혀지는 경계를 측량한다. 오레스테스, 그는 한 번이 아니라 두 번 산다. 두 개의 운명을 가진 사내. 그는 살아 있지만 사람들은 그를 죽었다고 생각하고 그를 애도한다. 따라서 그는 가짜 사자(死者)이다. 그는 침묵하는 그림자를 달고 있다. 필라데스는 오레스테스의 잔해이다. 그의 그림자이다. 엘렉트라는 잡종이다. 그래서 불안을 야기한다. 모두들 그녀를 견딜 수 없어한다. 오레스테스조차 그녀를 견딜 수 없다. 그녀는 비(非)여성인 동시에 초(超)여성이다. 모든 면에서 과잉이며, 과잉 속에서의 과잉 논리, 즉 미친 이성인 것이다.

그것은 끊임없이 넘쳐흐른다. 오레스테스는 과도한 애정의 물세례를 받는다. 수컷인 그로서는 그녀를 밀쳐내어야만 한다. 그녀가 그를 만지면 어떻게 될까? 그것은 위험한 물세례이다. 그는 길들여야만 한다. 이 무절제한 힘, 이 '누이'를.

모권제의 잔재. 그것은 풍부함, 과잉이다. 죽음과의 혼란스러운 관계이다. 여성은 생명을 주는 자이다. 따라서 여성은 죽음을 단순히 종말, 사라짐으로 생각할 수 없다. 여성은 매장하지 않고, 잊지 않는다. 사자(死者)를 산 채 간직한다. 여성은 내장의 존재, 원시적 육체의 존재이다. 그러나 여성은 또한 기호와 무덤에도 연결되어 있다. 가족의 기원에 대해 아는 사람들은 모두들 여성-가족과 무덤의 역설적인 동반 관계에

---

78) 클리타임네스트라의 꿈속에 아가멤논이 나타나 왕홀로 아궁이를 찌른다. 그러자 그 왕홀에서 새싹이 돋아나 미케네의 온 나라가 그 가지로 뒤덮이고 말았다.

대해 이야기하였다. 즉 여성은 가족과 그 흔적을 지키는 까닭에 무덤 또한 자기 가슴속과 땅속에 준비해놓고 있다는 것이다. 자연은 생명을 준다. 그리고 종국에는 그 생명을 다시 받아들인다. 여성 또한 그렇다. 여성은 땅을 통해 이러한 이중적 자연과 교통한다. 그것은 밤의 왕국이다. 신비스럽고, 야성적이며, 비인간적인 신성의 세계이다. 그것은 정치를 통해 남성들이 통치하는 낮의 세계와는 정반대의 세계이다. 무덤은 죽은 자를 가두는 곳인 동시에 그 추억을 새기는 장소이기도 하다. 이름, 전복적인 힘처럼 죽지 않는 것이 그곳에 깃든다. 사자(死者)들은 죽은 자인 동시에 산 자로 보존되어야 한다. 이런 여성적 보존 방식은 죽음에 저항하는 한 방편이다.

클리타임네스트라의 경우가 그랬다. 그녀는 죽음이 다가오는 것을 알고 그것에 접근한다. 그러나 동시에 그것을 피한다. 그녀는 알고 있었던 것이다. 죽음이란 것은 삶과 마찬가지로 뜻밖의 통로를 통해 빠져나갈 수 있다는 것을.

범죄는 남성의 것이 될 것이다. 범죄만, 과오는 빼고. 죄는 여성의 것이다.[79] 그렇다면 아이스킬로스에게도 역시 남성적/여성적의 관계는 하나의 위계적 대립관계라는 말인가? 여성을 비하시키는 그 이항대립체계란 말인가? 어떤 면에서는 그렇다. 《엘렉트라》는 서로 다른 것들이 혼재하는 망설임의 공간이다. 능동적인 힘과 수동적인 힘, 삶과 죽음의 힘들이 서로 대치한다. 물론 아직까지 이것들은 완전히 성차의 문제로 환원되지는 않았다. 그러나 남성적, 여성적 가치는 점점 더 명백해진다. 마침내 마지막 방전이 일어난다. 오레스테스가 모든 것을 다 가져가게 되는 것이다. 엘렉트라의 힘은 아버지에 의해 주입된 것이다. 그러나 그녀는 어머니로부터 상처받기 쉬운 특성도 물려받았다.

왜 그녀는 자살하지 않는가? 어머니와 딸 사이에 살인이 일어나지 않

---

79) 니체가 지적한 바대로(《비극의 탄생》) — 원주.

는 데는 분명 여러 가지 복합적인 이유가 있다. 신들과 문제를 일으키고 싶지 않아서 엘렉트라를 죽이지 않은 것일까? 어머니나 딸이 서로를 죽이지 않고 자제한 데 대한 합리적인 이유는 없다. 그러나 이 두 사람은 다른 한 사람 없이는 지낼 수 없다. 왜냐하면 그들은 서로가 서로의 타자이며, 대역이며, 악착같은 닮은꼴의 거울이기 때문이다.

능동적인 범죄는 남성의 것이다. 만일 오레스테스가 죽었다면? 그래서 엘렉트라가 죽인다면? 만일 여성이 남성의 뒤를 이어 왕홀과 단도를 잡는다면? 엘렉트라가 그렇게 한다면, 그래서 아가멤논이 두 번 죽게 된다면? 그렇다면 여성 속에 남성적 힘이 있다는 의미가 된다. 어머니의 통치는 죽지 않을 것인가? 권력은 어머니의 집으로 되돌아오게 될 것인가? 긴장된 서스펜스의 순간.

연극의 절정/세워져 있는 동전.[80] 앞면이냐, 뒷면이냐? 로고스와 절제가 승리해야만 했다. 가정교사가 먼저 들어와 길을 인도하고 사람들을 안심시킨다. 오레스테스는 극적인 순간에 도착한다. 모든 여성들이 결정적인 변화에 기꺼이 따를 준비가 되어있는 그 순간에 말이다. 그녀들은 이제 죽음과 가정 내에서의 순종을 받아들일 준비가 되어있다.

범죄. 그것은 능동적인 남성적 도약이다. 고상한 프로메테우스적 행위이다.

죄. 그것은 조금씩 나아가는 여성적인 진행이다. 개미처럼 느린 발걸음이다. 여러 과오가 차곡차곡 쌓인 것, 그것이 악의 기원이다.

죽은 아버지는 곧 다시 일으켜 세워진다. 자식들이 아버지에 대한 만가(輓歌)를 소리 높여 부르면 가장은 곧 다시 올라온다.

오레스테스. 아버지, 부탁드립니다. 당신을 사랑하는 사람들을 도와주세요.

엘렉트라. 저도 함께 눈물에 젖어 아버지를 부릅니다.

---

80) pointe de la pièce라는 프랑스어 표현은 이 두 가지를 모두 의미한다.

코러스. 저희들도 다 같이 입을 모아 말씀드립니다. 부디 빛의 세계로 나오셔서 들어주십시오. 원수들에게 대항할 수 있게 도와주십시오.

아버지가 돌아오는 것이 모든 점에서 유리하다. 이는 아들의 경우도 마찬가지이다. 왜냐하면 그의 계승자인 아들은 스스로를 합법화하기 위해서 아버지를 내세우며, 또한 이를 통해 아버지를 합법화하기 때문이다.

엘렉트라. 저도 위험에서 빠져나오기 위해 아버지가 필요합니다.

오레스테스. 그래야 법도대로 영전에 제사지낼 수 있을 것입니다. 그렇지 않고는 아버지는 기름진 향연에서 잊혀지고 말 것입니다.

엘렉트라. 저 역시 결혼식 날, 제 상속분에서 갹출하여 아버지 집으로부터 제주(祭酒)를 날라 올 것입니다.

오레스테스. 아버지, 목욕탕을 상기하세요. 아버지께서 살해된 그 목욕탕을.

엘렉트라. 그물을 상기하세요. 그들이 그것을 어떻게 사용하였던가를.

엘렉트라. 그들이 아버지를 덮은 그 수치스런 베일을 상기하세요.

오레스테스. 이런 모욕을 당하신 이상, 아버지도 일어서지 않을 수 없을 겁니다.

엘렉트라. 그 귀한 머리를 꼿꼿이 드시지 않으시렵니까?

엘렉트라. 아버지, 제가 마지막으로 호소하는 것을 들어주세요. 이렇게 무덤가에 앉아있는 자식들을 보아주세요. 당신의 아들과 딸을 불쌍히 여겨주세요. 아무쪼록 우리 펠로프스[81] 왕조의 대가 끊이지 않도록 해주세요. 그렇게 하면, 몸은 저승에 가셨지만 생명은 영원할 것입니다.

오레스테스. 그렇습니다. 자식이란 죽은 남자의 이름을 지켜나가는 실

81) Pelops. 제우스의 손자. 탄탈로스의 아들. 아가멤논이 속한 펠로프스 왕조의 시조.

> 마리, 말하자면 어망에 달린 부표와도 같으니 그물이 바다 깊이 가라앉는 것을 막아줍니다. 제 목소리를 들어주세요. 아버지를 위해서 이렇게 울고 있답니다. 제 기도를 들어주세요. 그러면 아버지 스스로를 구하실 수 있을 것입니다.[82]

그렇다. 그가 구하는 것은 바로 그 자신이다. 그는 이미 구함을 받았다. 애초에 자식들이 자신들의 아버지일 수 있는 여러 아버지 후보자 중에서 그를 아버지로 선택한 것, 그들로부터 아버지로 인정받은 것이 바로 그것이다. 게다가 그는 아버지라고 명명되었다. 남성들은 언제나 알고 있었다. '아버지'란 바로 아버지의 이름에 다름 아니라는 것을. 그리나 엘렉트라 속에서 리비도는 거세게 소용돌이치는 데 반해 오레스테스의 경우, 그것은 협박을 통해 협상한다. 조건부로 주고받는 것이다. 프로이트는 이 체제를 보다 세련되고 교양 있게 정의한다. 그에 의하면 그것은 아버지와 자식, 신과 인민 사이의 '계약' 체제이다. 이 계약은 교활하게 계산된 매우 절도 있는 '선물' 교환을 통해 체결된다.

아버지, 그것은 제한이며 선택이다. 아버지를 사랑하는 것, 그것은 최초의 '정신적' 작업이다. 왜냐하면 아버지인지 아닌지 불확실한 사람을 아버지로 '인정'해야 하기 때문이다. 어머니는 부정할 수 없다. 그러나 아버지에 대해서는 확신하는 자, 누구인가? 아버지를 확인하는 것은 아들, 혹은 딸이다. 아버지를 인정하거나 거부하는 것은 자식이다. 따라서 아버지는 항상 자식에게 종속된다.

아가멤논은 자손들, 즉 자신의 피를 이어받은 자식의 부름을 받아 다시 나타난다. 자식들의 큰 목소리에 이끌려 무덤, 즉 돌로 된 자궁에서 나온다.

어찌 보면 아버지는 언제나 낯선 사람이다. 그는 외부에서 온 자이기 때문에 안으로 들어와서 증거를 보여야만 한다. 그는 외부인이며, 완전

---

82) 아이스킬로스, 《공양(供養)하는 여인들》, 96~98쪽.

한 타인이며, 이방인이다. 언제나 다시 돌아올 수 있는 유령이다. 가장 약한 동시에 가장 강한 자이다. 땅에서 나와 어머니 안으로, 궁전 안으로 돌아온다. 그리고는 육체들과 재물을 다시 자기 것으로 만든다.

이것이 이른바 문명이라는 것이다.

프로이트는 그것을 진보라고 부른다. 진보의 논리는 이해 타산적이다. 그것은 다음과 같은 순환적인 선서를 통해 드러난다. "아버지, 나를 어느 누구보다 사랑해주세요. 내가 사랑받는다는 것을 느끼면 나의 자존심이 커질 것입니다. 그렇게 되면 나는 더욱더 힘차게 당신을 '아버지'라고 부를 수 있을 것입니다." 이것은 또한 참여라고 불린다. "내가 위대하면 당신도 좋고, 당신이 위대하면 나도 좋습니다." 위대한 남성에서 위대한 남성으로, 우리는 이렇게 '정신성' 속에서 진보한다. 이제 더 이상 가정-무덤의 불씨를 지켜줄 전기/엘렉트라는 필요 없다. 클리타임네스트라의 외마디 소리와 남동생의 명령에 의해 마침내 전류가 끊어졌다. 그녀는 이성을 되찾았다. 그녀는 치유되었다. 그리고 완전히 비워졌다.

그녀는 더 이상 궁전을 등지고 서서 뜻밖의 일이 일어나지 않나 염탐하지 않을 것이다. 그녀는 모든 것이 예정대로 진행될 때 생겨나는 심한 무기력 속으로 빠져 들어간다. (만일 네가 후속 이야기를 알고 싶으면 그것은 뻔하다. 여자란 필라데스 류(類)의 아버지-남자 형제의 그림자와 결혼한다. 합법적인 아들, 그는 통치하고 축적한다. 오레스테스 왕의 행복한 날들을 보라. 유산은 남성에서 남성으로 전달된다. (정치경제적, 성경제적) 가부장제. 결국 이렇게 낙착되었다. 위대한 아우성장이 여성들이 굴복한 이후.)

이제 부계 남자 형제의 통치가 시작되었다. 오레스테스는 누나의 인정을 받았다. 따라서 그는 남녀 결전을 벌일 필요가 없었다(성차의 문제는 언제나 치열한 싸움을 초래할 위험이 있다). 그는 반미치광이 같은 엘렉트라가 야기시킬 수도 있는 근친상간의 문제를 척결하였다. 그리고는 조용히, 서서히 마비시키면서, 법을 선포한다.

아킬레우스는 펜테실레이아는 아킬레우스이다.

내가 살아갈 수 있었던 것은 클라이스트 덕택이었다. 오랫동안 나는 그에 의지해서 살았다. 나는 그가 존재했었다는 것을 알았고 그 사실이 나를 붙들어 주었다. 그는 나에게 삶의 의지를 주었다. 뿐만 아니라 그는 내가 여러 삶을 살고자 하는 의지를 주었다. 그저 한 여성, 그저 한 남성의 삶이 아닌 복수(複數)의 삶 말이다. 불붙고자 하는 의지, 불타고자 하는 의지, 죽을 정도로 열렬히 살고자 하는 의지도 그에게서 배웠다. 왜냐하면 그 자신이 불붙었고, 육체와 고통과 죽음을 감수하였기 때문이다. 나를 위해서, 그리고 삶에 대한 그의 비전, 너무도 높고, 까다로운 그 비전을 원하는 사람들 모두를 위해서 말이다. 니체는 말했다. "시인이란 스스로를 변모시키기 원하는 자, 다른 몸과 다른 영혼을 통해 말하고자 하는 자"이다. 맞는 말이다. 그러나 클라이스트는 거기서 더 나아간다. 그는 이러한 변모에 만족하지 않는다. 그는 극단의 존재들, 삶의 근원에 가장 가까운 존재들의 몸과 영혼에까지 나아가고자 한다. 그러니까 그는 삶의 기원, 즉 몸, 살, 열광적인 욕망의 성취에로 최대한 가까이 가고자 한다. 동시에 그는 삶을 유지시키는 것, 즉 삶의 지속, 죽음에 대한 저항도 성취하고자 한다. 이 두 가지의 동시적 성취는 사랑에 의해서만 가능하다. 그것도 아무런 제한 없는 완전한 사랑, 즉 모든 탄생의 장소인 사랑, 자신이 살아 있음을 아는 하나의 생명체가 끊임없이 타자 속에서 자신을 취하고, 다시 취하는 그런 사랑 말이다. 그런데 삶의 열광과 삶의 지속을 최대한으로 경험하고자 하는 개인에게 현실은 수많은 장애를 들이댄다. 이러한 장애는 꼭 나쁜 것이라고만 할 수는 없다. 왜냐하면 사랑의 능력은 장애의 크기, 그리고 그 장애의 극복 정도에 의해 측정되기 때문이다. 사랑의 힘은 그것에 의해 나타나기 때문이다. 또한 시련 속에서 위협과 고통은 열광으로 바뀌기도 하기 때문이다. 그렇다면 사랑에는 왜 장애가 있는 것일까? 어쩌면 우연한 것인지도 모른다. 그러나 어찌 되었건 역사적으로 볼 때, 첫 번째 장애는 항상 있어왔다. 그것은 이미지와

표준형, 관습에 의해 정해진 예절바른 행동의 존재 자체, 그리고 그것의 생산 및 재생산 속에 존재한다. 사회는 하나의 연극무대와 같다. 이 무대 위에서 모든 배역의 역할은 미리 정해져 있다. 연인들 역시 꼭두각시처럼 자신들의 정해진 역할을 연기해야 한다. 너는 한 남성, 한 여성이 아니다. 너는 무엇보다도 먼저 모(某) 씨의 아들, 모(某) 씨의 누이이다. 모(某) 계급, 모 가문, 모 부족 출신이다. 너는 먼저 어떤 집단의 이름 없는 요소에 불과하다. 너의 운명은 미리 결정되어 있다. 만일 네가 여성이라면 너는 이상적인 여성을 닮아야 한다. 그리고 너의 삶을 그것에 맞추어야 한다. 너의 욕망을 일정한 방향으로 몰아 적합한 사람에게, 적합한 장소에서, 적합한 방식으로 주어야 한다. 법을 존중하라.

그럼에도 불구하고 클라이스트는 《펜테실레이아》를 썼다. 그는 사랑한다. 그는 펜테실레이아이다. 그는 웅장한 자연, 아킬레우스를 향한, 사랑 그 자체를 향한 열정에 불타는 여왕이다. 다른 한편으로 그는 아킬레우스이다. 펜테실레이아의 사랑에 의해 그는 전혀 다른 남성이 된다. 그는 전혀 새로운 연인이다. 그곳은 얼마나 높은가! 평범, 범속, 비굴, 계산과는 또 얼마나 멀리 떨어져 있는가!

제왕의 세계. 그러나 그 세계는 왕들에게 국한된 것이 아니다. 여기서 제왕이라는 말은 하나의 은유이다. 물론 펜테실레이아는 실제로 아마존의 여왕이기는 하지만 말이다. 제왕이라고 지칭되는 자는(클라이스트는 그런 사람을 빛나게 한다) 제왕답다. 왜냐하면 그는 군주이고, 유일무이할 뿐 아니라 결코 대체될 수 없으며 모든 사람들 중에서 유독 주목받는 사람이기 때문이다. 그에게는 오직 숭고함과 정신의 고양만이 중요할 뿐이다. 그것들은 또한 그의 생명과 직결된다. 그의 전 존재는 끊임없이 솟아오르는 불길처럼 팽팽히 긴장되어 있다. 그의 육신 전부가 위로 올라가려 한다. 왕들, 왕국들, 법, 땅을 넘어 그 위로. 영혼은 육신을 부르고, 육신은 영혼을 부른다. 그리고 육신은 영혼에 반응한다. 이런 사람들 속에는 놀라운 힘이 내재되어 있으며, 이 힘 덕택에 그들은 우아하다. 강자의 우아함. 클라이스트에게서 태어난 연인은 한결같이 강한 자, 맹렬한 자 특유의 지칠 줄 모르는 에너지를 가지고 있다. 이것은 그 사람의 신분과 전혀 관계없다. 그가 부르주아건, 영웅이건, 대장이건, 혹은 젊은 여성이건 간에 모두 그러하기 때문이다. 이들 연인들은 항상 더 많은 것을, 더 높은 것을 원한다. 그의 육신 또한 욕망에 의해 빛나는 명예로운 육신으로 변모한다. 그것은 문자 그대로 머리를 위로 하고 정상을 향하여 빨려들 듯 올라간다.

번개 같은 승천의 비전, 비상, 자기 초월. 아직도, 아직도 나는 충분치 않다. 내 육체에 다른 육체가 덧붙여져야 한다. 펜테실레이아의 머리에 날개처럼 달려있는 곱슬곱슬한 머리칼, 육체의 주요부분/머리를 반짝이게 하는 은유의 물결이 있어야 한다. 그리고 다정한 이마 위에는 불꽃과 머리 털/심지, 빛이 필요하다. 그리고 머리 위에는 왕관이 있어야 한다. 그것은 권력의 상징이 아니다. 그것은 시적 화관(花冠), 식물로 만든 왕관이다. 창조력과 변화 능력의 상징이다.

클라이스트의 모든 작품은 환희 속의 비상을 위한 거대한 활주로이다. 정염의 들판이다. 거기에는 열광과 고통, 기쁨과 불행이 뒤섞여 있다. 월계수와 쐐기풀을 섞어 짠 왕관. 나는 그것을 얼마나 사랑하는지!

젊은 홈부르크 왕자는 페르벨린 성(城)의 정원에서 투구를 벗고 군복 앞단추를 푼 채 앉아 있다. 그는 잠든 채 몽유상태에서 나뭇잎, 즉 월계수 잎으로 영광의 화관을 짜고 있다. '태양으로 엮은 승리의 관'이다. 꿈속에서 그가 사랑하는 사람들이 그에게 화관을 씌워주러 온다. 그것을 그의 눈앞에 쳐들었다가 조금 멀리 가져간다. 그리고는 그것을 마치 이마에 얹을 듯이 쳐든다. 그는 화환을 잡기 위해 두 손을 뻗친다. 그 손을, 그 사랑스런 사람을 만지고, 잡기 위해 손을 뻗친다. 그러나 화관은 너무 높이 올라가고 사랑하는 사람은 사라진다. 비몽사몽 상태에서 그는 약속된 화관을 쫓아간다. 그리스의 젊은 노예들을 위한 장미 화관. 장미의 사슬, 쇠사슬. 그러나 결혼반지, 목걸이, 가락지처럼 사람들이 탐내는 사슬도 있다. 그것은 언제나 똑같은 기호로 이렇게 말한다. 너는 이겼어. 너는 졌어. 숭고함, 영광, 너의 장소. 그곳은 네가 평화를 얻을 수 있는 유일한 장소이다. 그곳은 유일한 것에 도달할 수 있는 유일한 장소이다. 거기서 발하는 빛이 너를 인도하고, 너를 부른다. "너무도 위대하고 숭고한 사업, 그것을 제대로 완수하지 못할 바에야 차라리 … 내 이마에 내려오는 화관을 두 손으로 꽉 잡지 못할 바엔 차라리 …" 그것은 영광의 월계관인가? 아니, 펜테실레이아가 원하는 것은 그런 상징적 영광이 아니다. 왕관이 아니라, 영광의 상징이 아니라 피와 살로 된 영광 그 자체이다.

아마존 여성들의 합창. 그녀는 무엇을 원하는가? 그녀는 더 무엇을 원할 수 있는가? 그녀가 무엇을 더 원할 수 있느냐고? 그녀는 최대를 원한다. "그 사람! 그 사람! 그 사람 말고 누구겠어? 그는 빛의 동상처럼 산봉우리에 군림한다. 그 사람과 그가 탄 말은 빛 속에서 유영(遊泳)하는 것 같다. 사파이어나 녹옥수(綠玉髓) 같은 보석도 결코 그처럼 반짝이지 못할 것이다. 폭풍우의 수의(壽衣)에 싸인 주위의 땅은 유일한 존재의 눈부신 찬란함을 반사하는 주석 거울에 불과하다."

그럼 그 사람은 무엇을 원하는가? "누나도 날 도와주겠지. 나의 미래에 약속된 단 하나의 기쁨을 얻는 것, 즉 불멸의 화관을 짜는 것을 말이야. 물론 그날은 아득히 멀지도 모르지만."[83] 그. 클라이스트 혹은 왕자.

그는 모든 형태의 아름다움을 사랑한다. 항상 자신의 아름다움보다 더 높은 아름다움을 추구한다. 그는 또한 더 높고, 더 빛난 존재가 되기 위하여 영광을 추구한다. 이를 통해 사랑하는 존재들에게 가까이 다가가고자 함이다. 그러나 그 존재들은 한 단계씩 더 높아져서 결코 그의 손에 닿지 않는다. 이 때문에 그는 심연의 가장자리로 추락한다. 클라이스트는 그런 사람이다. 그리고 클라이스트는 펜테실레이아이다. 그들은 결코 하나의 존재 속에 갇혀 있을 수 없다. 그 존재가 아무리 위대하다 하더라도 말이다. 그들은 솟구쳐 오르는 자신들의 위대성을 밖으로 표출하기를 원한다. 어느 누구도 가슴속에 가두어 둘 수 없는 이러한 위대성은 그 불꽃을 대낮의 광명에 섞기를 원한다. 심지어는 빛 자체를 빛바래게 하기

83) 클라이스트. 누나 울리케에게 보내는 편지 — 원주.

를 원한다. 왜냐하면 아름다움을 본 사람은 욕망하기를 그칠 수 없기 때문이다. 또한 오직 그것만을 욕망하기 때문이다.

펜테실레이아는 사로잡혔다. 정통으로 맞았다. 아킬레우스를 향해 열렸다. 결코 아물지 않을 상처를 통해 빛이, 생명이 그녀의 육신 속으로 홍수처럼 밀려들어온다. 여기, 왼쪽 젖가슴에 상처가 있다. 여기에 아킬레우스가 있다. 여기에 펜테실레이아가 있다. 육신 그 자체 속에 말이다. 그러나 그는 저기 바람보다 더 빨리 달아난다. 바로 그 사람, 오직 그 사람, 계시된 자, 바로 그이가 말이다.

그는 그녀를 얼마나 강렬히 원하는지! 클라이스트는 그녀를 붙잡으러 '어떤 인간도 가지 않는 여러 장소'(누나에게 보낸 편지)에 갔다. 그리고 그는 오래, 오랫동안 그녀를 뒤쫓는다. 그러나 그녀는 그 자신 안에 있다. 처음부터 그의 내부에 있었다. 그것은 하나의 상처, 그 자신의 상처였다. 그리고 그 역시도 하나의 상처이다. 그는 그 상처에 의해 창조되었기 때문이다. 그의 내부에 숨어있던 타자가 터져 나온다. 그녀는 바로 그 사랑스럽고 잔혹한 타자이다. 그가 품고 있는 여성, 그가 만든 여성이다. 그는 바로 이 여성의 일부이며 그녀가 깃드는 장소이다. 여성 혹은 시, 창조의 근원인 여성, 그의 일부분인 그의 여성성, 그것은 한 남성이자 연인이자 시인인 그로부터 항상 달아난다. 그것은 고통스럽다. 그러나 동시에 감미롭다. 이 빛나는 상처는 1806년부터 펜테실레이아라고 불리게 된다. 그러나 그것은 이미 1805년부터 클라이스트 속에 들어왔다. "일년 전 드레스덴에서 우리는 서로의 품에 안겨 신나게 날았지. 한판 붙어보고자 하는 거센 욕망에 취한 우리들의 영혼 앞에 세계가 경기장처럼 열렸지. 그 세계는 얼마나 광대하였던지! 그런데 지금 우리는 땅에 내려와 서로의 몸 위에 겹쳐 쓰러져 있네. 우리의 못다 한 여정을 그저 눈길로만 쫓을 뿐이네. 추락할 때 생긴 먼지 속에 휩싸여 있는 지금 이 순간만큼 우리의 목적지가 빛나 보인 적은 결코 없었네." 클라이스트는 친구인 푸엘에게 이렇게 썼다. 펜테실레이아는 결투와 고통과 춤을 위해 아킬레우스를 향해 달려간다. 그녀가 달리던 그 들판, 그것은 이미 그의 글쓰기 속에 자리잡고 있다.

— 저 들판을 보라. 그것은 태양계처럼 배치되어 있다. 그 들판 주위로 일련의 제 2차적 들판들이 공전한다. 그 들판마다 적군들이 배치되어 있다. 들판 주위로 진지와 배후지들이 빙 둘러 포진해 있다. 그리고 그곳에서는 남성의 법과 여성의 법이라는 두 개의 서로 다른 문화가 충돌한다. 그리스인들과 아마존 종족의 정체성은 성과 사랑에 대한 다른 태도, 즉 그것을 배제하느냐, 포괄하느냐에 의해 결정된다.

이 두 가지 법으로부터 조소, 담론, 충고와 같은 여러 이데올로기적 기제가 소나기처럼 이 들판으로 쏟아진다. 이곳은 이제 단순한 전쟁터일 뿐이다. 아니다, 전쟁터 이상이다. 교환과 만남이 이루어지는 곳, 에로틱한 들판이다. 사회적인 것의 한가운데 있는 신성한 장소. 그곳은 힘과 사상이 충돌하는 곳이 아니라 사랑에 빠진 육체들이 충돌하는 곳이다. 정복된 자들의 비난이 점점 더 커져간다. 천천히, 그러다가 갑자기 모든 것이 뒤집힌다. 이 전쟁은 이제 더 이상 전쟁이 아니다. 이 죽음의 투쟁은 이제 더 이상 투쟁이 아니다. 그들 사이에 교환되는 공격은 이제 더 이상 공격이 아니다.

물론 전쟁이 있기는 하다. 그러나 그것은 다른 곳에 있다. 그것은 여러 전선에서 전개되며 여전히 계속되고 있다. 죽음에 의한 삶의 정복. 예로부터 내려오는 상투적인 전쟁이 바로 그것이다. 그리고 그러한 전쟁은 다른 곳에서 여전히 계속되고 있다. 물론 이 들판, 이곳에도 처음에는 '진짜' 전쟁, 남성적 전쟁이 있었다. 남성적 전쟁은 대개 시시한 것 때문에 촉발된다(트로이 전쟁의 기억은 아득히 멀다). 그래서 만일 전쟁이 죽음과 시체에 탐닉하지 않는다면, 그리고 그것에 대한 저속한 기쁨을 퍼뜨리지 않는다면 우리는 그 위협을 쉽게 잊을 수 있을 것이다. 만일 남성 진영이 아킬레우스의 불안한 변모에 대해 항의하지 않는다면 말이다. 그런데 아킬레우스는 무엇으로, 어떤 사람으로 변모하였지? 유희하는 사람? 진지하지 않은 전사? 아니, 더 나쁜 것이야. 아킬레우스는 말이야, (털북숭이 진영 가운데 어느 누가 그를 이해할 수 있을까?) 여성 편으로 넘어갔어. 아킬레우스는 사랑 때문에 흐물흐물해졌다. 그의 몸속에 차오르는 여성성과 뒤섞였다.

아킬레우스를 제외한 어떤 남성도 진정한 힘을 갖고 있지 못하다. 유일한 진정한 힘, 그것은 스스로를 지키거나, 과시하거나, 증명하려 애쓰지 않는다. 그것은 도구나 무기를 사용하지 않는다. 스스로에 대한 충분한 확신을 가지고 있기 때문에 평화를 두려워하지 않는다. 따라서 평화의 근원이 될 수 있다. 반면에 가짜 힘은 두려움의 다른 얼굴에 불과하다. 따라서 스스로를 지키기 위해 죽음과 공격만을 생각한다. 아킬레우스는 예외이다.

그는 매우 강한 자, 부드러운 자, 무서운 자이다. 그는 이제 곧 펜테실레이아에게로 올 것이다. 큐피드처럼. 무기를 내려놓고. 벌거벗고. 큐피드처럼. 그는 스스로를 지키지 않는다. 그는 빛을 발한다.

남성의 전쟁 대 여성의 전쟁. 전쟁은 이미 같은 전쟁이 아니다. 왜냐하면 아마존 여성들이 전쟁을 하는 것은 남성들이 이해할 수 있는 이유에서가 아니기 때문이다. 젊은 여전사들에게 그것은 이중적 의미를 가진 환상적인 작전이다. 그녀들은 그것을 실행해야만 한다. 그녀들의 어머니들이 만들어낸 남성 없는 사회라는 특성 때문에 어쩔 수 없다. 그녀들은 죽이기 위해서가 아니라 포획하기 위하여 전쟁을 한다. 놀라운 사랑의 포획이다. 왜냐하면 여기서 전쟁을 좌우하는 것은 사랑이며, 또한 반대로 사랑을 좌우하는 것은 폭력이기 때문이다. 그녀들은 남성의 힘을 취해야 한다. 그러나 그것을 산 채로 취해야 한다. 아마존 여성들은 장미꽃을 따듯이 남성들을 따러 간다. 정복당한 자들을 기다리는 축제를 위해서. 정복한다, 그렇다. 그러나 결혼하기 위해서이다. 그것은 강간이라는 남성적 유괴와 정반대되는 결합의 방식이다. 그러나 아마존의 남성 포획은 적군 진영에서 일어난다. 왜냐하면 남성의 세계와 절연하고 전혀 다른 국가 체제에서 사는 이들 아마존 여성들은 세계 전체로 볼 때 소수자에 불과하고 그 통치권 또한 테미스퀴라라는[84] 도시에 국한되기 때문이다. 따라서 그녀들은 자신들이 원하는 것을 남들로부터 얻기 위해서는 그곳에 가서 정복하고 탈취해야 했다. 다른 진영으로 들어가서 교환해야 했다. 그리고 그 교환의 조건을 지배하는 것은 남성적 법, 남성적 행동, 남성적 규범이었다. 자유로운 여성이 남성과 맺을 수 있는 관계는 전쟁뿐이다. 사랑의 경우는 더욱 그렇다. 적에게 가까이 다가가면 갈수록 난폭해져야 한다. 멀어져야 한다. 그 적은 원래 난폭하기 때문이다. 이 때문에 아마존의 여전사들은 정복당한 남자들하고만 결혼할 수 있다는 법(혹은 금기)이 생겼다. 결국 자기 보존을 위한 법인 셈이다. 아마존 여성은 전복(顚覆)의 법에 충실해야 한다. 그녀는 자신이 잡히지 않았다는 것, 남성에게 복종하지 않는다는 것을 증명하거나 상징하는 행위를 반복해야 한다. 먼저 이겨야 한다. 그러나 이 승리는 남성적 승리와는 의미가 다르다. 남성은 파괴하기 위해 지배한다. 그러나 여성은 지배당하지 않기 위해 지배한다. 여성은 지배라는 것을 없애기 위해 지배자를 지배한다. 그녀는 쓰러진 사람을 일으켜 세운다. 그리고 '패배자'를 그녀의 세계로 데리고 간다. 남성으로서는 상상불가능의 세계인 그곳에서 축제가 그를 기다리고 있다. 노예가 아닌 여성이 기다리고 있다. 이 여왕들의 세계에서 사람들은 생산하고, 축하한다. 그러므로 이러한 전복(顚覆)의 법이 존재하는 것이다. 또 하나의 법, 전복의 법을 심화시키고 지탱하는 제 2의 법이 있다. 그것은 비-선택의 법이다. 아마존 여성은 적을 선택하지 않는다. '자연적'인 욕망 이외의 것이 전투에 개입하여서는 안 된다. 그 욕망은 그저 아무나 '한 명의' 남성에 대한 욕망일 뿐, 특정 남성에 대한 욕망이어서는 안 된다. 왜냐하면 그녀는 어떤 남성에게도 집착해서는 안 되기 때문이다. 특정인에 대한 사랑은 있을 수 없다.

게다가 이 사회에서 남녀간의 결합은 일시적이다. 사랑의 행위가 끝나면 그리스 남성들은 자신들의 세계로 되돌려 보내진다. 사랑받고, 사용된 후에 말이다. 그러나 클라이스트가 원하는 세계에서는 그렇게 진행되지 않는다. 그럴 수가 없다. 아마존 군대는 곧 바로 법을 벗어난다. 대제

---

84) Themiscyra. 아마존 종족이 세운 도시 이름.

사장의 지휘에서 이탈하고, 전투에의 격정으로 들끓는다. 그 열정은 곧 사랑으로 바뀔 것이다.

왜냐하면 이 가시 돋친 여성들은 장미를 위해 만들어졌기 때문이다. 설사 그녀들이 복종한다고 해도 그것은 삶에 대한 복종일 뿐이다. 설사 그녀들이 선택을 안 한다고 해도 그녀들의 무의식은 이미 선택을 하였다. 그녀들은 벌써 사랑하고 있다. 프로토에[85]는 그녀의 왕자를 선택한다. 사후(事後)에? 누가 그것에 대해 말할 수 있겠는가? 어쩌면 연인들에게 서로 서로를 선택해주는 것은 사랑 그 자체인지도 모른다.

그러나 펜테실레이아의 핵심은 그녀가 순수한 욕망, 곧바로 모든 법칙을 뛰어 넘는 광포한 욕망이라는 데 있다. 그녀는 전혀 제어하지 않는다. 그것은 한계가 없는 충동이다. 심지어 한계라는 말만으로도 질색한다. 이 순수한 욕망에게 있어 지고의 법은 그것이 원하는 대상에 도달하는 것이다. 그 외에는 어떠한 법도 없다. 이 욕망은 또한 그 대상이 누구인지에 대해 한 치의 의심도 없다. 그녀는 그를 보았다. 순식간에 번개처럼 그녀는 그를 알아보았다. 그리고 그 남자 또한 번개였다.

> 나의 사랑이여, 마침내 내가 당신을 보았을 때 내가 느낀 것, 그것을 누가 당신에게 말해줄 수 있을까? 스카만더 계곡에서 내 앞에 서 있던 당신. 당신 종족의 다른 영웅들 한가운데 서 있던 당신은 마치 창백한 별들 가운데 있는 태양 같았어. 전쟁의 신 아레스가 자기 약혼자에게 인사하러 흰 말을 타고, 천둥소리를 내며 올림포스 산에서 내려온 것 같았어. 그리고 당신은 곧 사라져 버렸지. 그렇지만 나는 눈이 멀어 버렸어. 깜깜한 밤, 발치에 벼락을 맞은 여행자처럼. 그 벼락과 함께 빛나는 천상의 문이 열렸다가 바로 닫혀버린 것 같았어. 행복한 영혼 한 사람만을 받아들이고는 곧 바로 말이지. 펠리데스[86]여, 바로 그 순간, 나는 알았지. 내 심장을 맞춘 그 화살이 어디서 왔는지를.

85) 클라이스트의 희곡 《펜테실레이아》에 나오는 펜테실레이아의 여동생.

86) Pelides, 아킬레우스의 다른 이름. 그의 아버지 펠레우스의 아들이란 뜻.

열정 때문에 남성들의 전쟁터로 뛰어드는 여성을 상상할 수 있을까? "바로 그 사람. 바로 당신. 나의 유일한 사람. 나는 당신을 내 것으로 만들지 않을 수 없어"라고 말하는 여성을 상상할 수 있을까?

전통적인 사회에서는 물론 상상할 수 없는 일이다. 이런 사회에서 여성의 욕망은 결코 이렇게 직선적으로 표출될 수 없으며 수많은 우회로를 통하여 간접적으로 표출되어야 한다. 그래서 여성은 자주 의미심장한 침묵이라는 희극을 연기해야 한다. 왜냐하면 대부분의 경우, 여성은 알리지도 않고, 시작하지도 않기 때문이다. 여성이 욕망의 대상을 찾아 나서서는 안 된다. 이것이 바로 기사도적 사랑의 양면성이다. 한편으로 존경과 신격화의 대상인 그녀는 우상과도 같이 찬사와 경의를 받는다. 즉, 그녀는 성모 마리아와 같은 지위와 명예를 갖는다. 그러나 다른 한편으로 그녀는 무력하다. 그녀는 타자의 욕망에 의해 좌우된다. 즉, 그녀는 욕망의 대상이며 창녀인 것이다. 이런 상황에서 여성의 욕망이란 도대체 무엇이란 말인가? 도대체 무엇이 남아있을 수 있단 말인가? 어떤 표현이 가능하단 말인가? 어떤 죄스런 충동이 차단되는 것일까?

그녀는 그가 자기 것임을, 자신의 빛나는 목표임을 알아보았다. "오, 펠리데스여, 당신은 잠 못 이루던 밤, 내 가슴을 도려내던 아픔이었어. 잠이 들면 끝없는 꿈속에 보던 이, 그것이 바로 당신이었어." 기다리던 사람, 그것이 바로 그다. 그리고 그는 그 기다림을 저버리지 않고 그녀를 충만하게 하였다. 그녀를 만족시켰다. 그녀의 모든 필요에 부응할 수 있는 유일한 사람. 그녀는 자신이 그를 위해 태어났고, 또한 다시 태어날 것이라고 느낀다. 그는 그녀의 운명이다. 아마존 여성들은 그렇게 생각한다. 왜냐하면 그것은 뚜렷이 계시된 진리이기 때문이다. 여기에 실수는 없다.

그녀는 그를 예견하였다. 그리고 이제 그를 본다. 그가 존재한다. 이제 그녀에게 남은 것은 그를 획득하는 것뿐이다. 왜냐하면 (이것 역시 그녀의 한계이다) 처음에는 신중했지만 곧 그런 태도를 버리고 그녀는 그를 굴복시켜야 하기 때문이다. 이제 사랑에 빠진 여인이 아마존 여전사에 우선한다. 그리고 전투는 그들의 첫 번째 사랑싸움이 된다. 무기를 가지고? 그렇다. 그러나 그것은 포옹이다. 무기를 가지고 껴안는 포옹. 그것은 사슬이다. 그러나 꽃으로 엮은 사슬이다. 엄청난 육박전이 벌어진다. 한 번 부딪칠 때마다 눈부신 사랑이 분출한다. 이들 연인들 사이에서는 모든 것이 전투라는 폭풍우 같은 침대에서 벌어진다. 육체, 팔다리, 피 속에서 벌어진다. 이제 그들은 쫓고, 쫓기기 시작한다. 그 이름을 말하지 않는 교환 속에서 맞부딪친다. 갑자기 그녀는 짐승 한 마리를 공격한다. 그 짐승을 몰아 탄탄한 여전사의 허벅지로 죈다. 그 짐승, 그 전사는 쫓기는 것을 즐긴다. 그래서 여성화된다. 그는 꾀를 쓰고, 그녀는 정면으로 맞선다. 그들은 서로의 역할을 사취한다. 그들은 접근하고, 때로 순진하게, 때로 술책을 써서 유혹한다. 서로가 상대방이 되고, 폭력은 환희로 바뀐다. "그들은 두 개의 별처럼 서로에게 달려든다." 이러한 교환이 거듭되면서 점차 사랑은 폭력을 이긴다. 아킬레우스는 여성 진영으로 들어간다. 그들은 너무도 황홀하다. 매순간은 최고의 강도로, 최고의 속도로 경험된다. 눈부신 경주의 장면들. 너무도 빨라서 경주라는 개념이 그 속도를 따라잡지 못한다. 아니, 속도라는 개념 자체가 산산조각 난다. 이제 그들은 보이지 않는다. 감각이 사라진 것이다. 연인들은 보통의 눈으로는 보이지 않는다. 구름에 의해 가려진 것이다. 그것은 신비한 은유이기도 하다. 그들이 어떻게 되었는지를 알려면 육신의 눈만으로는 안 된다. 열정의 눈이 열려야 한다. 그래야만 빛보다 빠른 것을 볼 수 있다.

또한 전투 중에 기호도 바뀐다. 아킬레우스는 보통 언어로는 말하여지지 않는 무엇인가를 깨닫는다. 이 추적, "이 멋진 여자가 내게서 뭘 원하는지 나는 알 것 같아. 그녀는 대기를 가로질러 내게 깃털 달린 애무를 마구 쏘아대지. 그 화살들이 내 귓가에서 속삭이는 것 같아. 죽음의 소리, 그리고 그녀의 욕망의 소리를 말이야."

이렇게 전투는 헐떡거리는 소리로 가득하다. 그것은 마치 그들의 첫 번째 사랑의 행위와도 같다. 무기를 매개로 이루어지는, 죽음과 희롱하는 사랑의 몸짓이다. 그들은 서로에게 달려들어 상처를 입힌다. 피를 흘리고, 기력을 잃는다. 그러나 결코 욕망은 잃지 않는다. 모든 것이 너무도 비통한 폭력적 교환 속에서 이루어진다. 둘이 함께 다른 세상에 도착하는 데에는 선결조건으로 파괴가 필수적인 것일까? 이것이 그들의 비극이다. 서로의 평화 속에 안착하기 위해서 그들은 상대방 속에 있는 전사를 쓰러뜨려야 한다. 사회가 그들의 기억 속에 각인해놓은 적을 무찔러야 한다. 사랑의 힘을 해방시키기 위해서는 전투적 힘을 죽여야 하는 것이다. 그들은 기적적으로 그것을 달성한다. 왜냐하면 영원한 삶의 날(日)을 가졌기 때문이다. 그들은 그것을 향유하였고, 거기에 도달하였다.

(다른 유사한 남녀 쌍들은 그렇지 못하였다. 예를 들어 호메로스의 《일리아드》에 나오는 아킬레우스는 펜테실레이아를 죽인 다음에야 그녀에게 반한다. 또한 탄크레디의 경우, 클로린다가 치명상을 입은 다음에야 그녀가 여자라는 사실을 알고 그녀를 열렬히 사랑하게 된다.[87] 그러므로 이들은 향유하지 못하였다. 사랑은 오직 죽음에서만 생겨날 수 있도록 운명 지워져 있었던 것이다. 이 이야기들은 다음과 같은 절망적인 상황에 대한 상징적인 표현이다. 즉, 여전사란 여성이 아니다. 왜냐하면 그것은 자신 속에 있는 여성을 죽여버린 여성이기 때문이다. 그러므로 그녀는 죽음을 통해서만이 다시 여성이 될 수 있으며 성차를 회복할 수 있다.)

그들은 최고조에 도달하였다. 거기서 사랑이 이루어진다. 물론 짧은 순간이지만 그럼에도 불구하고 사랑은 실제적으로 이루어졌다. 클라이스트의 텍스트가 아니면, 혹은 꿈속에서가 아니면 일어날 수 없는 일이 일어났다. 혹은 다른 사랑의 장소에서나 가능한 시처럼 드문 일이 일어

---

87) 타소(Torquato Tasso, 1544~95)의 서사시 〈해방된 예루살렘〉의 제 12가(歌)에 나오는 이야기. 몬테베르디(Monteverdi, Claudio, 1567~1643)의 오라토리오 〈탄크레디와 클로린다의 싸움〉(*Il combattimento di Tancredie Clorinda*, 1642)로 널리 알려졌으며 십자군 전쟁 때 기독교 기사인 탄크레디가 갑옷과 투구로 남자 변장을 한 회교도 여인 클로린다와 전투를 벌이는 것을 소재로 삼고 있다. 밤을 새워 처절하게 싸우다가 결국 치명상을 입은 클로린다가 여자인 것이 밝혀지고, 그녀는 죽기 직전에 기독교로 개종하여 탄크레디의 품에서 죽어간다.

났다. 모든 싸움이 잠잠해졌다. 폭력의 정점에서 한 차원 높은 시간이 열린다. 모든 감정이 한층 가속되고, 욕망은 점점 고조된다. 그리하여 드디어 아킬레우스와 펜테실레이아는 다른 세상을 창조할 수 있게 된다. 펜테실레이아의 평화를 위해 아킬레우스는 그녀 쪽으로 이동해야만 한다. 그리고 아킬레우스는 그렇게 한다. 그는 꽃이 된다. 그녀는 태양이 된다.

펜테실레이아. 자, 이리 와. 사랑스러운 친구, 자, 내 발치에 앉아. 더 가까이 와. 더, 더. 바짝 다가와. 내가 겁나지 않아? 날 미워하지 않아? 당신을 굴복시켰는데. 말해 봐. 당신을 흙먼지 속에 던진 여자가 겁나지 않아?

아킬레우스 (그녀의 발치에서). 꽃이 햇빛을 겁내지 않듯이.

펜테실레이아. 좋아. 멋진 말이야. 그러니까 지금부터 나를 당신 태양처럼 쳐다봐 … 아르테미스님, 나의 여신이여, 그가 상처를 입었나이다.

아킬레우스. 당신이 보듯이 팔을 긁힌 것뿐이야. 자, 별것 아니야.

펜테실레이아. 펠리데스, 당신을 죽이려고 한 건 아냐. 제발 그렇게 생각하지 마. 물론 내 팔로 당신을 맞힌 것이 자랑스러워. 그렇지만 당신이 떨어졌을 때 나는 당신 몸을 받은 흙먼지를 질투했어.

아킬레우스. 날 사랑한다면 거기에 대해선 더 이상 말하지 마. 자, 봐. 벌써 나았잖아.

펜테실레이아. 그럼 날 용서하는 거지?

아킬레우스. 그럼, 물론이지.

잔혹한 아킬레우스가 그렇게 가만히 있다. 어린 아이가 목에 리본을 감아주기를 기다리고 있는 어린 비둘기처럼. 그는 스스로를 내어준다. 그녀가 그를 잡는다. 그가 잡힌다. 그녀가 지배한다. 그는 순응한다. 그러나 이곳은 더 이상 소유와 지배가 문제되지 않는 공간이다. 새로운 역사를 향한 상승이다. 이제 모든 불안은 진정되고, 모든 전쟁은 쓸데없어진다. 여왕과 왕 사이에 문제가 되는 것은 오직 아름다움뿐이다. 이들 사이에는 채워지지 않는 육체적 욕망 외의 다른 법률은 없다.

아킬레우스. 그런데 당신은 누구인가? 빛의 왕국이 열린 것처럼 찬란한 영광에 싸여 내게로 내려오는 당신은? 당신을 무엇이라고 불러야 하지? 내 영혼이 '너는 누구의 것이지?'하고 물으면 말이야.

펜테실레이아. 그럴 때면 그냥 내 얼굴만 기억해. 당신이 날 생각할 때면 이 눈과 이 뺨을 생각해. 그게 내 이름이야. 이 금반지를 줄게. 거기 새겨진 표시가 당신을 모든 악으로부터 보호할 거야. 그냥 그걸 보여주기만 해. 그럼 당신을 내게로 데려다 줄 거야. 그렇지만 반지를 잃어버릴 수도 있고, 이름을 잊을 수도 있어. 내 이름을 잊어도, 내 반지를 잃어도 내 얼굴을 기억할 수 있겠어? 눈을 감아도 내 얼굴이 보여?

아킬레우스. 다이아몬드에 새겨진 선처럼 뚜렷이 내 기억 속에 각인되어 있어.

그러나 모든 것이 먼지 속에 끝나고 만다. 클라이스트에게 있어 《펜테실레이아》는 '내 영혼의 모든 고통, 모든 찬란함'이다. 왜냐하면 갑자기 평화는 찢어지고, 무기가 등장하기 때문이다. 사랑은 심연으로 내쫓긴다. "이제 그들은 땅에 내려와 서로의 몸 위에 겹쳐 쓰러져 있다. 그들의 못다 한 여정을 그저 눈길로만 좇을 뿐이다." 그 어느 때보다 더 빛나는 목표물을 향한 그들의 여정을. 위협은 항상 존재해 왔다. 욕망의 대상인 남성, 그를 어떻게 살려줄 것인가? 항상 욕망을 증오해오던 것들이 모두 함께 힘을 합쳐 그를 죽이고자 하면 어떻게 할 것인가? 어떻게 해야 사랑을 산 채로 간직할 수 있을 것인가?

법이 되돌아온다. 법은 군대를 가지고 있다. 그리스 군대와 아마존 군대가 사랑의 무대로 물밀듯이 들어와 그곳을 박살낸다. 사랑의 힘이 엄격한 대립구조를 흩트려서는 안 되는 것이다. 두 연인은 강제로 떨어진다. 그들은 이후 다시 결합되지 못한다. 높은 사랑의 차원으로 되돌아가지 못한다. 다른 세상은 아직 너무 기반이 약하다. 너무 기적적이다. 욕망의 신마저도, 혹은 클라이스트마저도 그곳의 존재를 믿기 어렵다. 세상은 사랑을 너무도 질투한다. 그래서 사랑을 죽이려 한다. 너무도. 클라이스트에게 있어 고통의 다른 이름이 바로 이 '너무'라는 것이다. 오직 넘치는 것만이, 모든 속박에서 벗어나 있는 것만이, 기지(旣知)의 것과는 아무런 연관이 없는 것만이, 힘껏 솟아올라 시야에서 사라지는 것만이 아름다울 수 있다. 아름다움이란 항상 얼핏 보는 것만으로 숭배하게 되는 것이다. 즉, 너무도 아름다운 것이다. 당신인가? 맞아, 당신이군. 이렇게 나는 벼락에 맞은 것처럼 찰나적으로 당신을 알아본다. 그리고 다음 순간, 당신은 하나의 이름을 갖게 된다. 그러나 그 이름이 아무리 적합하다 하더라도 이름이란 결국 당신을 인간세계로 되돌리는 속성을 가지고 있다. 그러므로 이 두 순간 사이에는 깊은 심연이 벌어진다. 장소가 아닌 장소인 이 심연 속으로 잃어버린 것, 더 멀고, 더 높은 것들이 삼켜진다.

연인의 발치에서 아킬레우스는 예감한다. "그럼 당신은 나와도 헤어지려고 해?" "사랑하는 이여, 나도 모르겠어. 내게 묻지 마."

클라이스트. "오, 예수님. (《펜테실레이아》를) 끝낼 수 있게 해주시기를. 하늘이 저의 이 유일한 소원을 들어주신다면 다른 것은 마음대로 하셔도 좋습니다." 가슴 아픈 역설이다. 그것을 끝낼 수만 있다면, 내 작품이 살 수 있기만 한다면. 그러나 작품이 끝나면, 완성되면, 그것은 나를 떠난다. 나는 그것을 산 채로 잃게 된다. 그것은 살게 된다. 그러나 나에게서 분리된다. 그것이 나를 떠나지 않는다면, 그것은 미완성인 것이다. 그럴 경우, 나는 그것을 간직할 수 있다. 그러나 그것은 불완전하고, 반쯤 죽은 상태인 것이다. 아킬레우스와 펜테실레이아도 마찬가지이다. "이 승리, 오, 신이여, 제게 그것을 주십시오. 제가 그렇게도 열렬히 원하는 영웅을 제 발치의 흙먼지 속에 던지는 기쁨을 주십시오. 그 사람만주신다면 일평생 제게 예정된 다른 모든 행복은 어찌 되어도 좋습니다.” 한 순간 그를 소유하는 것. 그리고 이 한 순간은 한 평생에 맞먹는다. 클라이스트 속에 있는 희곡 《펜테실레이아》는 펜테실레이아 속에 있는 아킬레우스와 같다. 그것은 자기 자신으로부터 끄집어내어야 하는 작품이다. 만일 그 작품이 살지 않으면 자신이 죽는다. 그러나 작품이 살면 자신은 작품으로부터 분리된 채 죽는다. 그것은 가장 허약하고, 가장 아름답고, 가장 욕망되는 부분이다.

그러자 펜테실레이아가 약해진다. 반면에 아킬레우스는 그렇지 않다. 오래된 고뇌, 클라이스트의 고뇌가 그녀 마음에 독을 퍼뜨린다.

아킬레우스는 동족을 배반하고 그녀에게 돌아온다. 그녀에게 항복하기 위해, 그녀에게 자신을 다시 바치기 위해 온 것이다. 그는 분리된 것을 되돌리고, 죽음의 위협을 극복하고, 역사가 요구하는 값을 치르려고 결심하였다. 그는 펜테실레이아로서는 엄두도 내지 못할 정도로 완벽하게 모든 것을 버리고 그녀에게 자신을 제공하러 왔다. 그러나 그는 이미 펜테실레이아의 눈에 보이지 않는다. 그녀의 신뢰를 잃어버렸다. 그래서 이번에는 그녀가 사랑의 메시지를 듣지 못한다. 겉모습만으로 잘못 판단한 것이다. 그녀는 자신이 너무 멀리 나가지나 않았나 걱정한다. 너무 여성적 본질에 충실하지 않았나 걱정한다. 그녀는 공포로, 광기로 변한다. 사나운 개떼가 된다. 그리하여 짧은 순간을 제외하면 결코 그녀를 떠난 적인 없던 너무도 아름다운 그 남성을 ‘끝장낸다.’ 이렇게 사랑의 정점은 곤두박질쳐서 참혹한 심연이 된다. 아킬레우스의 참혹한 죽음은 사랑의 찬란함을 참을 수 없는 고통으로 바꾼다. 그러나 바로 이 순간, 사랑은 벌써 죽음에 대항하여 투쟁을 개시하였다. 아킬레우스는 개떼에 온몸을 물어 뜯긴다. 심지어는 펜테실레이아마저 탐욕스런 개처럼 그를 물어뜯는다. 그럼에도 불구하고 아킬레우스는 증오 없이 펜테실레이아 안에서 죽어간다. 그는 실수를 깨닫고 사랑을 불쌍히 여긴다. “그는 자신이 흘린 붉은 피 속을 기어간다. 그는 다정하게 그녀의 뺨을 만진다. 그가 그녀를 부른다. ‘펜테실레이아, 나의 약혼자여! 그대는 무슨 짓을 하는 것이오?

나의 사랑이여!/ 이것이 그대가 약속했던 장미의 축제란 말이오?'"

그러자 그녀는 갑옷을 찢고 그를 만진다. 마침내 그를, 그녀의 빛나는 새를 잡는다. 그녀는 그를 죽도록 사랑한다. 그는 빈손으로 그녀를 찾아온 한 남성이 아니다. 그 이상이다. 그것은 육화된 사랑 그 자체이다. 그 목소리이다. 그녀는 그것을 잔혹한 방법으로 제 것으로 만든다. 그 흰 가슴에 그녀의 이빨을 박은 것이다. 옥수스와 스핑크스[88]는 오른쪽, 그녀는 왼쪽에서. 그렇다, 이것은 그들의 축제이다. 광란으로 변한 그 축제에 그들은 미친 듯이 탐닉한다. 그리고 그도 그 축제를 거부하지 않는다.

광란 상태에서 그녀는 사랑의 끝을 향해 내닫는다. 아킬레우스를 먹는 것은 그의 몸을 자기 몸속에 넣는 것, 그를 입맞춤으로 삼키는 것이다. 은유의 공간이 붕괴되고 환상이 현실 속에 실현된다.[89] 그러지 못할 까닭이 있는가? 그녀는 점점 더 멀리 나아간다. 이제 그녀는 불가능한 것을 정면으로 대면할 수 있게 된다.

> 친구의 목에 매달려 있는 많은 사람들이
> 얼마나 이러한 말을 잘 하는가! 그를 사랑한다고,
> 오, 너무도 사랑하기 때문에 물어뜯을 수 있다고;
> 그리고 바로 그 말을 음미한다, 어리석은 여인들이!
> 그러고 나서는 구역질을 한다.
> 사랑하는 이여, 이제 나는 그렇게 하지 않는다.
> 내가 그대 목에 매달려 있을 때
> 나는 맹세코 말 그대로 행동했었어.
> 그리고 그대는 알겠지.
> 그때 나는 겉보기처럼 그렇게 미치지 않았었어.

---

88) 펜테실레이아의 개들. 클라이스트의 《펜테실레이아》에서 펜테실레이아는 개들과 함께 아킬레우스를 뜯어먹는다.

89) '그를 입맞춤으로 삼키다'의 프랑스어 표현인 le dévorer de baisers는 실제로 그를 먹는 것이 아니라 '그에게 키스를 퍼붓다'라는 은유적인 뜻으로 쓰인다. 그런데 펜테실레이아의 경우, 실제로 삼키기 때문에 이 표현은 더 이상 은유가 아니다.

더 멀리 나아가면 다른 결혼이 거행된다. 그것은 또 하나의 승리이다. 이제 더 이상 무기가 필요하지 않다. 고뇌도, 법도 없다. 어떤 법도, 어떤 위협도, 어떤 비굴한 의무도 없다. 나는 이제 법이 아니다. 나는 여기 있는 이 사람과 함께 간다. 그것이 가능할까? 아무런 폭력 없이도? 자살하지 않고도 그녀는 아킬레우스를 떠나지 않을 수 있을까? 여기 있는 그 사람이 될 수 있을까?

이제 더 이상 화살은 필요치 않다. 그녀는 화살을 버린다. 단도도 필요 없다. 그녀는 허리띠에서 단도를 빼낸다. 전쟁도 필요 없다. 왜냐하면 이제 그녀는 사랑이 결코 쇠약해지지 않는 곳에 있으니까. 그곳에서 이별은 더 이상 헤어짐이 아니며, 실명(失明) 또한 못 보는 것이 아니니까.

펜테실레이아는 자기 가슴으로 내려간다. 그곳에는 찢겨진 아킬레우스가 있다. "나는 내 가슴속으로 내려간다." 그녀의 말은 참말이다. 그녀는 그를 따른다. 그녀는 사랑, 아무것도 막지 못하는 지극한 사랑이 갈 수 있는 곳으로 간다. 그녀의 몸, 그녀의 살이 쓰러진다. 그를 위해, 그녀를 위해, 상처투성이가 되어. 그리고 땅으로 변한 그녀의 가슴에서 그녀는 순수한 금속을 꺼낸다. "그리고 나는 그것을 희망이라는 영원한 모루에 올려놓고 벼린다. 단도로 만들어 날을 세운다. 그리고 마침내 그 단도에 내 가슴을 갖다 댄다. 거기, 그래, 거기. 자, 다시 한 번 … ." 모든 것이 잘 되어간다.

그렇다. 모든 것이 잘 되어간다. 역사 너머에서는. 그곳에서 아킬레우스는 펜테실레이아 안에서 이해되고, 아킬레우스는 그녀를 계산 없이 이해한다.

클라이스트, 그 역시 죽는다. 펜테실레이아가 됨으로써 죽는다. 죽지 않고는 펜테실레이아가 될 수 없기 때문에 죽는다.[90] 펜테실레이아는 법의 그늘에 너무 가까이 있었기 때문에 죽어야만 했다. 오래된 망령들

---

90) 1811년, 그 역시 "그의 가슴으로 내려간다". 그곳에는 너무 아름다운 이 사람들이 간직되어 있었다. 그의 사랑 덕택이었다. 향년 34세였다. 《펜테실레이아》는 1806에서 1808년 사이에 씌어졌다 — 원주.

을 두려워했기 때문에, 삶이 가까이 손 닿는 곳에, 눈 닿는 곳에 지나가는 것을 보았기 때문에, 그 삶에 살짝 스치고, 타는 듯이 뜨거운 그 머리칼의 애무를 받았기 때문에, 그러나 그것을 잡지 못하였기 때문에 죽어야만 했다. 클라이스트 또한 그 때문에 죽는다.

어떻게 하면 죽음의 방해 없이 한 여성을 사랑할 수 있을까? 인형도, 벙어리도 아니며 나약하거나 죽어있지 않은 여성을 말이다. 아름답고, 고결하고, 힘 있고, 빛나는 여성을 말이다.

어떻게 하면 역사 속에 만연한 그 증오의 법칙에 오염되는 일 없이 여성을 사랑할 수 있을까?

그래서 약혼자들은 흙먼지 속에 다시 쓰러진다. 거세의 복수는 항상 진행되고 있다. 그리고 절망한 시인은 오직 픽션 속에서만 그것을 극복할 수 있다.

그러나 다른 무대에서는 질투의 기계가 고장이 난다. 내가 여기서 이것을 이렇게 황급히 환기하는 이유는 진정한 '강자'들의 대의(大義)를 옹호하기 위해서이다. 사랑이 승리하는 경우는 역사 속에도 분명히 존재한다. '모방할 수 없는 이 삶'의 광채는 (남성도 여성도 아닌 자, 한 인간 속에 천 명의 인간이 공존하는 자인) 셰익스피어에 의해 영원토록 전해진다. 플루타르코스의 명저 〈안토니우스의 생애〉 또한 그렇다. 그러므로 나의 이야기는 그것들의 메아리에 불과하다. 안토니우스와 클레오파트라, 이 남녀 한 쌍의 유쾌함, 그들의 뛰어난 독창성은 이들 텍스트에서 완벽하게 찬양되고 있다. 그 책들을 다시 읽어 보라.

클레오파트라와 함께한 안토니우스의 생애. 클레오파트라의 꿈과 안토니우스의 몇 마디 말은 그 생애의 웅장함을 섬광처럼 단번에 드러낸다.

클레오파트라. 난 안토니우스 황제의 꿈을 꾸었단 말이오. 아, 다시 한번 잠들어 그런 분을 만나 보게 되었으면!

그분의 얼굴은 하늘 같았소. 그 하늘에는 태양과 달이 담겨 있어 궤도를 돌면서 이 작은 지구를 비추고 있었지.

그분은 두 다리로 대양(大洋)을 딛고 서 있으시고 높이 쳐든 팔은 세계의 정상에 걸친 장식이라고나 할까. 그분의 목소리는 천상의 음악처럼 아름다웠소, 좋은 사람을 대하실 때는 말이오. 그러나 대지를 진동시키려 드시면 뇌성벽력과 같았소. 인정이 많으신 심성은 겨울이 없고, 추수할수록 점점 더 익어가는 풍요한 가을 같았소. 즐거울 때면 수면 위로 등을 내밀고 노는 돌고래 같았고, 왕과 제후들이 그의 녹을 먹는 하인들이요, 영토와 섬나라쯤은 그분의 주머니에서 떨어지는 금화처럼 수두룩했소.

그대는 내가 꿈에 본 그런 분이 실지로 있었다고 생각하오, 또는 있을 수 있다고 생각하오?

하지만 그런 분이 실지로 있다 하더라도 또 과거에 있었다 하더라도 도저히 꿈에서도 상상할 수 없는 큰 인물이오. 불가사의한 힘을 창조해내는 힘은 자연이라도 공상을 따를 수는 없는 법, 그래도 안토니우스 같은 분은 공상에 도전한 자연의 걸작이며 꿈의 그림자를 압도하고 남는 분이오.[91]

안토니우스. 로마가 티베르 강물에 먹혀도 좋다. 세계를 버티고 서 있는 로마 제국의 광대한 아치도 허물어져라! 이곳이 나의 영역이다. 왕국들은 한 줌의 흙덩어리에 불과하다. 이 더러운 대지도 사람이든 짐승이든 다 같이 먹여 길러 주지 않는가. 천생연분인 한 쌍의 애인이 (클레오파트라를 포옹하며) 이렇게 서로 뜨겁게 사랑할 때, 인생은 존귀하기 그지없구나!

서로 동등한 두 사람, 상대방에 대한 열정에서 다른 어느 누구와도 견줄 데 없는 이들 두 사람. 그들은 함께 '더욱더 많이'라는 비밀을 발견하였

91) 윌리엄 셰익스피어, 《앤토니와 클레오파트라》, 5막 2장(한국어판, 신정옥 역, 전예원, 1995). 이후 인용은 모두 이 한국어판에 의거하나 때때로 옮긴이의 부분 수정이 가해진 곳도 있다.

다. '결코 충분치 않음'은 시간을 파괴하고 일 분에서 백 일을 만들어 낸다. 그럼에도 불구하고 그것은 아무것도 아니다. 그것은 결코 충분치 않다.

호령하고, 웃고, 우는 이 모든 것이 다 잘 어울리는 성마른 여왕. 매초 새로운 얼굴, 매 숨결 새로운 정열. 그녀의 살 속에서는 더 많은 사랑, 더 많은 삶, 더 많은 향락에 대한 욕망이 매 순간마다 고동친다. 열 개의 언어를 가진 여왕, 그녀는 그것을 모두 다 말할 수 있다… .

> 전하는 바에 의하면, 클레오파트라는 누구나 한 번 바라보면 그 미모에 놀라지 않을 수 없는, 세상에 둘도 없는 그런 미인은 아니었다고 한다. 그러나 그녀와 함께 지내면서, 그녀를 알게 되면 이상하게도 저항할 수 없는 매력에 사로잡히게 되었다. 그녀의 미모, 그녀가 이야기를 할 때 보여주는 우아함과 더불어 그녀의 천성적인 부드러움과 친절함은 그녀가 행하거나 말하는 모든 것에 짜릿한 매력을 더해 주었다. 게다가 그녀의 목소리와 발음을 듣는 것만도 커다란 즐거움이었다. 그녀는 마치 여러 줄이 있는 악기처럼 자기 마음 내키는 대로 자유자재로 여러 언어를 바꾸어 말할 수 있었다. 그러므로 변방의 야만국에서 사신이 찾아와도 통역이 필요한 경우는 드물었다. 에티오피아, 아라비아, 트로글로디테스, 헤브루, 시리아, 메디아, 파르티아를 비롯하여 수많은 민족의 말을 유창하게 할 수 있었기 때문이다. 그녀는 이 많은 언어를 따로 배웠다. 그녀 이전의 이집트 왕 중에는 이집트 말도 겨우 배웠고, 개중에는 마케도니아 말마저 잊어버린 왕조차 있다는 점을 생각하면 그것은 참으로 놀랄만한 일이었다.[92]
>
> 이렇게 하여 안토니우스는 그녀에게 완전히 사로잡히고 말았다(플루타르코스).[93]

---

92) 클레오파트라의 선조인 프톨레마이오스 1세는 알렉산더 대왕이 제국을 이루었을 때, 그의 휘하에 있던 장군이었다. 따라서 이들에게는 알렉산더 대왕이 사용하던 언어, 즉 마케도니아 말이 모국어인 셈이다.

93) 플루타르코스, 《플루타르코스 영웅전》, 〈안토니우스〉(한국어 판. 김병철 역, 《플루타르크 영웅전》, 제 7권, 범우사, 1994). 옮긴이 부분 수정.

그녀는 또한 신체의 모든 부분이 온갖 언어를 말하게 했다. 그녀는 또한 온갖 피의 노래를 알고 있었다. 그녀는 학식이 있으면서도 순진무구했다. 자연과 예술은 그녀 속에서 무궁무진한 조합을 이루었다. 그녀의 백성, 다른 나라의 왕들, 그녀의 적들, 혹은 그녀의 친구를 막론하고 모든 사람에게 그녀는 하나의 수수께끼였다. 그런 여성은 아름다움의 원천이자 충만 이상의 것, 즉 흘러넘침이다. 그녀는 가득 채우면서도 포만에 이르지 않게 할 줄 알았다. 그녀는 만족시키자마자 또 다른 것을 원하게 할 줄 알았다. 그것마저 만족되면 그녀는 또 다시 다른 욕망을 창조하였다.

그녀는 항상 더 많은 것을 할 줄 안다. 그녀 자신이 움직임이며, 지출이며 풍요이다.

로마인들과 이집트인들은 이렇게 말한다. 다른 여자들은 남자에게 만족을 주고 나면 곧바로 염증을 느끼게 만든다고. "그러나 그녀는 가장 포식했을 때 더더욱 허기를 느끼게 한다." 즉, 이 드문 이집트 여성은 연인에게 만족을 줌으로써 그를 더욱 허기지게 만드는 것이다. 이 세상에 견줄 데 없는 이 여성을 맛본 자는 그녀에 대해 영원히 걸신 들게 된다. 그녀는 기적과도 같이 그를 간직하고, 그에게 화려한 축제를 베푼다. 그리고 그녀는 매일같이 더 이상 능가할 수 없는 것을 능가한다. 이제 삶에는 더 이상 지난 것을 후회할 여지가 없다. 모든 것은 미래를 향해 열려있다. 모든 것은 갈망이며, 미래를 향한 열정이다. 많이 가질수록 더 많이 주며, 더 많은 것이 될 수 있다. 많이 줄수록 더 많은 것을 가질 수 있다. 삶이 열린다. 그것은 무한을 향해 뻗어 나간다. 안토니우스라고 가만히 있는 것은 아니다. 물론 그는 창조의 영역에서는 클레오파트라와 필적하지 못한다. 그러나 그는 또 다른 영역, 즉 다른 관대함의 영역에서 그녀를 능가한다. 한 남성이 영광과 권력을 버리고 한 여성을 사랑하고 찬미할 수 있는 것은 남성에게는 드문 관대함이다. 누구의 열정이 더 큰가 그녀와 그 크기를 다툴 정도로 그녀를 사랑하는 것, 그리고 그것을 자랑스럽게 생각하는 것은 이 다른 관대함의 요체이다.

> 그리고 그들은 'Amime to bion', 즉 견줄 데 없는 삶이란 이름의 도당을 만들었다. 다른 사람들은 결코 흉내 낼 수 없는 삶이란 뜻이다. 그들은 돌아가며 서로에게 잔치를 베풀었다. 이를 위해 그들은 이성의 모든 한도를 초과하는 막대한 지출을 하였다.

게다가 단번에 인간의 시간적 한계를 뛰어넘는다. 그것은 보통 사람들이 심각하게 생각하는 나이라는 문제에 대한 그들의 감탄할만한 관계를 통해서이다. 왜냐하면 그들은 둘 다 이미 청춘이 아니었고, 여러 시대와 여러 사랑을 경험하였기 때문이다. 그들 두 사람은 다 같이 그것을 알고 있었다. 따라서 그들은 스스로를 비웃으며 새로운 출발을 하였다. 즉, 대부분의 사람들이 자신들의 이야기를 끝낼 무렵에 그들은 새로운 이야기를 만들기 시작하였던 것이다. 그들은 서로의 모습을 있는 그대로 보았다. 안토니우스의 곱슬머리에는 흰 머리가 섞이고, 클레오파트라의 메마른 피부에는 잔주름이 생겼다. 그것은 영원한 불, 영원한 숨결이었다.

> 아, 이 세상의 태양, 투구를 쓴 내 목을 얼싸안아 주오. 옷을 입은 그 모양대로 내 검도 물리치는 갑옷을 꿰뚫고 내 심장 속으로 뛰어들어 오시오. 숨 가쁘게 고동치는 가슴에 올라타시오.
>
> 클레오파트라. 아, 왕 중의 왕! 용감무쌍한 영웅, 이 세상의 크나큰 덫에 걸리지 않고 미소를 지으며 개선하셨나요?
>
> 안토니우스. 아, 나의 꾀꼬리여, 적을 영원한 잠자리 속으로 무찔러 넣었소. 어떻소, 내 딸이여(그는 투구를 벗고 머리카락을 내보인다). 갈색 머리에 흰 머리칼이 희끗희끗 섞여있긴 하지만 아직 근육을 기를만한 뇌수가 있으니 젊은이와 맞설 만하오(셰익스피어).[94]

그녀는 이 세상의 태양이다. 빛이며 시각의 원천이다. 그리고 그는 가장 고귀한 남성이다. 우주의 왕관이며 의미이다.

다이아몬드 같은 순간들. 그 반짝이는 표면에 셰익스피어는 그들의 사

---

94) 《앤토니와 클레오파트라》, 4막, 8장.

랑을 비춘다. 역사상 유례가 없는 이 사랑의 모든 발견들이 그 수많은 결정면에서 반짝인다. 한 사람은 다른 한 사람의 근원이다. 그들은 서로를 만들고, 또 와해시킨다.

> 이것이 나란 말이오? 날개 없이 날아다니는 이 여자 아이. 머리를 아래로 거꾸로 매달려 곱슬머리로 공기를 쓸고 날아가는 이 여자 아이. 보이지 않는 어떤 손에 발을 매단 이 여자 아이. 이 여자 아이가 바로 나란 말이오? 이시스 여신 복장에다 세 왕국의 왕관을 쓴 이 여왕이 바로 나란 말이오? 모든 정부와 왕국을 다 내 발치에서 호령한다 하더라도, 이집트에 덧붙여 아시아의 모든 땅이 모두 내게 복속된다 하더라도, 여왕의 모든 이름은 내게서 달아나고 마오. 옥타비아만 생각하면 말이오. 왜냐하면 그녀는 당신을 우리 두 사람의 침대로부터 앗아가기 때문이오. 저 오래된 나일강의 한 점 물방울, 이것이 내가 되고 싶어 하는 것인가? 시종도, 국민도, 왕국도, 바깥도 없이 세계의 심장 속에서 고동치는 것, 이것이 바로 나란 말이오? 아, 내 남편이자 어머니인 사람이여! 당신 품에서 나는 얼마나 행복한지! 나는 더 이상 예전의 내가 아니오. 그러나 이제 나는 알게 되었소. 내가 누군지를!
> 나는 기억하고 있소. 여러 왕들이 어린아이처럼 서로 밀치며 달려와 당신의 명령을 구하던 때를. 당신의 이름, 그 마법 같은 전쟁의 구호만으로도 충분했소. 그것만 있으면 당신이 없어도 승리할 수 있었소. 그렇지만 그건 아무것도 아니오. 제국은 진흙으로 돌아가고 마니까. 당신은 날 얼마나 사랑하오? 사랑이란 것이 어디 계산될 수 있는 것이오? 당신은 파르티아 땅을 원하시오? 그렇다면 나는 메디아를 주겠소. 그리고 여타 백 개의 민족과 그들의 땅도 주겠소. 그렇지만 그건 아무것도 아니오. 삼 곱하기 삼의 생(生)이 당신 미소 속에 들어 있다오. 내게 웃어주시오! 나는 경계선까지 가고 싶소. 당신 중에서 내 것은 무엇이며, 내 것이 아닌 것은 무엇이오? 당신이 가진 세 개의 침대, 당신이 살아온 세 개의 이야기 중에서 어느 몫을 내게 주겠소? 나는 그것을 생각할 수 있었소. 나는 울었소. 왕들에 둘러싸여, 나를 따르는 백성을 거느리고 말이요. 그들의 눈에

> 나의 영화가 비쳐보였소. 그렇지만 나는 저 오래된 나일강에 섞여 흐르는 한 방울 강물이 부러웠소. 기억하시오? 그렇지만 그건 아무것도 아니오. 이집트로서의 나, 안토니우스로서의 당신, 그렇게 우리는 역사란 개념을 혼란시키고 세계의 질서를 뒤엎었소. 우리가 한 번의 포옹으로 또 하나의 나일강을 만들었을 때 동방세계 전부가 우리 손가락 사이로 흘렀소. 경계선까지! — 계속 나아갑시다! — 한 번의 키스로 우리 입술 사이에서 영원의 혀가 생겨났소. 우리 몸 아래서 제국이 침몰하오. 이것이 우리가 역사에게 가르쳐준 교훈이오. 그리고 역사는 아직도 그 충격으로부터 벗어나지 못했소. 그렇지만 당신은 이런 것쯤이야 이미 다 알고 있소. 셰익스피어의 희곡에서처럼 3분이 30년과 맞먹을 수 있소. 우리는 시간을 이렇게 다루라고 역사에게 한 수 가르쳐 주었소. 거짓된 가치와 허장성세로 잔뜩 부풀어 있는 역사에게 말이오. 그리고 우리가 절정에 올라있을 때, 우리 몸이 경험한 3분간의 이야기는 30년이 걸려도 시로 읊어내지 못할 것이오. 나, 이집트로서의 나는 이미 그것을 알고 있었소. 그리고 나는 벌써 우리의 영원한 기념물에 대해 생각하였소. 그리고 당신도 그것을 알고 있었소. 나는 끝까지 가서 어디가 한계인지 알고 싶소. 나는 그렇게 말할 수 있었소. 그리고 지금 나는 그것을 고통스럽게 회상하오. — 자! 찾아보시오. 새로운 땅이 보이는 것 같거들랑 내가 그것을 열어주겠소. 아직 태어나지 않은 하늘 아래 있는 그 새로운 땅을! (엘렌 식수)

그녀는 동방 출신이다. 그래서 그렇게 고고하고, 자유롭고, 스스로의 주인일 수 있었다. 또한 당시 사람들로부터 그렇게 인정받을 수 있었다. 즉, 그녀는 이방인이었던 것이다. 서양 역사, 혹은 서양의 역사적 상상력을 가로지르는 '위대한 여성들'은 모두 다른 곳 출신이다. 다른 곳 출신일 수밖에 없었다. 그 다른 곳에서는 좋건 나쁘건 간에 뭔가 놀랄만한 것이 있을 수 있다고 여겨졌다. 세상 반대쪽에서라면 눈부시게 빛나는 여왕이 왕국을 지배하여도 상관없었고, 그녀가 하나의 온전한 여성이어도 상관없었다. 그러나 로마에서는 아무리 비범한 여성이라도 존경할만한 남성 앞에서 머리를 숙인다. 그들은 왕, 지도자, 주인 등의 아내가 아니면 누이에 불과하였다. 또한 질투하거나 아니면 아주 헌신적인 태도로 그들을 따르고, 섬겼다. 탁월한 누나이자 훌륭하고 세련된 아내, 안토니우스에 걸맞은 충실한 아내인 완벽한 여성 옥타비아는 안토니우스를 한 명의 '지아비'로 만든다. 그러나 그것은 결국 상급자가 아랫사람의 절대적 복종에 의해 '갱생'하는 것에 불과하다.

그러나 동방에서는 불가능이 가능하다. 불가능한 존재가 탄생한다. 이해할 수 없는 여성, 상상을 초월하는 여성, 가장 강한 남성의 가장 강한 욕망에 화답하는 여성이 탄생한다. 그녀는 모든 것을 다 가졌다. 모든 것 이상이다. 어떤 존재도 그녀를 완전히 포용할 수 없다. 찬란함에서, 격정의 지속에서, 정열에서, 어떤 남성도 그녀와 필적하지 못한다. 그럼에도 불구하고 가장 위대한 남성들은 찬미하며 그녀에게 다가갔다. 그녀는 피하지 않았다. 그녀는 몸소 그들을 맞았다. 그녀는 스스로를 감춤으로써 남성의 욕망을 자극하는 전략을 쓰지 않았다. 그녀는 직접 나타나 베일을 벗고 남성들로 하여금 자신을 만지고 맛보게 하였다. 그러나 어떤 남성도 그녀와 필적하지 못하였다. 그녀가 말년에 만난 안토니우스만이 예외였다.

그녀는 독특하다. 어느 누구보다도 위대하다. 왜냐하면 그녀는 미인일 뿐 아니라 — 사실 미모는 아무것도 아니다 — 그녀의 무한한 지성을 뭔가를 만드는 데에 전적으로 쏟아 부었기 때문이다. 그녀는 삶을 만들고, 사랑을 만들었다. 창안하고, 창조하였다. 하나의 감동에서 1만 가지 아름다움을, 하나의 기쁨에서 1만 가지 유희를, 하나의 고통에서 거대한 열정을 이끌어내었다. 그녀는 여성으로 현신(現身)한 삶이다. 예술이 된 여성이다. 안토니우스와 그녀의 이야기의 매순간은 창조됨과 동시에 격렬하게 체험된다. 또한 그것은 끊임없는 긴장과 변모와 재창조에 의해 즉시 여러 개로 증식된다. 이 모든 변모와 재창조의 과정 속에서 수천의 사랑의 장면이 열리며 또한 메아리처럼 울려 퍼진다. 또한 무한을 향한 사랑의 욕구가 사랑의 장면 속에서 무한히 새겨진다.

안토니우스와의 그 유명한 첫 대면을 연출하기 위해 그녀는 온갖 기교를 다 동원한다. 그녀의 등장은 수 세기에 걸쳐 되풀이하여 묘사되었다(플루타르코스, 셰익스피어, T.S. 엘리엇, 그들의 텍스트는 안토니우스의 눈에 비친 그녀의 모습을 다시금 비춘다).

그녀는 남들의 시선에 자신을 내맡길 줄 알았다. 잊을 수 없는 자신의 아름다움을 내보일 줄 알았다. 그녀의 연출의 각 순간은 욕망의 눈뜸, 만개, 충족의 단계에 맞도록 구성되었다. 클레오파트라의 지성과 힘은 특히 거리와 간격, 그리고 이별에 대한 그녀의 조작, 즉 사랑의 조작 속에서 뚜렷이 드러난다. 그녀에게 있어 간격이란 메워지기 위해 만들어지는 것이다. 또한 그녀는 사랑에 빠진 육체가 이별 때문에 상처 입는 것을 결코 용납하지 않았다.

그녀는 멋지게 가장함으로써 사람들을 홀린다. 자기 스스로를 자신의 작품, 그림, 움직이지 않는 우상으로 만든다. 그녀는 액자 속에 들어있는 그림처럼 스스로를 연출한다. 그것은 만져질 수 있도록, 묘사될 수 있도록 공중 앞에 제공되어 있다. 그러나 결코 아무도 그것에 도달할 수 없다. 그녀는 표류하듯이 물결 따라 미끄러진다. 기원(起源)이 없는 아름다움처럼 솟아오른다. 할 말을 잃은 사람들 앞에 꿈처럼 지나간다. 사람들은 강둑에 한 덩이로 뭉쳐있다. 강물 때문에 더 나갈 수 없기 때문이다. 그들은 앞으로 돌진하는, 그러나 결코 그들에게 와닿지 않는 그녀의 시선을 간청한다.

> 그래, 내 얘길 해주지. 여왕이 타신 배는 빛나게 닦은 황금 옥좌처럼 물결 위에 타오르는 듯 찬란했지. 고물 선미(船尾) 갑판에는 황금 마루가 깔렸고, 돛은 온통 자줏빛인데, 어찌나 향기를 풍기는지 바람도 사랑병에 걸린 듯 흐느적거렸지. 수많은 노들은 온통 은이고, 피리소리에 맞춰 가지런히 노를 저어나가면 갈라지는 물결도 그만 연정에 못 이기는지 뒤쫓아오더란 말이야. 여왕의 자태는 필설이 무색할 지경이었고, 금실을 섞어 짠 엷은 비단 차일 아래 비스듬히

> 누워 있는 모습은 그림 속의 비너스보다도 몇 배나 더 아름다운 자연의 조화요, 좌우에 보조개가 오목 팬 웃음 짓는 미소년 큐피드를 능가하였지. 오색영롱한 부채들을 들고 쉴 사이 없이 부채질을 하면 한 번 식힌 그 정묘한 두 볼에 새로운 홍조가 떠올라 황홀하게 빛나더란 말이야.
> 바다의 요정 같은 시녀들이 인어 떼처럼 여왕 앞에 허리를 굽히고 서서 시중드는 모양은 여왕을 한층 더 아름답게 장식했다구. 선미(船尾)에는 인어 같은 여자가 키를 잡고 있고, 꽃처럼 보드라운 손들이 재치 있게 당기는 비단 밧줄에 돛이 볼록하게 부풀어오르고 배에서는 눈에 보이지 않는 신기한 향기가 근처의 강둑에 모인 사람들의 코를 찔렀지. 시중의 사람들이 모두 여왕을 보러 쏟아져 나왔지. 안토니우스 장군은 광장에 홀로 정좌하고 하늘을 향해 휘파람을 불고 있었는데, 그 공기란 놈도 진공이 생길 염려가 없었다면 역시 클레오파트라를 보러 갔을 것이야. 그렇게 되면 필시 대자연에 구멍이 하나 뚫렸을 게 아닌가?
> 배가 부두로 다가갔소…. 95)

배는 조금씩 단계적으로, 지체하고, 우회하며, 차츰차츰 강둑으로 다가갔다. 사람들의 시선도 그 움직임을 따랐다. 이 움직임에 따라 사람들의 영혼은 흥분되었다가 정지되기를 거듭하며 불 주위를 맴돌았다.

뱃전과 강둑은 셀 수 없이 많은 멋진 등불로 휘황찬란하였고 정교한 세공장식들과 장신구들이 넘쳐흘렀다. 긴장과 열기가 극도로 고조되어 신에게까지 닿을 듯하였다.

그녀는 미동도 하지 않는다. 무관심한 모습으로, 사람들의 시선에 수동적으로 내맡겨져 있는 것처럼 보인다. 그러나 실제로 그녀는 그 시선을 부르고, 사로잡는다.

이별, 보상. 그러나 그녀는 안토니우스에게로 간다. 그녀는 그를 강둑에 남겨놓지 않는다. 그녀는 땅에 내려와 그와 결합한다. 그리고는 그가

---

95) 《앤토니와 클레오파트라》, 2막 2장.

이렇게 자신의 욕망을 열어준 것에 대해 그에게 보상한다. 그에게 연회를 베풀고, 그를 먹인다. 끊임없이 즐기고 싶은 욕구를 불러일으킨다.

연회는 판타지와 은유로 풍성하다. 이 세상 것이 아닌 듯한 맛있는 음식, 고기와 술은 이 욕망의 변증법을 드러내는 은유이다. 두 위대한 연인 사이의 교환은 아기가 어머니의 젖을 빨 듯 이루어진다. 클레오파트라의 귀는 젖을 빨 듯 안토니우스의 한 마디 말을 먹는다. 그런 식이다. 여기서 우리는 항상 부재할 수밖에 없고, 결코 잡히지 않으며, 또한 결여를 통해서만 욕망을 유지시킬 수 있는 그러한 '대상 a'[96] 로부터 멀리 떨어져 있는 것이다.

풍요, 에너지, 과잉. 이것이 그녀의 본질이다. 물론 그녀는 호화의 극치를 달리는 융숭한 대접을 할 수 있는 물질적 기반을 가지고 있다. 여러 나라를 다스리는 절대군주로서 그녀는 어느 누구보다도 많은 것을 줄 수 있다. 또한 안토니우스와 클레오파트라가 서로에게 베푼 찬란한 삶은 그들의 물질적, 육체적, 상징적, 정신적 자원의 엄청난 크기에 걸맞은 것이기도 하다. 그들은 모든 것을 가지고 있었다. 거의 절대적인 힘과 권력을 가지고 있었다. 그렇지만 그것은 아무것도 아니다. 그들은 그것을 대단하게 여기지 않았다. 단 한 번의 입맞춤으로 그들은 그것을 하찮은 것으로 만들어 버렸다. 사실 그것은 원래 하찮은 것이다. 다만 사랑에 대해 아무것도 모르는 사람들, 즉 세상 사람들 눈에만 대단한 것으로 보였을

---

96) 자크 라캉의 용어. 'a'는 타자(프랑스어로 *autre*)를 의미한다. 어린 아이의 발달 단계에서 '대상 a'는 어린 아이가 경험하는 분리와 결핍을 예증하는 것이다. 어린 아이는 자신의 욕구(배고픔)가 충족된 후에도 어머니의 젖가슴에 대한 욕망을 그대로 가지고 있다. 그러나 수유가 끝나면 어머니는 젖가슴을 떼어낸다. 그러므로 어린 아이는 어머니의 젖가슴의 부재를 통해 최초로 결핍을 느낀다. 어린 아이는 이렇게 젖가슴이 자신으로부터 분리되고 상실될 때 심리적인 젖가슴이라는 환상을 형성한다. 그러므로 어린 아이의 욕망의 대상인 심리적인 젖가슴은 하나의 대체물에 불과하다. 또한 이 환상화된 젖가슴 또한 어린 아이의 원초적인 욕망, 즉 불가능한 근친상간에 대한 대체물에 불과하다. 이처럼 '대상 a'는 불가능한 욕망의 대상에 대한 대체물에 불가하며 따라서 그것을 통한 욕망 충족은 불가능하다.

뿐이다. 남성들은 영광과 재물을 획득하기 위해 전쟁을 일으키고, 백성들을 죽음으로 몰아넣는다. 그러나 안토니우스와 클레오파트라는 이 모든 영광과 재물 앞에서 눈도 껌뻑하지 않는다.

클레오파트라가 안토니우스 앞에 나타난 그 순간부터 그들은 너무나도 협소한 옛 세상을 버렸다. 그들이 버린 지구라는 행성은 조개껍데기처럼 하찮은 것이다. 그 속에는 여러 왕국이 있고, 그 왕국의 왕좌와 하찮은 허세를 위해 음모와 전쟁과 경쟁이 만연해 있다. 이 모든 것은 결국 남근의 시합이다. 제국주의적 초강대 세력을 형성하는 삼두정치의 집정관들은 자못 심각한 태도로 남근을 장기말로 쓰는 장기놀이를 한다. 그리고 여기서 역사가 만들어진다. 안토니우스와 클레오파트라는 이 모든 것을 버렸다. 그리고 단번에 새로운 세상으로 갔다. 완전히 다른 삶을 찾기 위해서이다. 그곳에서는 외교나 정치에 힘을 쏟지 않는다(그들의 영원한 역사는 절대로 쉽게 떨쳐낼 수 없는 낡은 역사의 한가운데서 시작되었다. 따라서 그들은 어쩔 수 없이 정치와 연관을 맺을 수밖에 없다. 이것이 그들의 비극이다. 그러나 그들과 정치와의 관계는 여기서 끝난다). 그 대신 그들은 죽음의 힘에 대항하는 데, 삶을 축소시키는 낡은 사고방식과 싸우는 데 온 힘을 경주한다. 그런 사고방식은 삶을 가두고, 느리게 하며, 약화시키기 때문이다.

어떻게 상처를 치유할 것인가? 시간과 역사가 그런 폭풍우 같은 삶 속에 파놓은 심연을 어떻게 없앨 수 있을 것인가? 벌어진 틈, 이별, 분리를 어떻게 자기 것으로 만들 수 있을까? 세상과 일이 나를 그대의 젖가슴으로부터 억지로 떼어놓을 때 그 떼어낸 자리의 상처를 어떻게 다독거릴 것인가? 양처(良妻) 옥타비아는 안토니우스가 부재할 때 그를 위해 '기도할 것이다'. 그러나 클레오파트라는 강렬한 사랑의 의지로 두 사람 사이에 놓인 공간을 제압한다. 자신의 육체를 통해, 자신의 감각을 연장함으로써 사랑의 구멍을 메운다. 그리하여 그가 아무리 멀리 있다 하더라도 그는 여전히 그녀 속에 있다. 그녀는 자신 속에서 그를 느낀다.

> 오, 차미언,[97] 넌 장군님이 지금 어디쯤 계실 것 같으냐? 서 계실까, 앉아 계실까? 아, 말은 참으로 행복도 하여라. 안토니우스님을 등에 싣고 있으니 말이야! 말아, 잘 모셔라! 넌 네가 태운 그분이 누구이신 줄이나 아느냐? 이 세계의 절반을 등에 짊어지신 영웅이시며, 인간의 칼이오, 투구이시다. 안토니우스님은 지금 이런 말을 하고 계실 거다. 아니 속삭일지도 몰라. "나일 강의 내 뱀은 어디 있는가?"라고. 그분은 항상 날 그렇게 부르셨어. 난 지금 너무도 달콤한 독에 취해 있어.[98]

그들은 함께 성스러움이란 멋진 수단을 발견하였다. 물론 그들은 겸손하고 순종적인 성자가 아니다. 오히려 정반대로 그들은 인간적이다. 자주 과오를 저지르고, 번민과 질투에 빠지고, 아파하고, 쉽게 낙담하며, 난폭하고 극단적인 행동도 마다 않는다. 그들은 서로 싸우고, 비난을 퍼붓고, 절망하며, 나약함을 드러내기도 한다. 그러나 그것들은 모두 점점 더 높이 올라가는 파도들 사이에서 생겨나는 순간적인 구멍에 불과하다. 어찌나 높은지! 현기증이 날 정도로. 나는 떨어진다. 그렇지만 떨어진들 무슨 상관이랴. 그대가 나를 일으켜주는데. 그녀가 약해지면 그가 붙들어줄 것이다. 그가 휘면 곧 바로 그녀가 그를 재기시킬 것이다. 그들은 서로 뭉쳐 서로를 상승으로 이끈다. 비록 어렵고, 파란만장 하지만 결국 승리에 이른다. 그렇다. 안토니우스는 클레오파트라에게 묶여 있기 때문에 해전에서 그녀가 돛을 돌리고 도망치자 그 역시 뱃머리를 돌려 도망친다.[99] 그는 그 때문에 거의 죽을 지경이 되었다. 그는 자신을 파멸시

97) 클레오파트라의 시녀.

98) 《앤토니와 클레오파트라》, 1막 5장.

99) 클레오파트라는 옥타비아누스와 안토니우스의 운명이 결정되는 악티움 해전에 안토니우스와 함께 참전한다. 그러나 그녀는 갑자기 자신의 함대를 거두어 도망쳐버린다. 그것을 보고 안토니우스도 뒤따라 도망쳐버리는 바람에 대패한다. 《플루타르크 영웅전》에 의하면 이후 안토니우스는 자책감과 분노 때문에 사흘 동안이나 꼼짝하지 않고 뱃머리에 앉아 있었다고 한다.

키고, 그녀 또한 파멸시키려 하였다. 그녀를 증오하고, 다시는 그녀를 보지 않으려고 하였다.

> **안토니우스.** 이로스,[100] 내가 멀쩡하게 나로 보이느냐?
> …
> 어느 때는 구름이 용처럼 보일 때가 있다. 또 같은 덩어리가 곰이나 사자로 보이기도 하고, 하늘을 찌를 듯한 성채, 떨어질 듯한 바위, 험준한 산, 또는 수목으로 덮인 푸른 곶 같은 것으로도 보인다. 그것이 지상을 함께 너울거리며 사람의 눈을 속인단 말야. 너도 본 일이 있지? 그런 것들은 모두 저녁노을이 만들어내는 광경이야.
> …
> 방금 말처럼 보이던 것이 이제 생각처럼 흩어져 버렸군. 조각구름이 갑자기 지워져서 물에 물탄 듯이 사라져 버린단 말야.
> …
> 이로스, 지금 네 장군의 모양이 바로 그렇다. 여기 있는 난 안토니우스이다. 그러나 그런데도 이 모습을, 이대로 버티어 나갈 수가 없단 말이다, 이로스. 내가 전쟁을 한 것은 이집트 여왕을 위해서였다. 그녀의 마음을 내 마음이라고 생각했고, 그녀도 내 것을 자기 것으로 여겨 왔단 말이다. 내 마음이 오직 내 것이었던 시절에는 수백만 사람들의 마음을 사로잡았는데, 이젠 완전히 잃었구나. 이로스, 여왕이 카이사르와 공모하여 카드패를 장난쳐 나의 영예를 앗아 적의 승리로 이끌어 갔단 말이다. 아냐, 이로스, 울지 마라. 나는 아직 나야. 내 스스로 죽을 수 있으니까.[101]

그는 자기 자신의 이미지에 대한 초상을 치른다. 이제 클레오파트라는 반(反)여왕, '이집트 년', 마술을 거는 여자에 불과하다.

이 꼴이 되다니! 날 강아지처럼 졸졸 따라다니던 놈들, 소원이라면

---

100) 안토니우스의 부하.

101) 《앤토니와 클레오파트라》, 4막 14장.

> 내가 다 들어준 그놈들이 달콤한 아첨의 물방울을 활짝 꽃피는 카이사르에게 떨어뜨리고 있잖은가? 그놈들 머리 위에 높이 치솟았던 이 소나무는 온통 껍질이 벗겨지는구나. 난 배신을 당했다. 아, 이 부정한 이집트 년! 이 지독한 화냥년! 그년의 눈짓 하나로 아군을 전쟁터로 몰아내고 끌어들이고 했잖은가. 그 여자의 가슴은 나의 면류관이요, 나의 하늘이었거늘.[102]

이제 그녀는 마녀에 불과하다. 그를 끈으로 조종하는 진짜 '집시'일 뿐이다. "줄을 당겼다 놓았다 하면서 그녀는 나를 속여 패배로 몰아넣었다." "매듭이 묶여있는지, 풀려있는지 맞춰봐"하는 게임에서 그녀는 그를 속여 패배로 이끈 것이다.

이것으로 끝인가? 그러나 사랑이 유일한 가치인 곳에서는 어떤 패배도 다시 승리로 변할 수 있다. 안토니우스는 이 연극의 서두에서 이러한 지고의 사랑을 구가하였다. 그러므로 아무리 비극적으로, 아무리 깊이 내려간다 하더라도 곧 심연을 정상으로 역전시키고 만다. 죽음이 가까워질수록 삶은 더욱 강렬해지고, 고통이 커질수록 그로부터 발산되는 기쁨의 빛은 더욱 찬란해진다. 어떤 것도, 심지어는 죽음도 삶의 반영이자 목적인 이 두 사람을 갈라놓지 못한다. '심지어는 죽음도' 라고? 만일 죽음이 있다면 말이다. 그러나 그들에게는 죽음이 있을 수 없다. 영광과 사랑으로 충만한 그들의 죽음의 장면이 마치 천정 거울에 비친 미묘한 이미지처럼 셰익스피어의 고혹적이고 찬란한 언어를 통해 전개된다. 안토니우스의 말은 거짓이 아니다. "나는 신랑이 신방으로 가듯 내 죽음으로 달려가고 싶다." 왜냐하면 이 두 연인의 기적은 마침내 '죽음'을 사로잡았다는 것이다. 그들은 적을 제 것으로 만들었고, 죽음을 그들의 황홀한 침대 속에 영접했다. 그들은 죽음을 향해 가면서 그 죽음의 침대 속에서 누가 자기를 기다리고 있는지 알고 있었다. 그곳에서, 그녀는 그를, 그는 그녀를 기다린다. 결코 헤어지지 않고. 결코 떨어져서는 살 수 없는 그들은

---

102) 《앤토니와 클레오파트라》, 4막 12장.

이렇게 하여 이별 대신 완전한 포옹을 영원토록 누릴 수 있게 되었다. "지금 가리다, 나의 여왕! — 이로스! — 날 기다려주오! 영혼들이 꽃밭에 누워있는 극락에 가서 손에 손을 맞잡고 흥겹게 놀아대면 유령들도 경탄하게 될 것이오. 모든 걸 버리고 우리를 따라올 것이오. 그러면 디도와 그녀의 애인 아이네아스도 우리 행렬을 부러워할 것이오."[103]

죽음이라고? 아니다, 그것은 결혼이다. 정면에 클레오파트라가 있다. 그녀는 피라미드 속에 피신하여 있다. 그 무덤 속에서 아직 살아있는 채로 지고의 결혼식을 향한 출발 준비를 한다. 사랑은 그들이 마지막 향연을 벌이기를 원한다. 아름다운 향연이다. 앞으로 어느 누구도 향연을 그처럼 감미롭고, 열정적으로 묘사하거나, 경험하거나, 완성하지 못할 것이다. 그것은 고통과 찬미 속에 벌어지는 향연이다. 마지막 향연이자 최초의 향연이다.

안토니우스는 클레오파트라가 벌써 죽음 저편에서 자신을 기다린다고 생각한다. 그는 죽음으로 달려가려고 스스로 치명적인 상처를 입힌다. 그러나 클레오파트라는 아직 시간 이 편에 있다. 그녀는 피라미드 위, 즉 그녀가 항상 살아왔던 팔루스의 꼭대기에 올라앉아서 영원히 그곳에 머무를 것이다. 기력이 다 한 안토니우스가 피라미드 밑에 실려 왔다. 그의 애인이 마지막으로 그를 소환한 것이다. 그녀는 그를 소리쳐 부른다. 그녀 곁으로 오라고 한다. 한 숨, 한 숨, 가쁜 숨을 헐떡이며 그녀는 그를 끌어올린다. 그 헐떡거림은 그들의 모든 사랑의 밤을 합쳐놓은 듯하다. — 자, 오세요, 오세요, — 아, 빨리, 빨리, 더 이상 버틸 수 없소, — 그의 영혼이 빠져나간다 — 이 얼마나 이상한 쾌락이냐! 이 얼마나 미친 사랑의 행위냐? 왜 이렇게 무거울까, 당신도! 시녀들이 그를 끌어올린다. 오세요, 좀 더, 아, 오세요, 오세요, 오세요! 시녀들이 그를 그녀에게 데리고 온다. 잘 오셨어요, 참 잘 오셨어요! 당신의 보금자리인 내 품안에서 운명하세요. 아니, 키스로 소생하세요. 이집트 여왕, 나는 죽소,

---

103) 《앤토니와 클레오파트라》, 4막 14장.

곧 죽어요. —내 입술 밑에서 그의 숨결이 떠나가는구나. 떠나지 마. — 이젠 기진했소. —그녀의 입술 밑에서 그는 자신을 사랑에 내어준다. 사랑은 이제 더 이상 그를 떠나지 않는다. 그는 꼭대기에서 죽는다. 그는 그녀를 잃었다. 다시 돌아와 그녀의 품에 안기기 위해서. 그는 숨을 거두었다. 그녀가 그 숨을 거두도록 하기 위해서.

이제 그녀에게 남은 것은 그와 합치는 것뿐이다. 같은 길, 즉 사랑에 빠진 육체의 기호들로 뒤덮인 그 길을 따라서. 그는 멋진 발기 속에서 죽었다. 그녀 역시 혼인의 침상으로 서둘러 간다. 에로스, 그것은 이들 두 연인의 이름이다. 그녀 최후의 몸짓 또한 그것을 말해준다. 그녀는 젖가슴을 독사에 내맡긴다. —"쉬, 조용히! 아기가 내 품안에서 젖을 빨며 고요히 유모를 잠들게 하는 것이 보이지 않느냐? — 향유처럼 상쾌하고 공기처럼 가뿐하고 그리고 정겹고 … 아, 안토니우스! 자, 너도 이리와(다른 한 마리의 독사를 팔에 갖다 댄다)!"

죽음에서까지 그녀는 젖먹이는 여자이다. 그리고 젖을 주면서 사랑의 젖을 먹는다.

그리고 왕국과, 카이사르와, 싸움과 남근 선망과 검에 대한 선망의 피안에서, 또한 이 세상의 수많은 '재물'과 겉치레와 자존심의 피안에서 그들은 자신을 상대방에게 주었다. 또한 그런 상태로 아직까지 살고 있다.

제 3 부

교 환

엘렌 식수 Hélène Cixous · 카트린 클레망 Catherine Clément

제 3부는 필자 두 사람의 의견 교환을 정리한 것이다. 우리는 대화를 통해서 우리의 차이가 보다 잘 드러날 것이라고 생각했다. 물론 이 책에는 이러한 차이가 반영되어 있을 것이다. 그러나 그것은 무의식적이다. 따라서 우리들 자신은 그것을 제 3자만큼 제대로 인식하지 못했을 것이다. 우리는 대화를 통해 각자의 입장과 추론과정이 보다 분명하게 드러나기를 기대하였다. 또한 이를 통해 혼자만의 글쓰기로는 도달하기 어려운 새로운 경지에 이를 수 있기를 기대하였다. 이 대화는 두 사람이 만들어 내는 이원적 담론이다. 그 때문에 필연적으로 상호적인 수정, 검열, 그리고 자기검열이 작용한다. 따라서 우리의 어떤 입장들은 실제보다 경직되기도 하였다. 또한 글이 아닌 말의 교환인 까닭에 개념의 혼란과 단순화가 일어나기도 했다. 두 사람의 견해 차이는 더욱 심화되고, 입장 차이는 더욱 두드러졌다. 우리의 대화는 특별한 틀 없이 자유롭게 이루어졌으며 우리는 아무것도 '취사선택하지' 않았다. 다음의 두 장(章)은 바로 이 대화의 결과물이다. 제 1장은 우리의 사회적 행위인 교육에 관련된 것이며, 제 2장은 히스테리에 관한 것이다. 이 두 주제는 이념적 투쟁이라는 관점에서 볼 때 일맥상통한다. 또한 끊임없이 그 틀을 넘어서고 옆길로 새기도 하였으며 그것은 어느 정도 의도적이다. 우리는 이 대화를 '쓴' 것이 아니다. 다만 충돌과 의견 불일치가 생겨나도록 내버려두었을 뿐이다. 그리고 그것을 그대로 필사하였을 뿐이다.

제 1 장

주인/스승인 여성

[만일 문화적으로 지배권이 남성의 소관이라면 우리가 이런 지배적 위치에 서게 될 경우 (우리의) 여성성은 어떻게 되는 것일까? 우리가 주인/스승의 담론을 하게 될 경우에 말이다. — 지식의 지배, 권력의 지배. 이 개념들은 우리에게 설명을 요구한다. 다른 종류의 담론이 필요한 것일까?]

C. 우리 담론의 차이에서부터 이야기를 시작해보자. 당신 것은 이론과 픽션 사이의 중간적 글쓰기이지. 이에 반해 나의 담론은 매우 전통적인 수사학적 논술이야. 나는 그것을 개의치 않아. 나는 이 형식을 받아들여. 교육과 사상의 전달 형식이니까. 이를 통하여 사람들은 다른 입장을 가진 두 명의 여성이 같은 공간에 있을 수 있다는 것을 알게 될 거야. 이 여성들, 즉 우리들은 같은 것들에 대해 — 물론 약간의 차이는 있지만 — 이야기하지. 또한 두세 개의 다른 유형의 담론을 사용하며 한 유형에서 다른 유형으로 넘어가지. 마지막에는 대화식의 의견 교환이 첨부될 거고.

H. 나는 어떤 특정 주제를 다룰 때는 어떤 특정 담론만이 사용되어야 한다고는 생각하지 않아. 상황에 따른 담론이 있어. 수사학적인 담론,

지배의 담론 말이야. 나는 이런 담론을 구어적 상황에서 사용해. 예를 들어 학생들과 얘기할 때 말이야. 그건 의도적인 것이야. 잘 조직된 담론을 남성의 권력에만 맡겨놓아서는 안 되니까. 나는 결코 그런 미끼에 걸려들지 않아.

C. 그런 담론을 남성들로부터 훔쳐서 안 될 이유는 없어. 게다가 그건 아무 의미도 없어. 우리는 아무것도 훔치지 않아. 같은 문화적 체제에 속해 있으니까. 이 문화적 체제가 남근중심적라고? 그건 그래. 그렇지만 미리 어떤 다른 체제를 만들어 내려는 것은 부질없는 짓이야. 물론 언젠가는 다른 체제가 만들어질 수 있다고 가정해볼 수는 있어. 그렇지만 당장, 이 순간에 그 체제가 존재하기를 원하는 것은 너무 유토피아적이야.

H. 단지 하나의 여성적 담론이 아니라 수천 가지 다른 종류의 여성적 말이 생길 거야. 그리고 현재와 마찬가지로 일반적인 의사소통 약호, 철학적 담론, 수사학도 여전히 존재할 거야. 그렇지만 그것들과 함께, 그것들에 더하여, 그리고 전혀 다른 곳에 수많은 전복적 담론이 존재할 거야. 바로 그런 현상이 일어날 거야. 지금까지 여성들은 제대로 발언하지 않았어. 글도 쓰지 않았고, 자신들의 언어들을 — 하나가 아니고 복수적인 — 창조하지 못했어. 그렇지만 앞으로는 창조할 거야. 물론 그렇다고 해서 다른 것들(다른 언어들, 남성들)이 멸망하지는 않겠지만.

C. 어찌 되었건 여성들이 지식의 전수를 담당하지 못할 아무런 이유도 없어. 문제가 되는 용어는 '지배의 담론'이라는 표현에 등장하는 지배(*maîtrise*)라는 단어야. 이것이 만일 라캉적 의미라면 그것은 대학과 관련이 있어. 대학은 지배와 밀접한 관계가 있어. 왜냐하면 전수해야 할 지식과 관련된 모든 담론은 (정치적, 경제적 권력을 가진) 주인/스승의 담론을 그대로 베끼니까. 주인/스승의 담론에 따라 그런 담론의 형태가 정해지는 거지.

H. 지배의 담론을 피하기 어려운 때가 있어. 예를 들어 선생으로서 학생

들을 가르치는 경우 같은 때 말이야. 나는 이런 담론을 '객관적' 담론이라 부르겠어. 이것은 언술의 주체를 어떤 특정 개인으로 한정시키기 어려운 경우를 말해. 이런 담론은 보편적 지식 그 자체에 의해 (단지 그 이름만을 파는 것이 아니라) 행해지는 거야.

〈법은 존재하지 않는다.〉

'남근중심주의의 새벽'이란 장에서 나는 가부장제의 기원에 관한 프로이트의 텍스트와 함께 〈법 앞에서〉라는 카프카의 단편을 인용하였어. 카프카의 단편은 매우 분명한 동시에 또한 전혀 분명하지 않아. 이 이야기의 핵심을 이루는 요소인 "법이란 무엇인가?"란 질문 또한 그래. 순수한 남성인 한 농부가 있었어. 오직 그만이 안으로 들어가서 법을 볼 가능성이 있었어. 즉 법이 존재하지 않는다는 것을 알 가능성을 가지고 있었던 거지. 왜냐하면 그 문은 그 사람만을 위해 열려져 있었기 때문이야. 하지만 그는 들어가지 않았어. 어떻게 '그 속'에 들어갈 수 있었겠어? 존재하지 않는 법, 그것은 바로 그 농부 자신이었던 터에? 문과 문지기만 있으면 되었지. 법은 실제로는 존재하지 않았어. 법을 만들어낸 것은 바로 농부 그 자신이었고 따라서 그는 법이 존재하지 않는다는 것을 알 수 없었어.

C. 이 이야기가 뭘 연상시키는지 알아? 바로 거울 단계야. 이 경우 침팬지는 거울 뒤로 가서 거기 누가 있는지 보려고 하지. 다른 침팬지, 그 자신, 혹은 아무도 없다는 것을 말이야. 그런데 사람은 거울과 동일시하고 그것으로 스스로를 인지하지. 거울은 그의 이미지를 반사하고 그를 주체로 고정시키지. 또한 그를 법, 상징적 질서, 언어에 귀속시키지. 그는 법에서 빠져나올 수 없어. 그러나 그 때문에 그는 자기 자신에게서 소외되지. 이렇게 볼 때, 법은 존재해.

H. 그래. 침팬지는 실제로 침팬지인 데 반해 우리는 (우리 자신이 아니라) 우리와 문과의 관계에 의해 형성되는 것이라는 점만 제외하면 말

이야. 지배의 담론이란 무엇일까? 하나 있기는 해. 그건 '법'이란 이름을 가지고 있지만 '열린 문'이라고 우리에게 제시되는 것이야. 그렇지만 우리는 결코 그 문 저편에 가지 못해. "무엇이 지배인가?"를 알아보러 가지 못하는 거지. 그래서 법이 없다는 것을, 지배가 없다는 것을 결코 알지 못하는 거지. 주인이 없다는 것도 말이야. 지배의 역설, 그건 바로 지배가 무수한 문지기들에 의해 생산된 이데올로기의 복합적 산물이라는 거야.

〈지배는 지식의 전달을 보장한다〉

C. 나는 그것을 좀 다르게 표현하고 싶어. 이건 분명히 집고 넘어가야겠어. 나는 지배가 기본적이고 필수적이라고 생각해. 많은 지식, 한마디로 지식이란 건 지배 이외의 방식으로는 전수될 수 없다고 생각해. 여기서 민주적 전달이란 어떤 것인가의 문제가 제기되지. 역설적이기는 하지만 한 지식 체계에 속해 있는 정보는 지배 바깥에서는 전달될 수 없어. 지배는 문지기나 순수한 남성처럼 상징계의 '법'에 속해 있어. 물론 이 때문에 주체성은 타격을 입을 수도 있어. 하지만 다른 한편으로 여기에는 명백한 통일성이 있고 모든 사람이 공유하는 연결점들이 있어. 그래서 언술이 전달되면 수신자는 곧바로, 혹은 매개체를 통해 그것을 파악할 수 있는 거지.

〈전달〉

문제의 관건은 접속과 통일성이야. 물론 당신은 진리가 통일성에 있다고는 말하지 않겠지. 또 여러 가지 다른 통일성이 있다는 것도 부정하지 않겠지. 나는 지배의 담론이 존재한다고 생각해. 물론 주체성과의 관계에서 그건 양면성을 가지고 있고, 또 여러 가지 함정을 가지고 있지. 정신분석가, 혹은 교수라는 입장은 주체성의 측면에서는 둘 다 용납되기 어려워. 그렇지만 어찌 되었건 지식이나 분석 행위는 그들을 통해서 전달되지. 그 밖의 다른 것에 대해서는 말하지 않겠어.

H. 그 점에는 동의할 수가 없어. 여기서 당신은 한 가지 매우 기초적이고 일차적인 문제를 간과하고 있는 것 같아. 지배는 억압을 가져오기 마련인데 어떻게 이런 억압에 대항해서 생각하고 투쟁할 수 있느냐 하는 점 말이야. 지배에 대한 다른 사고방식이 도입되지 않는 한, 지배를 통한 지식 전달에는 모순이 생길 수밖에 없어. 지배는 지식을 전달하는 것이 아니라 지식을 더욱더 접근불가능하게 만들고 신성(神聖)화한다는 것이 바로 이 지배의 모순이지. 이게 바로 '법'의 더러운 술책이지. 예로부터 지금까지 오직 지배의 기득권자들, 문화의 기득권자들, 즉 이미 문화에 젖어있는 사람들만이 주인/스승의 담론에 접근할 수 있었거든.

"상부구조인 문화는 물건, 재물, 진화의 결과, 지적 사치로 탈바꿈한 연금(年金) 등으로 간주되어서는 안 된다. 그것은 (결코 연금의 요소만이 아닌) 진화의 요소로, 그리고 무엇보다도 하나의 과정으로 간주되어야 한다"(브레히트, 《정치와 사회에 관한 글》).

"일반교양이란 각 개인이 다른 사람들과 완전한 유대감을 느낄 수 있게 해주는 것이다. 공간적, 시간적으로, 그리고 동시대인들뿐만 아니라 옛사람들 및 후손들과도 말이다. 그러므로 교양인이 되려면 직업에 관련되는 지식 외의 여러 인간 활동에 관한 지식을 배우고 또한 끊임없이 발전시켜나가야 한다. 이를 통해 그는 다른 인간들과 접촉하고 교통할 수 있다." (폴 랑쥬뱅 Paul Langevin)

C. … 지금, 현 사회문화적 체제에서는 그렇겠지. 그렇지만 다른 사회구조도 생각해볼 수 있잖아? 지식에의 접근 조건이 전혀 다른 경우 말이야.

H. 바로 그러니까 매우 조심을 해야 한다는 거지. 현재로서 나는 '지배'라는 말을 사용할 수가 없어. 억압을 동반하는 현재대로의 의미로는 말이야. 지식을 가지고 있는 사람은 그 지식을 다른 사람들에게 전달하고 싶어할까? 왜, 무엇 때문에 그걸 다른 사람들에게 전달하고 싶을까? 이것은 흔히들 하는 "그게 어디에 소용이 닿는가?"라는 질문과 일맥상통해. 그것은 어떤 목적을 위해 쓰이는가? 나는 분명히 그렇다고 말하겠어. 그것은 뭔가에 쓰여져야 해. 하지만 그 자체를 목적으로 하거나 어떤 대의명분 등에 봉사해서는 안 돼. 선생으로서 우리들은 모두 문제점을 잘 알고 있어. 지배의 지위에 있는 사람 누구나가 맞닥뜨리는 어려움, 거의 극복할 수 없을 정도로 불가피한 어려움이지.

〈주는 것〉

주인/스승의 위치에 있는 사람은(지식의 주인이 아닌 다른 경우에도 마찬가지이다) 누구나 권력의 위치에 있어. 이것을 불식시키는 단 하나의 방법은 주인/스승을 처형하는 것이야. 그를 죽이는 것, 없애는 것이지. 이렇게 해서 그가 말하려던 것이 통과될 수 있어. 그 자신이 장애물이 되지 않고 바로 주어질 수 있는 저기. 일종의 개인적 선물로서, 주관적인 것으로 말이야.

C. 나는 그 말이 마음에 들지 않아. 개인적 선물이란 헌신과 희생의 측면이 있어 … .

〈우리가 아는 것 … 〉

〈우리가 알지 못하는 것. 〉

H. 주는 것은 희생하는 것이 아니야. 지식을 전달하는 사람은 스스로가 알지 못한다는 사실, 즉 무지에서부터 시작할 수 있어야 해. 소크라테스 얘기가 아니라 그냥 우리 모두가 그렇듯이 사람은 약점이 있을 수 있고, 그럴 경우, 그것이 명백히 드러나야 한다는 거지. 우리는 다른 사람에게 지식의 모든 구멍들을 다 주어야 하고, 또한 그 구멍이 잘 보이도록 해야 한다는 거지. 자격이 없는데도 불구하고 어떤 자리를 맡아야만 하고, 또한 어떻게, 그리고 왜 그 자리를 맡았는지 보여주어야 해. 나는 높은 걸 겨냥하고 있어. 나는 주인/스승에게 요구해. 사랑을 무기로 권력의지에 대항하라고 말이야.

〈주인/스승인 여성 혹은 여주인/스승?〉[1)]

C. 그렇지만 그것도 역시 지배임에 틀림없어. 지배라는 말을 들으면 나는 곧 이 말이 현재 의미하는 바를 생각하게 돼. 그건 대체로 헤겔로부터 비롯되는 전통이지. 라캉도 그 전통의 일부인데 그에게 있어 지배는 여성과 근본적인 관련이 있어. 여성의 상징, 즉 히스테리 환자와 불가분의 관계에 있다고나 할까. 히스테리 환자는 주인/스승과 대학 교수, 즉 권력과 지식에 실패를 안겨준다는 거야. '권력-지식'을 함께 묶는 것이나 이 둘을 분리하는 것은 내 생각에 신화의 차원에 속하는 것 같아. 신화적 힘과 자의성(恣意性)이란 양자의 측면에서 말이지. 이 용어들을 그대로 받아들인다면 결국 히스테리 환자, 그리고

---

1) 이것은 각각 femme maîtress와 maître femme를 번역한 것이다. 전자는 주인/스승의 역할을 하면서도 결코 여성성을 포기하지 않은 여성을 말하며, 후자는 성별만 여성일 뿐, 남성과 다름이 없는 여성, 즉 남성 주인/스승의 지배하려는 태도를 그대로 답습하는 여성을 말한다.

확대해석하면 모든 여성은 주인/스승이나 대학교수, 그리고 심지어는 분석가의 지위에 오를 권리가 없다는 말이 되고 말아. 여성이 가질 수 있는 유일한 입지는 '실패를 안겨주는' 역할뿐이야. 그건 받아들일 수 없어. 말도 안 되지. 그렇지만 당신이 정의한 대로의 지식, 즉 한계와 구멍을 가진 그런 지식은 엄밀한 의미에서 지배가 아니야. 그럼에도 불구하고 그것은 내가 조금 전에 말한 의미의 담론의 일종임에 틀림없어. 그 담론의 주제인 지식과 관련하여 접속, 구두점, 율독(律讀), 논증 등을 제시함으로써 지식 데이터의 전달을 가능하게 해주는 그런 담론 말이야. 조리 있는 진술에 의거한 지식 전달 없는 문화 체계가 존재할 수 있을까? 나는 그런 걸 상상할 수가 없어. 지식의 구멍이라는 것도 조리(條理)를 상정하는 거지. 지금 현재에서 그것은 지배의 위치와 일치해. 사회적, 이념적 이유로 말이야.

H. 나는 당신이 '현재'라고 부르는 것이 무엇인지 모르겠어. 우리 서구

"모든 시민에게 공통된 공교육이 창설되고 조직되어야 한다. 모든 인간/남성(*homme*)에게 필수불가결한 교육에 관한 한, 그것은 무료여야 한다."(1791년의 프랑스 헌법).

"모든 교육 기관이 인민에게 무료로 개방되었다. 그리고 그것은 교회와 국가의 모든 간섭으로부터 벗어났다. 이렇게 하여 교육은 모든 사람의 것이 되었다. 뿐만 아니라 동시에 과학은 계급의 편견과 정부 권력의 압제로부터 해방되었다."(칼 맑스, 《파리코뮨에 대하여》).

사회에서는 항상 그래왔거든. 우리 역사, 즉 우리가 아직도 대항해 싸우고 있는 그 역사 속에서 그것은 계속되어 왔고, 또한 앞으로도 계속될 것이니까.

C. 꼭 그런 것은 아니야. 프랑스의 경우, 특히 공교육의 역사를 통해 흐르는 지배의 역사가 있어. 고등사범학교라든지, 제 1제정,[2] 쥘 페리,[3] 기독교단의 지배를 받지 않는 학교 교육을 쟁취하기 위한 투쟁 등으로 이루어진 역사 말이지. 그런데 여성의 관점에서 볼 때 이런 역사에는 약간의 틈이 있었어. 여성들이 지배권을 쥔 순간들이 있었던 거지. 물론 그 여성들이 경제적 지배권을 가지고 있었던 건 아니야. 그렇지만 지적 행위의 상징적 관리권이 여성에게 있었던 적은 있

---

2) 나폴레옹 1세가 통치하던 시대(1804~1815).

3) 1883년에서 1885년 사이 재임한 프랑스의 수상. 공교육을 종교로부터 분리시켰으며 6~13세의 아동들에게 의무교육을 도입했다.

"우리들이 여성에게 적당하다고 생각하는 이상으로 힘든 일을 여성들이 담당하는 민족들의 경우, 그들은 우리 유럽인들보다 훨씬 여성들을 진정으로 가치있게 생각하는 경우가 많다. 문명세계의 '귀부인'들은 거짓 존경에 둘러싸여 진정한 노동과 유리되어 있다. 그들의 사회적 지위는 야만족 여성들에 비해 훨씬 낮다. 힘든 일을 하는 이들 야만족 여성들은 동족들 사이에서 진정한 귀부인(*lady*, *froxa*, *Frau*, *domina*)으로 간주되며, 또한 그 호칭에 걸맞는 인품을 가지고 있었다. (…)
새로운 가족 형태는 (…) 그리스에서 전형적으로 나타난다. 맑스가 지적하였듯이 그리스 신화의 여신은 여성들이 아직 자유롭고 존경받는 지위를 가지고 있던 옛 시절을 상징한다. 그러나 영웅시대에 이르러 여성은 남성 우월과 노예들과의 경쟁에 의해 이미 비천한 처지로 전락해 있었다. (…)

었어. 예를 들어 음유시인 시절 같은 때 말이지 … 물론 이런 지배에 역행하는 '영감을 주는 여성'이라는 신화도 있었기는 하지만.

여성에 대한 문화적 압제는 경제 발전과 동시에 일어났어. 그리고 자본주의의 발달에 의해 심화되었어. '프레시외즈'[4]를 상기해봐. 너무나 잘못 알려졌고, 또 너무나 미움을 받았지만 그럼에도 불구하고 그걸 보면 때때로 지식을 소유하고 있던 여성들도 있었다는 걸 알 수 있어.

H. 지배의 위치를 차지하고 있던 지식과 문화의 소유자와 그 외 사람들 간의 간격은 항상 있어왔어. 그 소유자 진영에 일부 여성들이 포함되어 있었다는 것을 부정하지는 않아. 하지만 그 순간, 그 여성들은 주

4) 17세기의 세련된 프랑스 귀부인. 그녀들의 살롱에 모인 남녀들은 세련된 언어로 문학에 대해 논하고, 또한 그런 작품을 창작함으로써 프랑스어를 세련된 언어로 만드는 데 기여하였다.

현대의 부부중심의 가정은 (노골적인, 혹은 은폐된) 여성의 노예화에 기반하고 있다. 그리고 현대 사회는 분자와도 같은 가정으로 구성되어 있는 덩어리이다. 오늘날, 대부분의 경우, 남성은 가정의 기둥이며 가족 구성원들을 먹여 살려야 한다. 적어도 유산계급에서는 말이다. 그리고 이 사실은 남성에게 지고의 권위를 준다. 그 권위는 법률로 뒷받침할 필요조차 없을 정도로 굳건하다. 가족 내에서 남성은 부르주아이다. 여성은 프롤레타리아 역할을 한다. 산업 사회에서 프롤레타리아를 짓누르는 경제적 억압의 구체적 성질이 뚜렷이 드러난 것은 자본가 계급에게 주어졌던 모든 법적 특권들이 폐지된 다음부터이다. 민주공화국은 결코 이 두 계급의 대립을 없애지 못했다. 그것은 역사상 처음으로 두 계급 사이에 전투의 장(場)을 마련해주었다(프리드리히 엥겔스, 《가족, 사적 소유 및 국가의 기원》).

인/스승의 위치에 있었어. 나는 지식이 항상 권력과 결합되어 있다거나 혹은 당연히 그래야 한다고 말하는 게 아니야. 그냥 그럴 위험이 높다는 거지. 또 여성들은 결코 지식-권력의 쪽에 있을 수 없다고도 말하지 않아. 다만 일반적으로 여성들은 '비(非)지식', 혹은 '권력 없는 지식' 쪽에 있어왔다는 거지.

C. 당신이 말하는 권력이란 정치적 권력이 아닐 거야. 그보다는 정치적 권력의 작은 부분, 혹은 그 권력의 이미지라고 하는 편이 낫겠지. 선생들에 의해 상징적으로, 상상적으로 행사되는 그 권력 말이야. 그런데 선생의 '권력'이란 정확히 어떤 것이지?

H. 여러 '권력들' 사이의 경계는 어디지? 그걸 나누는 건 불가능해. 교육은 이데올로기와 함께 가는 것이라고 생각해.

C. 나는 그렇게 생각하지 않아. 만일 교육이 정말 이데올로기와 불가분의 관계에 있다면 지식의 민주적인 전달을 위해 투쟁할 아무런 이유도 없어지고 말아. 물론 지식이 대체로 지배적 이데올로기에 '사로잡혀'있는 건 사실이야. 그럼에도 불구하고 다른 것도 전달이 되거든. 맑스주의 역사학자들의 경우를 예로 들어볼까? 그 사람들은 '역사학'의 교과과정 속에서 역사를 가르치지. 그런데 그들은 현재의 교육 구조 속에서 지배의 위치에 있지 않아. 그럼에도 불구하고 그들의 지식 내용은 이데올로기와 분리할 수 없잖아? 그 구분은 좀 더 복잡해. 지식에 대한 주체의 입장과 지식 그 자체의 고유한 효과들 사이에 그 분할점이 있는 거지. 어떤 구조 속이건 간에 그 속에서 전달은 이루어져. 물론 교육 체계에 의해 좀 약화되기는 하겠지만 그럼에도 불구하고 완전히 없어지지는 않아.

H. 거의 없어지는 거나 마찬가지야. 다행히도 항상 대단한 저항이 있어. 예를 들어 젊은이의 유연성 같은 것 말이야. 고등학교, 중학교, 혹은 다른 모든 교육기관에서 갓 졸업한 학생들을 봐. 완전 제로야.

C. 그렇지만 그들은 수신자에 불과해. 그리고 어려운 조건에서 … .

H. 수신자는 그들이 받은 것을 가지고 있는 거지. 물론 일부 철학 교육

과정처럼 매우 탄탄한 흐름도 있어. 그러나 그것의 효능은 시간이 지나서야 나타나고, 또한 제한적이야. 그것은 변화의 정신을 이어주기는 해. 물론 기막힌 여러 가지 실패를 거치면서 말이지. 그렇지만 그것은 권력을 잡지 못해. 권력은 항상 같은 쪽에 있어. 아주 오래전부터 말이야.

C. 항상 권력이 같은 쪽에 있는 건 지배 계급인 부르주아 계급이 권력을 잡고 있기 때문이야. 그렇지만 당신은 이렇게는 말할 수 없을걸. 한편에는 권력과 전달 체계를 가지고 있는 지배 계급이 있고(이 체계를 통해 전달되는 내용은 이데올로기이다) 다른 편에는 그 나머지가 있다고 말이야. 그건 정확한 구분이라고 생각되지 않아.

H. 문화가 없는 문화, 교육이 없는 세상, 혹은 사회가 있을 수 있다고는 결코 생각해본 적이 없어.

C. 내 생각에 당신은 특별한 경우를 제외하면 현재로서는 지배와 지식이 완전히 일치한다고 생각하는 것 같아.

H. 그래, 맞아. 물론 지배가 지식과 일치한다기보다는 특수한 경우를 제외하면 지식은 항상 권력의지에 사로잡혀 있다고 말하고 싶어. 권력 행사와 관계없는 지식의 전달자가 어떤 것인지 알고 있어. 그런 사람은 매우 적어. 내가 알고 있는 대부분의 사람들은 실제에서 의식적, 혹은 무의식적으로 지식을 이용하고 있어. 지식 이외의 어떤 것, 혹은 전달자 자신들을 위해서 말이지.

C. 전달자 자신들을 위하는 것 말인데, 어떤 수준까지는 불가피하다고 생각해. 그것은 결코 어떻게 해볼 도리가 없어. 심리적 만족감이란 필수불가결하다고 생각해. 내가 조금 전에 '반대급부 없는 관대함'(*oblativité*)이라고 부른 것에 빠지지 않으려면 말이야. 가르치고자 하는 욕망은 어디선가 만족감을 얻어야 하잖아.

〈비(非)주인을 상상해내어야 한다.〉

H. 그건 양적인 문제야. 어떤 일에 대한 보답이 정상적인 보수에 그치는 사람은 매우 드물어. 물론 뭔가 보상을 받아야 하지. 그건 정상이야. 그렇지만 이 보상이라는 게 각양각색이거든. 다른 사람들을 자기 수준까지 끌어올렸다는 데서 심리적 만족을 얻을 수도 있어. 반대로 자기가 그 사람들 수준까지 내려갔다는 느낌으로도 만족을 얻을 수 있어. 하지만 대개 보상이란 그렇게 너그러운 것이 아니야. 일반적으로 '주인/스승'은 지배라는 잉여가치를 얻으려고 하지. 증가된 우월감, 우쭐한 나르시시즘 같은 것 말이야….

C. 물론 그런 점도 있어. 지식이 근거가 약할 때는 더욱 그렇지. 예를 들어 문학처럼 개인적 해석이 상당한 중요성을 가지는 경우 말이야. 이론이 별로 발달하지 않았기 때문에 이 분야의 담론은 영감에 크게 의존하거든. 이들 담론의 논리는 거의 신경증적이라고 할 수 있고, 그것밖에는 의지할 것이 없어. 이 경우 전달되는 것은 지식이 아니라 일종의 시라고 할 수 있어. 어쩌면 지식이라는 개념 자체에 대한 오해가 있는지도 몰라. 내가 말하는 지식이란 조리있는 언술의 집합체인데 이때 조리란 신경증적인 논리가 아니야. 그러니까 그것은 전달하는 사람의 개인적 특이성에 의존하지 않는 것이지.

〈문화적 금기〉

H. 지배는 이메지너리에도 작용해. 해석이 상당한 역할을 하고, 또한 그것이 항상 나타나는 그 영역 말이야. 보통 우리가 말하는 지배란 대상 그 자체를 넘어서는 어떤 것까지 포함하는 경우가 많아. 그건 일종의 신화적 힘, 신성화된 상상적 힘이지. 그건 지식과는 전혀 성질이 다른 어떤 장소에 접해 있어. 문화에 관한 여러 계급적 입장이 생기는 이유는 바로 문화 및 문화에 관련된 것들 모든 것을 규제하는 금

기가 있기 때문이지. 여성이 어떤 특정한 형태의 생산물이나 기호에 대해 불편하게 느끼는 것도 바로 이 때문이야. 우리는 바로 그것에 직행하지 못해. 심지어는 거기에 가도 될까하고 자문하기도 하지. "저건 나를 위한 것이 아니야"라고. 이 모든 것은 오래전부터 내면화되었어. 지식의 지배에는 이런 형태의 숨겨진 힘이 더해지는데 담론에 의지하지 않는 영역들의 경우, 이런 힘은 대체 어떤 것일까? 당신과 내가 일하는 세계, 즉 인간 과학, 문학 등에서는 통제할 수 없는 부분이 항상 있어. 그런데 구체적 실천의 영역, 예를 들어 손으로 하는 일이나 비즈니스 세계 같은 영역의 경우, 사람들은 그 메커니즘을 완전히 지배할 수 있고 어쩌면 어떤 것도 사람들의 통제를 벗어나지 않을 거야. 이 경우, 지배는 정말 구체적인 힘, 즉 정치권력, 돈, 그리고 주인/스승의 말이 가지는 신성한 힘과 등가(等價)를 이루는 모든 것들을 통해 일어날 거야.

C. 내가 미심쩍게 생각하는 것은 바로 이 '권력-지식'의 결탁이야. 이 둘이 결탁해서 잘 움직이는 것처럼 말하지만 내 생각에는 그렇지 않은 것 같아. 지식이 가진 변화의 힘, 혹은 금지의 힘은 너무도 복잡한 중간 단계들을 거치기 때문에 그렇게 간단히 속단할 수는 없어. 권력의 힘은 무엇보다도 경제적인 것이야. 당신이 묘사한 모든 것들은 물론 이메지너리, 신화, 이데올로기라는 거시적 시각에서는 옳아. 그렇지만 이런 구조들의 실질적 작동 방식이라는 구체적인 장(場)으로 들어가면 맞지 않아.

〈대학에서, 대학 속에서, 나는 무엇인가? 나의 속성들 중에서 무엇이 유지되는가?〉

H. 나는 이데올로기란 모든 것을 다 덮어씌우는 세포막 같은 것이라고 생각해. 일종의 껍질 말이지. 우리는 그물에 갇히듯이, 눈꺼풀이 눈을 덮고 있듯이, 그것에 갇혀 있어서 그것의 존재를 느끼기 어려워.

그럼에도 불구하고 우리는 그것이 존재한다는 사실을 알아야해. 그리고 세상을 바꾸기 위해서는 끊임없이 그것을 흠집 내고, 찢으려 노력해야 해. 물론 그것을 완전히 없앨 수는 없지만 결코 그것이 우리에게 들러붙게 내버려두어서는 안 돼. 그것의 존재를 잊어버려서는 안 돼. 그것은 끈질기게 재구성되겠지만 우리는 이런 노력을 계속해야 해.

C. 지식의 담론, 대학의 담론 문제로 되돌아가자구. 나로 말하자면 그것을 고수하는 편이야. 대학 교수에 대한 조롱조차 그것의 한 부분으로 받아들이지. 그렇지만 내가 그것에 매달리는 것은 여성으로서일까, 아닐까? 나는 이 질문이 아무런 의미가 없다고 생각해.

H. 그래, 그건 별 의미가 없어. 나는 주체로서 항상 고통을 받았어. 주위의 지식 담론은 내게 열등감을 주고 나를 압도했거든. 그렇지만 나는 나를 지키기 위해서, 또한 호기심 때문에 이렇게 말하곤 했어. "그게 뭔지 가서 보아야겠어"라고 말이야. 나는 카프카의 농부처럼 하지 않고 실제로 보러 갔어. 그렇지만 내가 무지 속에 있었을 때 (나는 오랫동안 그 상태로 있었어), 즉 이른바 '이론적으로 유치한 상태'에 있었을 때, 나는 끊임없이 공격당하는 느낌을 받았어. 왜냐하면 지식을 가지고 있는 사람들이 공격적이지 않기는 어려우니까. 심지어는 매우 훌륭한 스승들도 말이야. 이렇게 공격을 당한 까닭에 나는 보러 갈 마음이 생겼던 거야. B … 를 생각해보라구. 그 애는 매우 영리한 처녀지. 게다가 재능도 뛰어나고. 그런데 그 애가 요즘 근심에 싸여 있어. 근래 그녀가 만난 몇몇 사람들이 이렇게 말했대. "자네도 알다시피 어쨌든 여성은 상징계에 들어와서는 안 되는 거야." 정말 우스꽝스러운 일이야. 그녀에게 그 말은 아무런 의미도 없거든. 왜냐고? '상징계에 들어간다'는 게 무슨 뜻인지 그녀가 어떻게 알 수 있겠어? 그녀와 얘기하던 사람들은 그녀가 상징계라는 라캉의 개념이 무엇을 의미하는지 모른다는 사실조차 인식하지 못했어. 그 용어는 결코 일상적으로 쓰이는 말이 아닌데도 말이야. 이른바 '개념'이라는 것을 사

용하는 순간부터, 그 개념이 습득되어 담론 속에 들어가 잊혀지는 순간부터, 그것은 사용하는 사람들에게 일상적 용어가 되어버려. 다른 사람들한테는 결코 그렇지 않은데도 말이야. 이것이 바로 지배의 함정이지. 자기가 주인/스승이라는 사실을 잊어버릴 정도로 골수 주인/스승이 되어버리는 것 말이야.

〈내게 흰 발을 보여줘.〉

C. 매우 훌륭한 스승들이라고 해놓고는 정작 묘사는 그렇지 못하구나. 차라리 스승에 대한 조롱이라고나 할까. 그렇지만 공격성에는 분명 긍정적인 가치가 있어. 스승, 심지어는 '매우 훌륭한' 스승의 공격성까지도 말이야. 공격한다는 것은 타자로 하여금 스스로를 정의하도록 하는 것, 즉 스스로를 주체로 드러내도록 하는 것이니까.

H. 담론을 구성하고 정리하는 것, 또한 그것을 진척시킬 수 있는 것은 필수적이야. 그렇지만 그것에도 역효과, 부작용이 있어. 예를 들어 상상력, 자유로운 담론 생산, 다른 형태의 담론 등을 통제하고 검열하는 것 말이지. 작가로서 나는 스스로에게 "이제 충분해. 나는 그것에 대해 너무 많은 것을 알고 있어. 제어하지 말자"라고 말해. 그렇지만 나는 그게 무엇인지 제대로 알지 못해.

C. 이쯤에서 글쓰기, 말, 사상, 여성적 사고 과정으로 돌아가지. 조리가 있건 말건 상관없이 말이야. 좀 전에 당신과 나, 우리는 우리가 지식을 전달하기 위해서 담론을 사용할 때 우리가 여성이냐 남성이냐의 문제는 상관이 없다는 점에 합의를 했어. 우리는 왜 그렇게 쉽게 합의를 했을까? 어째서 그게 그렇게 분명한 것일까?

H. 왜냐하면 그것은 성적 차이를 말소하는 담론이기 때문이지. 그것과는 관계없기 때문이지.

C. 그렇다면 다른 담론에서는 그게 문제가 될 수도 있다는 말이야?

H. 여성성보다는 남성성과 더 어울리는 담론이 있지.

C. 그것을 알 방법이 없잖아.

H. 있고말고. 거기에 대해서는 생각이 있어. 여성의 리비도적 소질은 이런 형태의 담론을 즐기지 않아.

C. 그 말은 "여성적 담론은 분할일 수밖에 없다"라는 말과 일맥상통하는 거야?

H. 아니야. 나는 분명히 말했어. "여성은 그것을 즐기지 않는다"고. 여성이 그것을 못한다고는 말한 적이 없어. 분명한 건 여성성은 그것을 즐기지 않아. 내가 항상 말하잖아, 우리는 모두 양성적이라고. 문제는 이것이야. "우리는 우리의 양성성을 어떻게 하였는가? 그것은 어떻게 되었는가?"

제 2 장

견딜 수 없는 여성

〔유혹의 이중주.
도라가 아닌 여성은 누구인가?
다른 사람들을 (욕망하게) 만드는 여성.
하녀의 자리. 히스테리 환자는
현실계를 변화시키는가? 욕망, 이메지너리 ― 계급투쟁,
어떤 연관이 있는가?〕

H. 나는 히스테리의 영역으로 들어왔다. 왜냐하면 나는 그것에 끌렸고, 부름을 받았기 때문이다. 그때 나는 전혀 아무것도 몰랐다. 나는 〈도라의 경우〉[5] 를 읽었지만 거기서 나 자신을 보지 못하였다. 그러나 일단 들어온 다음, 나는 많은 진보를 하였다.

나는 그것에 대해 작품을 하나 썼다. 그러나 여전히 유치한 단계였다. 그 이후, 나는 일종의 '뒷맛'을 느꼈다. 그리고는 그 문제에 관해 공부하기 시작하였다. 나는 여러 가지 입장에 도달하였다. 어쩌면

5) 프로이트, 〈도라의 히스테리 분석〉(한국어판. 김재혁 · 권세훈 역, 《꼬마 한스와 도라》, 열린책들, 1997).

그중 몇몇은 이론의 여지가 있었다. 그것에 대해 엄정하게 개념화하는 것은 불가능하다. 그러나 그것이 하나의 은유에 불과하다면 (물론 정말 그런지는 확실하지 않지만) 그것은 잘 작동하는 까닭에 그 나름대로 쓸모가 있다. 나는 도라에서부터 시작하였다. 나는 일종의 황홀경 속에서 프로이트의 이 논문을 읽었다. 제시된 상황에 대해 화를 내기도 하였다. 또한 열광적으로 여러 다른 인물의 편을 들었다. 나는 즉시 내 나름대로의 책읽기를 만들어 내었다. 그것은 물론 프로이트가 원했던 방향으로 초점이 맞춰진 것은 아닐 것이다. 나는 지워진 인물들, 각주로 처리된 인물들, 페이지 하단으로 밀려난 인물들을 무대 중앙에 끌어내어야만 했다. 나에게 있어 이들은 매우 중요한 인물들이었기 때문이었다. 나는 그 논문을 픽션처럼 읽었다. 나는 그 당시 정신분석적 함의(含意)에 대해서는 고려하지 않았다. 사실 내게는 그럴 능력도 없었다.

〈그녀는 동일시한다.〉

우리의 책읽기는 언제나 동일시를 통하여 이루어진다. 그렇지만 어떤 동일시인가? '동일시'란 대체 무엇인가? 내가 말하는 '동일시'란 '자아의 상실'이 아니다. 나는 그 인물이 되고, 그 인물 속에 깃들고, 그 인물 속에 들어간다. 내가 누군가의 속에 깃들 때 나는 그의 의지와 행동이 내 속을 통과하는 것을 느낄 수 있다. (사실 나는 항상 그것이 걱정이었다. 예전에 내가 좀 더 젊었을 때, 내게 모방력이 있다는 사실을 알고서 겁이 났다. 마치 도둑질 같았기 때문이었다.) 나는 제자리에서 빙빙 돌기만 했다. 나는 그들의 상황에 갇혔다. 왜냐하면 그들 역시 동일시하기 때문이었다. '도라'의 장면에 관련된 인물들의 대부분은 다른 인물들 속으로 순환한다. 이러한 순환을 통해 어지러운 회전목마와도 같은 상황이 생겨난다. 이 인물들은 부르주아적 비열성 때문에 양면적인 성격을 가지고 있다. 따라서 상황은 더욱 끔찍하다.

무의식적 측면에 더하여 이들 모두는 의식적으로 이중 플레이를 한다. 이들 각자는 고전적 부르주아 희극에 나오는 것과 같은 치졸한 계산을 한다. 거리낌 없는 양심을 유지하려는 희극, 그리고 체면치레를 하려는 희극이다. 먼저 "너는 이혼해서는 안 된다"라는 계명이 있다. 다음으로 상호 교환이 가능한 여러 요소를 이리저리 조합함으로써 부정한 남녀 관계에서 최대의 쾌락을 산출해 내려고 한다. 이것은 사회적 규약이 지켜지는 한에서만 가능하며 그 규약이란 "절대 자신들이 아는 것을 말하지 말아야 한다"는 것이다. 모두들 알고 있다. 그러나 모두들 침묵한다. 왜냐하면 모두에게 이해관계가 있기 때문이다. 그러므로 이 사회는 암묵적 계약, 보편적 위선의 계약 체계 위에 세워져 있다. 그리고 그것은 사슬과 같이 얽혀있다. "나는 너의 행동에 대해 발설하지 않겠어. 그러니 너도 내 행동에 대해 발설하지 마." 글을 읽으면서 나는 한숨 소리를 들었다. 그것은 그 사슬의 맨

"그 여자냐, 나냐": 도라는 보통의 딸들보다 아버지에 대해서 더 큰 관심을 가지고 있었다. 그녀는 질투하는 여자처럼 느끼고 행동했다. 그런 권리를 가지고 있는 그녀의 어머니가 마땅히 그랬어야 했던 것처럼 말이다. 그러나 딸에게는 이름이 있다. 도라는 아버지와 언쟁을 하며 "그 여자냐, 나냐?"고 물었다. 고약한 어린 딸 같으니라고! 그녀에게는 그럴 권리가 없었다. 그러나 다른 한편으로는 그 아버지에 그 딸이었다. 그녀의 아버지는 매우 활동력이 강한 사람이었다. 비범한 재능을 갖춘 대기업가로 상당한 재력이 있었다 … 그에게는 후계자인 아들이 한 명 있었다. 그러므로 딸이 태어났을 때 그는 매우 만족했다 … 그는 아기에게 도라라는 이름을 지어주었다. 이 이야기에서 도라 이외의 다른 이름은 중요하지 않다. 여덟 살까지 도라는 아버지로부터 지극한 사랑을 받았다. 그것은 계약에 의하지 않은 사랑이었다. 여덟 살 때부터 이 작은 보물은 호흡 곤란을 겪었다.

밑바닥에 있는 사람, 즉 침묵의 무게에 가장 심하게 짓눌리고, 압살당한 사람, 이 회전목마 게임에서 어떠한 만족도 얻지 못하는 사람들의 한숨이었다.

맨 앞줄에 도라가 있다. 그녀는 나를 매혹시켰다. 왜냐하면 그녀는 한 세계 속에 갇혀있는 열여덟 살의 소녀였기 때문이다. 나는 혼잣말을 했다. 그 세계 속에서 그녀는 아마도 죽을 것이다. 갇힌 채로, 그러나 얼마나 당찬가! 나는 처음부터 끝까지 웃음을 참을 수 없었다. 왜냐하면 무력한데도 불구하고, 또 그 무력함을 가지고 (덕택에) 그녀는 그녀 주위에서 돌아가는 간통의 물레방아를 옴짝달싹 못하게 할 수 있었기 때문이다. 그 방아들을 모두 고장 낼 수 있었기 때문이다. 그녀는 소리 내어 말하지 않고도 말할 수 있었다. 그것도 매우 강하게. 그래서 남자들은 파리처럼 나가 떨어졌다. 우리는 너무도 잘 볼 수 있다. 어떻게, 어떤 순간에, 어떤 장면을 통하여, 어떤

그녀는 사랑하는 아버지에게 많은 걱정을 끼쳤다. 이 상냥한 남성은 그녀를 여러 유능한 의사에게 데려갔다. K씨 부인이 하는 것을 도라는 할 수 없었을까? 아빠 - 엄마 - 도라 - K씨 - K씨 부인 - 아빠 - K씨 부인 - 도라 - 아빠 - K씨 부인 - 엄마 - 아빠 - 도라 - 내 보물 - 내 진주 - 내 보석 - 아빠 - 도라 - 내 뽀석 - K씨 부인 - 제오르 - F 씨 부인 - 도라 - 디외비스 - 디외비스 부인 - 내 보석함 - 내 보물 - 내 집 - 내 구슬 - 내 딸 - 아빠 - 내 뽀석 - 내 주사위

K씨 부인은 권리가 있다
K씨는 권리가 있다
아빠는 권리가 있다
엄마는 권리가 있다
뽀석만이 권리가 없다
그러나 그녀는 이름을 가지고 있다(엘렌 식수, 《태양의 초상》).

기표를 통하여 그녀가 자르는지를. 다른 사람들이 감고 있는 어리석은 이야기의 리본을 잘라내는지를. 대살육이 일어난다.

물론 그녀는 희생자이다. 그러나 다른 사람들도 그곳에서 누더기가 된다. 아버지, K씨, 프로이트, 모두가 그곳을 통과한다. 그들 모두가 격추된다. 물론 그것은 상징적인 살육에 불과하다. 왜냐하면 남성들은 언제나 재집결하기 때문이다. 그 다음에는 반동이 일어난다. 남성당(黨)이 도착하여 아버지를 반복한다. 아버지가 침대 곁에서서 침대에 누워 있는 도라를 바라보는 장면이 되풀이된다. 마지막에는 반대로 그녀가 남성들을 눕힌다. 남성들이 쓰러진다. 가장 아름다운 장면은 K씨의 사고 장면이다. 도라의 눈앞에서 그는 차에 치인다. 이 모든 것은 사회 비판과 연결되어 있다. 나는 감동하였다. 왜냐하면 나도 어릴 때는 이 소시민 계급에 속하였기 때문이다. 이 사회 비판은 한 명의 조연을 통해 이루어진다. 부부 중에서 여성이 남성의 억압된 존재인 것과 마찬가지로 가정이라는 건물은 바로 이 하찮은 인물 위에 세워져 있다. 이 인물은 현대 사회에서 사라져가고 있다. 그것은 바로 하녀이다.

〈가정의 하녀〉

C. 그녀는 도처에, 프로이트의 모든 분석에 나타나고 있어. 하녀, 그것은 분석에서 막 사라지기 시작하는 인물이야. 그리고 그녀는 항상 에로티시즘 쪽에 있지.

H. 유혹하는 여성. 그녀는 사회 세포 속의 구멍이야. '그것'은 '그것'을 통해, 즉, 그녀의 몸을 통해 지나가지. 〈도라의 경우〉에서 끔찍한 것은 프로이트 자신이 이 원형적 하녀들을 '하녀방', 즉 각주로 처리하였다는 것이야. 두 명의 하녀가 있는데 그들은 결국 동일한 인물이나 마찬가지야. 그녀들은 '하녀', '가정교사'로 불리지. 그녀들은 몇 년의 시간적 간격을 두고 도라의 인생에 등장해. 하지만 그 역할은

똑같아. 주인의 유혹을 받았고, 그 다음에는 주인에게 유혹당했다는 바로 그 사실 때문에 제거되었다는 점에서 말이야. 여성의 상황은 그들을 통해 끔찍함의 절정에 도달하였어. 하녀는 바로 여주인의 억압당한 측면이기도 하거든.

C. 여주인은 귀부인, 즉 '마담'이야. 그녀는 침대에 누워서 하루를 보내거나 훈제 연어를 사러가지. 그녀는 부재하는 이상한 인물이야. 하지만 하녀는 항상 동물처럼 판타지의 대상으로만 존재해. 《늑대인간》에 나오는 그루샤 역시 하녀야.[6] 그것은 또한 배(梨)기도 해. 물론 아이는 그것을 직접적으로 말하지 않아. 그는 그것을 연쇄를 통해 말해. 노란 줄무늬가 있는 배, 하녀, 나비, 여성의 다리 가운데 있는 성기. 하녀는 이렇게 과일과 벌레 사이의 연쇄 속에 끼어있어. 다른 곳에서 프로이트는 파인애플 즙이 담긴 유리병에 대해 이야기했어. 이 즙은 썩어서 고약한 냄새가 나. 그러자 마르타 프로이트,[7] 그 나쁜 년이 이렇게 말했어. "하인들에게 주어야 해."

그러자 프로이트가 대답했지. "아니야, 썩었으니까 버려야 해." 그는 좋은 사람이야… 그렇지만 그 꿈은 바로 프로이트 자신의 꿈이야. 그러니 이 말을 여성에게 하도록 만든 사람은 결국 프로이트 자신이지…

H. 그런데 이 상황은 왜 프로이트가 서술하는 여러 사례에는 나오지 않는 것일까? 도라의 경우는 일종의 원형(*archetype*)이야. 즉 '하녀는

---

6) '늑대 인간'이 어렸을 때, 그에게는 아이 보는 여자가 딸려 있었는데 이 여자의 이름이 그루샤(Grusha)였다. 그 말은 또한 그의 모국어로 '배'(梨)를 의미하기도 했다. 그는 그루샤가 마루에 무릎을 꿇고 앉아서 청소를 하고 있는 장면을 보고 오줌을 쌌다. 그가 그루샤의 이름과 마루 닦는 장면을 연상해내는 데까지는 여러 단계를 거쳤는데 그 첫 단계는 나비가 꽃에 앉아서 날개를 접었다 폈다 하는 모습이었다. 이것은 그에게 여자가 다리를 벌리는 모습을 연상시켰다. 두 번째 단계는 껍질에 노란 줄무늬가 있는 큰 배에 대한 연상이었다(프로이트, 《늑대인간》, 열린책들, 1996, 239~248쪽).

7) 프로이트의 아내.

여주인의 억압당한 측면'인 거야. 하지만 도라의 경우, 도라가 여주인을 대신해. 어머니는 뒤편으로 밀려나 있고. 어머니는 죽었어. 그녀는 아무것도 아닌 존재야. 그리고 모든 사람들이 그녀를 그렇게 생매장하는 데 동의했어. 프로이트 역시 그랬고. 그는 한 순간도 도라의 어머니에 대해 들은 말을 분석하려고 시도하지 않았어.

그녀는 '구멍 속에' 있어. 그 덕택에 도라가 전면에 부상할 수 있었지. 또한 그녀와 아버지 사이의 일종의 오이디푸스적 사랑도 부각될 수 있었어. 이것은 무엇을 의미할까? 이것은 프로이트에게 있어 "어머니란 일단 그 역할이 끝나면 더 이상 볼 일이 없다"는 뜻이야. 독일인들이 흔히 말하듯이 '일을 끝내면 무어인은 퇴장하는' 것이지. 이제 그는 떠나도 좋아. 그것이 바로 '베니스의 무어인' 오셀로의 역할이야.[8] '무어인' 대신 어머니를 넣을 수 있어. 어머니는 아이들을 만들자 바로 이야기 속에서 뒷전으로 밀려났어.

C. 또 하나의 다른 이유가 있어. 프로이트의 착각 말이지. 오이디푸스뿐만 아니라 계급 상황에 대해서도 말이야. 이것은 하찮은 것이지만 결코 잊어서는 안 된다고 생각해.

H. 그래서 내가 말했잖아. 문제는 여주인이 존재하지 않는다는 점이 아니라 프로이트가 모든 것을 연출했다는 점이라고. 중요하지 않거나 별 역할이 없다고 생각되는 것은 감추고, 반대로 중요한 인물들은 전면에 부상시켰어. 사회적 측면에서 볼 때, 그의 행위는 현실과 매우 잘 부합해. 하녀, 창녀 ….

C. 에로티시즘은 '공식적인 여성들'이 아니라 비밀스런 여성들로부터 오지. 프로이트의 글 중에서 관능적 사랑과 잔잔한 애정에 관한 글들을 생각해봐. 프로이트는 이 두 종류의 사랑이 양립불가능하다고 보았어. 그렇지만 실제로 엥겔스가 말한 것도 결국 같은 것이야. 이 모든 것에는 매우 큰 일관성이 있어. 물론 매우 상치되는 부분도 있지만

---

8) 셰익스피어의 비극 《오셀로》의 원제목은 *Othello, the Moore of Venice*이다.

말이야. 이 두 사람이 모두 합법적인 여성과 창녀를 대조시켰다는 점에서 일관성이 있어. 상치되는 부분이란 결국 프로이트의 맹점이라고도 할 수 있겠는데 프로이트는 이데올로기적 몰인식 때문에 이 점에 대해서는 전혀 언급하지 않았어. 가족은 외따로 존재하는 것이 아니라 보다 큰 계급투쟁의 버팀목이자 반영이라는 점 말이야. 하녀, 창녀, 어머니, 여주인, 여성. 이 모든 것이 이데올로기가 작용하는 무대거든.

H. 프로이트는 하녀를 제대로 인정하지 않았어. 텍스트 본문에 나오는 법이 없거든. 그녀는 항상, 부엌에, 주방에 있어. 그리고 텍스트 내에서는 각주에 나오지. 도라의 (전적으로 책을 통한) 성적 입문의 경우만 해도 그래. 이런 종류의 나쁜 교육의 경우, 사람들에게 으레 그 원천으로 지목당하는 사람이 있어. 프로이트도 자동적으로 그 인물 탓을 했어. 어쩌면 정말 하녀가 그랬는지도 몰라. 어쨌든 하녀는 각

… 나는 그녀가 K의 청혼을 모욕으로 느꼈다는 사실 자체가 설명을 필요로 한다고 생각했다. 더욱이 도라에 대한 청혼이 K에게도 무분별한 유혹을 의미하지 않았다는 점을 나는 깨닫기 시작했다. 그녀가 사건을 부모에게 알렸다는 것을 나는 이미 병적인 복수심에 영향받은 행위로 해석했다. (…)

결국은 다시 호숫가에서의 사건으로 돌아가게 된다. (…) K씨가 비교적 진지하게 서두를 꺼냈다. 하지만 그녀는 그가 말을 다 하도록 내버려두지 않았다. 문제의 핵심을 이해하자마자 그녀는 그의 얼굴을 후려치고 서둘러 도망쳤다. 나는 그가 어떤 단어를 사용했는지 알고자 했다. 그녀는 다만 그가 청혼의 근거로 제시한 말만을 기억하고 있었다. "당신도 아시다시피 내 아내는 내게 아무것도 아닙니다."

(…) 요즘에 꼬낙 없이는 잠을 잘 수 없는 아버지가 무엇을 아쉬워하고 있는지 그녀는 잘 알고 있었다. (…) 그녀의 아버지가 잠들지 못했던

주에 나와 있어.

사람들은 프로이트가 전이의 분석에 실패했다고 말해. 즉 그가 문제의 핵심을 보지 못하였다고 말이야. 진실은 (프로이트도 단 한 번 그것을 알아채지. 지독한 따귀를 맞았을 때 말이야) 바로 이것이야. 내가 너의 자리에, 네가 나의 자리로 순환하는 교환 체계에서 … 도라와의 관계에서 프로이트는 하녀의 자리를 차지하였어. 프로이트가 하녀였다는 것. 도라의 경우에 프로이트가 견딜 수 없었던 것은 그가 하녀처럼 취급받았다는 점이었어. 하녀를 쫓아내듯이 그를 밖으로 쫓아냈다는 점이었지. 그처럼 끔찍한 역전은 없어. 도라의 경우, 문제의 핵심은 도라 자신이 하녀가 될까봐 두려워하였다는 것이야. 또한 그녀는 자신이 어머니처럼 아무것도 아닌 것이 될까봐 두려워하였어. 유부남들은 '아무것도 아니다'라는 말을 반복했어. 마치 희극 대사와도 같이. 그 대사는 매우 극적인 은유를 순환시키지. K씨는 자신이

이유는 사랑하는 여인과 성관계를 맺지 못했기 때문이다. (…)"내 아내는 내게 아무것도 아닙니다."

그녀의 아버지가 말했다. "이 사건은 도라의 기분 변화의 원인임에 틀림없습니다. (…) 딸은 나에게 K씨와의 관계, 특히 자신이 이전에는 존경했던 K씨 부인과의 관계를 끊으라고 요구합니다. 그러나 나는 그럴 수가 없습니다. 그 이유는 나 스스로 K씨의 비도덕적 요구에 관한 도라의 이야기가 무의식 중에 나타난 공상이라고 생각하기 때문입니다. 또한 나는 K씨 부인과 진정한 우정을 나누고 있기 때문에 그녀에게 상처를 주고 싶지 않습니다. 그 가련한 부인은 남편과의 관계가 매우 불행합니다. (…) 가련한 우리 두 사람은 우정의 관계를 통해 서로를 위로합니다. 당신도 잘 아시다시피 내 아내는 내게 아무것도 아닙니다"(프로이트, 〈도라의 히스테리 분석〉, 《꼬마 한스와 도라》, 열린책들, 1997, 292, 296, 295, 212~213).

유혹하려던 도라와 하녀에게 이렇게 말했어. “당신도 아시다시피 내 아내는 내게 아무것도 아닙니다.”

〈프로이트: 남성 하녀〉

어느 여성도 “내 아내, 내 아내인 한 여자가 아무것도 아닐 수 있다”는 말을 묵묵히 참고 들을 수는 없어. 다른 여자에 관한 언급일지라도 말이지. 그것은 살인 행위거든. 그런데 도라는 하녀도 이 말을 들었다는 것을 알고 있었어. 그러므로 이 말을 들었을 때, 그녀는 여성, 그녀의 어머니, 하녀가 죽는 것을 보았어. 그녀에게 자리를 내주기 위해 다른 여성들이 학살당한 거지. 그녀는 자신 역시 학살당할 것임을 알았어. 그래서 반사적으로 K씨의 따귀를 때린 거야. 쾌거였지. 이 소녀는 깨달은 거야. 물론 자기가 깨달은 것을 말로 표현하지

도라에게 일찍부터 K씨 부인과 아버지의 관계에 대해 눈을 뜨게 만든 (…) 인물이 있었다. 그 인물은 도라의 마지막 가정교사였다. (…) 선생과 학생은 한동안 좋은 관계를 유지했다. 그러나 어느 시기에 이르러 갑자기 도라가 선생에게 적대적인 태도를 보였으며 그녀를 해고하라고 고집했다. 이 가정교사는 자신의 영향력을 이용하여 도라와 그 어머니에게 K씨 부인에 대한 반감을 선동했다. (…) 그러나 그녀의 노력은 허사였다. 도라는 K씨 부인에게 다정하게 대했고 그녀와 아버지와의 관계를 상스럽게 여길만한 구실을 찾고 싶어하지 않았다. 그녀의 입장에서 보면 가정교사의 행동에 깔린 동기를 해명하는 일이 가능했다. (…) 그녀는 가정교사가 아빠에게 반했다는 것을 알아차렸다. 아빠가 곁에 있으면 그녀는 전혀 다른 사람처럼 보일 정도로 쾌활하고 일에 열심이었다. (…) 그러나 그녀의 이 모든 행동을 도라는 아직 나쁘게 생각하지 않았다. 그녀 자신이 가정교사에게는 아무래도 좋은 존재이며, 자신에게 보여준 가

는 않았지만 말이야. 이야기의 서술자인 프로이트는 제대로 깨닫지 못했어. 그러나 그 이야기 속에 나타난 그녀의 모든 행동은 그녀가 여성 살해를 보고, 그 치욕을 느끼고 있었다는 것을 보여주고 있어. 거기에 또 덧붙일 것이 있어. 도라에게 레즈비언적 측면이 있다는 것 말이야. 매우 아름답고 충격적인 여성에 대한 사랑이지. 내가 보기에 도라는 체제에 저항한 여성이야. 가족과 사회가 여성의 육체 위에, 한 번 사용된 후에는 경멸당하고, 버려지고, 모욕당하는 육체 위에 세워져 있다는 사실을 견딜 수 없었던 여성이야. 모든 히스테리 환자와 마찬가지로 이 소녀는 아버지나 K씨, 프로이트와는 달리 자기가 알아챈 것을 직접 대놓고, 혹은 전화로 말을 할 수가 없었어. 그럼에도 불구하고 그녀는 그것을 알릴 힘이 있었지. 여성이 가진 놀라운 항거력(抗拒力)의 단적인 예지. 그것은 1899년에 일어났어. 그것은 아직도 일어나고 있어. 여성이 도라가 했던 방식 이외의 다른 방

정교사의 애정이 사실은 아빠를 대상으로 하고 있다는 것을 알아차린 이후에야 비로소 도라는 격분했다. (…) 그때 도라는 그녀를 단념하였다.

가련한 운명의 가정교사는 도라의 태도에 본의 아니게 영향을 미쳤다. 가정교사가 도라를 대하듯이 도라는 K씨의 아이들을 대했다.

"의사 선생님, 오늘이 마지막이라는 사실을 아시나요?" (…) (프로이트) : "아시겠지만, 당신은 언제든지 그만둘 수 있습니다. 언제 그런 결심을 했습니까?"

— 두 주일 전이라고 믿어요.

— 그것은 하녀나 가정교사가 일을 그만두기 두 주일 전에 통보하는 것처럼 들립니다.

— 일을 그만둔 가정교사가 있었어요. K씨 집에서 말이지요.

(…) 그녀는 K씨에 대해서 매우 이상한 태도를 보였어요. 인사는커녕 질문에 대답도 하지 않았어요. 마치 그를 허깨비 대하듯 했지요. (…)

식으로는 말할 수 없는 상황에서는 언제나 그래. 그 힘은 무척 세지. 그래서 가족을 산산조각 내고 말아.

그래, 히스테리 환자들은 다른 사람들에게 질문을 던짐으로써 그런 일을 해. 왜냐하면 히스테리 환자는 남성들에게 질문을 던지고 (진정한 거세를 초래하는) 이미지들을 끊임없이 그들에게 되돌려 보냄으로써 남성들을 납작하게 하거든. 남성들은 강간과 폭력이라는 비합법적인 힘으로 지배하려고 하니까 말이야. 내가 보기에 히스테리 환자는 힘의 절정에 있는 여성이야. 도라의 경우, 그 힘은 그녀 자신에게 해롭게 쓰이고 있어. 그렇지만 만일 무대가 돌면, 그리고 여성들이 다른 방식으로 말하기 시작하면 그 힘은 가족 및 사회 구조들을 파괴할 수 있을 거야. 도라의 경우에는 또 다른 멋진 면이 있는데 그것은 욕망의 차원에 속하는 것이야. 그 욕망은 또한 사랑이기도 하지. 그렇지만 어쨌든 도라의 힘의 원천은 그녀의 욕망이야. 히스테

"부인이 몇 주간 집을 비운 시기에 K씨가 그녀에게 구애를 하고 호의적으로 대해 달라고 사정을 했다는 얘기를 했어요. 자기 아내는 자기에게 아무것도 아니라는 등등의 얘기를 그녀에게 했다더군요"(프로이트, 같은 책, 224~225, 303~304쪽).

리 환자란 단순히 말을 제지당한 사람, 그래서 몸으로 말하는 사람만은 아니야. 그녀에게 있어 모든 것은 욕망과의 관계에 대한 불안에서, 그리고 자신의 거대한 욕망에서 시작된다고 봐. 그러니까 요구가 많은 그녀의 성격에서 시작되는 거지. 그녀는 대충 지나가지 않아. 히스테리 환자란 결국 "나는 전부를 원해"라고 말하는 사람인 것 같아. 그렇지만 세상은 그녀에게 '전부'인 사람을 제공하지 않아. 모두들 작은 쪼가리에 불과하니까. 그녀는 사람들에게 극도의 완전성과 힘, 그리고 확실성을 요구하는데 그들은 그것을 참을 수 없는 거야. 평소의 방식대로, 즉 그들의 좁아터진 이치대로 살 수 없게 만드니까 말이야. 그녀는 그들의 계산을 파괴해. 예를 들어 "내 아내는 내게 아무것도 아닙니다, 그러니까 당신은 전부가 될 수 있습니다"는 말 속에 들어있는 계산 같은 것 말이야. 왜냐하면 그녀는 그게 사실이 아니라는 것을 알고 있으니까. '전부'가 무엇인지, '아무것도 아닌

〈시스티나의 성모〉 그림 앞에서 그녀는 두 시간 동안이나 꿈꾸는 듯한 감동에 휩싸여 조용히 서 있었다. 그 그림의 어디가 마음에 들었느냐는 질문에 그녀는 명확하게 대답하지 못하다가 마침내 '성모'라고 말했다 (프로이트, 같은 책, 293쪽).

것'이 무엇인지 알고 있으니까. 나는 시스티나의 성모 장면도 멋지다고 생각해. 공허한 숭배가 아니라 진정한 숭배를 보여주니까. 또한 그것이 가능하다는 믿음을 보여주니까.

〈주변인과 사회적 혼란〉

C. 바로 그 때문에 그것은 폐쇄가 될 수도 있어. 그것이 하나의 은유라는 말은 맞아. 불가능한 것, 이상적인 완전성에 대한 하나의 은유니까. 그렇지만 그것이 "가족 및 사회 구조들을 파괴한다"는 말은 맞지 않아. 그것은 파괴를 흉내 내고 은유화하기는 하지만 그럼에도 불구하고 가족은 그 주위에서 재구성되니까. 물속에 돌을 던지면 파문이 일지만 곧 다시 고요해지는 것과 마찬가지야. 히스테리에 관한 나의 분석은 히스테리 환자뿐만 아니라 어릿광대, 장터의 익살광대, 광인 및 온갖 종류의 이상한 사람들을 포함하는 사회적 일탈자 전반에 관한 고찰과 궤를 같이 하고 있어. 이들은 물론 기성 질서에 대해 저항하는 사람들이야. 그렇지만 그러한 저항은 모두 이미 예상된 것이야. 따라서 이들의 저항적 역할이란 결국 모든 사회, 모든 문화가 예견하여 대비해 놓은 역할에 불과해. 그러므로 그것은 사회 구조를 바꾸지 못해. 도리어 공고히 만들 뿐이지.

H. 그렇지만 히스테리 환자를 그 범주 속에 포함시킬 수 있을까?

C. 그럼. 모든 것이 하나로 수렴되지. 인류학자, 정신분석가, 혹은 이에 대해 솔직히 말할 수 있는 모든 사람들은 히스테리 환자들이 매우 놀라운 언어적 능력을 가지고 있지만 또한 바로 그것 때문에 사회에서 배제되어 있다고 생각하고 있어. 이러한 위치적 특성으로 인하여 그들은 상부구조, 즉 상징계를 강화하는 매우 중요한 요소들 중에 포함되지. 이 요소들은 이메지너리의 그물망을 단단히 죄고 있어. 그리고 히스테리 환자들은 그 속에 들어있어. 내가 마녀와 히스테리 환자를 연결하고 같은 기표(記標)를 사용하여 그들을 연계시킨 것은 히스테리 환

자들이 같은 선상에 존재한다고 보았기 때문이야.

H. 그렇지만 정도의 차이가 있다고 생각해. 히스테리 환자의 경우, 같은 선상에 있더라도 실제로 질서를 동요시킬 수 있을 만큼 높은 강도를 가지고 있다고 봐.

게다가 어느 정도를 넘어서면 히스테리 환자는 완전히 희생자가 되고 말아. 그렇게 되면 그녀는 모든 효능을 잃어 버려. 왜냐하면 모든 것이 그녀를 공격하니까. 육체적인 면에서, 또한 다른 면에서 마비된 그녀는 모든 영향력을 잃고 말지. 히스테리에는 신경증과는 다른 구조들이 있어. 타자와의 매우 강한 동일시의 능력에 의해 작용하는 구조들 말이지. 그것은 화장을 벗겨 맨얼굴을 드러내고, 거울을 깨트리며 매우 거북살스러운 이미지를 보여주지. 우리가 위선을 떠는 데는 조건이 있어. 이아고[9] 여서는 안 되지. 스스로 "나는 나쁜 놈이야"라고 말한다면 위선이 지탱되지를 않아. 일반적으로 위선은 무분별이나 부인(否認)에 기반하고 있으니까.

히스테리 환자의 또 다른 특징은 어디에도 위치시킬 수 없다는 점, 즉 그녀의 자리가 없고, 장소도 없다는 점이야. 따라서 그녀는 모든 장소, 모든 정해진 자리를 어지럽히는 요소가 되지. 그것은 자리를 잡으려는 모든 사람들, 뭔가를 설치하여 반복적으로 작동시키려는 모든 사람들을 방해해. 결코 우리를 가만히 놔두지 않고 끊임없이 싸움을 거는 이런 종류의 사람을 제지하기란 무척 어려운 일이지.

〈집안의 백치〉

C. 그래, 그건 불화의 씨앗이야. 그렇지만 그것은 아무것도 파괴하지 못해. 그건 부르주아 가족을 해체시키지 않아. 왜냐하면 부르주아 가족이란 게 원래 불화의 씨가 있어야 존재하는 것이니까. 즉, 그것은

---

9) 셰익스피어의 《오셀로》에 나오는 악인.

불안 요소가 있어야만 유지될 수 있어. 그것을 통해 끊임없이 다시 결집되니까. 그렇지만 상징적 행위로 나가게 될 경우, 재결집은 일어나지 않아. 당신이 이야기하는 동안 나는 플로베르에 대해 생각하고 있었어. 히스테리 환자인 플로베르, 가족 내에서의 플로베르… 플로베르 가(家)의 둘째 아들 말이야. 아버지는 매우 전통주의적인 의사로 시립병원의 해부 전문의, 즉 죽음의 일꾼이었지. 그렇지만 그는 또한 어머니의 아들이기도 하였어. 그들 부부에게는 진정한 아들, 즉 후계자인 첫 아들이 있었어. 그래서 플로베르 부인은 딸을 원하고, 기대했어. 다음에도 아들이 태어났지만 곧 죽었어. 귀스타브는 셋째 아들로 태어나 죽지 않고 살아남았어. 하지만 어머니의 욕망에 의하면 그는 딸이어야 했어. 그러니까 아들로서는 죽었어야 했어. 그는 생존했지만 '집안의 백치'가 되었어. 글을 읽을 줄도 모르는 얼뜨기라서 모두들 그를 비정상이라고 생각했어. '왕따'였던 셈이지. 이러한 배제의 상황은 여성의 입장과도 같아. 게다가 그는 딸이었어야 했고, 또 다른 아들은 일찍 죽었으니 가족 내에서 여성의 위치에 있었던 셈이지. 플로베르의 경우, 아주 일찍부터 글을 쓰는 수밖에는 다른 해결책이 없었어. 이 점에 대해서는 사르트르의 책이 잘 설명하고 있지. 그가 쓴 최초의 꽁트들은 괴물이 나오는 판타지였어. 그 자신이 그 괴물인 셈이지. 그중 한 꽁트는 여성과 원숭이 사이에서 태어난 괴물에 관한 것인데 일인칭 서술이야. 그 후, 그는 발작을 일으켰어. 그래서 그의 아버지는 그를 어머니처럼 돌봐주게 돼. 그런 다음에야 그는 다른 글을 쓸 수 있었어. 이건 매우 고전적인 도식이야. 히스테리는 플로베르 가족을 어지럽히고 혼란시켜. 그렇지만 그것은 글쓰기로 나가는 데 별로 영향을 끼치지 않아. 상징계에 자국을 남긴다는 점에서 글쓰기는 하나의 정치적 행위지. 그렇지만 다른 경우에 있어 히스테리는 정치적 행위가 되지 못해. 도라의 경우도 마찬가지고. 프로이트의 글, 그리고 프로이트의 실패에 의해 후세에 그녀의 이야기가 전해진 것이 하나의 상징적 행위라고는 생각하지 않

아. 프로이트와 브로이어의 환자였다가 최초의 사회사업가가 된 히스테리 환자의 경우[10]는 나름대로 그런 면이 있다고 생각해. 자신의 히스테리를 가지고 뭔가를 했거든. 매우 격렬한 저항을 함으로써 그저 자신들에게 주어진 항거의 역할만 수행한 (그것은 곧 다시 가려지고 말아) 여성들, 그리고 어떤 방법으로건 상징적 차원에 뭔가를 새기는 여성들. 이 두 가지를 구분하는 것은 매우 중요한 것 같아. 혼란을 야기하고, 발작을 일으키고, 가족 관계를 엉망으로 만드는 것, 그런 상처는 모두 다시 아물 수 있으니까.

H. 그렇지만 그 힘은 구조들을 해체하는 데 일조를 해. 물론 비효율적인 힘도 있어. 그러나 반대로 효율적인 것도 있어. 그러니까 모든 게 상황의 문제, 정도의 문제야. 도라는 뭔가를 파괴시켰어.

C. 나는 그렇게 생각하지 않아.

H. 그녀 위에 존재하는 집들, 그 집들의 안정성은 그녀가 지탱하고 있었어 …

C. 그녀가 파괴한 것은 전적으로 개인적인 것이고, 그 파괴의 범위도 매우 제한적이야.

H. 그 당시에는 그 이상 나가는 것이 불가능했으니까.

C. 당신은 도라를 매우 좋아하는군. 그렇지만 나는 그녀가 혁명적 인물이라고 생각하지 않아.

H. 도라 자체는 중요하지 않아. 나는 그녀를 맹목적으로 숭배하지 않아. 그녀는 그 작은 사회 내에서 돌아가는 술책의 수레바퀴를 고장 내는 힘의 이름이라고 생각해.

C. 은유적인 의미에서 그렇다는 거지. 그럼 좋아. 히스테리가 그런 힘이라고 쳐. 그렇지만 왜 그것을 히스테리에만, 따라서 여성성에만 국

---

10) 브로이어와 프로이트가 함께 집필하여 1895년에 출판된 《히스테리 연구》에 나오는 한 사례인 안나 O. 본명이 베르타 파펜하임이라는 이 여성은 여성 해방론자로서, 또 사회 복지사로서 직업적 성취를 이루었고 여성의 권리를 주장하는 책을 번역하기도 하였다.

한하는 거지? 어찌 보면 강박증 환자도 그만큼 큰 피해를 입혀. 법, 억압, 기성 질서 등을 희화함으로써 그것들의 한계를 넘는다는 점에서 말이야. 그는 그 구조들이 가지고 있는 경직성을 보통의 한계를 넘어 더욱 극단적으로 추구하지. 또한 사회에서 행해지는 의식(儀式)을 도를 지나치게 수행하지. 그의 경우, 파괴의 작업은 이러한 과도함을 통하여 이루어지는 거야.

H. 나는 그것에 동의하지 않아. 프로이트는 이렇게 말했어. 문화적 차원에서 강박증 환자는 종교를, 히스테리 환자는 예술을 산출한다고 말이야. 나는 그 말이 맞다고 생각해. 종교는 기성 사회 질서를 강화하고 공고히 하며, 그 속에 생겨난 상처를 아물게 해. 뭔가를 움직이게 하는 것과 정지시키는 것 사이에는 분명히 차이가 있어. 변화를 산출하는 것은 바로 전자, 즉 뭔가를 움직이게 하는 것이야.

C. '타켕'이라는 게임 알아? 이 게임은 정해진 틀 속에서 제한된 양의 요

"이 땅은 내 것이 아니다. 이 땅도, 이 땅도, 이 땅도, 이 성(性)도, 이 성도. 나는 태양 주위를 돌듯이, 지옥이 천국 주위를 돌듯이, 혁명 주위를 돈다. 영원한 부동의 욕망을 가지고 … 지쳐빠진 남성 종족이 내 자리를 차지한다. 그들은 쉽게 죽는다. 그들은 내 눈 앞에서 비탈을 내려간다. 이 쇠약한 남자들은 명랑하다 … 나는 그들의 매장을 상상한다 … 그들은 나의 매장을 상상한다. 그러나 그들은 생각을 바꾼다. 이 땅은 나의 것이 아닌 것이다. 그럼 이 배(腹)와 이 역사와 이 성(性)은?

그들은 따발총을 든다. 그리고 쏜다. 이제 역사가 끝났으니 미지의 여성은 밖으로. 그녀는 추방되었다. 그러나 어디로? 접수당했다. 그러나 무슨 권리로? 나는 비워졌다. 내 가슴속에마저 나의 자리는 없다. 나는 그 속에서 인종과 성에 관한 격렬한 논쟁을 목도한다. 나, 나의 대리인. 그들은 여성성에 관해 내게 질문한다. 나는 아래에, 그러나 서 있다. 대리하는 여성, 나는 내가 대리인이라고 확언할 수 있는가? 그리고 프로이트

소들만 움직일 수 있어. 게다가 그 속에 있는 '타켕'이라는 요소는 건드리면 안 돼. 고정되어 있는 틀 속에서 한 요소씩 움직여보는 것이 이 게임의 핵심인 셈이지. 그렇지만 구성 요소들이 움직인다고 해서 틀이 변하는 것은 아니야. 개별 요소들이 움직임으로써 게임이라는 전체 시스템이 사는 거지. 언어란 결국 이 칸 대신 저 칸을 움직이는 것에 불과해. 진정한 재배치, 진정한 변화는 그 수준에서 이루어질 수 없어.

〈욕망을 잠재울 수 있는가?〉

H. 혁명 역시 언어에 의해 일어날 수 없어. 그렇지만 의식화 없는 혁명은 있을 수 없어. 일어서서 소리치기 시작하는 사람들 없이는 혁명이 일어날 수 없다는 거지. 이 점에서 내 의견은 조르쥬 바타이유의 분석

씨의 입장은 어떠한가?
그들은 나를 속박한다. 남성들, 그리고 남성의 여성들, 그리고 여성-남성, 그리고 그 양자가"(엘렌 식수, 《태양의 초상》).

과 같은 맥락이야. 결코 억압될 수 없는 것이 있어. 심지어는 계급투쟁에 대해서도 말이야. 그것은 바로 리비도, 즉 욕망이지. 진정한 변화에 대한 필요는 욕망으로부터 탄생해. 욕망은 결코 죽지 않아. 그렇지만 오랫동안 질식당할 수는 있어. 예를 들어 언론 탄압으로 빈사 상태에 있는 국민들의 경우에 말이야. 의사소통을 하지 않는 순간부터 사람들은 움직이지 못해.

C. 당신 말을 시적으로 해석한다면 모를까 그렇지 않으면 당신 말은 내게 아무런 현실성이 없어. 예를 하나 들어봐. 의사소통을 하지 않는 국민이란 도대체 어떤 거야?

H. 욕망을 끄기는 쉬워. 프랑스를 예로 들어 볼까. 사람들이 진정한 담론을 순환시키지 않는 순간부터, 즉 죽은, 상투적 담론만 순환시키는 순간부터 …

C. 그런데 '사람들'이란 누구야? 누가 순환시킨단 말이야? 주체가 누구지? 그들은 어디에 있지?

H. 모종의 힘이야. 현재 권력을 가지고 있는 계급은 오래전부터 그 힘을 사용해왔어. 그렇지만 상황이 더 악화되었어. 또 점점 더 악화되고 있어. 지배 계급은 상상력이 표현되는 모든 장소에 대한 체계적 억압을 자행하고 있어. 매스 미디어, 출판, 그 외에도 말과 창조가 전달되는 모든 통로를 장악하고 있어. 그 때문에 정치적 의식화가 타격을 받게 되었어.

C. 그러니까 검열 말이야?

H. 맞아. 검열이 자행되면 욕망의 수준이 낮아지지. 그것이 재생되는 데는 엄청난 시간이 필요해. 욕망은 소통되지 못하고, 어디로 가야 할지 통로를 찾지 못하게 되지. 지쳐서 잠들어 버릴 지경이 되고 말아. 우리는 그렇게 느껴. 욕망은 더 이상 움직이지 않아. 물론 죽었다는 말은 아니야. 그렇지만 역사를 통틀어 검열과 금지는 상당한 효과가 있는 욕망 제어 기제였어.

C. 나의 사고는 대체로 정치적 차원에 속해 있어. 그런데 당신의 묘사는

그와는 다른 차원에서 이루어지기 때문에 나로서는 합치점을 찾기가 어려워. 물론 그 묘사가 '가짜'는 아니야. 그렇지만 내가 보기에 그것은 신화나 시의 차원에 속하는 것 같아. 거기에는 일종의 허구적인 주체, 욕망하는 집합적 주체가 있어. 때로는 자유롭고 혁명적이지만 때로는 예종(隷從) 되어 있고, 또한 때로는 잠들어 있지만 때로는 깨어있는 거대한 존재 말이야… 그것은 현실세계의 주체가 아니야. 내 생각으로는, 그리고 현 시점에서, 욕망이란 말은 정치적 차원과는 관련이 없는 것 같아. 그렇지만 그것을 한 번 정치적 차원에 도입해 보기로 해. 만일 당신이 '욕망'과 '계급투쟁'을 동시에 생각한다면(이 둘은 서로 다른 언어 수준에 속하는 용어지) 당신이 '욕망'이라고 부르는 것을 질식시킨다는 것은 불가능하고, 그것을 재운다는 것은 생각할 수도 없어. 모순이 심하면 심할수록 계급투쟁은 점점 더 심해지고 첨예해지니까. 당신이 말하는 검열과 상상력에 대한 마비 공작은 격렬한 투쟁의 기간에 나타났던 것이야. 프랑스의 경우, 오래전부터 그런 투쟁은 더 이상 찾아볼 수 없었어. 지배 권력은 이러한 현실을 잊게 하려 노력하지. 그것을 억압하기 위해(그렇지만 그건 '욕망'의 억압이 아니야) 모든 정보 수단을 다 동원하지. 우리가 그것을 느끼는 것은 놀라운 일이 아니야. 그렇지만 우리가 그것에 놀아나야 할까? 그러니까 잠재운다는 개념은 계급투쟁 속에 포함되어 있는 투쟁의 개념과 양립할 수 없어. 계급투쟁은 멈추지 않아. 한편에는 상상력, 욕망, 창조, 글쓰기가 있어(그런데 이것들은 같은 경험의 여러 가지 다른 이름에 지나지 않아). 그리고 현실의 다른 한편에 계급투쟁이 있어. 여권(女權) 투쟁은 그것의 일부분이고. 여기에는 몇몇 고리가 빠져 있어. 그것을 생각해 내야지. 우리 둘의 언어를 연결시키려면 말이야. 때때로 욕망과 예술 작품은 계급투쟁을 선도하고, 그것을 예고하기도 해. 그렇지만 다른 한편으로 그것들은 지금으로서는 생각할 수도 없는 다른 모든 매개체들과 마찬가지로 일종의 투쟁의 부산물, 즉 무의식적인 결과이기도 해. 그 투쟁은 지식인들에게 있어 근본적인 것이야. 따라서 그들 모두의 의식을 결정하는 데 깊이 관여하지. 지식인들은 해결불가능한 모순에 봉착해 있어. 물론 그들 개개인은 각각 처해있는 상황이 다르고, 입장도 달라. 그것을 의식하는 사람도 있고 안 하는 사람도 있어. 그 상황에 대해 죄의식을 느끼는 사람도 있고, 간과하고 지나치는 사람도 있어. 그렇지만 그들은 모두 투쟁 속에 있어. 그리고 그 투쟁 속에서 어떤 특정한 입장에 서 있어.

H. 계급투쟁은 지금도 작동하고 있어. 맑스가 그 체제를 묘사한 바 있는 거대한 기구가 지금도 움직이고 있지. 그렇지만 언제나 같은 속도로 움직이는 것은 아니야. 때때로 느려질 때도 있어.

C. 물론 느려진 것처럼 보일 수도 있겠지. 특히 그렇게 생각하도록 강요당할 때는 말이야. 그렇지만 계급투쟁의 현실과 그것의 신화적 체험 사이에는 차이가 있어. 특히 투쟁의 현실을 직접적으로 가늠하기 어려운 지식인들의 경우에 말이야. 지식인들에게 있어 가장 중요한 것은 언어와 이메지너리의 문제인 까닭에 현실에 대한 시야가 가려질 수 있으니까.

H. 현재로서 나는 비관적이야. 글쓰기와 문학과 창조의 세계에서 목소리가 사라지고 있어. 이것은 보편적인 현상이야. 그것은 하나의 징후이며 필시 좋지 않은 결과를 낳을 거야. 서구 사회에서 독서가 쇠퇴하는 것은 우연한 일이 아니야. 우파건, 개혁파건 간에 모든 정부들이 똘똘 뭉쳐 이렇게 말하고 있는 셈이라니까. "눈 있는 자는 눈을 감아라. 온 세상의 지식인들이여, 입을 닫아라. 분석하려 하지 말아라. 그건 소용없는 짓이니까." 가장 비인간적이고, 기계적이고, 지독한 자본주의적 우중(愚衆)화를 향한 국제적 공모가 진행되고 있어. 프랑스가 미국에 자신을 팔아먹었듯이, 모든 나라들이 스스로를 팔아먹어. 눈가리고 아웅하는 식의 침묵 속에서 말이야. 그리고 그것을 성취하기 위해 그들은 모든 종류의 글쓰기, 말하자면 문학 전반을 침묵시키려고 해. 뿐만 아니라 시까지도 침묵시키려고 해. 물론 시는 국제 관계에 대해서 말하지 않아. 그렇지만 어쨌든 그들은 그것

을 두려워하고, 그것에 재갈을 물리려 해.

C. 당신은 자본주의에 의한 다른 가치의 쇠퇴를 묘사했지만 그와 동시에, 또한 같은 움직임에 의해서 제국주의는 해체되고 있어. 인도차이나에서 — 얼마나 멋진 사건인가![11] — 유럽에서. 그게 중요한 거야. 비관주의는 하나의 제한된 시각일 뿐이야. 그저 하나의 시점일 뿐이라고. 지금이야말로 그 어느 때보다도 **변증법**(적어도 나는 근본적으로는 그것이라고 봐)이 필요하다고 생각해. 물론 이 분석과 해석 방식은 우리들에게는 자연스럽지 못하고 어려워. 그렇지만 이것 없이는 여성해방 투쟁을 생각할 수 없어. 이것만이 진정한 분석 방법이니까.

H. 역사는 여러 곳에서 동시에 이루어지고, 또한 여러 개의 역사가 동시에 진행되고 있어. 지금은 여성의 역사에서 매우 '중요한' 시점이야.

---

11) 이 글이 씌어진 1975년에 베트남 전쟁이 사회주의 체제인 북베트남의 승리로 끝났다.

"정치인이 기성의 문화적 세계를 표현하도록 당대 예술에 압력을 가한다면 그것은 예술 비평이 아니라 정치적 행위이다. 우리가 어떤 문화적 세계를 위해 투쟁할 때, 만일 그 세계가 살아있는, 그리고 필연적인 현실이라면 그것은 어떤 저항에 의해서도 저지되지 않고 팽창되기 마련이다. 그 세계를 표현할 예술가 또한 생겨나기 마련이다"(안토니오 그람시).

《새로 태어난 여성》의 프랑스어 제목인 *La Jeune Née*는 사전적 의미 이외에 그 음가적인 측면에서 'là-je-une-nais', 즉 '여기서 (하나의 여성적 주체로) 새로 태어난 나' 혹은 'là-je-n'est', 즉 '내가 (하나의 주체로) 존재하지 않았던 그곳'[1]이라는 뜻으로도 해석될 수 있다.

"내가 존재하지 않았던 그곳"의 풍경은 주로 카트린 클레망이 집필한 제1부(죄진 여성)에서 묘사된다. 반면 '하나의 여성적 주체로 새로 태어난 나'의 모습은 엘렌 식수가 집필한 제2부(출구)에서 제시된다. 제3부(교환)는 클레망과 식수의 대담으로 구성되어 있다.

2개의 장으로 구성되어 있는 제1부에서 클레망은 프로이트, 미슐레, 레비스트로스 등 서양 남성들의 텍스트를 재해석하여 여성에 대한 새로운 진실을 찾아낸다. 이 중 제1장(마녀와 히스테리 환자)은 서양 중세사회에서 기독교에 의해 핍박받은 여성 인물인 마녀와 19세기 후반에서부터 20세기 초에 걸친 시기의 특징적인 여성 질환인 히스테리

1) Wing, Betsy. Hélène Cixous & Catherine Clément의 *La Jeune Née* 영역판 *The Newly Born Woman*, Minneapolis, University of Minnesota Press, 1986, 부록 어휘집, 166쪽.

와의 연관관계를 다루고 있다. 클레망에 의하면 마녀와 히스테리 환자는 모두 체제의 균열 속에 존재하던 비정상인이었다. 그 때문에 그녀들은 문화적 질서를 위협한다고 간주되었고, 또한 그 때문에 박해를 받았다. 이것은 여성 일반의 경우도 마찬가지이다. 여성은 문화적 관점에서 보아 정상과 비정상에 양다리를 걸치는 이중적 지위를 가지고 있다. 그녀는 아내이자 어머니라는 점에서 질서의 일부이다. 그러나 동시에 그녀는 생리, 출산을 통하여 자연에 속하며 이 때문에 문화 바깥에 존재하는 무엇인가와 교통한다. 따라서 뭔가 비정상이기도 하다. 마녀와 히스테리 환자는 여성의 비정상성의 대표적 사례이며, 그러므로 이에 대한 논의는 여성 역사의 문화적, 역사적 문맥을 이해하는 데 중요한 역할을 할 수 있다.

클레망에 의하면 마녀와 히스테리 환자를 이어 주는 가장 중요한 요소는 그들이 과거를 체현하는 인물이라는 점이다. 마녀의 경우, 그녀가 체현하는 과거는 역사적 과거, 즉 기독교 이전의 이교도적 흔적이다. "마녀는 교회 규범에 반(反)하여 병을 치료하고, 낙태 시술을 하고, 불륜을 도와주며, 기독교가 질식시켜 버린 불모의 삶의 공간에 숨통을 터 준다." 히스테리 환자는 개인적 과거, 즉 잃어버린 유년 시절을 체현한다. 그녀는 "어린이에게 모든 욕망이 다 허용되는 단계", 즉 그 욕망들을 "모두 인식할 수 있고, 몸의 모든 구멍을 통해 자기 몸을 탐색할 수 있고, '성감대'를 형성할 수 있"는 그 단계를 체현한다. 물론 그것은 그대로 드러나지 않고 역전되어 나타난다. 즉, 그녀들은 "자신들의 욕망을 내면에 가두고, 눈물을 들이마시고, 외침을 목구멍 깊숙이 삼킴"으로써, 전도된 형태로 자신의 욕망을 드러내는 것이다.

마녀와 히스테리 환자의 또 하나의 유사성은 그들의 증상이 '육체라는 극장'을 통해 드러나는 일종의 스펙터클이라는 점이다. 마녀의 신들림과 히스테리 환자의 발작(경련 및 펄쩍펄쩍 뛰는 행위) 및 신체 마비 등은 모두 어린아이의 유희와 성적 장면이 통합된 것이다. 또한 종교 재판관의 강요에 못 이겨 행해진 마녀들의 억지 고백과 정신분석가들 앞에서 쏟아낸 히스테리 환자들의 고백은 닮아 있다. 때문에 프로이트는 그녀들의 이야기가 동일한 근원을 갖는 것이 아닐까 의심한다.

클레망은 프로이트와 브로이어가 히스테리 환자를 치료하기 위해 사용한 치료 테크닉을 중세의 악령퇴치사들의 '마법'과 연결시켰다. 프로이트와 브로이어가 '해소'라고 부른 과정, 즉 "어떤 외상을 경험한 사람이 적절한 감정 발산을 통해 그 사건으로부터 해방되는 현상"은 히스테리 치료의 핵심이다. 프로이트에 의하면 해소는 "억압된 사건의 재활성화인 동시에 언어에 의한 행위의 방출이다". 클레망은 이 개념을 마녀에 적용시켜 악령퇴치사가 물리적 위협을 통해 억지로 얻어내는 마녀의 고백 역시 바로 이 '해소'의 한 과정이라고 보았다.

그녀에 의하면 마녀의 신들림과 히스테리 환자의 발작은 다같이 '모든 것이 해소되는 대단원'이다. 왜냐하면 긴장은 발작이라는 스펙터클을 통해 해소되기 때문이다. 그녀들의 발작은 자기 스스로의 몸을 공격하는 것이다. 그러나 그 공격은 고통만을 산출하는 것은 아니다. 몸의 뒤틀림과 경련 속에서 그녀들은 쾌락을 경험한다. 이 까닭에 클레망은 발작을 일종의 축제로 간주한다. 그것은 육체의 욕망이 족쇄에서 풀려나 사회생활과 문명화된 인간계의 질서를 거부하는 것이다. 그리고 '욕망하는 멋진 자유' 가운데서 쾌락을 경험하는 것이다.

실제로 "축제에는 일상생활의 정상적 흐름의 역전이라는 요소가 포함되어 있다". 클레망은 미르케아 엘리아데와 로제 카이우아의 분석에 기대어 이 역전이 "역사의 흐름에 의해 완전히 뒤집혀버린 기원, 즉 잃어버린 기원으로의 회귀"라고 주장한다. 이 기원은 실제로 있던 역사적 기원이 아니라 일종의 상상적, 신화적 기원이다. 즉, 그것은 현실세계와는 정반대인, 모든 것이 거꾸로 된 상태를 말하는 것이다.

클레망에 의하면 마녀와 히스테리 환자는 발작을 통해 축제를 자신의 몸에 체현한다. 그녀들은 몸의 비정상적인 뒤틀림을 통해 몸의 역전된 형태를 보여줌으로써 축제의 핵심인 역전(逆轉)을 체화(體化)하는 것이다. 뿐만 아니라 마녀의 축제인 야연(夜宴)에서는 윤무(輪舞)를 통해 육체가 서로 뒤섞이고, 공간과 방향의 혼란이 일어난다. 히스테리 환자의 경우, 그 역전은 환상을 통해 일어난다. 프로이트에 의하면 "히스테리 환자의 두통은 몸의 양 극단(머리와 하체, 그 두 부분에 있는 털, 뺨과 엉덩이, 입술과 큰 입술, 입과 질)을 동일시하는 환상적 비교에 기인한다". 즉, 환상을 통해 육체의 아래위가 뒤바뀌는 것이다.

클레망은 이러한 여러 비교를 통해 히스테리 환자와 마녀의 공통점을 제시한 다음, "히스테리 환자는 마녀의 딸이다"라고 결론짓는다. 즉, 마녀는 히스테리 환자의 전신(前身)인 것이다. 그녀들은 이러한 역전을 통해 문화의 경계선을 넘었다. 그 때문에 그녀들은 문화에서 배제되었다. 마녀와 히스테리 환자는 이제 존재하지 않는다. 그러나 이들의 사례에서 보여지는 (남성적) 문화의 전형적 특징인 '여성의 인과관계, 즉 어떤 현상의 원인을 여성에게 돌리는 태도'는 여전히 존재한다. 클레망은 현대 사회에 존재하는 이러한 인과관계를 찾아내고 폭로할 것을 주장한다. 왜냐하면 그것은 여전히 여성들을 구속하고, 그녀들을 '상상적 배제의 구역'으로 내몰고 있기 때문이다.

제 2장(유혹과 죄의식)에서 클레망은 '여성의 인과관계'에 대한 보다 자세한 분석을 위해, 또한 그것으로부터 새로운 여성의 이야기를 만들어내기 위해, 프로이트의 《히스테리 연구》를 비롯한 일련의 정신분석 텍스트들을 재독서한다.

클레망에 의하면 프로이트의 텍스트는 '어떤 현상의 원인을 여성에게 돌리는 태도'를 그대로 예시한다. 프로이트는 히스테리를 정신적 고통이 육체적 고통으로 전환된 것으로 보았다. 이 정신적 고통은 히스테리 환자의 죄의식에서 기인한다. 클레망은 히스테리에 대한 프로이트의 연구의 핵심적 과제란 "누구에게 죄가 있느냐"는 질문, 즉 죄지은 자를 밝혀내는 것이었다고 본다.

프로이트는 히스테리 환자가 매우 이른 시기에 유혹의 대상이 되었으며 그것으로부터 질병이 초래되었다고 생각했다. 즉, "히스테리는 전성기(前性器)적 성적 쇼크에서 기인"하는 것이다. 이 성적 쇼크는 "언어적 이미지로의 번역이 불가능한 시기, 즉 어린 시절 초기에 일어나는" 것이다. 이것이 하나의 외상이 되며 이 외상으로부터 히스테리 증상이 비롯된다.

이러한 관점에 의하면 히스테리를 유발시킨 사람은 이 시기에 어린이를 유혹한 사람이다. 이 유혹자를 밝혀내려는 프로이트의 탐구는 몇 단계로 나누어 진행되었는데 그에 따라 죄지은 장본인도 변하였다. 프로이트가 지목한 첫 번째 죄인은 히스테리 환자가 이야기하는 유혹 장면에 가장 빈번히 등장하는 유혹자, 즉 아버지, 혹은 아버지와 비슷한 역할을 하는 남자 친척이었다. 왜냐하면 "히스테리 환자들은 아버지, 오빠, 형부 등의 성적 공격을 받으며 그때 받은 격심한 감정적 동요는 고통과 정신적 장애, 그리고 미학적 장소, 즉 마비, 혹은 감각 과민의 장소로 전화되기" 때문이다.

그러므로 딸들의 히스테리는 아버지의 유혹의 결과인 것이다. 이 사실에 의거하여 프로이트는 "제1세대: 도착증, 제2세대: 히스테리, 그리고 그 결과 불임(…)"이라는 도식을 만들어낸다. 즉, 아버지의 도착증은 딸들의 히스테리를 낳고, 그 결과 딸들은 항상 이상적인 남자를 찾아 헤매며 가정을 이루지 못한다는 것이다.

그러나 히스테리 문제에 대한 연구가 진척됨에 따라 아버지에 의한 유혹이라는 이야기에 의심이 생겨나기 시작한다. 이것은 프로이트의 환자들이 치료과정중 결정적인 단계에서 도망을 쳤다는 사실에 기인한다. 아버지에 의한 최초의 유혹장면에 막 도달하려는 찰나, 환자들이 모두 도망을 치고 말았던 것이다. 이 때문에 프로이트는 히스테리 환자가 폭로하는 유혹의 이야기는 결국 환자들의 환상, 즉 어린이의 오이디푸스 콤플렉스의 산물에 불과하다는 결론에 도달한다.

그리하여 "이제 과오는 오이디푸스 콤플렉스와 유아 성욕이라는 형태로 딸에게, 그리고 어린 아이에게 돌아가게 된다". 그러나 클레망은 이것을 객관적인 과학적 발견이 아니라 프로이트의 궁여지책에 불과하다고 생각한다.

> 프로이트가 히스테리에 귀 기울이는 동안, 즉 그것의 실제적 원인을 찾고 있던 동안, 〔…〕 그는 실제적인 원인을 찾으려고 하였으며 이를 위하여 실제로 있었던 사건을 알고자 하였다. 그러나 이 발견이 불가능해지자 (환자들이 도망친다. 그들은 거짓말쟁이다. 그걸 모르다니….) 결정적인 방향전환이 일어났다. 실제에 도달하는 것이 불가능해지자 그것은 재구성된 것, 기록된 것, 그리고 있을 수 없는 것으로 변하고 말았다.

즉, 실제 있었던 사건이 해독 불가능하게 보이자 그 실제 사실에 대한 모종의 이야기를 꾸며낼 수 있었던 사람이 죄인으로 지목된 것이다. 클레망에 의하면 당시, 히스테리 환자들을 거짓말쟁이 취급한 것은 프로이트만이 아니다. 많은 사람들이 환자들의 거짓과 부도덕성을 비난하였으며 이에 대해 극단적 언사를 쓴 사람도 있었다. 그러므로 프로이트 역시, 여성성에 관한 한, 그냥 "다른 사람들 하는 대로 하였을" 뿐이며 이것은 히스테리 연구에 있어 프로이트의 세 번째 단계에서도 그대로 드러난다.

"죄지은 자가 누구냐?" 라는 질문에 답하는 과정에서 먼저 프로이트는 아버지에 의한 유혹이라는 개념을 제시하였다. 그 다음으로 오이디푸스 콤플렉스가 창안되었고, 세 번째 단계로 어머니에 의한 유혹이 제시되었다.

프로이트에 의하면 어머니의 유혹은 전오이디푸스기에 일어난다. 어린 아이들은 어머니에 의한 유혹의 환상을 가지고 있는데 프로이트는 그것이 어느 정도 현실적 토대를 가지고 있다고 본다. 왜냐하면 어머니는 아이를 돌보아주는 과정에서 실제적으로 성기에 쾌감을 야기시키기 때문이다. 그러므로 아버지에 의한 유혹이라는 이야기는 환상인데 반해, 어머니에 의한 유혹은 어머니가 몸을 돌본다는 사실에서 초래된 어느 정도 근거 있는 이야기라는 것이다.

프로이트가 제시한 네 번째 죄인은 아들이다. 아들의 죄의식은 원시인의 거대신화의 핵심이다. 《토템과 터부》에서 프로이트는 정신분석학을 인류학에 적용시켜 근친상간 금지에 관한 가설을 만들어 내었다. 이에 의하면 원시시절에 아들들은 서로 힘을 합쳐 아버지를 죽인 다음, '사후복종'이라는 심리상태에 따라 "그들이 해방시킨 여성들과의 성적 관계를 거부함으로써 (아버지를 죽인) 그 행위로부터 얻을 수 있는 과실을 포기한다". "그러므로 여성의 교환은 죄의식으로부터 나온" 것이다. 그런데 히스테리 환자는 족외혼의 원칙을 범하고 친족관계를 위반한다. 히스테리는 이 위반에 대한 죄의식의 산물이기 때문이다. 여기서도 역시 죄인은 여성이다.

클레망은 이러한 죄의 역사를 종식시킬 것을 주장한다. 남성적 해석에서 탈피할 것을 주장한다. 그녀에 의하면 히스테리의 역사는 결국 히스테리 환자의 발작을 지켜보는 남성적 시선의 역사에 다름 아니다. 그러므로 그녀는 이러한 시선에서 벗어날 것을 주장한다. "그녀를 구경거리로 삼아 쇼를 벌이는 약장사, 즉 마법사 시몬, 장 보댕, 샤르코, 그리고 프로이트라는 자… 일체의 주인/스승과 연을 끊을" 것을 주장한다. 왜냐하면 그것은 여성의 것이 아니기 때문이다. 이제 출구를 준비할 때가 되었다. 여성의 시선으로 그녀의 비상을 지켜볼 때가 된 것이다.

엘렌 식수에 의해 집필된 제 2 부 〈출구〉는 이 책의 핵심부분이자 말중심주의라는 서구 철학상의 태도에 대한 보다 근본적인 공격 및 이것과 '여성적 글쓰기'와의 관계가 잘 드러나 있는 부분이다.

식수의 텍스트는 말중심주의에 대한 공격으로부터 시작한다. 잘 알려져 있다시피 말중심주의는 자크 데리다가 제시한 용어이다. 데리다에 의하면 말중심주의란 진실, 이성, 논리, 그리고 더 원초적으로는 기독교에 있어 하느님의 말씀과 같이, 어떤 다른 것에 의해 생성되는 것이 아니라 그 자체로서 본래적으로 존재하는 존재, 즉 현존을 중시하는 태도를 말한다. 그것은 모든 것을 이항대립적으로 짝지을 뿐만 아니라 짝이 되는 두 항 중 앞의 항을 항상 우등한 것으로, 뒤의 항을 열등한 것으로 간주한다.

식수는 이러한 이항대립적 짝짓기 중에서 여성과 남성에 관련된 것들만 모아 열거하면서(예를 들어 해/달, 문화/자연, 낮/밤, 아버지/어머니 등) 항상 남성, 그리고 남성적 자질이라고 간주되는 것들에 가치를 두어온 서양의 철학체계를 공격한다. 그녀에 의하면 말중심주의는 남성을 우월시하는 남근중심주의(*phallocentrisme*)와 밀접한 관계를 가지고 있다. 여성을 뭔가가 결여된 남성, 혹은 그의 파생물로 보는 태도 역시 이러한 이항대립적 태도의 일부분임은 말할 것도 없다. 여기까지에 있어 식수의 이론은 전혀 새로울 것이 없으며 데리다의 이론을 그대로 받아들인 듯이 보인다. 왜냐하면 남근중심주의란 결국 말중심주의의 체계 중에서 남녀에 관한 것만을 떼어 내어온 것이기 때문이다. 이렇게 보면 남근중심주의는 말중심주의 속에 포함된다.

그러나 다음 순간, 식수는 말중심주의가 어쩌면 남근중심주의의 정당화를 주목적으로 삼아 만들어진 사상적 체계일지도 모른다는 점을 시사함으로써 이러한 선후관계를 완전히 뒤집는다. 다시 말하면 모든 이항대립적 태도란 애초에 남녀라는 두 단위를 기초로 한 것이며 모든 철학적 체계는 결국 남성의 여성에 대한 두려움에서 비롯된 것이라는 것이다. 식수에 의하면 이러한 두려움은 결국 남성이 알지 못하는 여성성에 대한 두려움에서 비롯한다. 실제로 그녀가 〈메두사의 웃음〉에서 공격한 '메두사의 신화'는 이러한 남성의 두려움을 단적으로 보여준다. 남성들은 이 두려움을 극복하기 위하여 여성의 성에 여러 가지 금기를 부과하고, 그것의 발현을 막았을 뿐만 아니라 여러 가지 이데올로기적 기제를 통하여 여성 자신들조차 자신들의 몸, 즉 자신들의 성을 두려워하도록 만들었다. 그리하여 여성들은 자신의 몸으로부터 소외되어 스스로의 몸을 '검은 대륙', 즉 위험한 것으로 간주하게 되었다.

이처럼 여성억압의 근저에는 여성의 성에 대한 억압이 있다. 따라서 식수는 여성해방을 위해서는 여성성의 해방, 즉 남성에 의해 억압된 여성의 몸을 아는 것이 필수적이라고 본다. 식수에 의하면 이 발견의 첫걸음은 여성 자신이 스스로의 몸에 대한 두려움에서 벗어나는 것이다. 자주 인용되는 "'검은 대륙'은 어둡지도 않고 탐험이 불가능하지도 않다"라는 문장은 바로 이러한 여성 자신의 결단에 대한 요구를 담고 있는 것이다.

유명한 '여성적 글쓰기'(*écriture féminine*)는 바로 이러한 필요에 의해 상정되었다. 식수에 의하면 여성이 스스로의 성적 특질을 발견하기 위해서는 도구가 필요하다. 그리고 '여성적 글쓰기'는 바로 이 발견의 도구 역할을 할 수 있다. 물론 '여성적 글쓰기'는 현실 속에 실제로 존재하는 현상이 아니라 하나의 이론적 구성물에 불과하다. 식수에 의하면 그것은 여성의 무의식을 드러내는 글쓰기이며 따라서 여성의 성적 특질을 가장 잘 드러낼 수 있다. 그러나 그것이 구체적으로 어떤 글쓰기인지는 분명치 않다. 게다가 그것은 애당초 정의가 불가능하다. 왜냐하면 정의란 곧 이론화를 의미하고 그것은 결국 남근중심주의적 언어에 의해 여성적 글쓰기를 화석화하는 것이기 때문이다. 다만 한 가지 분명한 것은 이러한 글쓰기가 필요하다는 사실뿐이다.

이러한 필요성은 식수가 자주 인용하는 "우리는 검둥이, 검은 것은 아름답다"라는 60년대 흑인 인권운동의 구호에서 분명해진다. 백인들이 득세하는 세계에서 '검은 색'은 죽음, 어둠, 악 등 온갖 부정적인 의미가 모여 있는 하나의 상징이며 따라서 이 의미체계를 바꾸지 않고서는 흑인들 자신조차도 백인들이 부과한 자기비하에서 빠져 나오기 어렵다. 마찬가지로 여성들도 남근중심주의가 만들어 놓은 여성에 대한 부정적 언어체계에서 빠져 나오기 전에는 완전한 자기긍정에 도달할 수 없다. 그러나 여성들의 경우, 이는 보다 더 어렵다. 왜냐하면 '검은 색'이 한 단어의 문제인 데 반해, 여성성의 문제는 언어체계 전체의 문제이기 때문이다. 실제로 현재의 언어체계는 남근중심주의적 이항대립에 기초하고 있으므로 그 체계 전체를 개혁하지 않고는 남/여에 관련된 의미체계를 바꿀 수 없다.

그러므로 '여성적 글쓰기'는 남성의 언어에 오염되지 않은 언어를 찾는 식수의 모색의 논리적 귀결이다. 이제 메두사는 남근중심주의가 부과한 금기의 틀을 벗어나 자신의 성, 즉 자신의 성적 정체성을 드러낼 준비가 되었다. 그러나 어떻게? 이 오염된 언어체계 속에서 어떻게 그것을 보여줄 수 있단 말인가? 그러므로 새로운 언어를 찾는 것은 필수적이며, 식수는 '여성적 글쓰기'가 그 새로운 언어가 될 수 있다고 주장한다.

이것을 보여주기 위해 식수는 여성의 성적 특질을 제시하고 이것과 '여성적 글쓰기'와의 상관성을 보여준다. 그녀에 의하면 "〔여성〕의 성적 흥분은 발기가 아니라 산포이며 창이 아니라 그릇"이다. 그리고 여성적 글쓰기는 바로 이러한 여성의 '우주적' 리비도를 닮는다.

여성성의 규정에 있어 식수는 프로이트 등이 주장하는 "남녀의 성차가 '자연적으로', 해부학적으로 규정된다는 명제"를 비판하며 남녀의 성차는 무엇보다도 성적 향락(*jouissance*)의 차원에서 결정된다고 보았다. 남성의 성욕은 남근이라는 해부학적 조건에 의해 결정된다. 그렇다면 산포를 특징으로 하는 여성의 성욕 역시 질, 혹은 신체 곳곳에 산재하는 다양한 성감대라는 여성의 신체적 특성에서 나오는 것이 아니겠는가? 실제로 식수는 글쓰기가 여성에게 있어 "몰수당한 것보다도 더 나쁜 처지에 있던 자신의 육체를 회복"할 수 있게 해주며 또한 "자신의 육체의 소리를 들려준다"고 하여 여성적 글쓰기가 결국 여성 육체의 표현임을 분명히 하였다. 그렇다면 식수의 이론은 결국 그렇게도 비난받던 자연주의가 아니고 무엇인가?

그러나 식수의 이론이 19세기의 자연주의와 다른 점은 그녀가 자연주의의 개념을 사용하되 그것을 정반대로 적용하였다는 것이다. 즉, 그녀는 남성적/여성적이라는 이항대립의 틀 속에서 그 위계관계를 전복시킨 것과 마찬가지로 여성의 무의식 문제에 있어서도 정신분석의 전통적 틀을 차용하여 그 가치체계를 전복시켰다. 전통적 정신분석에 의하면 여성의 신체는 남성의 신체에서 남근이 결여된 것이기 때문에 남성의 신체에 비해 열등한 것으로 간주되었다. 그러나 식수에 의하면 글쓰기에 관한 한 여성의 육체는 남성의 육체에 비해 우등하다. 왜냐하면 전 육체가 남근에 종속되어 있는 남성과는 달리 여성들은 "'말단'이나 중심 '부분들'이 없는" '끝없는 육체'를 가진 까닭에 '우주적 리비도'가 가능하며 따라서 여성의 글쓰기 또한 "천 개의 혀를 가진 다른 혀로 하여금 말하게 하는" 힘을 가지기 때문이다.

그러므로 이제 "〔여성의〕 육체를 쓰는 것"은 더 이상 단순히 여성 자신의 육체를 회복하는 차원에 머무르지 않는다. 그것은 "분할과 계급과 수사학과 명령과 약호를 분쇄하는 거침없는 언어를 만들고 담론의 극한을 넘어 꿰뚫고 넘쳐흘러" 간다. 이러한 넘침, 이러한 단선적 담론의 파괴가 다름 아닌 글쓰기의 본질이다. 왜냐하면 "글을 쓴다는 것은 언제나 말을 정해진 궤도에 붙들어 매어두는 교환가치를 파괴하고 과다와 쓸모없는 것에도 한몫을 허용하는" 것이기 때문이다. 그러므로 글쓰기란 결국 이러한 과다와 폭발, 잉여 등을 특징으로 하는 여성성, 여성의 육체를 쓰는 것이며, 따라서 여성의 육체는 글쓰기의 모델이 된다. 문제는 이것을 어떻게 쓰는가에 있다.

여기서 지적하고 넘어가야 할 것은 여성의 독자적 경험에 대한 논의의 역사는 대단히 짧으며 여성성에 관한 논의 역시 아직까지 걸음마 단계라는 점이다. 이 때문에 여성성의 이론은 초기단계의 다른 모든 이론과 마찬가지로 여러 가지 시행착오를 거칠 수밖에 없다. 따라서 이러한 여성성의 모델에 기초한 글쓰기인 여성적 글쓰기의 이론 또한 아직까지 구체적인 글쓰기의 방법을 제시하지 못하였다. 그러나 흐름의 방향은 분명하다. 여성성의 문제는 이제 현대의 중요한 화두로 등장하였다. 이것은 바로 식수, 특히 《새로 태어난 여성》의 공적이다. 남은 것은 공개적인 토의를 통해 이를 발전시켜 가는 것이다. 그러므로 긍정적이건 부정적이건 간에 여성의 성적 경험에 대한 다양한 목소리는 제각기 나름대로 여성성의 본질 규명에 공헌할 수 있을 것이다.

마찬가지로 여성적 글쓰기 또한 다양한 시도를 통하여 그 구체적인 형태를 잡아 나갈 수 있을 것이다. 그러므로 식수가 주장하는 여성적 글쓰기의 특질이란 하나의 '이론'이 아니라, 이러한 다양한 모색의 한 예에 불과할 뿐이다. 실제로 여성적 글쓰기는 대중적 성공, 혹은 실패와 관계없이 그 자체로 매우 중요한 개념이다. 그것은 언어 및 글쓰기의 성적 특성에 대해 주의를 환기시킴으로써 여성의 글쓰기에 대한 새로운 관점을 도입하였으며 또한 여성 주체의 규정에도 큰 영향을 미쳤다. 실제로 1980년대 후반 이후 대두한 페미니즘 문학의 한 경향인 '성차의 글쓰기'는 바로 이러한 여성적 글쓰기의 가능성을 수용한 것이다. 이처럼 식수가 주창한 여성적 글쓰기는 한때의 유행으로 끝나지 않고 글쓰기에 지속적인 영향을 끼치는 개념으로 살아있다. 그리고 페미니즘 비평에서 식수의 이론이 계속 거론되는 것 또한 이러한 여성적 글쓰기의 생명력에 기인한다.

제 3부 (교환)는 두 개의 장으로 이루어져 있다. 제 1장, 〈주인/스승인 여성〉에서는 대학에서 강의를 하는 선생이자 저술가인 클레망과 식수의 지식인으로서의 고민이 드러나 있다. 이 장은 "만일 문화적으로 지배권이 남성의 소관이라면 우리가 이런 지배적 위치에 서게 될 경우 (우리의) 여성성은 어떻게 되는 것일까?"라는 질문으로부터 시작된다. 지배하지 않는 지식의 전달이 가능한가? 그것과 '여성적 글쓰기', 혹은 '여성적 말하기'는 양립가능한 것일까?

이 대담에서 두 사람은 뚜렷한 결론을 도출해내지 못한다. 다만 지배의 담론에 대해 끊임없이 경계하는 것, 또한 지식의 민주적 전달을 위해 노력하는 것 등을 '여성적' 지식전달 방식의 한 가능성으로 제시하고 있을 뿐이다. 그리고 그것은 담론의 문제이기보다는 윤리의 문제로 귀착된다.

제2장 〈견딜 수 없는 여성〉은 히스테리에 관한 것이다. 이 장에서 두 사람의 대담은 흔히 〈도라의 경우〉라고 일컬어지는 프로이트의 〈히스테리분석 단편〉을 중심으로 이루어진다. 여기서 두 사람은 히스테리 환자의 사회적 역할에 있어 상당한 시각차를 드러낸다. 식수는 도라가 부르주아 가족의 버팀목인 위선의 희극을 폭로하고, 위선의 수레바퀴의 운행에 저항함으로써 그 구조를 파괴하는 혁명적인 역할을 하였다고 주장한다. 이에 반해 클레망은 도라의 저항이 개인적인 것에 불과하였다고 주장한다. 즉, 글쓰기와 같은 행위를 통해 상징계에 영향을 미치지 못한 만큼, 사회구조의 변화에는 제한적인 역할밖에 수행하지 못하였다는 것이다.

히스테리 환자의 사회적 역할에 있어서의 이러한 시각차는 사회변화에 대한 두 사람의 입장 차이를 반영하는 것이다. 식수는 상상력, 욕망, 창조, 글쓰기 등을 변혁의 원동력으로 보는 반면, 클레망은 계급투쟁과 같은 정치적 행위에 보다 큰 가치를 부여한다. 이것은 식수가 대학교수이자 작가인 데 반해, 당시 클레망은 프랑스 공산당원으로 활동하고 있었다는 사실과 무관하지 않을 것이다. 클레망이 지적하였듯이 "지식인들에게 있어 가장 중요한 것은 언어와 이메지너리의 문제"인 데 반해 공산주의자에게는 현실에의 직접적 참여가 보다 중요한 까닭이다.

그러나 두 사람은 자신들의 의견 차이를 극복하고 합의점을 찾으려고 굳이 노력하지 않는다. 차라리 "충돌과 의견 불일치가 생겨나도록"

그냥 내버려둔다. 이렇게 볼 때 이 대담 또한 하나의 여성적 글쓰기이다. 단선적 의미를 추구하기보다는 다양한, 복수적인 의미를 산출하는 것이 이러한 글쓰기의 본질인 까닭이다. 그러므로 이 대담은 텍스트의 내용과 형식의 일치를 보여주는 하나의 사례로서 작용하며, '여성적 글쓰기', 혹은 '여성적 의견교환'의 가능성에 대해 그 자체로 많은 시사점을 던져준다.

찾아보기

ㄱ~ㄹ

ㅁ~ㅅ

ㅇ

ㅈ

ㅋ

ㅌ~ㅎ

엘렌 식수

엘렌 식수는 1937년 북아프리카 알제리의 오란에서 독일계 유대인 어머니와 유대계 프랑스인 아버지 사이에서 태어났다. 프랑스의 식민지에 거주하는 유대인이란 식수의 가족적 상황은 그녀의 정체성 형성에 커다란 영향을 미쳤으며 사회적 불평등과 억압에 대한 첨예한 의식을 길러주었다.

1955년 기 베르제와 결혼한 그녀는 프랑스로 가서 공부하였다. 1958년에는 첫딸 안느를, 1962년에는 아들 피에르 프랑수아를 낳았다. 남편 기 베르제와는 1964년 이혼하였다.

1959년 22세의 나이로 영어 교사자격시험에 통과한 식수는 1962년부터 보르도대학에서, 1965년부터 소르본 대학에서, 1967부터 낭테르 대학에서 가르쳤다. 1968년, 제임스 조이스에 대한 논문으로 프랑스 국가 박사학위를 받은 그녀는 뱅센의 파리 8대학 창설에 관여하였으며 이후, 지금까지 이 대학의 교수로 재직하고 있다. 1969 년 그녀는 제라르 쥬네트, 츠베탕 토도로프, 미셸 푸코, 펠릭스 가타리, 질 들뢰즈 등과 함께 문학 저널인 〈시학*Poétique*〉을 창간하였으며 1974년 유럽 최초로 파리 8대학 내에 〈여성학 연구센터〉를 창설하였다.

식수는 창작과 이론적 글쓰기를 병행하는 작가이다. 식수에게 국제적인 명성을 가져다준 '여성적 글쓰기'의 선언문 격인 〈메두사의 웃음〉 및 이 논문을 확대, 발전시킨 《새로 태어난 여성》 등의 여성학 관련 이론서, 프랑스의 권위있는 문학상인 메디시스 상을 수상한 《내부 *Dedans*》 등의 소설, 《도라의 초상》 등의 희곡 등 다수의 저작을 남겼다.

카트린 클레망

카트린 클레망은 1939는 파리 근교 불로뉴 비양쿠르에서 태어났다. 그녀의 아버지는 가톨릭교도였으나 어머니는 유대인이었다. 그녀의 외조부모는 2차 대전 당시, 수용소로 호송되는 도중 사망하였다.

고등사범학교에 들어간 그녀는 20세에 결혼하고, 22세에 철학교사 자격시험에 통과했다. 소르본 대학에서 조교생활을 하던 중, 클로드 레비스트로스를 만나 많은 영향을 받고, 그에 대한 논문을 준비하였다. 그러나 그녀는 박사학위를 마치지 않고 일간지 〈르 마탱〉, 주간지 〈누벨 옵세르바퇴르〉 등에 기고하는 한편, 다큐멘터리 필름 제작에 참여하는 등, 다양한 활동을 하였으며 1968년부터 1981년까지 프랑스 공산당원으로 활동하였다.

그녀는 《술탄의 부인》, 《라 세뇨라》, 《인도의 사랑》, 《테오의 여행》, 《마르틴과 한나》 등의 소설, 《프로이트의 아들들은 지쳤다》, 《자크 라캉의 생애와 전설》과 같은 인류학 및 정신분석 관련 저서 등 30여 편의 작품을 출판하였다. 이 중 《테오의 여행》은 국제적인 베스트셀러로서 20여 개의 언어로 번역되었다.

이 봉 지

서울대학교 사범대학 불어교육학과, 동대학원 불어교육학과(석사)를 졸업하였고, 미국 노스웨스턴 대학에서 불문학(박사)을 공부하였다. 현재 배재대학교 외국학대학 프랑스어문화학과 교수로 재직중이다.

Le Roman à Editeur(Peter Lang, 1989), 《서사학과 페미니즘》(배재대학교 출판부, 2005)을 저술하였고, 역서는 《수녀》, 《프랑스 혁명의 지적 기원》(공역), 《공화정과 쿠데타》, 《구조주의의 역사》(공역), 《육체와 예술》(공역), 《두 친구》, 《폴 리쾨르 — 삶의 의미들》(공역)을 번역하였다.

혁명적 생디칼리슴과 총파업 신화의 書
20세기 정치의 유령, 100년의 베일을 벗다

폭력에 대한 성찰

조르주 소렐(Georges Sorel) 지음 | 이용재(전북대 사학과) 옮김

혁명적 생디칼리슴의 성서인 이 책에서 소렐은 제도화된 개량 사회주의에 반기를 들고 노동자 계급의 혁명성을 총파업 신화 속에서 재구성한다. 근대정치의 신화를 밝히면서 그 자체로 하나의 신화가 된 근대 정치사상사 최대 문제작이자, '위험한 책 중에서도 위험한 책' 이다. 모든 법질서의 지하에 유령처럼 숨어있는 초석적 폭력을 감지하기 위해, 세계화 과정에서 분출하는 폭력의 성격을 이해하기 위해 반드시 읽어야 할 명저이다.

신국판 · 양장본 · 448면 · 값 18,000원

〈신문 서평〉

- 표지 아래 뇌관을 품고 있어서 잘못 건드리면 폭발해 버리는… 위험한 책 중에서도 위험한 책" –한겨레
- "사회주의의 위협이 사라진 시점에… 폭력의 의미를 여러 가지로 되새겨볼 기회를 제공한다." –중앙일보
- "스탈린 치하의 소련 대사와 무솔리니 치하의 이탈리아 대사가 나란히 그의 무덤에 기념비를 세우려 했다는 전설이 따라다니는 조르주 소렐의 대표작" –동아일보

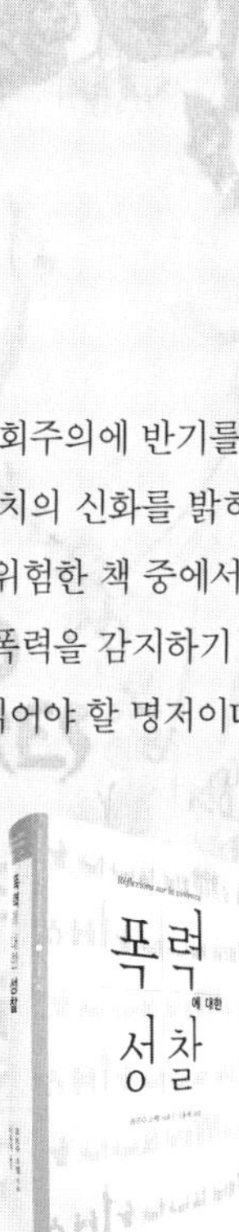